高等学校应用型本科规划教材

Daolu Jianzhu Cailiao

道路建筑材料

主　编　伍必庆
主　审　申爱琴

人民交通出版社

内 容 提 要

本书是根据高等学校土木工程专业、道路桥梁与渡河工程专业及其相关专业应用型本科层次的教学要求而编写，全面讲述了有关道路建筑材料的相关知识。本书总体上分为两篇，上篇讲述了砂石材料、石灰和水泥、水泥混凝土和砂浆、沥青材料、沥青混合料、高分子合成材料、建筑钢材等公路建筑常用材料的基础知识，下篇以现行标准规范为依据列举了这些建筑材料的常规试验方法。

本书是高等学校应用型本科规划教材，适合于应用型本科院校学生、继续教育学院本专科学生和高职高专院校专升本学生使用。

图书在版编目（CIP）数据

道路建筑材料/伍必庆主编. —北京：人民交通出版社，2007.1

ISBN 978-7-114-06356-5

Ⅰ. 道…　Ⅱ. 伍…　Ⅲ. 道路工程—建筑材料
Ⅳ. U414

中国版本图书馆 CIP 数据核字（2006）第 155684 号

高等学校应用型本科规划教材

书　　名：道路建筑材料
著 作 者：伍必庆
责任编辑：毛　鹏
出版发行：人民交通出版社股份有限公司
地　　址：（100011）北京市朝阳区安定门外外馆斜街 3 号
网　　址：http：//www.ccpress.com.cn
销售电话：（010）59757973
总 经 销：人民交通出版社股份有限公司发行部
经　　销：各地新华书店
印　　刷：北京市密东印刷有限公司
开　　本：787×1092　1/16
印　　张：21
字　　数：524 千
版　　次：2007 年 1 月　第 1 版
印　　次：2022 年 12 月　第 14 次印刷
书　　号：ISBN 978-7-114-06356-5
定　　价：37.00 元

前　言

为深入贯彻落实《高等教育面向21世纪教学内容和课程体系改革计划》及全国普通高等学校教学工作会议的有关精神，深化教育教学改革，提高土木工程专业、道路桥梁与渡河工程专业及其相关专业应用型本科教育的教学质量，在总结应用型本科教育办学实践经验的基础上编写本教材。

本教材依据应用型本科教育对土木工程专业（路、桥、隧方向）的人才培养目标、培养规格、培养模式及与之相适应的知识、技能、能力和素质结构要求进行编写，教材中所阐述的内容反映了交通部最新颁布的技术标准和规范。本教材体现了如下特点：

1. 结构合理性。按照土木工程专业（路、桥、隧方向）培养目标的要求，教材的体系设计合理，循序渐进，符合学生心理特征和认知、技能养成规律。每章列有小结，便于学生学习本章核心内容。

2. 知识实用性。本教材体现了以能力为本位，以应用为核心，以实用、实际、实效为原则，紧密联系生产实际，及时反映现阶段道路交通科技进步对专业人才的需要。同时，加强教学针对性，在以适应当前工作岗位群实际需要为主基调的同时，为将来的发展趋势留有接口。

3. 使用灵活性。本教材体现了教学内容弹性化，教学要求层次化，教材结构模块化，有利于按需施教，因材施教。教材中所选编的例题、习题，均来自工程实际，不仅代表性强，而且对解决实际问题具有较强的针对性。

4. 层次适用性。由于《道路建筑材料》各层次教材已出版较多，本教材在编写上注重以应用型本科学生、专升本学生和继续教育学院本专科学生为主要对象，考虑了理论与实践的有机结合，更注意其实际操作能力的培养。

《道路建筑材料》内容包括：砂石材料、石灰和水泥、水泥混凝土、沥青材料、沥青混合料、高分子合成材料、建筑钢材和木材等，并附有各项材料的试验方法。

本教材由内蒙古大学伍必庆副教授主编，由长安大学申爱琴教授主审。上篇中的第一章、第二章、第四章由伍必庆编写；第三章、第七章由鲁东大学郭兰英副教授编写；第五章、第六章由山东交通学院张爱勤副教授编写；下篇由内蒙古大学李艳丽编写。全书由伍必庆统稿。

由于时间仓促，编者的水平所限，在编写过程中难免出现缺点与不足，恳请读者批评指正。

编　者

2006年11月

目　　录

上篇　道路建筑材料

下篇　道路建筑材料试验

绪 论

建筑材料是构成建筑物和构筑物的物质基础，它是随着社会生产和材料科学的发展而发展的。人类社会的发展史伴随着材料的发明和发展。道路与桥梁建设是土木工程的一个重要组成部分，道路建筑材料用于路基、路面、桥梁、隧道等的各种构件和结构体并最终构成建筑物。

随着公路建设的大规模开展，道路建筑材料的使用和发展速度也越来越快，传统的建筑材料虽在基础工程中广泛应用，但已越来越不能满足快速发展的公路建设对高标准工程的要求。在当代道路工程建设中，水泥混凝土、钢材、钢筋混凝土、沥青和沥青混凝土虽是不可替代的结构材料，但新型合金材料、有机材料、新型土工合成材料、化学材料及各种复合材料等已占有相当重要的地位。

一、建筑材料在工程中的重要性

道路建筑材料是道路、桥梁、隧道等工程结构物的物质基础，材料的性质对结构物的使用性能、坚固性和耐久性起着决定性的作用。材料的使用与工程造价有密切的关系，材料的发展则可促进结构设计和施工工艺的发展。

道路工程结构物裸露于大自然，承受瞬时、反复荷载的作用，材料的性能和质量与结构物的使用性能和工程寿命有着极为密切的关系。近年来由于交通量的迅速增长和车辆行驶的渠化，一些高等级路面出现较严重的波浪、拥包、车辙现象，也与材料的性质有关。

道路材料费用在道路工程总造价中约占60%，在实际工作中材料的选择、使用及管理对工程成本影响很大，建筑材料质量的优劣直接关系到构筑物的使用效果。在道路建设中，材料的选择、生产、使用是否合理，检验标准是否合适，任何环节的失误都可能造成工程的质量缺陷，甚至重大的质量事故。因此合理地选择和使用材料，尽量就地取材，充分发挥材料的性能，尽力降低工程造价，并延长其使用寿命是非常重要的。作为一名道路工程专业技术人员，必须熟悉建筑材料的品种和性能，并能在不同的工程中合理使用，发挥材料的各种功能，降低材料成本。

材料科学的进步可以给工程提供优质的材料，而工程建设的发展必将促进材料科学的发展。随着国民经济和道路交通事业蓬勃发展，高等级道路建设的速度不断加快，对道路、桥梁、隧道等结构物提出了更高的要求，今后一段时间内，建筑材料将向以下几个方向发展。

(1) 高性能材料。将研制轻质、高强、高耐久性、高耐火性、高抗震性、高保温性、高吸声性、优异装饰性及优异防水性的材料，这对提高建筑物的安全性、适用性、艺术性、经济性及使用寿命等有着非常重要的作用。

(2) 复合化、多功能化。利用复合技术生产多功能材料、特殊性能材料及高性能材料，这对提高建筑物的使用功能、经济性及加快施工速度等有着十分重要的作用。

（3）充分利用地方资源和工业废渣。充分利用工业废渣生产建筑材料，以保护自然资源、保护环境，维护生态环境的平衡。

（4）节能材料。将研制和生产低能耗（包括材料生产能耗和建筑使用能耗）的新型节能建筑材料，这对降低建筑材料和建筑物的成本以及建筑物的使用能耗，节约能源起到十分有益的作用。

二、道路材料的分类和本课程研究的内容

由于建筑材料种类繁多，为便于区分和应用，工程中常从不同的角度对其分类。最常用的分类方法是按材料的化学成分及其使用功能和用途来分，见表 0-1。

建筑材料的分类　　表 0-1

按化学成分分类	无机材料	金属材料	钢、铁、铝、铜、各类合金
		非金属材料	石灰、水泥、天然石料、混凝土等
	有机材料	沥青材料	石油沥青、煤沥青
		植物材料	木材、竹材
		合成高分子材料	塑料、橡胶等
按功能分类	结构材料	承受荷载作用	如构筑物的基础、柱、梁所用材料
	功能材料	特殊作用	起围护、放水、装饰、保温作用的材料
按用途分类	建筑结构、桥梁结构、水工结构、路面结构、墙体、装饰等材料		

本课程主要讲述以下材料：

（1）砂石材料。砂石材料是人工开采的岩石或轧制的碎石以及地壳表层岩石经风化而得到的天然砂砾。其中尺寸较大的块状石料经加工后，可以直接用于砌筑道路、桥梁工程结构物或铺筑隧道基础；性能稳定的岩石集料可用于配制水泥混凝土和沥青混合料；一些具有活性的矿质材料或工业废渣，可作为水泥混凝土和沥青混合料中的掺合料。

（2）无机结合料和水泥混凝土。路桥工程中采用最多的无机结合料是石灰和水泥，用它们制成的无机结合料稳定类混合料，通常用于高等级道路路面基层结构或低级道路路面面层结构。水泥是配置水泥混凝土和预应力混凝土结构的主要材料，广泛应用于土木工程建设中。水泥砂浆是各种桥梁圬工结构物的砌筑材料。

（3）有机结合料及其混合料。有机结合料主要是指石油沥青、煤沥青和乳化沥青，它们与集料可以配制成沥青混合料，修筑成不同类型的沥青路面。沥青混合料是现代路面建筑中很重要的一种材料。

（4）高分子合成材料。各种高聚物材料应用于道路于桥梁建设中，除可以替代传统材料外，还可改善路桥工程材料的性能，加固土壤、改善沥青性能和增强水泥混凝土强度等。

（5）钢材和木材。钢材是桥梁钢结构及钢筋混凝土结构的重要材料。木材在路桥工程中仅用作模板及拱架。

三、材料的组成与技术性质的关系

1. 化学成分

建筑材料的化学成分可用于评定材料的一系列性质，如耐火性、耐生物性、力学性质及其他技术性质。无机胶结材料中的水泥和石灰及岩石的化学成分，可以用它含有氧化物含量的百分数表示。

2. 矿物成分

材料的矿物成分表明材料是由什么矿物和多少矿物组成。例如，在硅酸盐水泥中含有硅酸三钙 45%～60%。它的含量愈多，水泥的硬化愈快，水泥石的强度愈高。

3. 相组成及相转变

在材料中有组成孔壁的固体物质，即材料的骨架相和充满水及空气的孔隙所组成的空间体。如吸水后受冻，水就在孔隙内结冻，从而改变了材料的机械性能和热工性能，同时体积增大，在多次冻融循环情况下，材料将被破坏。相转变影响材料整个性质和使用。

四、道路材料应具备的技术性质

路桥工程承受着复杂的荷载作用和自然因素的影响，因此道路材料必须具有抵抗复杂外力作用的综合力学性能，同时还必须具有抵抗日光、温度变化、雨淋、冻融等自然因素作用的稳定性。为保证道路材料的综合力学强度和稳定性，要求道路材料具有以下几方面的技术性质。

1. 力学性质

力学性质是材料的重要性质，目前除了通过静态的拉、压、弯、剪等试验来反映材料的力学性能外，道路材料还根据受力特点，采用磨光、磨耗、冲击等试验方法来反映其性能。随着科技的发展，将进一步考虑材料在不同温度和时间条件下的力学性能的变化，研究材料黏—弹—塑性，目前已采用一些动态试验方法，测定材料的动态模量、疲劳强度等。

2. 物理性质

材料的化学组成和结构应保证材料具有一定的密度和孔隙率并具有对水的作用的稳定和抗冻融的能力。通常通过测定一些物理常数来反映材料的内部组成和构造，并可与材料力学性质进行关联。

3. 化学性质

材料应该具有抵抗化学作用的能力，道路材料可能受到化学侵蚀作用和自然因素综合作用，引起性质变化即材料的老化。近代测试手段可通过红外光谱、核磁共振波谱、X 射线衍射及扫描电镜等来研究材料的微观结构，揭示材料化学性质变化的实质。

4. 工艺性质

工艺性质是指材料适合于按一定工艺要求加工的性能，例如，水泥混凝土拌和物需要一定的流动性，以便浇筑。材料工艺性质通过一定的试验方法和指标进行控制。

五、道路材料质量评价和技术标准

建筑材料及其制品必须具备一定的技术性能以满足工程的需要，而各种材料由于化学组成、结构及构造的差异而带来性质的差异或因试验方法的不同而影响测定的数值结果。因此，必须有统一的技术质量要求和统一的试验方法进行评定，这些要求或方法体现在由国家标准或有关的技术规范、规定的各项技术指标，在道路设计、施工和验收过程中应以这些标准的方法和指标为基础共同遵守。

建筑材料的技术标准分为国家标准、行业标准和企业标准，各级标准分别由相应的标准管理部门批准并颁布，我国国家技术监督局是国家标准化管理的最高机构。国家标准和行业标准是全国通用标准，是国家指令性技术文件，各级生产、设计、施工等部门，均必须严格遵照执行。

各级标准都有各自的部门代号，例如，GB——国家标准；GBJ——建筑工程国家标准；JGJ——建设部行业标准；JC——国家建材局标准；JTJ——交通部部颁标准等等。标准的表示方法，由标准名称、部门代号、编号和批准年份等组成，如：国家标准《硅酸盐水泥》(GB 175—1999)，标准的部门代号为GB，编号为175，批准年份为1999年。上述标准为强制性国家标准，任何技术（产品）不得低于此标准。此外，还有推荐性国家标准，以GB/T为标准代号，它表示也可以执行其他标准，为非强制性。行业标准和企业标准以此类推。

根据国际技术和经济交流与合作的需要我国参加ISO和IEO两个国际标准化组织的活动。工程中可能采用的其他技术标准还有国际标准（代号ISO)、美国国家标准（ANSI)、英国标准（BS)、德国工业标准（DIN)、法国标准（NF）和日本工业标准（JIS）等。

六、本课程的地位及其学习方法

《道路建筑材料》是一门技术基础课程，它与物理学、化学、理论力学、材料力学以及工程地质等学科有密切的联系。同时，它也为后继的《桥梁工程》、《路基路面工程》等专业课程提供材料方面的基础知识。通过学习本课程知道各种材料的原料、生产工艺、组成结构和技术性质，目的是熟悉材料的加工工艺及其结构与材料技术性质的关系，了解材料的用途及使用方法与性能之间的关系。通过学习会运用技术规范规定的技术指标，更好地选择和应用材料，并进一步改善材料的性能。

建筑材料的内容庞杂、品种繁多，涉及到许多学科或课程，其名词、概念和专业术语多，且各种建筑材料相对独立，即各章之间的联系较少。此外公式推导少，而以叙述为主，许多内容是实践规律的总结。因此其学习方法与力学、数学等完全不同。学习建筑材料时应从材料科学的观点和方法及实践的观点来进行，否则就会感到枯燥无味，难以掌握建筑材料组成、性质、应用以及它们之间的相互联系。学习建筑材料时，应从以下几个方面来进行：

(1) 熟悉材料的组成、结构和性质间的关系。材料的组成和结构决定材料的性质和应用，因此学习材料的组成、结构与性质间的关系时，应特别注意材料内部的孔隙数量、孔隙大小、孔隙状态及其影响因素，它们对材料的所有性质均有影响，并使材料的大多数性能降低，同时还应注意外界因素对材料结构与性质的影响。

(2) 运用对比的方法。通过对比各种材料的组成和结构来学习它们的性质和应用，特别是通过对比来熟悉它们的共性和特性。这在学习水泥、混凝土、沥青材料等时尤为重要。

(3) 密切联系工程实际，重视试验课并做好实验。建筑材料是一门实践性很强的课程，学习时应注意理论联系实际，利用一切机会注意观察周围已经建成的或正在施工的建筑工程，提出一些问题，在学习中寻求答案，并在实践中验证和补充书本所学内容。试验课是本课程的重要教学环节，通过试验可验证所学的基本理论，学会检验常用建筑材料的实验方法，熟悉一定的试验技能，并能对试验结果进行正确的分析和判断。这对培养学习与工作能力及严谨的科学态度十分有用。

本章小结

本章介绍了建筑材料的分类及其在道路工程中的重要性，并介绍了材料的技术标准及代号、道路建筑材料在工程中的作用，从根本上讲就是其性质的表现。合理选择、应用、分析和评价材料，是以材料的性质为依据。在工作中要正确使用材料，就必须知道各种材料的技术性质。

本课程所指材料的基本性质，是指材料处于不同的使用条件和使用环境时，通常必须考虑的最基本和共有的性质。在学习本课程时，应熟悉各种材料的性质含义及影响这些性质的因素，知道彼此间的关系和材料的适用范围，以便联系工程实际合理使用材料。

复习思考题

1. 试述道路建筑材料在工程结构物中的重要性？
2. 试述“道路建筑材料”课程所研究的内容和任务？
3. 道路建筑材料应具备哪些性质？
4. 建筑材料是如何进行分类的？
5. 正确使用建筑材料对道路工程建设有何重大意义？

上篇　道路建筑材料

第一章　砂 石 材 料

本章提要

本章着重讲述砂石材料的技术性质和技术要求，以及矿质混合料的级配理论和组成设计方法等。

通过本章学习，要求学生掌握砂石材料的技术性质和技术要求，了解砂石材料技术性质的检验方法，能运用级配理论进行矿质混合料的组成设计。

砂石材料是道路与桥梁建筑中用量最大的一种建筑材料，其物理力学性质很大程度上取决于天然岩石的矿物成分及这些矿物在岩石中的结构与构造。砂石材料可以直接（或经加工后）用于铺筑道路或作为桥梁的圬工结构，破碎后亦可作为水泥混凝土、沥青混合料的集料。用于铺筑道路或作为桥梁圬工结构的岩石或集料都应具备一定的技术性质，以适应不同工程建筑的技术要求。特别是作为水泥混凝土和沥青混合料用的集料，要按级配理论计算其配合组成，因此，还必须掌握其组成设计的方法。

第一节　砂石材料的技术性质

岩石的技术性质，主要从物理性质、力学性质和化学性质三方面来进行评价。

一、岩石的技术性质

（一）岩石的物理性质

岩石的物理性质包括物理常数（如真实密度、毛体积密度和孔隙率等）、吸水性（如吸水率、饱水率等）和抗冻性。

1. 物理常数

岩石的物理常数是岩石矿物组成结构状态的反映，它与岩石的其他技术性质有着密切的联系。在选用岩石制品时，这些物理常数也是重要的技术指标。

岩石是由各种矿物形成不同排列的各种结构，岩石的内部组成结构主要是由矿质实体和孔隙（包括与外界连通的开口孔隙和不与外界连通的闭口孔隙所组成，如图 1-1a)。各部分的质量与体积的关系如图 1-1b)。

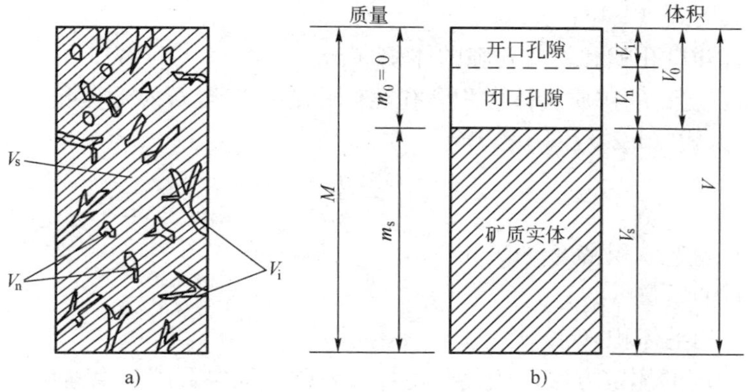

图 1-1　岩石组成结构示意图

a) 岩石组成结构外观示意图；b) 岩石质量与体积示意图

注：岩石内部组成结构是由矿质实体和孔隙所组成的。孔隙又分为：开口孔隙（与外界相连通的）和闭口孔隙（不与外界连通的）

（1）密度

密度是岩石在规定条件（105～110℃烘干至恒量，室温 20℃±2℃）下，单位真实体积（不含孔隙的矿质实体的体积）的质量。密度用 ρ_t 表示。由图 1-1b）体积与质量的关系可表示如式（1-1）：

$$\rho_t=\frac{m_s}{V_s} \tag{1-1}$$

式中：ρ_t——岩石的密度（g/cm^3）；

m_s——岩石矿质实体的质量（g）；

V_s——岩石矿质实体的体积（cm^3）。

由于测定岩石密度是在空气中称量岩石质量的，所以岩石中的空气质量 $m_0=0$，矿质实体的质量就等于岩石的质量，即 $m_s=M$，故式（1-1）可改写为式（1-1′）：

$$\rho_t=\frac{M}{V_s} \tag{1-1′}$$

式中：ρ_t，V_s——意义同式（1-1）；

M——岩石的质量（g）。

岩石密度的测定方法，按我国现行《公路工程岩石试验规程》（JTG E41—2005）采用“密度瓶法”。试验时将岩石样品粉碎磨细后，在 105～110℃条件下烘至恒量，称得其质量。然后在密度瓶中加水经沸煮后，使水充分进入闭口孔隙中，通过“置换法”测定其真实体积。已知真实体积和质量即可按式（1-1′）求得密度。

（2）毛体积密度

毛体积密度是岩石在规定条件下，单位毛体积（包括矿质实体和孔隙的体积）的质量。毛体积密度用 ρ_h 表示，由图 1-1b）体积与质量的关系可表示为式（1-2）：

$$\rho_h=\frac{m_s}{V_s+V_n+V_i} \tag{1-2}$$

式中：ρ_h——岩石的毛体积密度（g/cm^3）；

m_s，V_s——意义同式（1-1）；

V_i，V_n——岩石开口孔隙和闭口孔隙的体积（cm^3）。

由于 $m_s=M$，岩石的矿质实体体积和孔隙体积之和即岩石的毛体积，$V_s+V_n+V_i=V$，故式（1-2）可写为式（1-2′）：

$$\rho_h=\frac{m}{V} \tag{1-2′}$$

式中：ρ_h——岩石的毛体积密度（g/cm^3）；

m——岩石的质量（g）；

V——岩石的毛体积（cm^3）。

岩石毛体积密度的测定方法，按我国现行《公路工程岩石试验规程》（JTG E41—2005）规定，采用“静水称量法”。该方法是，将规则岩石在105～110℃烘干至恒量，测得其质量。然后将岩石吸水24h，使其饱水后用湿毛巾揩去表面水，即可称得饱和面干时的岩石质量。最后用静水天平法测得饱和面干岩石的水中质量，由此可计算出岩石的毛体积。按式（1-2′）即可求得毛体积密度。此外，现行试验法亦允许用“封蜡法”来测定毛体积密度。

（3）孔隙率

岩石的空隙率是指岩石孔隙体积占其总体积的百分率，由图1-1可表示为式（1-3）：

$$n=\frac{V_0}{V}\times 100 \tag{1-3}$$

式中：n——岩石的孔隙率（%）；

V_0——岩石的孔隙（包括开口和闭口孔隙）的体积（cm^3）；

V——岩石的总体积（cm^3）。

孔隙率也可由密度和毛体积密度计算求得。由式（1-3）得：

$$n=\left(1-\frac{\rho_h}{\rho_t}\right)\times 100 \tag{1-3′}$$

式中：n——岩石的孔隙率（%）；

ρ_t——岩石的真实密度（g/cm^3）；

ρ_h——岩石的毛体积密度（g/cm^3）。

岩石的物理常数（密度、毛体积密度和孔隙率）不仅反映岩石的内部组成结构状态，而且间接地反映岩石的力学性质（例如相同矿物组成的岩石，孔隙率愈低，其强度愈高）。尤其是岩石的孔结构，会影响其所轧制成的集料在水泥（或沥青）混凝土中对水泥浆（或沥青）的吸收、吸附等化学交互作用的程度。

2. 吸水性

吸水性是岩石在规定的条件下吸水的能力。岩石与水作用后，水很快湿润岩石的表面并填充了岩石的空隙，因此水对岩石的破坏作用的大小，主要取决于岩石造岩矿物性质及其组织结构状态（即孔隙分布情况和孔隙率大小）。为此，我国现行《公路工程岩石试验规程》规定，采用吸水率和饱水率两项指标来表征岩石的吸水性。

（1）吸水率

岩石吸水率是指在室内常温（20℃±2℃）和大气压条件下，岩石试件最大的吸水质量占烘干（105～110℃干燥至恒量）岩石试件质量的百分率。

岩石吸水率按式（1-4）计算：

$$w_a = \frac{m_1 - m}{m} \times 100 \tag{1-4}$$

式中：w_a——岩石吸水率（%）；

m——岩石试件烘干至恒量时的质量（g）；

m_1——岩石试件吸水至恒量时的质量（g）。

岩石吸水率测定的方法，按我国现行《公路工程岩石试验规程》（JTG E41—2005）是将岩石加工为规则试件，经105～110℃烘干称量后，在铺有薄砂的盛水容器中，用分层逐渐加水的方法使岩石中的空气逐渐逸出，最后完全浸于水中任其自由吸水48h后，取出称量。测得烘干至恒量的质量和吸水至恒量的质量，即可按式（1-4）求得吸水率。

（2）饱水率

岩石饱水率是在室内常温（20℃±2℃）和真空抽气（抽至真空压力达到100kPa）后的条件下，岩石试件最大吸水的质量占烘干岩石试件质量的百分率。

饱水率的测定方法，按我国现行《公路工程岩石试验规程》（JTG E41—2005）采用煮沸法或真空抽气法。因为当真空抽气后占据岩石孔隙内部的空气被排出，当恢复常压时，则水即进入具有稀薄残压的岩石孔隙中，此时水分几乎充满开口孔隙的全部体积，所以，对同一岩石试件，饱水率大于吸水率。饱水率的计算方法与吸水率相同。

3. 抗冻性

岩石抗冻性是指岩石在吸水饱和状态下，抵抗多次冻结和融化作用而不发生显著破坏，同时也不严重降低强度的性质。

我国现行抗冻性的试验方法是采用直接冻融法和硫酸钠坚固性法。两种方法均需将岩石制成直径和高均为50mm的圆柱体试件，或边长为50mm的正立方体试件，在105℃±5℃的烘箱中烘至恒量，并称质量。

（1）直接冻融法

直接冻融法是测定岩石在饱水状态下，抵抗反复冻融性能的方法。试验时首先使试件吸水达到饱和状态，然后置于负温（通常采用－15℃）的冰箱中冻结4h，取出试件放入20℃±5℃的水中融解4h，如此为一冻融循环。经过10、15、25或50次循环后，观察其外观破坏情况（产生裂缝、掉边、缺角或表面松散等破坏现象）并加以记录。将冻融试验后的试件再烘干至恒量，称其质量，然后测定试件的抗压强度，并按式（1-5）和式（1-6）分别计算岩石的冻融质量损失率和耐冻系数。

$$Q_{冻} = \frac{m_1 - m_2}{m_1} \times 100 \tag{1-5}$$

$$K_{fr} = \frac{f_{mo(fr)}}{f_{mo}} \tag{1-6}$$

式中：$Q_{冻}$，K_{fr}——冻融后的质量损失率和耐冻系数（%）；

m_1——试验前烘干试件的质量（g）；

m_2——试验后烘干试件的质量（g）；

f_{mo}——未经冻融循环试验的岩石试件饱水抗压强度（MPa）；

$f_{mo(fr)}$——经若干次冻融循环试验后的岩石试件饱水抗压强度（MPa）。

（2）坚固性试验

坚固性是评定岩石试样经饱和硫酸钠溶液多次浸泡与烘干循环后，不发生显著破坏或强度降低的性质。由于硫酸钠结晶后体积膨胀，产生与水结冰相似的作用，使岩石孔隙壁受到压力。试验时将烘干岩石试件置于饱和硫酸钠溶液中浸泡 20h 后，取出置于 105～110℃的烘箱中烘烤 4h，至此完成第 1 个循环。待试样冷却至室温后，即开始第 2 个循环。从第 2 个循环起，浸泡和烘烤时间均为 4h。完成 5 次循环后，仔细观察试件有无破坏现象，将试件洗净烘至恒量，准确称出其质量，按式（1-5）计算坚固性试验质量损失率。

当水在岩石孔隙内结冰时，体积约膨胀 9%，对孔壁产生可达 100 MPa 的压力，在压力的反复作用下，使孔壁开裂。所以当岩石吸收水分体积占开口孔隙体积 90%以下时，岩石不因冻结而产生破坏。因此对岩石抗冻性要求，要根据岩石本身吸水率大小及所处的环境和气候条件来考虑。一般要求在寒冷地区，冬季月平均气温低于－15℃的重要工程，岩石吸水率大于 0.5%时，都需要对岩石进行抗冻性试验（因岩石本身毛细孔中的水在此温度下才结冰）。

（二）岩石的力学性质

公路与桥梁工程结构物中用岩石，还应具备一定的力学性质。除应具备抗压、抗拉、抗剪、抗弯等纯粹力学性质外，还应满足路用性能特殊要求的一些力学指标，如抗磨光、抗冲击和抗磨耗等。由于道路建筑用岩石多轧制成集料使用，故抗磨光、抗冲击和抗磨耗等性能将在集料力学性质中讨论。本节主要讨论确定岩石的抗压强度和磨耗性两项性质。

1. 单轴抗压强度

道路建筑用岩石的（单轴）抗压强度，按我国现行《公路工程岩石试验规程》（JTG E41—2005）规定，是将岩石制备成 50mm±0.5mm 的正立方体（或直径与高均为50mm±0.5mm 的圆柱体）试件，经吸水饱和后，在按规定的加载条件下，单轴受压达到极限破坏时，单位承压面积所承受的压力，按式（1-7）计算：

$$R = \frac{P}{A} \tag{1-7}$$

式中：R——岩石的抗压强度（MPa）；

P——极限破坏时的荷载（N）；

A——试件的截面积（mm^2）。

岩石的单轴抗压强度是岩石力学性质中最重要的一项指标，它是划分岩石等级的主要依据。岩石的抗压强度值主要取决于岩石的组成结构（如矿物组成、岩石的结构和构造、裂隙的分布等），同时试验的条件（如试件尺寸和形状、加载速度、试验状态温度和湿度等）对抗压强度试验结果也有显著影响。

2. 磨耗性

磨耗性是岩石抵抗撞击、剪切和摩擦等综合作用的性能，以磨耗率表示。我国现行标准《公路工程岩石试验规程》（JTG E41—2005）规定岩石磨耗试验方法与粗集料的磨耗试验方法相同，按《公路工程集料试验规程》（JTG E42—2005）采用洛杉矶式磨耗试验。

洛杉矶式磨耗试验（又称搁板式磨耗试验），试验机是由一个直径为 711mm、长为 508mm 的圆鼓和鼓中的一个搁板所组成。试样由不同规格的碎石组成，总质量为 5000g±50g。当试样加入磨耗鼓的同时，加入 12 个钢球，钢球总质量为 5000g±50g，磨耗鼓以 30～33r/min 的转速旋转，在旋转时，由于搁板的作用，可将岩石和钢球带到高处落下。经旋转 500 次后，将岩石试样取出，用 1.6mm 的方孔筛筛去试样中的石屑，用水洗净留在筛上的试样，烘至恒量并称其质量。岩石磨耗率按式（1-8）计算：

$$Q_{磨} = \frac{m_1 - m_2}{m_1} \times 100 \tag{1-8}$$

式中：$Q_{磨}$——岩石磨耗率（%）；

m_1——装入圆筒中的试样质量（g）；

m_2——试验后洗净烘干的试样质量（g）。

（三）岩石的化学性质

1. 岩石的化学组成

岩石的化学组成与氧化物组成有关，几种典型岩石的化学组成见表 1-1。其主要化学成分为氧化硅、氧化钙、氧化铁、氧化铝、氧化镁，以及少量的氧化锰、三氧化硫等。

三种岩石的化学成分含量（%） 表 1-1

岩石名称	氧化硅 SiO_2	氧化钙 CaO	氧化铁 Fe_2O_3	氧化铝 Al_2O_3	氧化镁 MgO	氧化锰 MnO	三氧化硫 SO_3	磷酸酐 P_2O_5
石灰石	1.01	56.27	0.27	0.27	0.057	0.0065	0.009	极少量
花岗石	69.62	1.81	2.60	15.69	0.022	0.022	0.14	0.02
石英石	98.43	0.21	1.23	0.09	极少量	0.006	0.21	0

在大多数情况下，这些氧化物的化学稳定性较好，所以岩石本身是一种惰性材料。然而当与水接触时，岩石的化学成分比例将直接影响集料的亲水性以及集料与沥青的黏附性。在道路工程中，通常按照氧化硅 SiO_2 含量将岩石分为酸性（硅质岩石）（SiO_2 含量>65%）、中性（SiO_2 含量 52%～65%）和碱性（钙质岩石）（SiO_2 含量<52%）。大部分硅质岩石，如花岗岩、石英岩等在水中带有负电荷，亲水性较大，而石灰岩等钙质岩石在水中带有正电荷，亲水性较弱，见表 1-2。由于岩石对水的亲和力大于对沥青结合料的亲和力，水可能将集料上的沥青膜剥落，导致沥青混合料强度的降低。岩石的亲水系数越大，水对沥青混合料稳定性的影响就越大。

不同岩石的化学组成比例与亲水系数 表 1-2

岩 石 名 称	氧化硅含量范围（%）	亲 水 系 数
石英岩	80～100	1.06
花岗岩	64～80	0.98
石灰岩	0～50	0.79

此外，在道路路面和机场道面工程实践中发现，当岩石以集料的形式应用于水泥混凝土中时，某些含有活性二氧化硅或活性碳酸盐成分的集料会与水泥中的碱性氧化物发生化学反应，称“碱一集料反应”。这种反应会对混凝土结构强度和稳定性产生非常不利的影响。

2. *岩石按化学组成分类*

从表1-2可以看出，三种矿质材料在化学组成上不同之处就在于石灰石含有CaO成分很高，含SiO_2的成分很少，而花岗石与石英石与之相反，SiO_2含量很高，CaO含量很低。按克罗斯的分类法，岩石化学组成中SiO_2含量大于65%的岩石称为酸性岩石，SiO_2含量为52%～65%的岩石称为中性岩石，SiO_2含量小于52%的岩石称为碱性岩石。虽然各种岩石有其大致的SiO_2含量范围（见图1-2），但是，岩石造岩矿物是变化无常的，进行化学组成分析比较复杂。在道路工程中通常采用水煮法测定集料与沥青的黏附性。

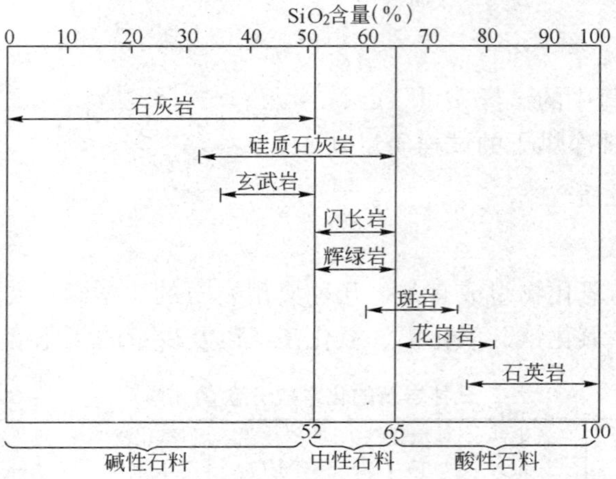

图1-2　岩石与沥青黏附性按岩石中SiO_2含量分类

（四）岩石的分类与鉴定

借助简单的工具和试剂（如放大镜、显微镜、硬度计、铁刀刃、钢刀刃、玻璃片、稀盐酸等），凭肉眼观察研究岩石的岩相结构与性质，可以有效地鉴定岩石的矿物组成、结构和构造，进而确定岩石名称或类别。常见三大类岩石——岩浆岩、沉积岩和变质岩的主要区别参见表1-3。

三大类岩石的主要区别　　表1-3

特征	岩浆岩	沉积岩	变质岩
矿物成分及其特征	组成岩浆岩的矿物以硅酸盐矿物为主，其中最多的是长石、石英、黑云母、角闪石、辉石、橄榄石等，其中颜色较浅的，称浅色矿物，因以二氧化硅和钾、钠的铝硅酸盐类为主，又称硅铝矿物，如石英、长石等；其中颜色较深的，称暗色矿物，因以含铁、镁的硅酸盐类为主，又称铁镁矿物，如黑云母、角闪石、辉石、橄榄石等	组成沉积岩的矿物成分约有160余种，但比较重要的仅有20余种，如石英、长石、云母、黏土矿物、碳酸盐矿物、卤化物及含水氧化铁、锰、铝矿物等。在一般沉积岩中矿物成分不过1～3种，很少超过5～6种	组成变质岩的矿物成分，按其成因可分为： ①新生矿物（变晶矿物）：在变质作用过程中新生成的矿物。如黏土岩经过变质后生成的红柱石。 ②原生矿物：在变质作用过程中保留下来的原岩中的稳定矿物。如云英岩中的一部分石英就是花岗岩在云英岩化过程中保留下来的原生矿物。 ③残余矿物：在变质作用过程中残留下来的原岩中的不稳定矿物，如花岗岩在云英岩化过程中残留有不稳定的长石
结构和构造	①具粒状、玻璃、斑状结构，气孔、杏仁、块状等构造； ②除喷出岩外，没有层状、片状等构造	①结构复杂，因形成环境而异； ②具层理，在层面上有波痕	①具有片理； ②板状、片状、片麻状构造，结晶质结构； ③砾石及晶体因受力可能变形

二、集料的技术性质

集料是指在混合物中起骨架或填充作用的粒料，包括岩石天然风化而成的砾石（卵石）和砂等，以及由岩石经人工轧制的各种尺寸的碎石、石屑等。

工程上一般按粒径将集料分为粗集料和细集料两类。

（一）粗集料的技术性质

粗集料的技术性质包括物理性质和力学性质两个方面内容。路用粗集料物理性质有物理常数（表观密度、毛体积密度、堆积密度及空隙率等）、级配和坚固性。路用粗集料的力学性质有压碎值、磨光值、冲击值和磨耗率四项指标。

1. 物理性质

1）物理常数

在计算集料的物理常数时，不仅要考虑集料中的孔隙（开口孔隙和闭口孔隙），还要考虑颗粒间的空隙。粗集料的体积和质量的关系如图 1-3 表示。

（1）表观密度（视密度）

粗集料的表观密度是在规定条件（105℃±5℃烘干至恒量）下，单位表观体积（包括矿质实体和闭口孔隙体积）集料的质量。粗集料表观密度以 ρ_a 表示。

$$\rho_a = \frac{m_s}{V_s + V_n} \tag{1-9}$$

式中：ρ_a——集料的表观密度（g/cm³）；

m_s——矿质实体质量（g）；

V_s——矿质实体体积（cm³）；

V_n——矿质实体闭口孔隙体积（cm³）。

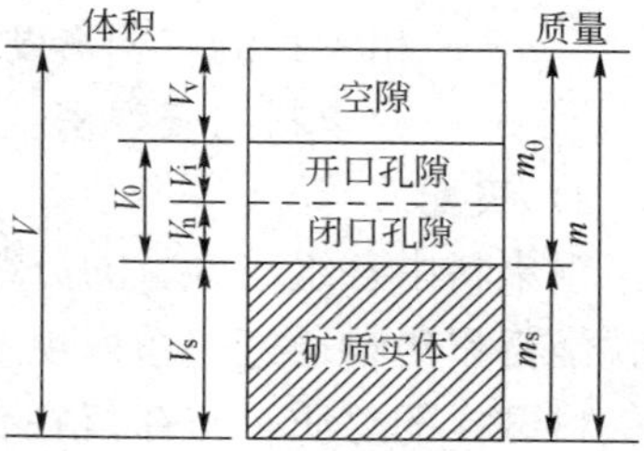

图 1-3　粗集料组成体积与质量关系示意图

粗集料表观密度测定方法是按《公路工程集料试验规程》（JTG E42—2005）规定采用网篮法测定。

（2）毛体积密度

粗集料的毛体积密度是在规定的条件下，单位毛体积（包括矿质实体、闭口孔隙和开口孔隙）的质量。粗集料毛体积密度如图 1-3，可按式（1-10）计算。

$$\rho_b = \frac{m_s}{V_s + V_n + V_i} \tag{1-10}$$

式中：ρ_b——粗集料毛体积密度（g/cm³）；

V_s，V_n，V_i——分别为粗集料矿质实体、闭口孔隙和开口孔隙体积（cm³）；

m_s——矿质实体质量（g）。

粗集料毛体积密度的测定方法是按《公路工程集料试验规程》（JTG E42—2005）规定测定。将已知质量的干燥粗集料经 24h 饱水后，用湿毛巾擦干而测得饱和面干质量，然后用排水法测得水中的体积，即可计算出粗集料毛体积密度。

（3）堆积密度

粗集料的堆积密度是单位体积（包括矿质实体、闭口孔隙、开口孔隙及颗粒间空隙体积）集料的质量。可按式（1-11）求得：

$$\rho=\frac{m_s}{V_s+V_n+V_i+V_v} \tag{1-11}$$

式中：ρ——粗集料的堆积密度（g/cm^3）；

m_s——矿质实体的质量（g）；

V_s、V_n、V_i、V_v——分别为矿质实体、闭口孔隙、开口孔隙和颗粒间空隙的体积（cm^3）。

粗集料的堆积密度包括自然堆积状态、振实状态和捣实状态下的堆积密度，计算同上式。

（4）空隙率

粗集料空隙率是粗集料颗粒之间的空隙体积占总体积的百分率。

粗集料空隙率可按式（1-12）计算：

$$n=\left(1-\frac{\rho}{\rho_a}\right)\times 100 \tag{1-12}$$

式中：n——粗集料的空隙率（%）；

ρ——粗集料的堆积密度（g/cm^3）；

ρ_a——粗集料的表观密度（g/cm^3）。

2）级配

粗集料中各组成颗粒的分级和搭配情况称为级配。级配是通过筛分试验确定的。筛分试验就是将粗集料通过一系列规定筛孔尺寸的标准筛，测定出存留在各个筛上的集料质量，根据集料试样的总质量与存留在各筛孔上的集料质量，就可求得一系列与集料级配有关的参数：①分计筛余百分率；②累计筛余百分率；③通过百分率。粗集料的筛分试验中采用的标准套筛尺寸范围及试样质量与细集料筛分试验有所不同，但级配参数的计算方法与细集料相同，详见“细集料的技术性质”内容。

3）坚固性

除前述的将原岩石加工成规则试块进行抗冻性和坚固性试验外，对已轧制成的碎石或天然卵石，亦可采用规定级配的各粒级集料，按现行《公路工程集料试验规程》（JTG E42—2005）选取规定数量，分别装在金属网篮中浸入饱和硫酸钠溶液中进行干湿循环试验。经5次循环次数后，观察其表面破坏情况，并用质量损失百分率来计算其坚固性（也称安定性）。

2. 粗集料的力学性质

道路路面建筑用粗集料的力学性质，主要是压碎值和磨耗率，其次是新近引入的磨光值、道瑞磨耗值和冲击值。洛杉矶式磨耗试验已在岩石力学性质中讲过，现将压碎值、磨光值、冲击值、道瑞磨耗值分述如下。

（1）压碎值

粗集料压碎值是集料在逐渐增加的荷载下抵抗压碎的能力，也是集料强度的相对指标，用以鉴定集料品质。我国现行规范《公路工程集料试验规程》（JTG E42—2005）中规定了压碎值的两种测试方法，分别用于鉴定水泥混凝土和沥青混合料用粗集料。规范规定，水泥混凝土用粗集料压碎值试验是将9.5～13.2mm集料试样3kg装入压碎值测定仪的钢质圆筒内，放在压力机上，在10min左右均匀地加荷至400kN，稳压5s，然后卸荷，称其通过

2.36mm 的筛余质量，按式（1-13）计算：

$$Q'_a = \frac{m_1}{m_0} \times 100 \tag{1-13}$$

式中：Q'_a——石料的压碎值（%）；

m_0——试验前试样质量（g）；

m_1——试验后通过 2.36mm 筛孔的细料质量（g）。

（2）磨光值

磨光值是反映集料抵抗轮胎磨光作用能力的指标，它是采用加速磨光机磨光岩石，并用摆式摩擦系数测定仪测得的磨光后集料的摩擦系数来确定。用高磨光值的集料来铺筑道路路面表层，可以提高路表的抗滑能力，保障车辆的安全行驶。

磨光值试验的基本方法是将 9.5～13.2mm 干净集料颗粒单层紧密地排列在试模之中，并用环氧树脂砂浆固定，制成试件，经养护后拆模。同种集料制备 6～10 个试件，从中挑选 4 块，顺序安装在道路轮上。先用 30 号粗金刚砂对试件磨蚀 3h，再用 280 号细金刚砂磨蚀 2h 后停机。取出试件后，用摆式摩擦系数测定仪测定试件的摩擦系数，然后按规定的方法计算磨光值读数，以 PSV 表示。集料磨光值愈高，表示其抗滑性愈好。

（3）冲击值

冲击值是反映集料抵抗多次连续重复冲击荷载作用的能力。由于路表集料直接承受车轮荷载的冲击作用，这一指标对道路表层用集料非常重要。

按现行规范《公路工程集料试验规程》（JTG E42—2005）规定的试验方法，集料的冲击值试验选取粒径为 9.5～13.2mm 的干燥集料颗粒，按标准方法分三层装入量筒中，称取集料试样质量，将称好质量的集料装入冲击钢筒中后置于冲击试验仪上，用捣实杆捣实 25 次使其初步压实，调整锤击高度，让锤从 380mm±5mm 处自由落下，连续锤击集料 15 次，每次间隔不少于 1s。将击实试验后的集料用 2.36mm 的筛子筛分并称取通过 2.36mm 筛孔的石屑质量。集料冲击值按式（1-14）计算。

$$\text{AIV} = \frac{m_1}{m} \times 100 \tag{1-14}$$

式中：AIV——集料的冲击值（%）；

m——试样的总质量（g）；

m_1——冲击试验后，通过 2.36mm 筛孔的石屑质量（g）。

（4）磨耗值

磨耗值用于评定集料抵抗车轮撞击及磨耗的能力。按我国现行《公路工程集料试验规程》（JTG E42—2005）采用道瑞磨耗试验机测定集料的磨耗值。其方法是选取粒径为 9.5～13.2mm 的洗净集料试样，以单层紧密排列在试模中，单层集料颗粒不得少于 24 粒。用环氧树脂砂浆填充密实，养护 24h 后脱模取出试件，准确称出试件质量，试件、托盘和配重总质量为 2000g±10g。将试件安装在道瑞磨耗机附的托盘上，按 28～30r/min 转速旋转 100 转，旋转的同时连续不断地向磨盘上均匀地撒布规定细度的石英砂，停机后取下试件，观察有无异常现象，然后按相同方法再磨 400 转，可分为 4 个 100 转重复 4 次磨完，也可连续 1

次磨完。转完500转后取出试件，刷净残砂，准确称出试件质量。集料的磨耗值按式(1-15)计算。

$$AAV = \frac{3(m_1 - m_2)}{\rho_s} \tag{1-15}$$

式中：AAV——集料的道瑞磨耗值；

m_1——磨耗前试件的质量（g）；

m_2——磨耗后试件的质量（g）；

ρ_s——集料的表干密度（g/cm^3）。

集料磨耗值愈高，表示集料耐磨性愈差。

（二）细集料的技术性质

在沥青混合料中，细集料是指粒径小于2.36mm的天然砂、人工砂（包括机制砂）及石屑；在水泥混凝土中，细集料是指粒径小于4.75mm的天然砂、人工砂。在工程中应用较多的细集料是砂。

砂按来源分为两类。一类为天然砂，它是岩石在自然条件下风化形成的，因产源不同可分为河砂、山砂和海砂。河砂颗粒表面圆滑，比较洁净，质地较好，产源广；山砂颗粒表面粗糙有棱角，含泥量和含有机杂质多；海砂虽然具有河砂的特点，但因在海中所以常混有贝壳碎片和盐分等有害杂质。一般工程上多使用河砂。在缺乏河砂地区，可采用山砂或海砂，但在使用时必须按规定作技术检验。另一类为人工砂，它是将岩石轧碎而成，表面多棱角，较洁净。因为是由人工轧制而成，所以造价较高，如无特殊情况，不宜采用这种砂。

细集料技术性质主要包括物理性质、颗粒级配和粗度。

1. 物理常数

细集料的物理常数主要有表观密度、堆积密度和空隙率等，其含义与粗集料完全相同，具体数值可通过试验测定。细集料的物理常数计算方法与粗集料相同，详见“粗集料技术性质”。

2. 级配

级配是集料各级粒径颗粒的分配情况，砂的级配可通过砂的筛分试验确定。筛分试验是将预先通过9.5mm筛（水泥混凝土用天然砂）或4.75mm筛（沥青路面及基层用的天然砂、石屑、机制砂等）的试样，称取500g（m_1）置于一套孔径为分别为4.75mm、2.36mm、1.18mm、0.6mm、0.3mm、0.15mm、0.075mm的方孔筛上，分别求出试样存留在各筛上的质量，然后按下述方式计算其级配有关参数。

（1）分计筛余百分率

各号筛上的分计筛余百分率为各号筛上的筛余量除以试样总质量（M）的百分率，按式(1-16)计算，准确至0.1%。

$$a_i = \frac{m_i}{M} \times 100\% \tag{1-16}$$

式中：a_i——各号筛上的分计筛余百分率（%）；

m_i——某号筛上的筛余质量（g）；

M——试样的总质量（g）。

（2）累计筛余百分率

各号筛的累计筛余百分率为该号筛及大于该号筛的各号筛的分计筛余百分率之和，按式（1-17）计算，准确至0.1%。

$$A_i = a_1 + a_2 + \cdots + a_i \tag{1-17}$$

式中：　　A_i——各号筛的累计筛余百分率（%）；

a_1，a_2，…，a_i——4.75mm、2.36mm、…至计算的某号筛的分计筛余百分率（%）。

（3）通过百分率

各号筛的质量通过百分率等于100减去该号筛累计筛余百分率，按式（1-18）计算，准确至0.1%。

$$P_i = 100 - A_i \tag{1-18}$$

式中：P_i——各号筛的通过百分率（%）；

A_i——各号筛的累计筛余百分率（%）。

综上所述，分计筛余、累计筛余和通过量的关系可见表1-4。

分计筛余、累计筛余和通过量关系表　　表1-4

筛孔 d (mm)	存留质量 m_i (g)	分计筛余 a_i (%)	累计筛余 A_i (%)	通过量 P_i (%)
4.75	$m_{4.75}$	$a_{4.75}$	$A_{4.75}=a_{4.75}$	$P_{4.75}=100-A_{4.75}$
2.36	$m_{2.36}$	$a_{2.36}$	$A_{2.36}=a_{4.75}+a_{2.36}$	$P_{2.536}=100-A_{2.36}$
1.18	$m_{1.18}$	$a_{1.18}$	$A_{1.18}=a_{4.75}+a_{2.36}+a_{1.18}$	$P_{1.18}=100-A_{1.18}$
0.60	$m_{0.60}$	$a_{0.60}$	$A_{0.60}=a_{4.75}+a_{2.36}+a_{1.18}+a_{0.60}$	$P_{0.60}=100-A_{0.60}$
0.30	$m_{0.30}$	$a_{0.30}$	$A_{0.30}=a_{4.75}+a_{2.36}+a_{1.18}+a_{0.60}+a_{0.30}$	$P_{0.30}=100-A_{0.30}$
0.15	$m_{0.15}$	$a_{0.15}$	$A_{0.15}=a_{4.75}+a_{2.36}+a_{1.18}+a_{0.60}+a_{0.30}+a_{0.15}$	$P_{0.15}=100-A_{0.15}$
<0.15	$m_{<0.15}$	$a_{<0.15}$	$A_{<0.15}=a_{4.75}+a_{2.36}+a_{1.18}+a_{0.60}+a_{0.30}+a_{0.15}+a_{<0.15}$	
	$\sum m_i=M$	$\sum a_i=100$		

3. 粗度

粗度是评价砂粗细程度的一种指标，通常用细度模数表示。细度模数亦称细度模量，可按式（1-19）计算，精确至0.01。

$$M_x = \frac{(A_{0.15} + A_{0.3} + A_{0.6} + A_{1.18} + A_{2.36}) - 5A_{4.75}}{100 - A_{4.75}} \tag{1-19}$$

式中：　　M_x——砂的细度模数；

$A_{0.15}$，$A_{0.3}$，…，$A_{4.75}$——分别为0.15mm、0.3mm、…、4.75mm各筛上的累积筛余百分率（%）。

细度模数愈大，表示细集料愈粗。我国现行标准《建筑用砂》（GB/T 14684—2001）规定砂的粗度按细度模数可分为下列三级：

M_x=3.7～3.1 为粗砂

M_x=3.0～2.3 为中砂

M_x=2.2～1.6 为细砂

【例题 1-1】 工地现有砂 500g，筛分试验后的筛分结果如表 1-5 所示。计算该砂的细度模数，并评价其粗细程度。

表 1-5

筛孔尺寸（mm）	9.5	4.75	2.36	1.18	0.6	0.3	0.15	底盘
筛余量（g）	0	10	20	45	100	135	155	35

解： 按题所给筛分结果计算如表 1-5′。

表 1-5′

筛孔尺寸（mm）	9.5	4.75	2.36	1.18	0.60	0.30	0.15	底盘
筛余量 m_i（g）	0	10	20	45	100	135	155	35
分计筛余百分率 a_i（%）	0	2	4	9	20	27	31	7
累计筛余百分率 A_i（%）	0	2	6	15	35	62	93	100
通过百分率 P_i（%）	100	98	94	85	65	38	7	0

将 0.15～4.75mm 累计筛余百分率代入式（1-19）得该集料的细度模数为：

$$M_x = \frac{(A_{0.15} + A_{0.3} + A_{0.6} + A_{1.18} + A_{2.36}) - 5A_{4.75}}{100 - A_{4.75}}$$

$$= \frac{(93 + 62 + 35 + 15 + 6) - 5 \times 2}{100 - 2} = 2.05$$

由于细度模数为 2.05 在 2.2～1.6 之间，所以此砂为细砂。

细度模数虽能表示砂的粗细程度，但不能完全反映出砂的颗粒级配情况，因为相同细度模数的砂可有不同的颗粒级配。因此，要全面表征砂的颗粒性质，必须同时使用细度模数和级配两个指标。

第二节 矿质混合料的组成设计

道路与桥梁用砂石材料，大多数是以矿质混合料的形式与各种结合料（如水泥或沥青等）组成混合料使用。欲使水泥混凝土和沥青混合料具备优良的路用性能，除各种矿质集料的技术性质应符合技术要求外，矿质混合料还必须满足最小空隙率（即最大密实度）和最大摩擦力（各级集料紧密排列）的基本要求。为此，必须对矿质混合料进行组成设计。

一、矿质混合料的级配理论

1. 级配类型

各种不同粒径的集料，按照一定的比例搭配起来，以达到较高的密实度和较大摩擦力。可以采用下列两类级配。

（1）连续级配

连续级配是某种矿质混合料在标准筛孔配成的套筛中筛分后，所得级配曲线平顺圆滑，不间断。这种由大到小，逐级粒径均有，并按比例互相搭配组成的矿质混合料，称为连续级配矿质混合料。

(2) 间断级配

间断级配是在矿质混合料中剔除其一个或几个分级，形成一种不连续的混合料，这种混合料称为间断级配矿质混合料。

连续级配和间断级配曲线如图 1-4 所示。

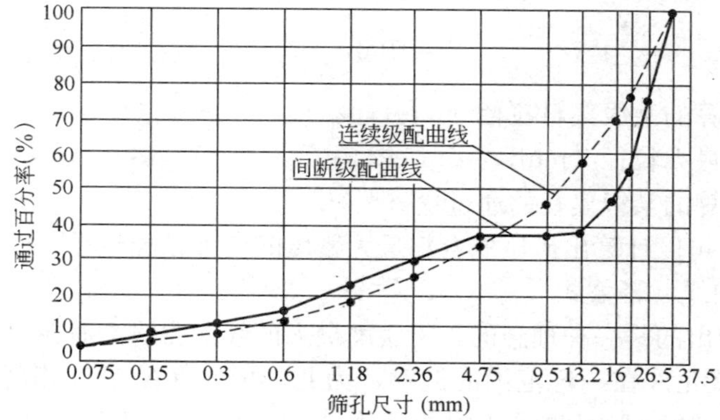

图 1-4　连续级配和间断级配曲线比较

2. 级配理论

(1) 最大密度曲线理论

富勒（W. B. Fuller）在大量试验基础上提出的一种理想曲线（见图 1-5）。该理论认为“矿质混合料的颗粒级配曲线愈接近抛物线，则其密度愈大”。因此，当级配曲线为抛物线时其密实度越大，空隙率越小，这个结果可以由式（1-20）表示。

$$P^2 = kd \tag{1-20}$$

式中：P——集料颗粒在筛孔尺寸 d 上的通过百分率（%）；

d——集料中颗粒的筛孔尺寸（mm）；

k——统计参数。

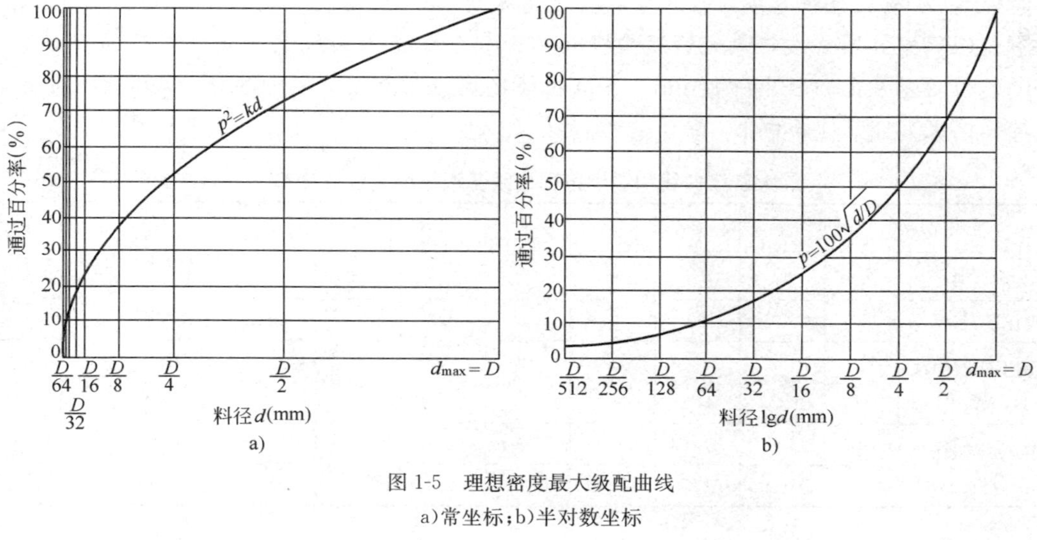

图 1-5　理想密度最大级配曲线

a) 常坐标；b) 半对数坐标

当颗粒粒径 d 等于最大粒径 D 时，则通过量等于 100%，即 $d=D$ 时，$P=100$，因此可得

$$k = 100^2 \cdot \frac{1}{D} \tag{1-21}$$

当希望求任一级颗粒粒径 d 的通过量 P 时，用式（1-21）代入式（1-20）得：

$$P = 100 \cdot \sqrt{\frac{d}{D}} \tag{1-22}$$

式中：d——希望计算的某级集料粒径（mm）；

D——集料的最大粒径（mm）；

P——希望计算的某级集料的通过量（%）。

根据式（1-22）可以计算出矿质混合料最大密度时各种颗粒粒径（d）的通过量（P）。

（2）最大密度曲线 n 幂公式

式（1-22）所给出的是一种理想的、密实度最大的级配曲线，而在实际应用中，矿质混合料的级配曲线应该允许在一定范围内波动，为此，泰波（A. N. Talbal）在式（1-22）的基础上进行了修正，给出级配曲线范围的计算公式（1-23）。当试验指数为 0.5 时，公式（1-23）就是式（1-22）。

$$P = 100 \cdot \left(\frac{d}{D}\right)^{n} \tag{1-23}$$

式中：P，d，D——意义同式（1-22）；

n——试验指数。

在工程实践中，集料的最大理论密度曲线为试验指数 $n=0.45$ 的级配曲线，常用矿质混合料的级配指数一般在 0.3～0.7 之间。将级配指数 0.3 和 0.7 代入式（1-23）进行计算，可绘制相应的级配曲线。

【例题 1-2】 已知矿质混合料最大粒径为 40mm，试用最大密度曲线公式计算其最大密度曲线的各级粒径的通过百分率；并按 $n=0.3$～0.7 计算级配范围的各粒级的通过百分率。（提示：矿质混合料各级粒径尺寸按 1/2 递减）。

解：（1）按 n 幂公式，最大密度曲线 $n=0.5$，级配范围曲线范围 $n_1=0.3$，$n_2=0.7$。

（2）按题意最大粒径 $D=40$mm，各级粒径 d_i 按 1/2 递减，分别用 D 和 d_i 代入 n 幂公式，计算结果列于表 1-6 中。

最大密度曲线和级配范围曲线各级粒径通过百分率 表 1-6

分级顺序 N		1	2	3	4	5	6	7	8	9	10
粒径比 $\frac{D}{2^{n-1}}$		D	$\frac{D}{2}$	$\frac{D}{4}$	$\frac{D}{8}$	$\frac{D}{16}$	$\frac{D}{32}$	$\frac{D}{64}$	$\frac{D}{128}$	$\frac{D}{256}$	$\frac{D}{512}$
理论粒径 d_i（mm）		40	20	10	5	2.5	1.25	0.63	0.315	0.16	0.08
最大密度级配曲线通过百分率（%）	$n=0.5$	100	70.71	50.00	35.36	25.00	17.68	12.55	8.87	6.32	4.47
级配范围曲线通过百分率（%）	$n=0.3$	100	81.23	65.98	53.59	43.53	35.36	28.79	23.38	19.08	15.50
	$n=0.7$	100	61.56	37.89	23.33	14.36	8.34	5.47	3.37	2.10	1.29

二、级配曲线范围的绘制

矿质混合料按级配理论公式计算出各粒级的通过百分率，以粒径（mm）为横坐标，以通过百分率为纵坐标，可绘制理论级配曲线。但由于矿料的不均匀性及混合料配制时的误差等因素影响，所配制的混合料往往不可能与理论级配完全相符合。因此，必须允许配料时的合成级配在适当的范围内波动，这就是“级配范围”。

由前面例题可知，级配曲线如按常坐标绘制，则必然造成前疏后密，不便于绘制和查阅。为此，通常用半对数坐标代替，即横坐标颗粒粒径（即筛孔尺寸）采用对数坐标，而纵坐标通过百分率采用常坐标。

我国沿用半对数坐标系绘制级配范围曲线的方法，首先要按对数计算出各种颗粒粒径（即筛孔尺寸）在横坐标轴上的位置，而表示通过百分率的纵坐标则按普通算术坐标绘制。绘制好横、纵坐标后，将计算所得的各颗粒粒径（d_i）的通过百分率（p_i）绘制在坐标图上，再将确定的各点连接为光滑的曲线，例题 1-2 按半对数坐标绘制如图 1-6 所示。

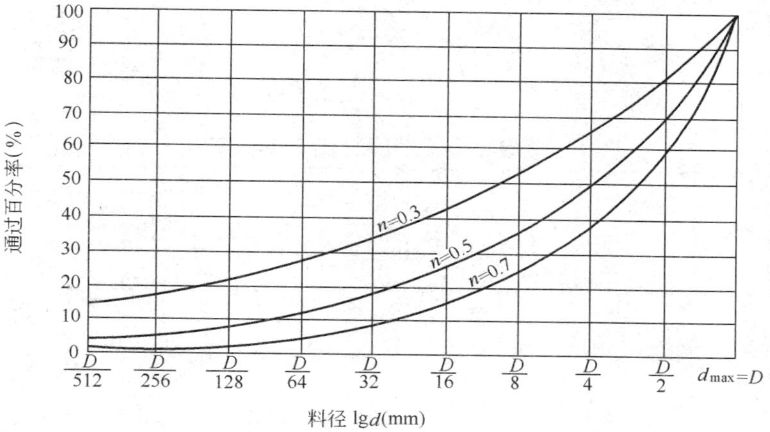

图 1-6　最大密度曲线和级配范围

注：图中 $n=0.5$ 为最佳级配曲线，$n=0.3\sim0.7$ 为允许波动范围，曲线级配范围包括密级配和开级配。

各种颗粒粒径在横坐标上位置的确定方法如下：

（1）确定横坐标的长度 S。

（2）确定横坐标的对数间距系数

$$K=\frac{S}{\lg d_{max}-\lg d_{min}} \tag{1-24}$$

式中：S——给定的横坐标长度（mm）；

d_{max}——集料的最大粒径（mm）；

d_{min}——集料的最小粒径（mm）。

（3）各种颗粒粒径在横坐标上距最小粒径的位置

$$S_i=(\lg d_i-\lg d_{min})K \tag{1-25}$$

式中：S_i——各筛孔距最小筛孔距离（mm）；

d_i——需要计算的颗粒粒径（mm）。

【例题 1-3】 绘制筛孔径为 31.5mm、19.0mm、9.5mm、4.75mm、2.36mm、1.18mm、0.60mm、0.3mm、0.15mm，横坐标为 100mm，试验指数 n=0.3～0.5 级配范围曲线图。

解：（1）确定各筛孔在横坐标上的位置（表 1-7）

$$K=\frac{S}{\lg d_{max}-\lg d_{min}}=\frac{100}{\lg 31.5-\lg 0.15}=43.06$$

$$S_i=(\lg d_i-\lg 0.15)\times 43.06$$

各筛孔在横坐标上的位置计算表 表 1-7

筛孔尺寸 d_i（mm）	31.5	19	9.5	4.75	2.36	1.18	0.6	0.3	0.15
各筛孔距 0.15mm 筛孔距离 S_i（mm）	100	91	78	65	52	39	26	13	0

（2）确定级配曲线范围（表 1-8）

根据泰波公式

$$P_i=100\times\left(\frac{d_i}{31.5}\right)^{0.3}；\ P_i=100\times\left(\frac{d_i}{31.5}\right)^{0.5}$$

理论级配曲线各级粒径通过百分率 P_i 表 1-8

筛孔尺寸 d_i（mm）		31.5	19	9.5	4.75	2.36	1.18	0.6	0.3	0.15
试验指数	n=0.3	100	85.9	69.8	56.7	46.0	37.3	30.5	24.8	20.1
	n=0.5	100	77.7	54.9	38.8	27.4	19.4	13.8	9.8	6.9

（3）绘制级配范围曲线图（图 1-7）

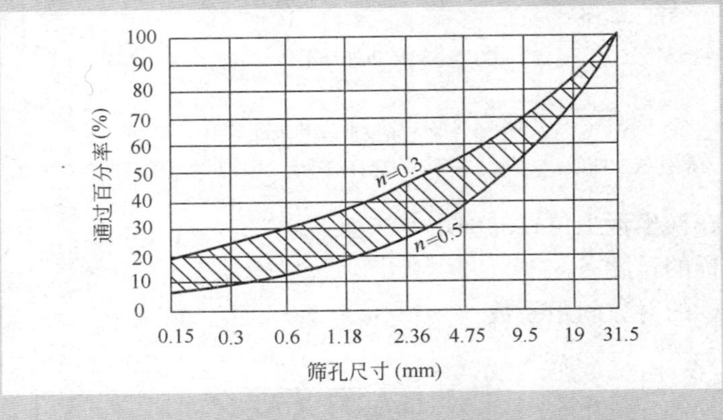

图 1-7 例题 1-3 级配范围曲线

三、矿质混合料的组成设计方法

天然或人工轧制的一种集料的级配往往很难完全符合某一级配范围的要求，因此必须采用两种或两种以上的集料配合起来才能符合级配范围的要求。这就需要对矿质混合料进行配合组成设计即确定组成混合料各集料的比例。确定混合料配合比的方法很多，但一般主要采用试算法与图解法两大类。两类设计方法均需要在两个已知条件的基础上进行：第一个条件是各种集料的筛分结果；第二个条件是合成继配要求可根据设计要求、技术规范或理论计算确定。

（一）试算法

1. 基本原理

试算法适用于2～3种矿料组成的混合料，是最简单的一种方法。试算法的基本原理是，设有几种矿质集料，欲配制某一种符合一定级配要求的矿质混合料，在决定各组成集料在混合料中的比例时，先假定混合料中某种粒径的颗粒是由某一种对该粒径占优势的集料所组成，而其他各种集料不含此粒径。如此根据各个主要粒径去试算各种集料在混合料中的大致比例。如果比例不合适，则稍加调整，这样逐步渐进，最终获得符合混合料级配要求的各集料的配合比例。

例如现有A、B、C三种集料，欲配制成某一级配要求的混合料M。确定这三种集料在混合料M中的配合比例（即配合比），按题意作下列两点假设。

①设A、B、C三种集料在混合料M中的用量比例分别为X、Y、Z，则

$$X+Y+Z=100 \tag{1-26}$$

②又设混合料M中某一级粒径（i）要求的含量为$a_{M(i)}$，A、B、C三种集料在原级配中该粒径的含量分别为$a_{A(i)}$、$a_{B(i)}$、$a_{C(i)}$。则

$$a_{A(i)}\cdot X+a_{B(i)}\cdot Y+a_{C(i)}\cdot Z=a_{M(i)} \tag{1-27}$$

2. 计算步骤

在上述两点假设的前提下，按下列步骤求A、B、C三种集料在混合料中的用量。

（1）由假设①，混合料M中某一级粒径（i）主要由A集料所提供（即A料占优势），而忽略其他集料在此粒径的含量，这样即可计算出A料在混合料中的用量比例。

按假设②得$a_{B(i)}=a_{C(i)}=0$，代入式（1-27），得$a_{A(i)}\cdot X=a_{M(i)}$，故：

$$X=\frac{a_{M(i)}}{a_{A(i)}}\times 100 \tag{1-28}$$

（2）假设混合料M中某一级粒径（j）由C集料占优势，同理可计算出C料在混合料中的用量比例。

$$Z=\frac{a_{M(j)}}{a_{C(j)}}\times 100 \tag{1-29}$$

（3）由式（1-28）、（1-29）可以计算出B料在混合料中的用量比例，即：

$$Y=100-(X+Z) \tag{1-30}$$

（4）校核、调整

按上述步骤即可计算A、B、C三种集料组成矿质混合料的配合比X、Y、Z。经校核，如不在要求的级配范围内，应调整配合比重新计算和复核。

【例题 1-4】 现有碎石、石屑和矿粉三种矿质材料，筛分结果按分计筛余列于表1-9，要求配制成 AC-13 级配要求的混合料，求碎石、石屑和矿粉三种材料在混合料中的用量比例。

原有集料的分计筛余和混合料要求级配范围 表 1-9

原材料		筛孔尺寸（mm）										
		16.0	13.2	9.5	4.75	2.36	1.18	0.6	0.3	0.15	0.075	<0.075
各种矿料分计筛余（%）	碎石		5.2	41.7	50.5	2.6						
	石屑				1.6	24.0	22.5	16.0	12.4	11.5	10.8	1.2
	矿粉										13.2	86.6
AC-13 级配范围通过量（%）		100	90～100	68～85	38～68	24～50	18～38	10～28	7～20	5～15	4～8	

解：（1）计算 AC-13 级配范围的分计筛余百分率中值（表 1-10）

AC-13 级配范围分计筛余中值计算表 表 1-10

筛孔尺寸（mm）	16.0	13.2	9.5	4.75	2.36	1.18	0.6	0.3	0.15	0.075	<0.075
AC-13 级配范围通过量（%）	100	90～100	68～85	38～68	24～50	15～38	10～28	7～20	5～15	4～8	
AC-13 级配范围累计筛余（%）		10～0	32～15	62～32	76～50	85～62	90～72	93～80	95～85	96～92	—
AC-13 级配范围累计筛余中值（%）		5.0	23.5	47.0	63.0	73.5	81.0	86.5	90.0	94.0	100
AC-13 级配范围分计筛余中值（%）		5.0	18.5	23.5	16.0	10.5	7.5	5.5	3.5	4.0	6.0

（2）计算碎石在混合料中的用量

碎石在 4.75mm 筛孔占优势（分计筛余百分率最大），令 $a_{B(4.75)}=a_{C(4.75)}=0$，因此

$$X=\frac{a_{M(4.75)}}{a_{A(4.75)}}\times100\%=\frac{23.5}{50.5}\times100\%=47\%$$

（3）计算矿粉在混合料中的用量

矿粉在<0.075mm 筛孔占优势（分计筛余百分率最大），令 $a_{A(0.075)}=a_{B(0.075)}=0$，因此

$$Z=\frac{a_{M(0.075)}}{a_{C(0.075)}}\times100\%=\frac{6.0}{86.8}\times100\%=7\%$$

（4）计算石屑在混合料中的用量

$$Y=100-(46.5+6.9)=47\%$$

（5）校核（表 1-11）

根据以上计算得到矿质混合料的组成配合比为：碎石 $X=46.5\%$；石屑 $Y=46.6\%$；矿粉 $Z=6.9\%$。根据校核结果符合级配范围要求。如不符合级配范围，应调整配合比再进行试算，经几次调整，逐步接近，直至达到要求。如经计算确实不能符合级配要求，应调整或增加集料品种。

矿质混合料组成计算和校核表　　表 1-11

原材料		筛孔尺寸（mm）										
		16.0	13.2	9.5	4.75	2.36	1.18	0.6	0.3	0.15	0.075	<0.075
各种矿料分计筛余（%）	碎石		5.2	41.7	50.5	2.6						
	石屑				1.6	24.0	22.5	16.0	12.4	11.5	10.8	1.2
	矿粉										13.2	86.6
各矿料在混合料中用量（%）	碎石 46.5		2.4	19.4	3.5	1.2						
	石屑 46.6				0.7	11.2	10.5	7.5	5.8	5.3	5.0	0.6
	矿粉 6.9										0.9	6.0
混合料分计筛余（%）			2.4	19.4	24.2	12.4	10.5	7.5	5.8	5.3	5.9	6.6
混合料累计筛余（%）			2.4	21.6	46.0	58.4	68.5	76.4	82.2	87.5	93.4	100
混合料通过量（%）		100	97.6	78.4	54.0	41.6	31.5	23.6	17.6	12.5	6.6	
AC-13 级配范围通过（%）		100	90～100	68～85	38～68	24～50	15～38	10～28	7～20	5～15	4～8	

（二）图解法

通常采用“修正平衡面积法”确定矿质混合料的合成级配。在“修正平衡面积法”中，将设计要求的级配中值曲线绘制成一条直线，纵坐标和横坐标分别代表通过百分率和筛孔尺寸，这样，当纵坐标仍为算术坐标时，横坐标的位置将由设计级配中值所确定。

1. 绘制级配曲线坐标图

按照一定的尺寸绘制矩形图框，通常纵坐标通过百分率取 10cm，横坐标筛孔尺寸取 15cm。连接对角线 OO' 作为设计级配中值曲线，见图 1-8。按常数标尺在纵坐标上标出通过百分率位置，然后将设计级配中值（见表 1-12 中数据）要求的各筛孔通过百分率，标于纵坐标上，并从纵坐标引水平线与对角线相交，再从交点作垂线与横坐标相交，该交点即为各相应筛孔尺寸的位置。

AC-13 沥青混合料用矿料级配范围　　表 1-12

筛孔尺寸（mm）	16.0	13.2	9.5	4.75	2.36	1.18	0.6	0.3	0.15	0.075
级配范围（mm）	100	90～100	68～85	38～68	24～50	15～38	10～28	7～20	5～15	4～8
级配中值（mm）	100	95	76.5	53	37	26.5	19	13.5	10	6

2. 确定各种集料用量

以图 1-8 为基础，将各种集料的级配曲线绘制于图上，结果见图 1-9，然后根据两条相邻级配曲线之间的关系确定各种集料的用量。

由图 1-9 可见，任意两条相邻集料级配曲线之间的关系只可能是下列三种情况之一。

（1）两相邻级配曲线重叠

两条相邻级配曲线相互重叠，在图 1-9 中表现为集料 A 的级配曲线下部与集料 B 的级配曲线上部搭接。此时，在两级配曲线之间引一根垂线 AA'，使其与集料 A、B 的级配曲线截距相等，即 $a=a'$。垂线 AA' 与对角线 OO' 交于点 M，通过 M 作一水平线与纵坐标交于 P 点，OP 即为集料 A 的用量。

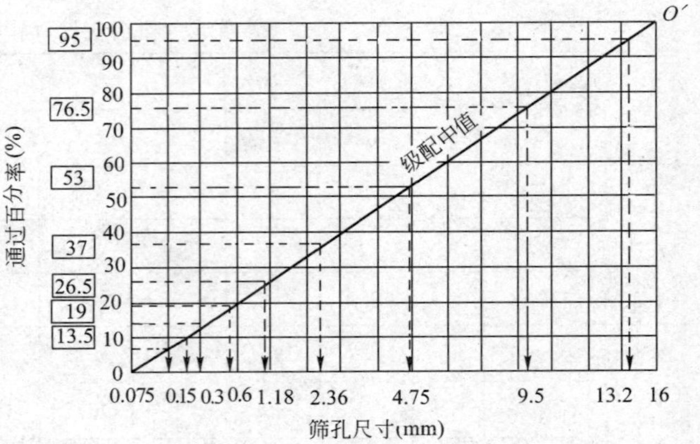

图 1-8 图解法用级配曲线坐标图（AC-13 沥青混合料级配）

（2）两相邻级配曲线相接

两条相邻级配曲线相接，在图 1-9 中表现为集料 B 的级配曲线末端与集料 C 的级配曲线首端正好在同一垂直线上。对于这种情况仅需将集料 B 的级配曲线末端与集料 C 的级配曲线首端直接相连，得垂线 BB'。BB' 与对角线 OO' 交于点 N，过点 N 作一水平线与纵坐标交于 Q 点，PQ 即为集料 B 的用量。

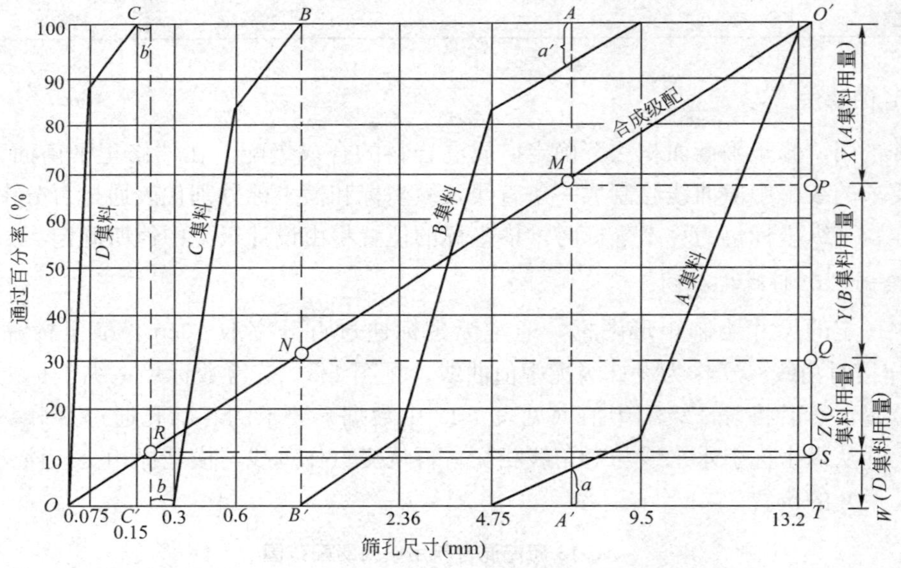

图 1-9 确定各集料配合比原理图

（3）两相邻级配曲线相离

两相邻级配曲线相离，表现为集料 C 的级配曲线末端与集料 D 的级配曲线首端在水平方向彼此分离。此时，作一条垂线 CC' 平分这段水平距离，使 $b=b'$，得垂线 CC'。CC' 与对

角线 OO' 交于点 R，通过 R 作一水平线与纵坐标交于 S 点，QS 即为集料 C 的用量。剩余 ST 即为集料 D 的用量。

3. 合成级配的计算与校核

与试算法相同，在图解法求解过程中，各种集料用量比例也是根据部分筛孔确定的，所以需要对矿料的合成级配进行校核，当超出级配范围时，应调整各集料的用量。合成级配的计算与校核方法与试算法相同。

【例题 1-5】　现有细碎石、石屑、砂、矿粉四种矿料，其筛分试验通过百分率见表 1-13，其要求的级配范围中值结果如表 1-14，试用图解法将其配制成 AC-10 型沥青混合料。

各种矿料筛分结果　　表 1-13

筛孔尺寸（mm）		13.2	9.5	4.75	2.36	1.18	0.6	0.3	0.15	0.075
各种矿料筛分通过量（%）	细碎石	98.0	16.7	0.8						
	石屑	100	95.5	36.4	1.0	0.5	0.3			
	砂	100	98.2	95.7	87.5	59.6	28.9	16.7	2.2	
	矿粉	100	100	100	100	100	99.1	97.4	94.3	81.9

AC-10 型沥青混合料级配范围及中值　　表 1-14

筛孔尺寸（mm）	13.2	9.5	4.75	2.36	1.18	0.6	0.3	0.15	0.075
AC-10 通过量（%）	100	90～100	45～75	30～58	20～44	13～32	9～23	6～16	4～8
AC-10 中值（%）	100	95	60	44	32	22.5	16	11	6

解：（1）作图确定各种矿料在混合料中的用量，见图 1-10。

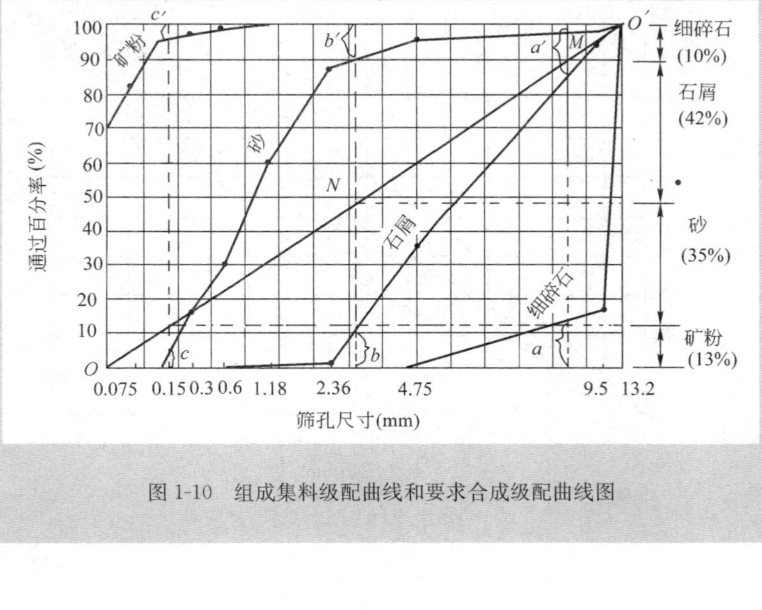

图 1-10　组成集料级配曲线和要求合成级配曲线图

（2）列表校核（表 1-15）。

AC-10 型沥青混合料图解法计算表 表 1-15

筛孔尺寸（mm）		13.2	9.5	4.75	2.36	1.18	0.6	0.3	0.15	0.075
各种矿料筛分通过量（%）	细碎石	98.0	16.7	0.8						
	石屑	100	95.5	36.4	1.0	0.5	0.3			
	砂	100	98.2	95.7	87.5	59.6	28.9	16.7	2.2	
	矿粉	100	100	100	100	100	99.1	97.4	94.3	81.9
各种矿料在混合料中的用量（%）	细碎石 10（10）	9.8 (31.4)	1.7 (5.3)	0.1 (0.3)						
	石屑 42（26）	42.0 (26.0)	40 (24.8)	15.3 (9.5)	0.4 (0.3)	0.2 (0.1)	0.1 (0.1)			
	砂 35（40）	35.0 (40.0)	34.4 (39.3)	33.5 (38.3)	30.6 (35)	20.9 (23.8)	10.1 (11.6)	5.8 (6.7)	0.8 (0.9)	
	矿粉 13（8）	13.0 (8.0)	13.0 (8.0)	13.0 (8.0)	13.0 (8.0)	13.0 (8.0)	12.9 (7.9)	12.7 (7.8)	12.3 (7.5)	10.6 (6.6)
设计混合料级配（%）		99.8 (99.4)	89.1 (89)	61.9 (61.7)	44 (43.4)	34.1 (32)	23.1 (19.6)	18.5 (13.8)	13.1 (8.4)	10.6 (6.6)
AC-10 通过（%）		100	90～100	45～75	30～58	20～44	13～32	9～23	6～16	4～8

注：（ ）中数字为调整后用量。

矿粉用量应减少，增加砂的用量，调整后比例为细碎石：石屑：砂：矿粉＝10%：42%：40%：8%。调整后的矿料级配基本满足级配要求。要求的级配曲线和合成级配曲线如图 1-11。

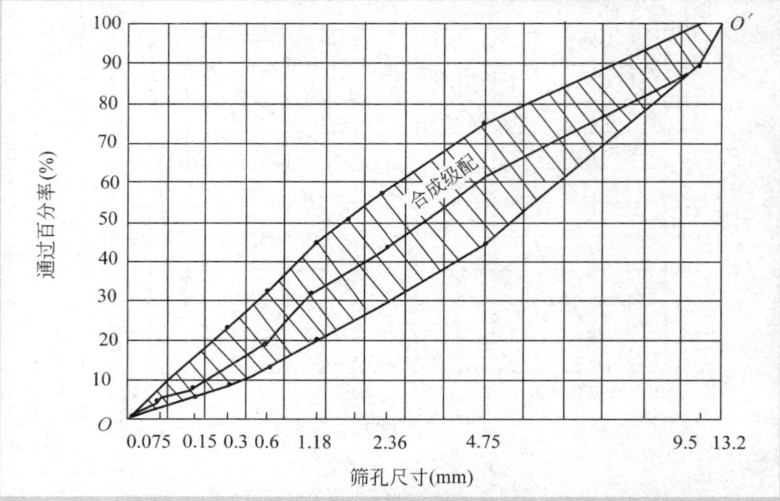

图 1-11 要求级配曲线和合成级配曲线

本章小结

本章主要介绍了砂石材料的分类、基本性质和技术标准。尺寸较大的块状岩石经加工后成为各种岩石制品，应用于路面和桥梁工程。性能稳定的岩石集料可应用于水泥混凝土或沥青混凝土作为骨料。

岩石的力学性质主要有：单轴饱水抗压强度和洛杉矶磨耗值，这两项指标是评定岩石等级的依据。集料的力学性质，除了压碎值和磨耗率外，由于现代高速交通的要求，对路面抗滑层用集料还有磨光值、磨耗值和冲击值要求。

集料最主要的物理常数是密度和级配。密度是单位体积的质量。由于计算密度时选用的体积不同，可分为真实密度、表观密度、毛体积密度和堆积密度等。包含有不同孔隙和空隙的集料密度是计算沥青混合料和水泥混凝土的组成结构的非常有用的参数。在学习过程中，应把它们与沥青混合料和水泥混凝土对集料的要求紧密结合起来学，只有这样，才能真正知道砂石材料各种技术要求的意义。

级配集料经过科学组配后，可以获得更大的密实度和达到较大的内摩擦力。在实际工作中使用的集料必须满足级配范围的规定。目前连续级配常用的理论有最大密度曲线理论和 n 幂公式。我国现行矿质混合料组成设计的方法，主要是采用试算（电算）法和图解法。

复习思考题

1. 岩石的主要物理常数有哪几项？简述它们的含义。

2. 试述岩石密度、毛体积密度、真实密度三者的关系。

3. 什么是材料的孔隙率？它与密度有何关系？二者各如何计算？

4. 简述材料的孔隙率和孔隙持征与材料的密度、强度、吸水性、抗冻性等性质的关系。

5. 当某一建筑材料的孔隙率增大时，下表内其它性质将如何变化？（注：用符号填写，↑增大；↓下降；—不变；？不定）

孔隙率	真实密度	密度	强度	吸水率	抗冻性
↑					

6. 影响岩石抗压强度的主要因素（内因和外因）有哪些？

7. 岩石的饱水率和吸水率有何区别？

8. 集料的主要物理常数有那几项？与岩石的物理常数有何区别？

9. 石灰岩的密度和石灰岩碎石的表观密度有何不同？天然含水量的大小对碎石的表观密度是否有影响？

10. 何谓“分计筛余百分率”、“累计筛余百分率”、“通过百分率”及“细度模数”？

11. 何谓“连续级配”和“间断级配”？

12. 集料的压碎值、磨光值、磨耗值和冲击值表征岩石的什么性能？

13. 何谓集料的“级配”？如何确定集料的级配？表示级配的参数有哪些？

14. n 幂最大密度公式对最大密度曲线公式理论有什么发展？

15. 对矿质混合料进行组成设计的目的是什么？

16. 试述试算法和图解法的计算步骤。

17. 试述级配与粗度的区别与联系。

习　题

1. 在质量为 6.6kg、容积为 10L 的容器中，装满气干状态的卵石后称得总质量为 21.6kg，卵石的空隙率为 42%。求该卵石的表观密度。

2. 已知某岩石的密度为 2.65g/cm^3，干燥时的密度为 2.56kg/L，吸水率为 1%，试计算该岩石中开口孔隙所占的比例。

3. 某工地所用碎石的真实密度为 2.65g/cm^3，堆积密度为 1.68kg/L，视密度为 2.61g/cm^3，求该碎石的空隙率和孔隙率。

4. 某材料真实密度为 2.50g/cm^3，干燥密度为 1600kg/m^3，现将一质量 954g 的该材料浸入水中，吸水饱和后取出称重为 1086g，试求该材料的孔隙率、吸水率、开口孔隙率及闭口孔隙率。

5. 某石灰岩的密度为 2.62g/cm^3，孔隙率为 1.2%，今将该石灰岩破碎成碎石，碎石的堆积密度为 1580kg/m^3，求此碎石的视密度和空隙率。

6. 现有某砂样经筛分试验，结果列于表 1-16，求该砂样的级配参数，并用细度模数评价其粗度。

表 1-16

筛孔尺寸（mm）	9.5	4.75	2.36	1.18	0.60	0.30	0.15	<0.15
各筛筛余质量（g）	0	30	50	80	130	110	80	20

7. 现有碎石、石屑和矿粉三种矿质材料，筛分结果按分计筛余列于表 1-17，要求配制成 AC-13 级配要求的混合料，试用试算法求碎石、石屑和矿粉三种材料在混合料中的用量比例。

原有集料的分计筛余和混合料要求级配范围　　表 1-17

原材料		筛孔尺寸（mm）										
		16.0	13.2	9.5	4.75	2.36	1.18	0.6	0.3	0.15	0.075	<0.075
各种矿料分计筛余（%）	碎石		5.2	41.7	50.5	2.6						
	石屑				1.6	24.0	22.5	16.0	12.4	11.5	10.8	1.2
	矿粉										13.2	86.6
AC-13 级配范围通过（%）		100	90～100	68～85	38～68	24～50	15～38	10～28	7～20	5～15	4～8	

8. 现有碎石、砂和矿粉三种集料，筛析试验结果列于表1-18。

组成集料筛析结果

表1-18

材料名称	筛孔尺寸（mm）									
	16	13.2	9.5	4.75	2.36	1.18	0.6	0.3	0.15	0.075
	通过率（%）									
碎石	100	95	63	28	8	2	1	0	0	0
砂	100	100	100	100	100	90	60	35	10	1
矿粉	100	100	100	100	100	100	100	100	97	88

要求将上述三种集料组配成符合《公路沥青路面施工技术规范》（JTG F40—2004）细粒式沥青混合料（AC-13）级配要求（见表1-19）的矿质混合料。试用图解法确定各种集料的用量比例。

规范要求的混合料级配

表1-19

混合料类型和级配		筛孔尺寸（mm）									
		16	13.2	9.5	4.75	2.36	1.18	0.6	0.3	0.15	0.075
		通过率（%）									
细粒式沥青混凝土（AC-13）	级配范围	100	90～100	68～85	38～68	24～50	15～38	10～28	7～20	5～15	4～8
	级配中值	100	95.0	76.5	53.0	37.0	26.5	19.0	13.5	10	6

第二章　石灰和水泥

本章提要

本章着重阐述石灰的消化和硬化过程、质量检定指标；硅酸盐水泥的熟料矿物组成、凝结硬化机理和技术性质及其在道路和桥梁工程中的应用。同时也简要介绍了掺混合材料的水泥和其他品种水泥。

通过本章学习，要求学生必须了解石灰消化、硬化过程、质量检定方法，硅酸盐水泥熟料各矿物成分特性、凝结硬化的机理和技术性质检定方法，以及其他品种水泥的特性和应用。

在建筑工程中，能以自身的物理化学作用将松散材料（如砂、石）胶结成为具有一定强度的整体结构的材料，统称为胶凝材料（或称结合料）。胶凝材料按其化学成分不同分为有机胶凝材料（如各种沥青和树脂）和无机胶凝材料两大类。无机胶凝材料根据其硬化条件不同又分为水硬性胶凝材料和气硬性胶凝材料。气硬性胶凝材料是指仅能在空气中硬化，保持或继续提高强度，如石灰、石膏、菱苦土和水玻璃等。水硬性胶凝材料则不仅能在空气中硬化，而且能更好地在水中硬化，且可在水中或适宜的环境中保持并继续提高强度，各种水泥都属于水硬性胶凝材料。

第一节　石　　灰

石灰是以碳酸盐类岩石经过高温煅烧得到的一种气硬性胶凝材料，其主要成分为氧化钙（CaO）和氧化镁（MgO）。根据化学成分的不同分为生石灰和熟石灰。

用于煅烧石灰的原料，主要以富含氧化钙的岩石为主，亦可应用含有氧化钙和部分氧化镁的岩石。将生产石灰的原料经高温煅烧（加热至 900℃以上），逸出 CO_2 气体，得到的白色或灰白色的块状材料即为生石灰，其化学反应可表示如下：

$$CaCO_3 \xrightarrow[178kJ/mol]{>900^\circ C} CaO + CO_2 \uparrow \quad (2\text{-}1)$$

优质的石灰，色质洁白或带灰色，质量较轻，块状石灰堆积密度为 $800\sim1000kg/m^3$。石灰在烧制过程中，往往由于石灰石原料的尺寸过大或窑中温度不匀等原因，使得石灰中含有未烧透的内核，这种石灰即称为“欠火石灰”。欠火石灰的未消化残渣含量高，有效氧化钙和氧化镁含量低，使用时缺乏黏结力。另一种情况是由于烧制的温度过高或时间过长，使得石灰表面出现裂缝或玻璃状的外壳，体积收缩明显，颜色呈灰黑色，块体密度大，消化缓慢，这种石灰称为“过火石灰”。过火石灰用于建筑结构物中仍能继续消化，以致引起成型的结构物体积膨胀，导致结构物表面产生鼓包、隆起、起皮、剥落或产生裂缝等破坏现象，故危害极大。

一、石灰的消化和硬化

（一）石灰的消化

烧制成的生石灰，在使用时必须加水使其“消化”成为“消石灰”，这一过程亦称“熟化”，故消石灰亦称“熟石灰”。其化学反应为：

$$CaO + H_2O \longrightarrow Ca(OH)_2 + 64.9kJ/mol \tag{2-2}$$

块状生石灰与水相遇，即迅速水化、崩解成高度分散的氢氧化钙 $Ca(OH)_2$ 细粒，并放出大量的热，体积膨胀，质纯且煅烧良好的石灰体积增大 1～2.5 倍。消解石灰的理论加水量仅为石灰质量的 32%，但是由于石灰消化是一个放热反应过程，实际加水量需达 70%以上。在石灰的消解期间应严格控制加水量和加水速度。对消解速度快、活性大的石灰，如加水过慢，水量不够，则已消化的石灰颗粒生成 $Ca(OH)_2$ 包围于未消化颗粒周围，使内部石灰不易消化，这种现象称为“过烧”现象。相反，对于消解速度慢、活性差的石灰，如加水过快，则发热量少，水温过低，增加了未消化颗粒，这种现象称为“过冷”现象。石灰消化时，为了消除“过火石灰”的危害，可在消化后“陈伏”半月左右再使用。石灰浆在陈伏期间，在其表面应有一层水分，使之与空气隔绝，以防止碳化。

（二）石灰的硬化

石灰的硬化过程包括干燥硬化和碳酸化两部分。

1. 石灰浆的干燥硬化（结晶作用）

石灰浆体干燥过程中，由于水分蒸发形成网状孔隙，这时滞留在孔隙中的自由水由于表面张力的作用而产生毛细管压力，使石灰粒子更加密实，而获得“附加强度”。

此外，由于水分的蒸发，引起 $Ca(OH)_2$ 溶液过饱和而结晶析出，并产生“结晶强度”。但从溶液中析出 $Ca(OH)_2$ 数量极少，因此强度增长不显著。其反应为：

$$Ca(OH)_2 + nH_2O \xrightarrow{\text{晶化}} Ca(OH)_2 \cdot nH_2O \tag{2-3}$$

2. 硬化石灰浆的碳化（碳化作用）

氢氧化钙与空气中的二氧化碳作用生成碳酸钙晶体，为熟石灰的“碳化”。石灰浆体经碳化后获得的最终强度，称为“碳化强度”。其化学反应式为：

$$Ca(OH)_2 + CO_2 + nH_2O \xrightarrow{\text{碳化}} CaCO_3 + (n+1)H_2O \tag{2-4}$$

该反应主要发生在与空气接触的表面，当浆体表面生成一层 $CaCO_3$ 薄膜后，碳化进程减慢，同时内部的水分不易蒸发，所以石灰的硬化速度随时间增长逐渐减慢。

二、石灰的技术要求和技术标准

（一）技术要求

用于道路或桥梁工程的石灰，应符合下列技术要求。

1. 有效氧化钙和氧化镁含量

石灰中产生黏结性的有效成分是活性氧化钙和氧化镁。它们的含量是评价石灰质量的主要指标，其含量愈多，活性愈高，质量也愈好。有效氧化钙和氧化镁含量的测定方法，按我国现行行业标准《公路工程无机结合料稳定材料试验规程》（JTJ 057—94）规定，有效氧化钙含量用中和滴定法测定，氧化镁含量用络合滴定法测定。

2．生石灰产浆量和未消化残渣含量

产浆量是单位质量（1kg）的生石灰经消化后，所产石灰浆体的体积（L）。石灰产浆量愈高，则表示其质量越好。未消化残渣含量是生石灰消化后，未能消化而存留在5mm圆孔筛上的残渣占试样的百分率。其含量愈多，石灰质量愈差，须加以限制。

按现行标准《建筑石灰试验方法—物理试验方法》（JC/T 478.1—1992）规定，取石灰试样1kg，倒入装有2500mL（20℃±5℃）清水的标准产浆桶内的筛筒中，盖上盖子，静置消化20min，用圆木棒连续搅动2min，继续静置消化40min，再搅动2min。提取筛筒，用清水冲洗筛筒内残渣，至水流不浑浊，冲洗残渣的清水仍倒入产浆桶内，水的总体积控制在3000mL。将残渣在100～105℃烘箱烘干至恒重，冷却至室温后用5mm圆孔筛筛分，称量筛余物，按式（2-5）计算未消化残渣含量。

$$r=\frac{m_1}{m}\times 100\% \tag{2-5}$$

式中：r——未消化残渣含量（%）；

m_1——未消化残渣质量（g）；

m——石灰试样质量（g）。

石灰浆体在产浆桶中静置24h后，用钢尺量出浆体高度，按式（2-6）计算产浆量。

$$Q=\frac{\pi R_2 H}{1\times 10^6} \tag{2-6}$$

式中：Q——产浆量（L/kg）；

π——取3.14；

H——浆体高度（mm）；

R——产浆桶半径（mm）。

3．二氧化碳（CO_2）含量

控制生石灰或生石灰粉中CO_2的含量，是为了检测石灰石在煅烧时“欠火”造成产品中未分解完成的碳酸盐的含量。CO_2含量越高，即表示未分解完全的碳酸盐含量越高，则（CaO+MgO）含量相对降低，导致石灰的胶结性能的下降。

按现行建材行业标准《建筑石灰试验方法—化学分析法》（JC/T 478.2—1992）规定：取石灰试样1g置于坩埚中，在高温电炉中于580℃±20℃灼烧去结合水，然后再将上述试样在950～1000℃高温炉中煅烧1h，取出稍冷，放在干燥器内冷却至室温称量，如此反复至室温。CO_2的含量公式为：

$$C_{CO_2}=\frac{m_1-m_2}{m}\times 100\% \tag{2-7}$$

式中：C_{CO_2}——CO_2的含量（%）；

m_1——在580℃±20℃灼烧后的试样质量（g）；

m_2——在950～1000℃灼烧后的试样质量（g）；

m——石灰试样质量（g）。

4. 消石灰游离水含量

游离水含量，指化学结合水以外的含水量。生石灰在消化过程中加入的水是理论需水量的 2～3 倍，除部分水被石灰消化过程中放出的热蒸发掉外，多加的水分残留于氢氧化钙（除结合水外）中。残余水分蒸发后，留下孔隙会加剧消石灰粉的碳化作用，以致影响石灰的质量，因此对消石灰粉的游离水含量需加以限制。

消石灰游离水测定方法是，取试样 100g，移于搪瓷盘中，在 100℃～105℃烘箱内烘干至恒量，冷却至室温后称质量，按式（2-8）计算游离水含量。

$$C_{H_2O}=\frac{m-m_1}{m}\times 100\% \tag{2-8}$$

式中：C_{H_2O}——游离水含量（%）；

m_1——烘干后试样质量（g）；

m——消石灰粉试样质量（g）。

5. 细度

细度与石灰的质量有密切联系，过量的筛余物影响石灰的黏结性。现行标准《建筑生石灰粉》（JC/T 480—92）和《建筑消石灰粉》（JC/T 481—92）以 0.9mm 和 0.125mm 筛筛余百分率控制。

试验方法是，称取试样 50g，倒入 0.9mm、0.125mm 套筛内进行筛分，分别称量筛余物，按原试样计算其筛余百分率。

6. 体积安定性

消石灰粉体积安定性是指消石灰粉在消化、硬化过程中体积变化的均匀性。其测定方法是：称取试样 100g，倒入 300mL 蒸发皿内，加入 20℃±2℃清洁淡水 120mL，在 3min 内拌成稠浆，一次性浇注于两块石棉网板上。饼块直径 50～70mm，中心高 8～10mm。成饼后在室温下放置 5min 后放入烘箱中加热至 100～105℃烘干 4h 取出。烘干后饼块用肉眼检查无溃散、裂纹、鼓包称为体积安定性合格。若出现三种现象之一者，表示体积安定性不合格。

（二）技术标准

建筑石灰按现行标准《建筑生石灰》（JC/T 479—92）、《建筑生石灰粉》（JC/T 480—92）和《建筑消石灰粉》（JC/T 481—92）的规定，按其氧化镁含量划分为钙质石灰和镁质石灰两类，其分类界限按表 2-1 的规定。

钙质石灰和镁质石灰分类界限 表 2-1

品种 氧化镁含量（%） 类别	生石灰	生石灰粉	消石灰粉
钙质石灰	≤5	≤5	<4
镁质石灰	>5	>5	≥4

由于生石灰和消石灰粉的分等技术项目和指标不同，故分别提出不同要求。

1. 生石灰技术标准

根据氧化镁含量按表 2-1 分为钙质生石灰和镁质生石灰两类，然后再按有效氧化钙和氧化镁含量、产浆量、未消解残渣和 CO_2 含量等 4 个项目的指标分为优等品、一等品和合格品 3 个等级，如表 2-2。

生石灰技术指标

表 2-2

项　目		钙质生石灰			镁质生石灰		
		优等品	一等品	合格品	优等品	一等品	合格品
1. (CaO+MgO) 含量 (%)	不小于	90	85	80	85	80	75
2. 未消化残渣含量 (5mm 圆孔筛筛余量) (%)	不大于	5	10	15	5	10	15
3. CO_2 (%)	不大于	5	7	9	6	8	10
4. 产浆量 (L/kg)	不小于	2.8	2.3	2.0	2.8	2.3	2.0

2. *生石灰粉技术标准*

根据氧化镁含量表 2-1 分为钙质石灰和镁质石灰两类后，再按 (CaO+MgO) 含量、CO_2 含量和细度等项目的指标，分为优等品、一等品和合格品 3 个等级，如表 2-3

生石灰粉技术指标

表 2-3

项　目			钙质生石灰			镁质生石灰		
			优等品	一等品	合格品	优等品	一等品	合格品
1. (CaO+MgO) 含量 (%)		不小于	85	80	75	80	75	70
2. CO_2 (%)		不大于	7	9	11	8	10	12
3. 细度	0.9mm 筛筛余 (%)	不大于	0.2	0.5	1.5	0.2	0.5	1.5
	0.125mm 筛筛余 (%)	不大于	7.0	12.0	18.0	7.0	12.0	18.0

3. *消石灰粉技术标准*

消石灰粉按氧化镁含量<4%时称为钙质消石灰粉，4%<氧化镁含量<24%时称为镁质消石灰粉，24%<氧化镁含量<30%时称为白云石消石灰粉。按等级分为优等品、一等品和合格品 3 个等级，如表 2-4。

消石灰粉技术指标

表 2-4

项　目		钙质生石灰			镁质生石灰			白云石消石灰		
		优等品	一等品	合格品	优等品	一等品	合格品	优等品	一等品	合格品
1. (CaO+MgO) 含量 (%) 不小于		70	65	60	65	60	55	65	60	55
2. 游离水 (%)		0.4～2.0			0.4～2.0			0.4～2.0		
3. 体积安定性		合格	合格	—	合格	合格	—	合格	合格	—
4. 细度	0.9mm 筛筛余 (%) 不大于	0	0	0.5	0	0	0.5	0	0	0.5
	0.125mm 筛筛余 (%) 不大于	3	10	15	3	10	15	3	10	15

三、石灰的应用和储存

1. 石灰的应用

(1) 石灰砂浆。主要用于地面以上部分的砌筑工程，并可用于抹面等装饰工程。

(2) 加固软土地基。在软土地基中打入生石灰桩，可利用生石灰吸水产生膨胀对桩周土壤起挤密作用，利用生石灰和黏土矿物间产生的胶凝反应使周围的土固结，从而达到提高地基承载力的目的。

(3) 石灰和黏土按一定比例拌和制成石灰土或与黏土、砂石、炉渣制成三合土，用于道路工程的垫层。

(4) 在道路工程中，随着半刚性基层在高等级路面中的应用，石灰稳定土、石灰粉煤灰稳定土及其稳定碎石等广泛用于路面基层。在桥梁工程中，石灰砂浆、石灰水泥砂浆、石灰粉煤灰砂浆广泛用于圬工砌体。

2. 石灰的储存

(1) 磨细的生石灰粉应储存于干燥仓库内，采取严格防水措施。

(2) 如需较长时间储存生石灰，最好将其消解成石灰浆，并使表面隔绝空气，以防碳化。

第二节 硅酸盐水泥

水泥是一种水硬性胶凝材料。水泥与水混合后，经过一系列物理化学作用，由可塑性浆体变得坚硬。就硬化条件而言，水泥既能在空气中硬化，也能在水中更好的硬化，保持并继续发展其强度。所以水泥材料即可用于地上工程，也可用于地下工程。

在道路和桥梁中通用的水泥有：硅酸盐水泥、普通硅酸盐水泥、矿渣硅酸盐水泥、火山灰质硅酸盐水泥、粉煤灰硅酸盐水泥和复合硅酸盐水泥等六大品种水泥。此外，在某些特殊工程中，还用高铝水泥、膨胀水泥、快硬水泥等。在工程建设中仍以硅酸盐水泥与普通硅酸盐水泥为主。本节重点介绍硅酸盐水泥的成分及其主要性能。

一、概述

1. 硅酸盐水泥的定义

按国家标准 GB 175—1999 定义：凡由硅酸盐水泥熟料、0～5%的石灰石或粒化高炉矿渣、适量石膏磨细制成的水硬性胶凝材料称为硅酸盐水泥（波特兰水泥）。硅酸盐水泥分两种类型，不掺加混合材料的称 I 型硅酸盐水泥，代号 P·I。在硅酸盐水泥熟料粉磨时掺加不超过水泥质量 5%的石灰石或粒化高炉矿渣混合材料的称 II 型硅酸盐水泥，代号 P·II。

硅酸盐水泥在国际上统称波特兰水泥。1824 年英国建筑工人阿斯普丁（Aspdin）申请了生产波特兰水泥的专利，因其凝结后的外观颜色与英国波特兰（Portland）所产的一种常用于建筑的石灰石的颜色相似而命名。以后的研究，确认其主要成分是硅酸盐类物质，故也称硅酸盐水泥。

2. 硅酸盐水泥的生产工艺简述

硅酸盐水泥的生产工艺可概括为三个阶段：

（1）生料的配制和磨细。以石灰石、黏土和铁矿粉为主要原料（有时需加入校正原料），将其按一定比例配合、磨细，制得具有适当化学成分、质量均匀的生料。

（2）熟料煅烧。将生料在水泥窑内经1450℃高温煅烧至部分熔融，得到以硅酸钙为主要成分的硅酸盐水泥熟料。

（3）水泥粉磨：将熟料加适量石膏共同磨细，即得到硅酸盐水泥。

因此，硅酸盐水泥生产工艺概括起来为“两磨一烧”。

硅酸盐水泥的生产流程可用图 2-1 表示。

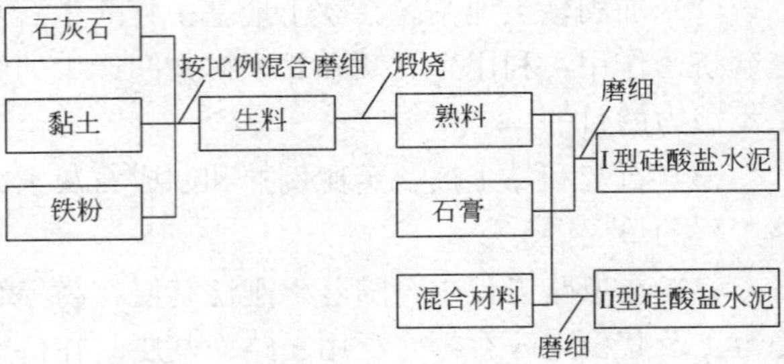

图 2-1　硅酸盐水泥生产流程示意图

二、硅酸盐水泥矿物组成及特性

（一）硅酸盐水泥的化学成分和矿物组成

1. 化学成分

硅酸盐水泥的化学成分主要有石灰石原料分解出的氧化钙（CaO）、黏土原料分解出的氧化硅（SiO_2）和氧化铝（Al_2O_3），以及铁矿粉提供的氧化铁（Fe_2O_3）。

2. 矿物组成

将制备好的水泥“生料”在立窑或旋转窑中进行高温煅烧，在煅烧过程中，生料中的四种氧化物相互化合，生成以硅酸盐为主要成分的硅酸盐水泥“熟料”，它是由多种矿物组成的结晶细小（通常为 30～60μm）的集合体。水泥熟料主要由下面四种矿物组成：

硅酸三钙（化学分子式 $3CaO \cdot SiO_2$，简式 C_3S）；

硅酸二钙（化学分子式 $2CaO \cdot SiO_2$，简式 C_2S）；

铝酸三钙（化学分子式 $3CaO \cdot Al_2O_3$，简式 C_3A）；

铁铝酸四钙（化学分子式 $4CaO \cdot Al_2O_3 \cdot Fe_2O_3$），简式 C_4AF。

（二）硅酸盐水泥熟料主要矿物的特性

在硅酸盐水泥熟料中，四种矿物组成占 95％以上，其中 C_3S 和 C_2S 含量占 75％左右，C_3A 和 C_4AF 含量约 22％，另外，还有少量的游离氧化钙 f-CaO 和方镁石结晶（结晶氧化镁）等含碱矿物。其组成与含量列于表 2-5。

硅酸盐水泥的矿物组成、含量及特性　　表 2-5

矿物名称	硅酸三钙	硅酸二钙	铝酸三钙	铁铝酸四钙
矿物组成	$3CaO \cdot SiO_2$	$2CaO \cdot SiO_2$	$3CaO \cdot Al_2O_3$	$4CaO \cdot Al_2O_3 \cdot Fe_2O_3$
简写式	C_3S	C_2S	C_3A	C_4AF
大致含量（％）	35～65	10～40	0～15	5～15

1. 硅酸三钙（C_3S）

硅酸三钙是硅酸盐水泥中最主要的矿物成分，其含量通常在50%左右，它对水泥的技术性质，特别是强度有着重要的影响。当水泥与水接触时，硅酸三钙即迅速水化，产生大量的热量，其水化产物早期强度高，且强度增进率较大，28d强度可达一年强度的70%～80%。就28d或一年的强度来说，在四种矿物中是最高的。

2. 硅酸二钙（C_2S）

硅酸二钙也是硅酸盐水泥的主要矿物，含量在20%左右。它的水化速度及凝结硬化过程较为缓慢，水化热很低，它的水化产物对水泥的早期强度贡献较小，但对水泥后期强度起主要作用。C_2S有着相当长期的活性，其水化产物强度可在一年后超过C_3S的水化物。当水泥中C_2S含量较多时，水泥抗化学侵蚀性较高，干缩性较小。

3. 铝酸三钙（C_3A）

铝酸三钙在硅酸盐水泥中的含量通常在15%以下。在四种矿物中C_3A是遇水反应速度最快、水化热最高的矿物。因此，C_3A是影响硅酸盐水泥早期强度及凝结速率的主要矿物。其水化产物强度在3d内就能充分发挥出来，早期强度较高，但后期强度不再增加。C_3A含量高的水泥浆体干缩变形大，抗硫酸盐侵蚀性能差。

4. 铁铝酸四钙（C_4AF）

铁铝酸四钙在硅酸盐水泥中的含量通常为5%～15%。它的水化速度介于C_3A和C_3S之间，其早期强度虽不如C_3A，但水化较为迅速，在28d后强度还能继续增长，对后期强度有利。C_4AF对水泥抗折强度和抗冲击强度起重要作用，其水化产物的耐化学侵蚀性好，干缩性小。

5. 水泥熟料主要矿物组成的性质比较

(1) 水化反应速度。以铝酸三钙（C_3A）最快，硅酸三钙（C_3S）较快，铁铝酸四钙（C_4AF）也较快，硅酸二钙（C_2S）最慢。

(2) 水化放热量。C_3A最大，C_3S较大，C_4AF居中，C_2S最小。

(3) 强度。C_3S最高，C_2S早期强度低，但后期增长率较大。故C_3S和C_2S是硅酸盐水泥强度的主要来源，C_3A强度不高，C_4AF对抗折强度有利。

(4) 耐化学侵蚀性。C_4AF最优，其次为C_2S、C_3S，C_3A最差。

(5) 干缩性。C_4AF和C_2S最小，C_3S居中，C_3A最大。

硅酸盐水泥的主要矿物组成的特性可归纳如表2-6所列。

硅酸盐水泥熟料中四种矿物的技术特性 表2-6

矿物组成		硅酸三钙（C_3S）	硅酸二钙（C_2S）	铝酸三钙（C_3A）	铁铝酸四钙（C_4AF）
水化反应速度		快	慢	快	中
水化热		高	低	高	中
水化物的强度	早期	高	低	中	低
	后期	高	高	低	中
干缩性		中	小	大	中
抗化学腐蚀性		中	中	差	好

水泥中矿物成分水化后抗压强度和释热量随龄期的增长见图 2-2 和图 2-3。

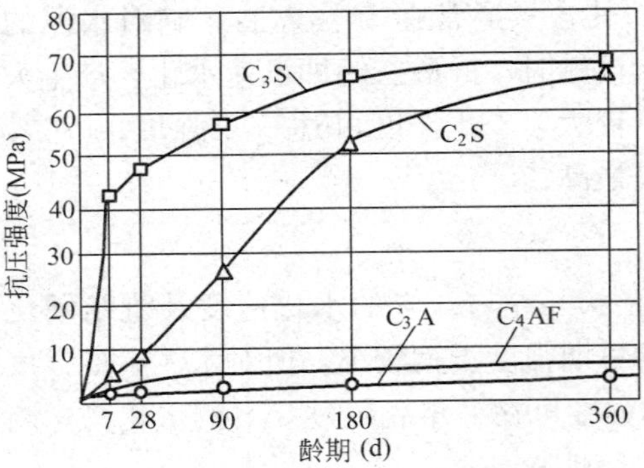

图 2-2　水泥熟料矿物在不同龄期的抗压强度

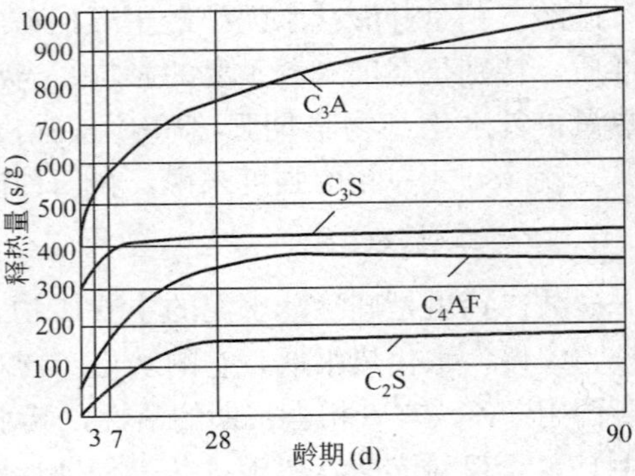

图 2-3　水泥熟料矿物在不同龄期的释热量

水泥是由多种矿物成分组成的，改变各熟料矿物组分之间的含量比例，水泥的性质就会发生相应的变化。例如，提高 C_3S 的相对含量可制得高强水泥和早强水泥；提高 C_2S 的相对含量，同时适当降低 C_3S 和 C_3A 的相对含量，即可制得低热水泥；提高 C_4AF 和 C_3S 含量，则可制得具有较高抗折强度的道路硅酸盐水泥。

三、硅酸盐水泥的凝结硬化理论

（一）硅酸盐水泥的水化

水泥加水拌和后，由于水泥的水化作用，水泥浆体逐渐变稠失去流动性和可塑性而未具有强度的过程，称为水泥的“凝结”；随后产生强度逐渐发展成为坚硬的人造石的过程称为水泥的“硬化”。凝结和硬化是人为划分的两个阶段，实际上是一个连续而复杂的物理化学变化过程。

水泥颗粒与水接触，其表面的熟料矿物立即与水发生水解及化合作用，生成各种水化物并放出热量。

（1）硅酸三钙（C_3S）

C_3S 的水化反应过程用式（2-9）表示，水化生成物是水化硅酸钙 $x\text{CaO}\cdot\text{SiO}_2\cdot y\text{H}_2\text{O}$ 和氢氧化钙 Ca(OH)_2。水化硅酸钙几乎不溶于水，生成后立即以胶体颗粒析出并凝聚成为凝胶（C-S-H），附着于水泥颗粒表面。

$$3\text{CaO}\cdot\text{SiO}_2+n\text{H}_2\text{O}\longrightarrow \underset{\text{(水化硅酸钙凝胶)}}{x\text{CaO}\cdot 2\text{SiO}_2\cdot y\text{H}_2\text{O}}+\underset{\text{(氢氧化钙晶体)}}{(3-x)\,\text{Ca(OH)}_2} \tag{2-9}$$

（2）硅酸二钙(C_2S)

C_2S 的水化过程用式（2-10）表示，其水化生成物与 C_3S 相似，但水化反应速度比 C_3S 慢得多。

$$2\text{CaO}\cdot\text{SiO}_2+m\text{H}_2\text{O}\longrightarrow \underset{\text{(水化硅酸钙凝胶)}}{x\text{CaO}\cdot\text{SiO}_2\cdot y\text{H}_2\text{O}}+\underset{\text{(氢氧化钙晶体)}}{(2-x)\,\text{Ca(OH)}_2} \tag{2-10}$$

（3）铝酸三钙(C_3A)

C_3A在纯水和石膏溶液中的生成物有所不同。在纯水中，C_3A与水反应生成不同结晶水的水化铝酸钙（C_4AH_{13}、C_4AH_{19}、C_3AH_6…），见式（2-11），其中C_4AH_{13}、C_4AH_{19}极不稳定，当温度升高时，转化为C_3AH_6。

在石膏溶液中，C_3A的水化物为三硫型水化硫铝酸钙（$3CaO \cdot Al_2O_3 \cdot 3CaSO_4 \cdot 32H_2O$），又称钙矾石。以AFt表示。当石膏耗尽后，$C_4AH_{13}$将与钙矾石反应生成单硫型水化硫铝酸钙（$3CaO \cdot Al_2O_3 \cdot CaSO_4 \cdot 12H_2O$），以AFm表示。上述水化反应过程见式（2-11）～式（2-14）。

在纯水中： $$3CaO \cdot Al_2O_3 + H_2O \longrightarrow C_4AH_{13}、C_4AH_{19}、C_3AH_6 \cdots \quad (2\text{-}11)$$
（水化铝酸钙）

在石膏溶液中： $$3CaO \cdot Al_2O_3 + Ca(OH)_2 + H_2O \longrightarrow C_4AH_{13} \quad (2\text{-}12)$$

$$C_4AH_{13} + CaSO_4 \cdot 2H_2O + H_2O \longrightarrow 3CaO \cdot Al_2O_3 \cdot 3CaSO_4 \cdot 32H_2O \quad (2\text{-}13)$$
［三硫型水化铝酸钙(钙矾石)］

当石膏耗尽后：$$C_4AH_{13} + AFt \longrightarrow 3CaO \cdot Al_2O_3 \cdot CaSO_4 \cdot 12H_2O \quad (2\text{-}14)$$
（单硫型水化铝酸钙）

（4）铁铝酸四钙（C_4AF）

C_4AF的水化过程及水化生成物与铝酸三钙极为相似，水化物有三硫型水化硫铁铝酸钙和单硫型水化硫铁铝酸钙。

硅酸盐水泥熟料矿物及石膏在水化过程中的主要水化产物与大致含量见表2-7。

硅酸盐水泥的主要水化产物 表2-7

水化产物名称	化学组成	常用缩写	大致含量（%）
水化硅酸钙	$xCaO \cdot SiO_2 \cdot yH_2O$	C-S-H	70
氢氧化钙	$Ca(OH)_2$	CH	20
水化铝酸钙	$4CaO \cdot Al_2O_3 \cdot 13H_2O$	C_4AH_{13}	少量
水化铁酸钙	$4CaO \cdot Fe_2O_3 \cdot 13H_2O$	C_4FH_{13}	少量
三硫型水化硫铝酸钙	$3CaO \cdot Al_2O_3 \cdot 3CaSO_4 \cdot 32H_2O$	$C_3A_3CS \cdot H_{32}$或AFt	7
单硫型水化硫铝酸钙	$3CaO \cdot Al_2O_3 \cdot CaSO_4 \cdot 12H_2O$	$C_3ACS \cdot H_{12}$或（AFm）	
三硫型水化硫铁铝酸钙	$3CaO\ (Al_2O_3 \cdot Fe_2O_3) \cdot 3CaSO_4 \cdot 32H_2O$	$C_3(A,F)3CS \cdot H_{32}$	少量
单硫型水化硫铁铝酸钙	$3CaO\ (Al_2O_3 \cdot Fe_2O_3) \cdot CaSO_4 \cdot 12H_2O$	$C_3(A,F)CS \cdot H_{12}$	少量

（二）硅酸盐水泥的凝结和硬化

1. 凝结硬化过程

水泥颗粒与水接触后，很快就发生化学反应，生成相应的水化产物，组成水泥一水一水化产物混合体系。这一阶段称作初始反应期，如图2-4a）所示。

水化初期生成的产物迅速扩散到水中，逐渐形成水化产物的饱和溶液，并在水泥颗粒表面或周围析出，形成水化物膜层，使得水化反应进行较缓慢，这一阶段称作诱导期，这期间，水泥颗粒仍然分散，水泥浆还保持有良好的可塑性。如图2-4b）所示。

随着水化的继续进行，水化产物不断生成并析出，自由水分逐渐减少，水化产物颗粒互相接触并黏结在一起形成网架状结构，使水泥浆体逐渐变稠，失去可塑性，这一阶段称作凝结期。如图 2-4c）所示。

水化反应进一步进行，水化产物不断生成、长大并填充毛细孔，使整个体系更加紧密，水泥浆体逐渐硬化，强度随时间不断增长，这一阶段称作硬化期，如图 2-4d）所示。

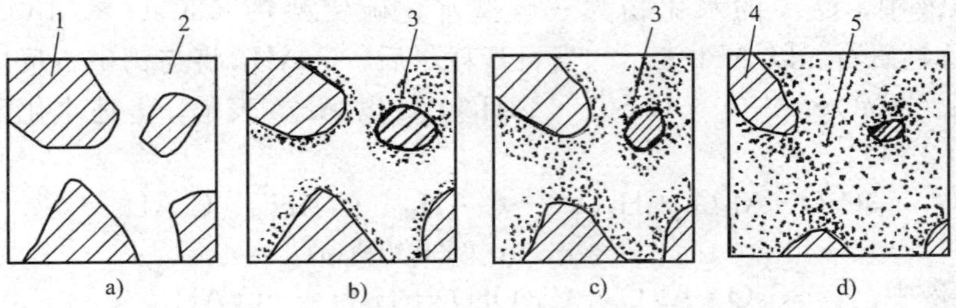

图 2-4　水泥凝结硬化过程示意

a)分散在水中未水化的水泥颗粒；b)在水泥颗粒表面形成水化物膜层；c)膜层长大并相互连接（凝结）；d)水化物进一步发展，填充毛细孔（硬化）

1-水泥颗料；2-水分；3-凝胶；4-水泥颗粒的未水化内核；5-毛细孔

水泥的硬化期可以延续至很长时间，但 28d 基本表现出大部分强度。水泥的水化过程是由颗粒表面逐渐深入到颗粒内部的。在最初几天（1～3d），由于水化产物增加迅速，因而强度增加很快；随着水化反应的不断进行，水化产物增加的速度逐渐变慢，使得强度增长速度变缓。若水泥石内部存在尚未水化的水泥颗粒，那么在几年甚至几十年之后，只要环境温度和湿度适宜，水泥颗粒仍将继续水化，生成水化产物填充到孔隙中，仍然会使水泥石的强度缓慢增长，如图 2-2 所示。

2. *石膏的缓凝作用*

用于水泥中的石膏一般是二水石膏或无水石膏（硬石膏）。石膏的缓凝作用主要是控制 C_3A 的水化反应速度。水泥中的铝酸三钙 C_3A 水化速度极快，在很短时间内即生成大量薄片状水化铝酸钙，呈松散多孔结构，这些水化物分散在水泥浆体中，使水泥很快失去流动性而凝结。加入石膏后，石膏可与 C_3A 生成难溶于水的钙矾石，其溶解度很小，呈稳定的针状晶体析出，它的迁移比较困难，生成后凝聚在水泥颗粒表面形成水化薄膜，封闭了水泥的表面，阻滞水分子及离子的扩散，从而延缓了水泥颗粒特别是 C_3A 的水化速度。另外，生成的钙矾石由于是难溶的晶体，"加固"了结构，还有利于提高水泥的早期强度。但需要注意的是：石膏的掺量必须是适量的，因为过量的石膏不仅对缓凝作用帮助不大，同时由于在硬化后期还会继续生成钙矾石，体积膨胀，引起水泥的体积安定性不良。

四、硅酸盐水泥的技术性质和技术标准

（一）技术性质

1. *化学性质*

水泥的化学性质主要是控制水泥中有害的化学成分含量，若有害成分超过最大允许限量，即意味着对水泥性能和质量可能产生有害或潜在的影响。

（1）氧化镁含量

在水泥熟料中，常含有少量未与其他矿物结合的游离氧化镁，这种多余的氧化镁是高温

时形成的方镁石，它水化为氢氧化镁的速度很慢，常在水泥硬化后才开始水化，产生体积膨胀，可导致水泥石结构产生裂缝甚至破坏，因此它是引起水泥安定性不良的原因之一。

我国现行标准《硅酸盐水泥、普通硅酸盐水泥》（GB 175—1999）规定，水泥中氧化镁的含量不宜超过 5.0%。如果水泥经压蒸安定性合格，则水泥中氧化镁的含量允许放宽到 6.0%。

（2）三氧化硫含量

水泥中的三氧化硫主要是在生产时为调节凝结时间加入石膏而产生的。适量石膏虽能改善水泥性能（如提高水泥强度、降低收缩性、改善抗冻、耐蚀和抗渗性等），但石膏超过一定限量后，水泥性能会变坏，甚至引起硬化后水泥石体积膨胀，导致结构物破坏。因此水泥中三氧化硫的最大允许含量必须加以限制。

我国现行标准（GB 175—1999）规定，水泥中三氧化硫的含量不得超过 3.5%。

（3）烧失量

水泥煅烧不佳或受潮后，均会导致烧失量增加。烧失量测定是以水泥试样在 950～1000℃下灼烧 15～20min，冷却至室温称量。如此反复灼烧，直至恒量，计算灼烧前后质量损失百分率。

我国现行标准（GB 175—1999）规定，I 型硅酸盐水泥的烧失量不得大于 3.0%，II 型硅酸盐水泥的烧失量不得大于 3.5%，普通硅酸盐水泥的烧失量不得大于 5.0%。

（4）不溶物

水泥中不溶物是用盐酸溶解滤去不溶残渣，经碳酸钠处理再用盐酸中和，高温下灼烧至恒量后称质量，灼烧后不溶物质量占试样总质量比例为不溶物含量。

我国现行标准（GB 175—1999）规定，I 型硅酸盐水泥的不溶物含量不得超过 0.75%，II 型硅酸盐水泥的不溶物含量不得超过 1.50%。

2. 物理性质

（1）细度

细度是指水泥磨细的程度或水泥分散度的指标。它对水泥的硬化速度、水泥需水量、和易性、放热速率及强度都有影响。水泥颗粒越细，其总表面积越大，与水反应时接触的面积也越大，水化反应速度就越快。所以相同矿物组成的水泥，细度越大，凝结硬化速度越快，早期强度越高，析水量减少。一般认为，水泥颗粒粒径小于 45μm 时才具有较大的活性，在 75μm 以上时，水化不完全。水泥比表面积与水泥有效利用率（1 年龄期）的关系是：比表面积为 3000cm^2/g，只有 44%可水化发生作用；比表面积 7000cm^2/g，有效利用率可达 80%左右；比表面积 10000cm^2/g，有效利用率可达 90%～95%。

实践表明，水泥颗粒太细，在空气中的硬化收缩也较大，使混凝土发生裂缝的可能性增加。此外，水泥颗粒细度提高会导致粉磨能耗增加，生产成本提高。为充分发挥水泥熟料的活性，改善水泥性能，同时考虑能耗的节约，要合理控制水泥细度。按现行国家标准，水泥细度采用筛析法和比表面积法检测。

①筛析法。以 80μm 方孔筛上的筛余百分率表示。筛析法有负压筛法和水筛法两种，鉴定结果发生争议时，以负压筛法为准。

②比表面积法。以每千克水泥所具有的总表面积（m^2）表示。比表面积采用勃氏法测

定。

我国现行标准《硅酸盐水泥、普通硅酸盐水泥》(GB 175—1999)规定，硅酸盐水泥细度比表面积大于300m^2/kg，普通硅酸盐水泥、矿渣硅酸盐水泥、火山灰硅酸盐水泥和粉煤灰硅酸盐水泥在80μm方孔筛筛余不得超过10.0%。

(2) 标准稠度用水量

在测定水泥的凝结时间和安定性时，为使其测定结果具有可比性，必须采用标准稠度的水泥净浆进行测定。我国行业标准《公路工程水泥及水泥混凝土试验规程》(JTG E30—2005)规定，水泥净浆标准稠度的标准测定方法为试杆法，以标准试杆沉入净浆，并距离底板6mm±1mm时的水泥净浆的稠度作为标准稠度，其拌和用水为该水泥标准稠度用水量，按水泥质量百分比计；以试锥法(调整水量法和不变水量法)为代用法，采用调整水量法测定标准稠度用水量时，拌和水量应按经验法确定加水量；采用不变水量法测定时，拌和水量为142.5mL，水量精确到0.5mL。如发生争议时，以调整水量法为准。

(3) 凝结时间

凝结时间是指从加水泥时至水泥浆失去可塑性所需的时间。凝结时间分初凝时间和终凝时间。初凝时间是从加水泥至水泥浆开始失去可塑性所经历的时间；终凝时间是从加水泥至水泥浆完全失去可塑性所经历的时间。水泥浆体凝结时间与物态的关系示意如图2-5。

正常煅烧的水泥磨细后与水拌和时，会立即产生凝结，为了调节凝结时间，在熟料粉磨时，需加入适量石膏，但石膏掺量过多会产生不良影响。

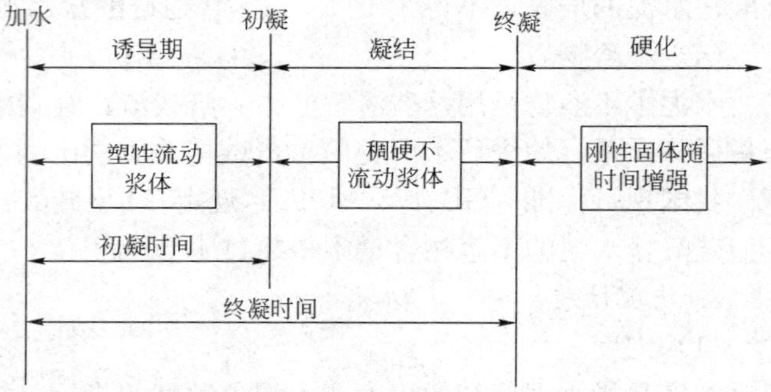

图2-5 水泥凝结时间与水泥浆体状态的关系

现行国家标准(GB/T 1346—2001)规定：采用维卡仪测定水泥的凝结状态，初凝状态是指初凝试针自由沉入标准稠度的水泥净浆试件至底板4mm±1mm时的稠度状态，由加水泥时至达到初凝状态所经历的时间作为初凝时间；完成初凝时间测定后，将试模连同浆体翻转180°，换上终凝试针(终凝针上装有一个环形附件)，当试针沉入试体0.5mm时，即环形附件开始不能在试体上留下痕迹时，为水泥达到终凝状态，由加水泥时至达到终凝状态所经历的时间作为水泥的终凝时间。

水泥的凝结时间，对水泥混凝土的施工具有十分重要的意义。水泥的初凝时间不宜过短，以便在施工过程中有足够的时间对混凝土进行搅拌、运输、浇筑和振捣等操作；终凝时间不宜过长，以使混凝土能尽快硬化，产生强度，提高模具周转率，加快施工进度。我国现行国标(GB 175—1999)规定，硅酸盐水泥初凝不得早于45min，终凝不得迟于6.5h。普通硅酸盐水泥初凝不得早于45min，终凝不得迟于10h。初凝时间不符合规定的水泥为废品，严禁在工程中使用，终凝时间不符合要求者为不合格品。

(4) 体积安定性

水泥的体积安定性是指水泥在凝结硬化过程中体积变化的均匀性。各种水泥在凝结硬化过程中，都可能产生不同程度的体积变化。如果这种体积变化是轻微的均匀的，则对建筑物的质量没什么影响，但是如果混凝土硬化后，由于水泥中某些有害成分的作用，在水泥石内部产生了剧烈的、不均匀的体积变化，则会在建筑物内部产生破坏应力，导致建筑物的强度降低。若破坏应力发展到超过建筑物的强度，则会引起建筑物开裂、崩塌等严重质量事故，这种现象称为水泥的体积安定性不良。

水泥体积安定性不良的原因是：水泥熟料中含有过多的游离氧化钙和氧化镁或掺入的石膏含量过多。

按现行行业标准《公路工程水泥及水泥混凝土试验规程》（JTG E30—2005）规定：检验硅酸盐水泥体积安定性的标准法为雷氏法，以试饼法为代用法，有矛盾时以标准法为准。

①雷氏法是将标准稠度的水泥净浆按规定方法装入雷氏夹的环形试模中，湿养24h后测定指针尖端距离，接着将其放入沸煮箱内，加热30min±5min至水沸腾，然后恒沸3h±5min，待试件冷却后再测定指针尖端的距离（如图2-6）。若沸煮前后指针尖端增加的距离不超过5.0mm，则认为水泥的体积安定性合格。

②试饼法是用标准稠度的水泥净浆，按规定方法制成直径70～80mm、中心厚约10mm的试饼，在湿气养护箱中养护24h，然后在沸煮箱中加热30min±5min至沸，然后恒沸3h±5min，最后根据试饼有无弯曲、裂缝等外观变化，判断其安定性。

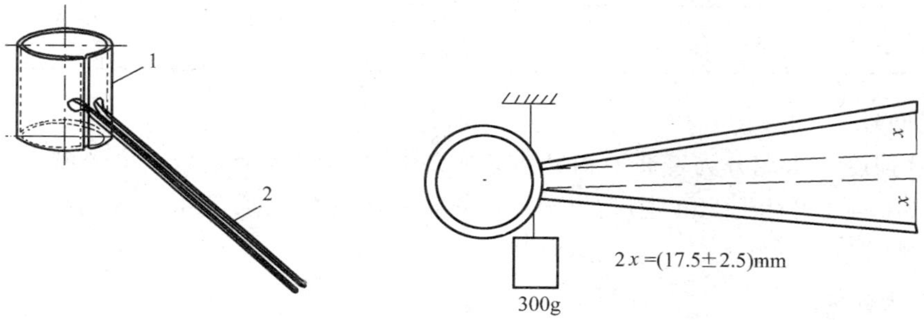

图2-6　雷氏夹法示意图

1-环模；2-指针

用沸煮法只能检测出游离CaO造成的体积安定性不良。由于MgO造成的体积安定性不良，必须用压蒸法才能检验出来。石膏造成的安定性不良则需要更长时间在温水中浸泡才能发现。由于这两种原因引起的体积安定性不良都不易快速检验，所以国家标准规定：硅酸盐水泥熟料中MgO的含量不得超过5.0%，若经压蒸试验水泥的安定性合格，允许放宽到6.0%；SO_3的含量不得超过3.5%，以保证水泥的安定性合格。安定性不合格的水泥为废品，严禁在工程中使用。

（5）强度

强度是水泥技术要求中最基本的指标，它直接反映了水泥的质量水平和使用价值，也是水泥混凝土和砂浆配合比设计的重要计算参数。水泥的强度越高，其胶结能力也越大。硅酸盐水泥的强度主要取决于熟料的矿物组成和水泥的细度，此外还与水灰比、试验方法、试验条件、养护龄期等因素有关。

按现行行业标准《公路工程水泥及水泥混凝土试验规程》（JTG E30—2005）规定，用水泥胶砂强度法作为水泥强度的标准检验方法。此方法是以1∶3的水泥和中国ISO标准砂，0.5的水灰比，用标准制作方法制成40mm×40mm×160mm的标准试件，达到规定龄期（3d，28d）时，测其抗折强度和抗压强度，按国家标准《硅酸盐水泥、普通硅酸盐水泥》（GB 175—1999）、《矿渣硅酸盐水泥、火山灰质硅酸盐水泥及粉煤灰硅酸盐水泥》（GB 1344—1999）、《复合硅酸盐水泥》（GB 12958—1999）规定的最低强度值来评定其所属强度等级。

①水泥强度等级

强度等级按规定龄期测定的抗压强度和抗折强度来划分，各强度等级水泥在各龄期的强度不得低于表2-8规定的数值。在规定各龄期的抗压强度和抗折强度均符合某一强度等级的最低强度值要求时，以28d抗压强度（MPa）作为强度等级。硅酸盐水泥强度等级分为42.5、42.5R、52.5、52.5R、62.5、62.5R六个强度等级。

硅酸盐水泥的强度指标　　表2-8

品　种	强度等级	抗压强度（MPa）		抗折强度（MPa）	
		3d	28d	3d	28d
硅酸盐水泥	42.5	17.0	42.5	3.5	6.5
	42.5R	22.0	42.5	4.0	6.5
	52.5	23.0	52.5	4.0	7.0
	52.5R	27.0	52.5	5.0	7.0
	62.5	28.0	62.5	5.0	8.0
	62.5R	32.0	62.5	5.5	8.0

②水泥型号

根据3d强度，水泥分为普通型和早强型（或称R型）两个型号。早强型水泥早期强度发展较快，3d强度可达到28d强度的50%，并较同等级的普通型水泥3d强度提高10%以上。

（二）技术标准

硅酸盐水泥的技术标准，按我国现行国标《硅酸盐水泥、普通硅酸盐水泥》（GB 175—1999）的有关规定，汇总摘列于表2-9。

硅酸盐水泥的技术标准　　表2-9

技术标准	细度比表面积（m^2/kg）	凝结时间（min）		安定性（沸煮法）	抗压强度（MPa）	不溶物（%）		水泥中MgO（%）	水泥中SO_3（%）	烧失量（%）		水泥中碱含量按Na_2O+0.658K_2O计（%）
		初凝	终凝			Ⅰ型	Ⅱ型			Ⅰ型	Ⅱ型	
指标	＞300	≥45	≤390	必须合格	见表2-8	≤0.75	≤1.5	5.0①	≤3.5	≤3.0	≤3.5	0.60②
试验方法	GB/T 8074	GB/T 1346		GB/T 750	GB/T 17671—99	GB/T 176						

注：①如果水泥经压蒸安定性合格，则水泥中MgO含量允许放宽到6.0%；

②水泥中碱含量Na_2O+0.658K_2O计算值来表示，若使用活性集料，用户要求低碱水泥时，水泥中碱含量不得大于0.60%或由供需双方商定。

我国现行国标《硅酸盐水泥、普通硅酸盐水泥》（GB 175—1999）规定：凡氧化镁、三氧化硫、初凝时间、安定性中任一项不符合标准规定（见表2-9）时，均为废品。凡细度、终凝时间、不溶物和烧失量中的任一项不符合标准规定或混合材料掺加量超过最大限量和强度低于商品强度等级的指标时为不合格品。水泥包装标志中水泥品种、强度等级、生产者名称和出厂编号不全的也属于不合格品。不合格水泥严禁在工程中使用。

五、硅酸盐水泥石的腐蚀与防止

硅酸盐水泥硬化后形成的水泥石，在正常环境条件下将继续硬化，强度不断增长。但在某些腐蚀性液体或气体的长期作用下，水泥石就会受到不同程度的腐蚀，严重时会使水泥石强度明显降低，甚至完全破坏。这种现象称为水泥石的腐蚀。

（一）腐蚀类型

在道路与桥隧构筑物中，水泥石常见的腐蚀类型有以下几项。

1. 淡水侵蚀

淡水侵蚀又称溶析性侵蚀，是指硬化后混凝土中的水泥水化产物被淡水溶解而带走，从而造成混凝土孔隙率增大、强度降低的一种侵蚀现象。

水泥石中的各种水化物与水作用时，$Ca(OH)_2$ 溶解度最大，首先被溶出。在静水或无水压的情况下，由于周围的水会被 $Ca(OH)_2$ 所饱和，使溶出作用停止，因此，溶出仅限于表层，对整体水泥石影响不大。但在流水及压力水的作用下，溶出的 $Ca(OH)_2$ 不断被流水带走，水泥石中的 $Ca(OH)_2$ 就会不断被溶析，使混凝土的孔隙率增大，强度降低，而且水泥石液相中 $Ca(OH)_2$ 的浓度降低，还会导致水化硅酸钙和水化铝酸钙的不断分解，使水泥石内部不断受到破坏，强度不断降低，最终可能导致整个结构物的破坏。

2. 硫酸盐的侵蚀

通过海湾、沼泽或跨越污染河流的线路，沿线桥涵墩台，有时会受到海水、沼泽水、工业污水的侵蚀，这时如水中含有碱性硫酸盐，就会与水泥石中的 $Ca(OH)_2$ 作用形成硫酸钙。硫酸钙会结晶析出，并与水泥石中的水化铝酸钙发生反应，生成钙矾石，体积膨胀，在水泥石内产生很大的内应力，使混凝土强度降低，造成结构物的破坏。

3. 镁盐侵蚀

在海水或地下水中，常含有较多的镁盐，主要以氯化镁、硫酸镁形态存在。镁盐与水泥石中的氢氧化钙起置换作用，生成强度低无胶结能力的氢氧化镁。液相中氢氧化钙浓度降低，还会引起水泥石中氢氧化钙、水化硅酸钙、水化铝酸钙等强度组分的分解，导致水泥石的破坏。此外，氯化钙易溶于水，二水石膏能引起硫酸盐的破坏作用。

4. 碳酸侵蚀

在工业污水或地下水中常溶解有较多的 CO_2，这种水对水泥石有侵蚀作用。CO_2 与水泥石中的 $Ca(OH)_2$ 作用，可生成碳酸钙，碳酸钙再与水中的碳酸作用，生成可溶的碳酸氢钙，从而使水泥石的强度降低。

（二）腐蚀的防止措施

1. 根据环境特点，合理选择水泥品种

当水泥石遭受淡水侵蚀时，可使用水化产物中 $Ca(OH)_2$ 含量少的水泥；若水泥石遭受硫酸盐的腐蚀，可选择 C_3A 含量小的水泥；在水泥生产时掺入适当的混合材料，可以降低

水化产物中的 $Ca(OH)_2$ 含量，提高水泥的抗腐蚀能力。

2. 提高水泥石的密实度，降低孔隙率

在施工过程中，合理选择水泥混凝土的配合比，降低水灰比，改善集料级配，掺加外加剂等措施均可使水泥石的密实度提高。另外，在水泥石表面进行碳化处理或采取其它的表面密实措施，也可以提高水泥石的表面密实度，从而减少腐蚀介质进入水泥石内部，起到防腐作用。

3. 在水泥石表面设置保护层

当腐蚀作用较强时，可在混凝土表面敷设一层耐腐蚀性强且不透水的保护层，如陶瓷、玻璃、塑料、沥青、耐酸石料等，可以隔断腐蚀介质与水泥石接触，保护水泥石不受腐蚀。

当水泥石处于多种介质同时侵蚀时，应分析清楚对水泥石侵蚀最严重的介质，采取相应措施，提高水泥石的耐腐蚀性。

第三节　掺混合材料水泥

在水泥生产过程中加入的人工的或天然的矿物材料称为水泥混合材料。为改善硅酸盐水泥的某些性能，同时达到增加产量降低成本的目的，在硅酸盐水泥熟料中掺加适量的各种混合材料与石膏共同磨细制得的水硬性胶凝材料，称为掺混合材料水泥。

一、混合材料的品种及性质

混合材料按其在水泥中所起的作用，分为活性混合材料和非活性混合材料。

（一）活性混合材料

活性混合材料是一种矿物材料，磨细的活性混合材料本身不具备水硬性，但与水泥或石灰（或石灰和石膏）拌和在一起，加水后既能在水中硬化又能在空气中硬化。常用的活性混合材料有粒化高炉矿渣、火山灰质混合材料和粉煤灰。

1. 粒化高炉矿渣

粒化高炉矿渣是对炼铁高炉的熔融渣进行水淬急冷处理后得到多孔、粒状的疏松颗粒。其主要化学成分是 CaO、SiO_2、Al_2O_3，它们的总含量约在 90%以上，另外还有少量 MgO、Fe_2O_3 和一些硫化物（MnS、CaS、FeS 等）。粒化高炉矿渣磨成细粉后，其中的活性氧化硅 SiO_2 和活性的氧化铝 Al_2O_3 可以与 $Ca(OH)_2$ 化合，生成具有胶凝性的水化产物。

2. 火山灰质混合材料

火山灰质混合材料是指天然的或人工的以 SiO_2 和 Al_2O_3 为主要成分的矿物质原料，如火山灰、凝灰岩、浮石、硅藻石、烧黏土、煤渣、煤矸石渣等。尽管这些火山灰质矿物材料的物理状态不同，但化学组成却很相似，均含有大量的 SiO_2 和 Al_2O_3（含量在 75%～85%），并含有少量的 CaO、MgO 和 Fe_2O_3。经磨细后，在 $Ca(OH)_2$ 的碱性作用下，可在空气中硬化，而后在水中继续硬化增加强度。

3. 粉煤灰

在火力发电厂，煤粉在炉膛中燃烧后大部分以灰的形式随烟气一起流动，通过静电收尘器收集的粉末为粉煤灰。从化学组成的角度，粉煤灰属于火山灰质混合材料。由于粉煤灰使用数量较大，且在颗粒形态和性能方面与其他火山灰质混合材料有所不同，因而单独列出。粉煤灰中含有较多的 SiO_2 和 Al_2O_3，与 $Ca(OH)_2$ 的化合能力较强，具有较高的活性。

（二）非活性混合材料

非活性混合材料是指经磨细后加入水泥中不具有或只具有微弱的化学活性，在水泥水化中基本不参加化学反应，仅能起提高产量、调节水泥强度等级、节约水泥熟料的作用，因此又称为填充性混合材料，如磨细的石灰石、石英砂、黏土等，以及不符合技术要求的粒化高炉矿渣、粉煤灰及火山灰质混合材料等。

二、普通硅酸盐水泥

凡由硅酸盐水泥熟料、6%～15%混合材料、适量石膏共同磨细制成的水硬性胶凝材料，称为普通硅酸盐水泥（简称普通水泥），代号 P·O。掺活性混合材料时，最大掺量不得超过15%，其中允许用不超过水泥质量5%的窑灰或不超过水泥质量10%的非活性混合材料来代替。掺非活性混合材料时，最大掺量不得超过水泥质量的10%。

普通硅酸盐水泥强度等级分为32.5、32.5R、42.5、42.5R、52.5、52.5R六个强度等级。普通硅酸盐水泥各强度等级、各龄期的强度指标参见表2-10，其技术标准汇总于表2-11。

普通硅酸盐水泥的强度指标　　表2-10

品种	强度等级	抗压强度（MPa）		抗折强度（MPa）	
		3d	28d	3d	28d
普通硅酸盐水泥	32.5	11.0	32.5	2.5	5.5
	32.5R	16.0	32.5	3.5	5.5
	42.5	16.0	42.5	3.5	6.5
	42.5R	21.0	42.5	4.0	6.5
	52.5	22.0	52.5	4.0	7.0
	52.5R	26.0	52.5	5.0	7.0

普通硅酸盐水泥的技术标准　　表2-11

技术标准	细度（80μm方孔筛）的筛余量（%）	凝结时间		安定性（沸煮法）	抗压强度（MPa）	水泥中MgO（%）	水泥中 SO_3（%）	烧失量（%）	碱含量（%）
		初凝	终凝						
指标	≤10	≥45	≤600	必须合格	见表2-10	≤5.0	≤3.5	≤5.0	0.60
试验方法	GB/T 1345	GB/T 1346		GB/T 1346 GB/T 750	GB/T 17671	GB/T 176			

由于混合材料的掺量较少，所以普通硅酸盐水泥的性质与硅酸盐水泥基本相同，略有差异，主要表现为：

（1）早期强度略低；

（2）耐腐蚀性略有提高；

（3）耐热性稍好；

(4) 水化热略低;

(5) 抗冻性、耐磨性、抗碳化性略有降低。

由于普通硅酸盐水泥的性质与硅酸盐水泥差别不大，因此，在应用方面两种水泥基本相同。

三、掺混合材料水泥

(一) 掺混合材料水泥的品种

1. *矿渣硅酸盐水泥*

凡由硅酸盐水泥熟料、粒化高炉矿渣和适量石膏共同磨细制成的水硬性胶凝材料称为矿渣硅酸盐水泥（简称矿渣水泥），代号P·S。水泥中粒化高炉矿渣的掺量按质量百分比计为20%～70%。允许用石灰石、窑灰、粉煤灰和火山灰质混合材料中的一种材料代替粒化高炉矿渣，代替数量不得超过水泥质量的8%，替代后水泥中粒化高炉矿渣含量不得少于20%。

2. *火山灰质硅酸盐水泥*

凡由硅酸盐水泥熟料和火山灰质混合材料、适量石膏共同磨细制成的水硬性胶凝材料称为火山灰质硅酸盐水泥（简称火山灰水泥），代号P·P。水泥中火山灰质混合材料掺量按质量百分比计为20%～50%。

3. *粉煤灰硅酸盐水泥*

凡由硅酸盐水泥熟料和粉煤灰、适量石膏共同磨细制成的水硬性胶凝材料称为粉煤灰硅酸盐水泥（简称粉煤灰水泥），代号P·F。水泥中粉煤灰掺量按质量百分比计为20%～40%。

以上三种水泥均为掺混合材料硅酸盐水泥。在这类水泥中，石膏既要起调节凝结时间的作用，又要起硫酸盐激发剂的作用，所以，石膏掺量一般比普通硅酸盐水泥稍多。

(二) 掺混合材料硅酸盐水泥的凝结硬化特征

1. *活性混合材料的凝结硬化原理*

矿渣水泥与水拌和后，首先是硅酸盐熟料矿物水化，水化物氢氧化钙与所掺入的石膏分别作为矿渣的碱性激发剂和硫酸盐激发剂，与矿渣中的活性SiO_2和活性Al_2O_3发生化学反应，生成不定型水化硅酸钙、水化硫铝酸钙等水化产物，这种反应也称为“火山灰反应”。随着水化反应的深入，水泥浆体逐渐失去塑性获得强度。与硅酸盐水泥相比，矿渣水泥水化物的碱度较低，$Ca(OH)_2$含量相对较少。从电子显微镜的观察可知，水化硅酸钙和钙矾石是硬化矿渣水泥石的主要成分，而水化硅酸钙凝胶结构比硅酸盐水泥中的更为致密。

火山灰质水泥和粉煤灰水泥的水化与凝结硬化过程同矿渣水泥基本相似。

2. *混合材料对水泥性质的影响*

①水化速度慢，早期强度低，后期强度发展将超过同标号的硅酸盐水泥。在掺混合材料中，水泥熟料矿物明显减少，尤其是C_3S、C_3A的减少，使水泥水化和凝结速度变慢，而混合材料中的SiO_2和Al_2O_3与$Ca(OH)_2$溶液的反应速度较为缓慢。所以掺混合材料水泥的早期强度较低。

“火山灰反应”过程对温度和湿度条件比较敏感，当温度较高时，反应速度较快。因此掺混合材料水泥一般都宜采用蒸汽养护。在蒸汽养护条件下，它们不但强度增长快，并且不影响后期强度的增长。

②化学稳定性较高，抗腐蚀（淡水、硫酸盐）由于在“火山灰反应”中消耗掉一部分$Ca(OH)_2$，使水泥石中$Ca(OH)_2$相对含量减少，二次反应的生成物（如无定型水化硅酸钙，水化铝酸钙）的碱度较低，较为稳定，抗淡水腐蚀及抗硫酸盐腐蚀性提高。但是如果所掺的混合材料为黏土质火山灰质材料，由于其水化产物中水化铝酸钙含量较大，因而不利于水泥石的抗硫酸盐腐蚀。

③水化热低，适应大体积工程。在掺混合材料的水泥中，C_3S和C_3A相对含量减少，水化速度低，单位时间所释放水化热低于硅酸盐水泥。

④抗冻性差。在低温条件下，火山灰反应缓慢甚至停止。所以在低温（10℃）以下需要强度迅速发展的工程结构中，应对水泥混凝土采用加热保温措施，否则不宜使用。

（三）掺混合材料硅酸盐水泥的技术指标

掺混合材料水泥的技术指标与硅酸盐水泥基本相同。

我国现行国家标准《矿渣硅酸盐水泥、火山灰质硅酸盐水泥及粉煤灰硅酸盐水泥》（GB 1344—1999），对矿渣硅酸盐水泥、火山灰质硅酸盐水泥和粉煤灰硅酸盐水泥的技术性质要求见表2-12。这三种水泥的强度等级分为32.5、32.5R、42.5、42.5R、52.5、52.5R等六个强度等级，其各龄期强度值见表2-13。

矿渣硅酸盐水泥、火山灰质硅酸盐水泥及粉煤灰硅酸盐水泥的技术指标 表2-12

水泥品种	SO_3含量（%）	MgO含量（%）	细度（80μm方孔筛）筛余量（%）	凝结时间（min）		安定性（沸煮法）	碱含量（%）
				初凝	终凝		
矿渣硅酸盐水泥	≤4.0	≤5.0	≤10	≥45	≤600	必须合格	供需双方商定
火山灰质硅酸盐水泥	≤3.5						
粉煤灰硅酸盐水泥							

注：如果水泥经压蒸安定性合格，则水泥中MgO含量允许放宽到6.0%。

矿渣硅酸盐水泥、火山灰质硅酸盐水泥及粉煤灰硅酸盐水泥的技术指标 表2-13

强度等级	抗压强度（MPa）		抗压强度（MPa）	
	3d	28d	3d	28d
32.5	10.0	32.5	2.5	5.5
32.5R	15.0	32.5	3.5	5.5
42.5	15.0	42.5	3.5	6.5
42.5R	19.0	42.5	4.0	6.5
52.5	21.0	52.5	4.0	7.0
52.5R	23.0	52.5	4.5	7.0

（四）掺混合材料硅酸盐水泥的应用

1. 矿渣硅酸盐水泥

在矿渣水泥中，硅酸盐水泥熟料含量显著减小，其水化与硬化过程较为缓慢，并对环境的温湿条件较为敏感。因此矿渣水泥凝结速度较慢，早期强度较低，但后期强度的发展使之能够达到同等级硅酸盐水泥的强度。若能采用蒸汽养护等湿热处理方法，则能加快硬化速度且不影响后期强度的增长。矿渣水泥不宜用于有早强要求的工程，也不宜用于无加热保温措施的低温条件下施工的工程。由于火山灰反应的消耗，矿渣水泥浆体中的氢氧化钙及铝酸盐含量明显减少，对硫酸盐溶液及淡水腐蚀都有较强的抵抗能力，从而它有较高的化学稳定性。矿渣水泥中 C_3S 和 C_3A 的相对含量较低，水化速度缓慢，单位时间内释放的水化热比硅酸盐水泥低的多，因此适用于大体积工程。此外矿渣本身是耐火材料，其耐热性较强，适于制作受热构件（温度不高于 200℃）。

粒化高炉矿渣有尖锐的棱角，故达到标准稠度时需水量较大，且其保水能力较差，成型后易产生大量泌水，这将在水泥石中形成众多的毛细孔通道或粗大孔隙，而且干缩性较大，若养护不当易产生裂纹。因此矿渣水泥在干湿循环部位的抗冻性、抗渗性等均不及普通水泥。

2. 火山灰质硅酸盐水泥

火山灰质硅酸盐水泥的强度增长特点与矿渣水泥相似。在干燥环境中，水化反应会中止，且易产生裂缝，所以在施工中应注意洒水养护。适用于水中及地下混凝土工程，不宜用于干燥地区和高温结构。又因其水化热较低，宜用于大体积工程。

3. 粉煤灰硅酸盐水泥

粉煤灰水泥的凝结硬化过程与火山灰质水泥极为相似。但是由于粉煤灰的化学组成及矿物结构与其他火山灰质混合材料有所不同，因此构成了粉煤灰水泥的特点。粉煤灰呈球状颗粒，表面致密，内比表面积较少，不易水化，粉煤灰活性的发挥主要在后期。所以这种水泥的早期强度发展比矿渣水泥和火山灰水泥更低，但后期可以赶上。由于粉煤灰表面致密，吸水能力弱，与其他掺混合材料的水泥相比，标准稠度用水量较少，干缩性也小，因而早期干缩所引起的裂缝较少。粉煤灰的适用范围与上述两种掺混合材料水泥相似，可以用于一般水泥混凝土工程，而且更适用于大体积水工建筑及水中结构和海港工程。

硅酸盐水泥、普通硅酸盐水泥、矿渣硅酸盐水泥、火山灰质硅酸盐水泥和粉煤灰硅酸盐水泥统称五大品种水泥，是目前土建工程中应用最广的品种。这五种水泥的技术特性和适用性见表 2-14。

五种水泥的主要特性及适用范围 表 2-14

名　称	硅酸盐水泥		普通硅酸盐水泥	矿渣硅酸盐水泥	火山灰质硅酸盐水泥	粉煤灰硅酸盐水泥
简称	硅酸盐水泥		普通水泥	矿渣水泥	火山灰水泥	粉煤灰水泥
	Ⅰ型	Ⅱ型				
代号	P·Ⅰ	P·Ⅱ	P·O	P·S	P·P	P·F
密度（g/cm^3）	3.00～3.15		3.00～3.15	2.80～3.10	2.80～3.10	2.80～3.10
堆积密度（kg/m^3）	1000～1600		1000～1600	1000～1200	900～1000	900～1000
强度等级	32.5、32.5R、42.5、42.5R、52.5、52.5R					

续上表

名　称		硅酸盐水泥	普通硅酸盐水泥	矿渣硅酸盐水泥	火山灰质硅酸盐水泥	粉煤灰硅酸盐水泥
特性	硬化	快	较快	慢	慢	慢
	早期强度	高	较高	低	低	低
	水化热	高	高	低	低	低
	抗冻性	好	好	差	差	差
	耐热性	差	较差	好	较差	较差
	干缩性	小	小	较大	较大	较小
	抗渗性	较好	较好	差	较好	较好
	耐蚀性	较差	较差	较强	除混合料含 Al_2O_3 较多者抗硫酸盐腐蚀性较弱外，一般均较强	
	泌水性	较小	较小	明显	小	小
应用	优先选用	有耐磨要求及早期强度要求高的混凝土，严寒地区反复遭受冻融作用的混凝土，抗碳化要求高的混凝土		水下混凝土，海港混凝土，大体积混凝土，耐腐蚀要求较高的混凝土，蒸气养护混凝土		
		高强混凝土	普通气候及干燥环境中的混凝土，有抗渗要求及受干湿交替作用的混凝土	有耐热要求的混凝土	有抗渗要求的混凝土	承载较晚的混凝土
	可以使用	一般工程	高强混凝土，水下混凝土，耐热混凝土	普通气候环境中的混凝土		
	不宜使用	大体积混凝土，耐腐蚀要求高的混凝土，耐热及高温养护混凝土	大体积混凝土，耐腐蚀要求高的混凝土	早期强度、抗冻性及抗渗性要求高的混凝土		

第四节　其他品种水泥

一、道路硅酸盐水泥

道路硅酸盐水泥是指由道路硅酸盐水泥熟料、0～10%活性混合材料与适量石膏磨细制成的水硬性胶凝材料，简称道路水泥。道路硅酸盐水泥熟料是指以适当成分的生料烧至部分熔融，所得以硅酸钙为主要成分和较多量的铁铝酸钙的硅酸盐水泥熟料称为道路硅酸盐水泥熟料。

1. 技术要求

各交通等级路面所使用水泥的化学成分和物理性能等要求应符合表 2-15 的规定。

各交通等级路面用水泥的化学成分和物理指标　　表 2-15

水泥性能	特重、重交通路面	中、轻交通路面
铝酸三钙	不宜>7.0%	不宜>9.0%
铁铝酸四钙	不宜<15.0%	不宜<12.0%
游离氧化钙	不得>1.0%	不得>1.5%
氧化镁	不得>5.0%	不得>6.0%
三氧化硫	不得>3.5%	不得>4.0%
碱含量	$Na_2O+0.658K_2O\leqslant0.6\%$	怀疑有碱活性集料时，≤0.6%； 无碱活性集料时，≤1.0%
混合材种类	不得掺窑灰、煤矸石、火山灰和黏土，有抗盐冻要求时不得掺石灰、石粉	不得掺窑灰、煤矸石、火山灰和黏土，有抗盐冻要求时不得掺石灰、石粉
出磨时安定性	雷氏夹或蒸煮法检验必须合格	蒸煮法检验必须合格
标准稠度用水量	不宜>28%	不宜>30%
烧失量	不得>3.0%	不得>5.0%
比表面积	宜在 300～450m^2/kg	宜在 300～450m^2/kg
细度（80μm）	筛余量不得>10%	筛余量不得>10%
初凝时间	不早于 1.5h	不早于 1.5h
终凝时间	不迟于 10h	不迟于 10h
28d 干缩率	不得>0.09%	不得>0.1%
耐磨性	不得>3.6kg/m^2	不得>3.6kg/m^2

2. 工程应用

道路硅酸盐水泥是强度高（特别是抗折强度高）、耐磨性好、干缩小、抗冲击性好、抗冻性好、抗硫酸盐腐蚀性能比较好的专用水泥。它适用于道路路面、机场跑道道面、城市广场等工程。由于道路水泥具有干缩性小、耐磨、抗冲击等特性，可减少水泥混凝土路面的裂缝和磨耗等病害，减少工程维修，延长路面的使用寿命，因此可获得显著的社会效益和经济效益。

二、快硬硅酸盐水泥

凡以硅酸盐水泥熟料和适量石膏磨细制成，以 3d 抗压强度表示强度等级的水硬性胶凝材料称为快硬硅酸盐水泥（简称快硬水泥）。

快硬硅酸盐水泥中的主要矿物成分为硅酸三钙、铝酸三钙。通常 C_3S 含量为 50%～60%，C_3A 含量为 8%～14%，C_3S 和 C_3A 的总含量不应少于 60%～65%。为加快硬化速度，可适量增加石膏的掺量和提高水泥的磨细程度。

1. 技术要求

（1）化学性质

①氧化镁含量。熟料中氧化镁含量不得超过5.0%。如水泥经压蒸安定性试验合格，则熟料中氧化镁的含量允许放宽到6.0%。

②三氧化硫含量。水泥中三氧化硫含量不得超过4.0%。

（2）物理力学性质

①细度。采用筛析法，80μm方孔筛筛余量不得大于10%。

②凝结时间。初凝时间不早于45min，终凝时间不得迟于10h。

③安定性。沸煮法检验必须合格。

④强度。以3d强度表示强度等级，各龄期强度不得低于规定数值，见表2-16。

快硬硅酸盐水泥的强度指标 表2-16

强度等级	抗压强度（MPa）			抗折强度（MPa）		
	1d	3d	28d	1d	3d	28d
32.5	15.0	32.5	52.5	3.5	5.0	7.2
37.5	17.0	37.5	57.5	4.0	6.0	7.6
42.5	19.0	42.5	62.5	4.5	6.4	8.0

2. 特性与应用

快硬硅酸盐水泥凝结硬化快，早期强度高，其3d抗压强度可达到强度等级，后期强度仍有一定增长率，抗冻性及抗渗性强，水化放热量大，耐腐蚀性差，适用于紧急抢修工程、冬季施工的混凝土工程。不宜应用大体积混凝土工程和耐腐蚀要求高的工程；另外，快硬水泥干缩率较大，容易吸湿降低强度，储存期超过一个月时，需重新检验其技术性质。

三、膨胀水泥及自应力水泥

膨胀水泥是硬化过程中不产生收缩，而具有一定膨胀性能的水泥。

一般水泥在凝结硬化过程中都会产生一定的收缩，使水泥混凝土出现裂纹，影响混凝土的强度及其他性能。而膨胀水泥则克服了这一弱点，在硬化过程中能够产生一定的膨胀，增加水泥石的密实度，消除由收缩带来的不利影响。

膨胀水泥主要是比一般水泥多了一种膨胀组分，在凝结硬化过程中，膨胀组分使水泥产生一定量的膨胀值。常用的膨胀组分是在水化后能形成膨胀性产物水化硫铝酸钙的材料。

按膨胀值的大小，膨胀水泥可分为补偿收缩水泥和自应力水泥两大类。补偿收缩水泥膨胀率较小，大致可补偿水泥在凝结硬化过程中产生的收缩，因此又叫做无收缩水泥，这种水泥可防止混凝土产生收缩裂缝；自应力水泥的膨胀值较大，在限制膨胀的条件下（如有配筋时），由于水泥石的膨胀作用，使混凝土产生压应力，从而达到预应力的目的。这种靠水泥自身水化产生膨胀来张拉钢筋达到的预应力称为自应力。混凝土中所产生的压应力数值即为自应力值。

在路桥工程中，膨胀水泥常用于水泥混凝土路面、机场道面或桥梁结构中修补混凝土。此外，在越江隧道或山区隧道用于配制防水混凝土以及接缝、堵漏等。

本 章 小 结

本章学习了道路工程中广泛使用的两种胶凝材料石灰和水泥。

石灰部分主要介绍了石灰的成分、制造、熟化与硬化、石灰的技术标准、检测、应用与储运。石灰是一种气硬性胶结材料，是修筑现代半刚性路面基层的重要材料。它的强度主要来源于 $Ca(OH)_2$ 的碳化形成 $CaCO_3$ 和 $Ca(OH)_2$ 的晶化。活性氧化钙和氧化镁含量是石灰最主要的技术性质。活性氧化钙的测定，是采用蔗糖与其形成蔗糖钙，然后用 HCl 滴定的方法求得活性氧化钙含量；氧化镁的含量是采用 EDTA 络合滴定法确定氧化镁测定。

水泥部分介绍了硅酸盐系水泥的原料及生产工艺、硅酸盐水泥的主要矿物成分及其特性、硅酸盐水泥与普通水泥的主要技术性质及水泥石的腐蚀与防止、掺混合材料的硅酸盐水泥的性质、六大通用水泥的特性及选用方法等，还介绍了其他品种水泥。硅酸盐水泥是一种水硬性胶凝材料，是水泥混凝土路面和桥梁的主要胶结材料，是由硅酸三钙、硅酸二钙、铝酸三钙和铁铝酸四钙等四种矿物组分所组成。这四种矿物组分水化产物主要有：水化硅酸钙（C-S-H）、氢氧化钙（CH）、钙矾石（AFt）、单硫盐（AFm）和水化铁铝酸钙［$C_4(A,F)H_X$］等。水泥凝结、硬化是一个复杂的物化过程，水泥水化后经潜伏期、凝结期和硬化期等交错进行的凝结硬化过程，由可塑性的水泥浆体逐步凝结硬化成具有一定强度的水泥石。

水泥的技术性质主要有细度、凝结时间、安定性和强度。根据 3d 强度，我国水泥分为普通型和早强型（或称 R 型）两个型号。

为改善水泥某些性能，同时达到增加产量和降低成本的目的，在硅酸盐熟料中掺加适量的混合料，并与石膏共同磨细制成各种掺混合材水泥，如矿渣硅酸盐水泥、火山灰质硅酸盐水泥、粉煤灰硅酸盐水泥和复合水泥等。目前通常使用的水泥是硅酸盐水泥、普通硅酸盐水泥、矿渣硅酸盐水泥、火山灰质硅酸盐水泥、粉煤灰硅酸盐水泥和复合硅酸盐水泥等六种。

此外，专供道路路面和机场道面用的道路硅酸盐水泥，它的特点是具有较高的抗折强度。在道路与桥梁工程中还经常用到快硬水泥、膨胀水泥等。

在本章的学习时，首先要区分石灰与水泥这两种材料的共同点、不同点，学习石灰时，重点应区分石灰熟化的特征以及石灰在实际应用过程中的特点。在学习有关水泥的内容时，侧重于通用水泥，而通用水泥属于硅酸盐系，所以学习的重点在放在硅酸盐水泥与普通水泥上。学习了硅酸盐水泥的知识，对于掺混合材料的硅酸盐水泥就容易理解。它们与硅酸盐水泥在组成上的区别，仅在于掺入了不同数量和品种的混合材料，由此导致了性能上的差异。对于其他品种的水泥，要以所属的系列去理解，学习它们的共性和特性。

复习思考题

1. 试述石灰的煅烧、消化和硬化的化学反应过程，并说明其强度形成原理。
2. 何谓有效氧化钙？简述测定石灰有效氧化钙和氧化镁的意义和方法要点。

3. 生石灰与消石灰有什么不同？生石灰、生石灰粉与消石灰粉主要技术指标是什么？

4. 生石灰在使用前为什么要先进行“陈伏”？磨细生石灰为什么可不经“陈伏”而直接应用？

5. 某办公楼室内抹灰采用的是石灰砂浆，交付使用后墙面逐渐出现普通鼓包开裂，试分析其原因。欲避免这种事故发生，应采取什么措施？

6. 既然石灰不耐水，为什么由它配制的灰土或三合土却可用于基础的垫层、道路的基层等潮湿部位？

7. 解释石灰浆塑性好、硬化慢、硬化后强度低但不耐水的原因。

8. 硅酸盐水泥熟料矿物成分有哪些？它们相对含量的变化，对水泥性能有什么影响？

9. 现有甲、乙两厂生产的硅酸盐水泥熟料，其矿物组成如表2-17：

表2-17

生　产　厂	熟料矿物组成（%）			
	C_3S	C_2S	C_3A	C_4AF
甲	52	21	13	14
乙	47	28	7	18

若用上述熟料分别制成硅酸盐水泥，试估计和比较它们强度增长和水化反应速度、水化热等性质有何差异？

10. 硅酸盐水泥水化后的主要产物有哪些？

11. 引起水泥体积安定性不良的原因有哪些？安定性不良的水泥应如何处理？

12. 硫酸盐对水泥有腐蚀作用，为什么在水泥生产过程中还要加入石膏（$CaSO_4 \cdot 2H_2O$）？

13. 什么是水泥的凝结时间？凝结时间对水泥混凝土的施工具有什么意义？

14. 硅酸盐水泥有哪些特性，适用于哪些工程？

15. 什么叫混合材料？活性混合材料掺入水泥中会产生什么影响？

16. 掺活性混合材料为什么能改善水泥的抗腐蚀性能？

17. 道路硅酸盐水泥在矿物组成上有什么特点？在技术性质方面有什么特殊要求？

18. 如何按技术指标来判断水泥的质量？

19. 判断下列说法是否正确。

（1）储存期超过三个月的水泥，使用时应重新测定其强度。

（2）水泥熟料矿物中，水化反应速度最快的是C_2S。

（3）水泥标准稠度用水量是国家标准规定的。

（4）水泥技术性质中，凡氧化镁、三氧化硫、终凝时间、体积安定性中的任一项不符合国家标准规定均为废品水泥。

（5）生产水泥时掺入适量的石膏的主要目的是提高强度。

（6）水泥的初凝不能过早，终凝不能过迟。

（7）水泥颗粒越细，水化速度越快，早期强度越高。

（8）国家标准规定，以标准维卡仪的试杆沉入水泥净浆距底板6mm±1mm时的净浆稠度为标准稠度。

(9) 安定性不合格的水泥应降级使用。

(10) 按现行规范，水泥胶砂强度是评定水泥强度等级的依据。

20. 下列混凝土工程中，应优先选用什么水泥？不宜使用什么水泥？

(1) 干燥环境中的混凝土；

(2) 采用湿热养护的混凝土；

(3) 厚大体积的混凝土；

(4) 位于水下的混凝土工程；

(5) 配制强度等级为C60的混凝土；

(6) 热工窑炉的基础；

(7) 路面水泥混凝土；

(8) 冬季施工的混凝土；

(9) 严寒地区水位升降范围内的混凝土；

(10) 有抗渗要求的混凝土；

(11) 经常与流动淡水接触的混凝土；

(12) 紧急抢修工程；

(13) 修补建筑物裂缝；

(14) 经常受硫酸盐腐蚀的混凝土。

习　题

1. 进场32.5MPa普通硅酸盐水泥，送试验室检验，28d强度结果如下：

抗压破坏荷载：54.0kN，53.5kN，56.0kN，52.0kN，55.0kN，54.0kN，

抗折破坏荷载：2.83kN，2.8lkN，2.82kN。

问该水泥28d试验结果是否达到原等级强度？该水泥存放期已超过三个月，可否凭上述试验结果判定该水泥仍按原强度等级使用？

2. 某52.5R普通硅酸盐水泥，在试验室进行强度检验，3d强度符合要求，现又测得其28d的抗折破坏荷载分别为：4280N、4160N、4000N；28d的抗压破坏荷载分别为：92.5×10^3N、93.5×10^3N、92.0×10^3N、94.5×10^3N、96.0×10^3N、97.0×10^3N，试评定该水泥的商品强度是否符合标准要求。

第三章　水泥混凝土和砂浆

本章提要

本章介绍了普通水泥混凝土的组成材料、技术性质、设计方法和质量控制。同时对其他功能混凝土也作了简要介绍。

通过学习，能正确应用普通水泥混凝土的主要技术性质，知道水泥混凝土的影响因素，会进行混凝土配合比设计和进行质量评定，知道其他混凝土的特性。

水泥混凝土是道路与桥梁工程建设中应用最广泛、用量最大的建筑材料之一。随着现代高等级公路的发展，水泥混凝土与沥青混凝土一样，成为高等级路面的主要建筑材料。在现代公路桥梁中，钢筋混凝土桥是最主要的一种桥型，广泛应用与高等级公路工程中。作为未来的道路与桥梁的建设者，必须熟悉水泥混凝土的基本理论和试验技能。

水泥混凝土是由水泥、水与粗、细集料按适当比例配合，必要时掺加适量外加剂、掺合料或其他改性材料配制而成的。其中水泥起胶凝和填充作用，集料起骨架和密实作用，水泥与水发生反应生成的具有胶凝作用的水化物将集料颗粒牢固地黏结成整体，经过一定时间凝结硬化后形成人造石材，常简称混凝土。

水泥混凝土可按其组成、特性和功能等从不同角度进行分类。

按表观密度，水泥混凝土可分为：

(1) 普通混凝土（干表观密度约为 2400kg/m^3）。是道路路面和桥梁结构中最常用的混凝土。

(2) 轻混凝土（干表观密度可以轻达 1900kg/m^3）。现代大跨度钢筋混凝土桥梁为减轻结构自重，往往采用各种轻集料配制成轻集料结构混凝土，轻质高强，以增大桥梁的跨度。

(3) 重混凝土（干表观密度可达 3200kg/m^3）。是为了屏蔽各种射线的辐射采用各种高密度集料配制的混凝土。

按强度分级，水泥混凝土按抗压强度可分为三大类：

(1) 低强度混凝土：抗压强度小于 30MPa。

(2) 中强度混凝土：抗压强度 30～60MPa。

(3) 高强度混凝土：抗压强度大于 60MPa。

此外，可根据工程的特殊要求，配制各种特种混凝土，如：加气混凝土、泵送混凝土、防水混凝土、道路混凝土、水工混凝土、纤维加筋混凝土、补偿收缩混凝土等。

第一节　普通水泥混凝土

普通水泥混凝土是以通用水泥为胶结材料，用普通砂石为集料，并以水为原材料，按专门设计的配合比，经搅拌、成型、养护而得到的复合材料。现代水泥混凝土中，为了调节和改善其工艺性质和力学性能，还加入各种化学外加剂和磨细矿质掺合料。

普通水泥混凝土具有许多优点，在凝结前具有良好的塑性，因此可以浇制成各种形状和大小的构件或结构物；它与钢筋有牢固的黏结力，能制作钢筋混凝土结构和构件；经硬化后有抗压强度高与耐久性良好的特性；其组成材料中砂、石等地方材料占80%以上，符合就地取材和经济的原则。但事物总是一分为二的，普通混凝土也存在着抗拉强度低，受拉时变形能力小，容易开裂，自重大等缺点。

由于普通水泥混凝土具有上述各种优点，因此广泛应用于道路与桥梁工程中。

一、普通水泥混凝土的组成材料

水泥混凝土的技术性质很大程度上是由原材料的性质及其相对含量决定的。要得到优质的混凝土，首先要正确选用原材料。

（一）水泥

1. 水泥品种的选择

配制水泥混凝土一般可采用硅酸盐水泥、普通硅酸盐水泥、矿渣硅酸盐水泥、火山灰硅酸盐水泥和粉煤灰硅酸盐水泥。必要时也可采用快硬硅酸盐水泥或其他水泥。水泥的性能必须符合现行国家有关标准的规定。

采用何种水泥，应根据混凝土工程特点和所处的环境条件、施工气候和条件等因素，参照表3-1选用。

常用水泥品种的选用参考表　　表3-1

项　次	混凝土结构环境条件或特殊要求	优先使用	可以使用	不得使用
1	地面以上不接触水流的普通环境中	硅酸盐水泥 普通水泥	矿渣水泥 火山灰水泥 粉煤灰水泥	
2	干燥环境中	硅酸盐水泥 普通水泥	矿渣水泥	火山灰水泥 粉煤灰水泥
3	受水流冲刷或冰冻	硅酸盐水泥 普通水泥	矿渣水泥	火山灰水泥 粉煤灰水泥
4	处于河床最低冲刷线以下	矿渣水泥 火山灰水泥 粉煤灰水泥	硅酸盐水泥 普通水泥	
5	严寒地区露天或寒冷地区水位升降范围内	硅酸盐水泥 普通水泥	矿渣水泥 （强度等级＞32.5）	火山灰水泥 粉煤灰水泥

续上表

项　　次	混凝土结构环境条件或特殊要求	优 先 使 用	可 以 使 用	不 得 使 用
6	严寒地区水位升降范围内	硅酸盐水泥 普通水泥 （强度等级＞42.5）		矿渣水泥 火山灰水泥 粉煤灰水泥
7	厚大体积结构施工时要求水化热低	矿渣水泥 粉煤灰水泥	普通水泥 火山灰水泥	硅酸盐水泥 快硬水泥
8	要求快速脱模	硅酸盐水泥 快硬水泥	普通水泥	
9	低温环境施工要求早强	硅酸盐水泥 快硬水泥 普通水泥	普通水泥	
10	蒸汽养护	矿渣水泥 火山灰水泥 粉煤灰水泥	硅酸盐水泥 普通水泥	
11	要求抗渗	普通水泥 火山灰水泥 粉煤灰水泥	硅酸盐水泥	矿渣水泥
12	要求耐磨	硅酸盐水泥 普通水泥	矿渣水泥 （强度等级＞42.5） 快硬水泥	火山灰水泥 粉煤灰水泥
13	接触侵蚀性环境中	根据侵蚀介质种类、浓度等具体条件，按有关规定或通过试验选用		

2. 水泥强度等级的选择

选用水泥强度等级应与要求配制的混凝土等级相适应。如用高强度水泥配制低强度混凝土，从强度考虑，少量水泥就能满足要求，但为满足和易性和耐久性的要求，就要额外增加水泥用量，造成水泥的浪费。如用低强度水泥配制高强度混凝土，一方面会加大水泥用量造成浪费，另一方面需要减少用水量以保证混凝土的强度，给施工造成困难。经验表明，一般以水泥强度等级（以 MPa 为单位）为混凝土强度等级的 1.1～1.6 倍为宜，配制强度等级较高的混凝土时，以水泥强度等级（以 MPa 为单位）为混凝土强度等级的 0.7～1.2 倍。但是，随着混凝土要求的强度等级不断提高，现代高强混凝土并不受此比例的约束。

水泥混凝土路面用水泥的强度等级的选择，应根据路面的交通等级所要求的设计抗弯拉强度确定，参照表 3-2。水泥供应条件允许，应优先选用早强型水泥，以缩短养护时间。

各交通等级路面水泥各龄期的抗弯拉强度、抗压强度　　表 3-2

交 通 等 级	特　　重		重		中、轻	
龄期（d）	3	28	3	28	3	28
抗压强度（MPa），≥	25.5	57.5	22.0	52.5	16.0	42.5
抗弯拉强度（MPa），≥	4.5	7.5	4.0	7.0	3.5	6.5

（二）细集料

混凝土用细集料一般应采用粒径小于 4.75mm 的级配良好、质地坚硬、颗粒洁净的天然砂（如河砂或海砂及山砂），也可使用加工的机制砂。配制时，对细集料的品质有以下几方面的要求。

1. *砂的颗粒级配和细度模数*

优质的混凝土用砂应能保证所拌制混凝土有适宜的工作性和硬化后混凝土有一定的强度、耐久性，同时又节约水泥的目的。

砂的级配反映大小砂粒的搭配情况，级配影响砂的空隙率的大小，为节约水泥和提高混凝土的密实度，应该使用级配良好的砂以达到最小的空隙率。

根据《建筑用砂》（GB/T 14684—2001）的规定混凝土用砂的级配范围，按 0.6mm 筛上的累计筛余百分率分为 1、2、3 共三个级配区，见表 3-3。

砂的颗粒级配 表 3-3

级配区 方孔筛（mm）	I	II	III
9.50	0	0	0
4.75	10～0	10～0	10～0
2.36	35～5	25～0	15～0
1.18	65～35	50～10	25～0
0.6	85～71	70～41	40～16
0.3	95～80	92～70	85～55
0.15	100～90	100～90	100～90

注：1. 表中的数据为累计筛余数（%）；

2. 砂的实际颗粒级配与表列累计百分率相比，除 4.75mm 和 0.6mm 筛孔外，允许稍有超出分界线，但其总量百分率不应大于 5%；

3. I 区砂中 0.15mm 筛孔累计筛余可放宽到 100～85，II 区砂中 0.15mm 筛孔累计筛余可放宽到 100～80，Ⅲ区砂中 0.15mm 筛孔累计筛余可放宽到 100～75。

混凝土用砂的颗粒级配应在表 3-3 或图 3-1 规定的三个级配区的任一个级配区中范围内，I 区砂属粗砂范畴，用 I 区砂配制混凝土时，应较 II 区砂采用较大的砂率。否则，新拌混凝土的内摩擦阻力较大、保水性差、不易捣实成型，适宜配制水泥用量多的富混凝土或低流动混凝土。II 区砂是由中砂和一部分偏粗的细砂组成，宜优先选用以配不同等级混凝土。当应用 III 区砂配制混凝土时，应较 II 区砂采用较小的砂率，因应用 III 区砂所配制的新拌混凝土黏性略大，比较细软，易捣成型，而且由于 III 区砂的级配细、比表面积大，所以对新拌混凝土的工作性影响比较敏感，故使用时宜降低砂率。

细度模数只反映全部颗粒的粗细程度，而不能反映颗粒的级配情况，因为细度模数相同而级配不同的砂，可配制出性质不同的混凝土，所以考虑砂的颗粒分布情况时，只有同时应用细度模数和级配两项指标，才能真正反映其全部性质。

2. 有害杂质含量

集料中含有妨碍水泥水化或降低集料与水泥石黏附性，以及能与水泥水化物产生不良化学反应的各种物质，称为有害杂质。砂中常含有的有害杂质，主要有泥土和泥块、云母、轻物质、硫酸盐和硫化物以及有机质等。

(1) 含泥量、石粉含量和泥块含量

混凝土用砂的含泥量是指粒径小于 0.075mm 的尘屑、淤泥和黏土的颗粒含量；石粉含量是指人工砂中粒径小于 0.075mm 的颗粒含量；泥块含量是指原粒径大于 1.18mm，经水洗、手压后可破碎成小于 0.6mm 的颗粒含量。

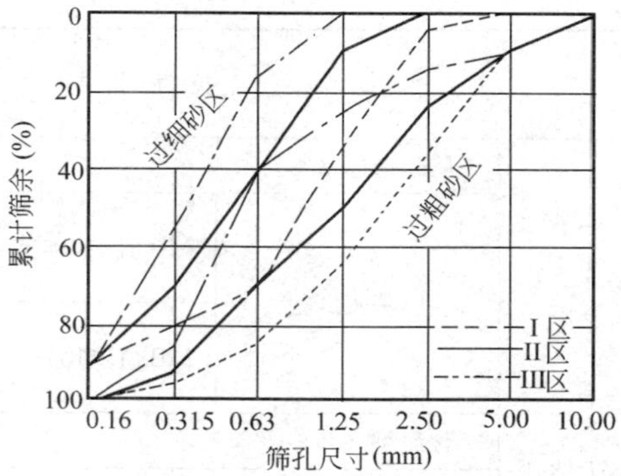

图 3-1　水泥混凝土用砂级配范围曲线

这些细微颗粒的材料或者在集料表面形成包裹层，妨碍集料与水泥石的黏附，或者以松散的颗粒存在，大大地增加了集料的表面积，因而增加了需水量，特别是黏土颗粒，体积不稳定，干燥时收缩，潮湿时膨胀，对混凝土有很大的破坏作用。

(2) 云母含量

云母呈薄片状，表面光滑，且极易沿节理裂开，因此它与水泥石的黏附性极差，对混凝土拌和物的和易性和硬化后混凝土的抗冻性和抗渗性都有不利的影响。

(3) 轻物质含量

砂中的轻物质是指相对密度小于 2.0 的颗粒（如煤和褐煤等）。

(4) 有机质含量

天然砂中有时混杂有有机物质（如动植物的腐殖质、腐殖土等），这类有机物质将延缓水泥的硬化过程，并降低混凝土的强度，特别是早期强度。

(5) 硫化物和硫酸盐含量

在天然砂中，常掺杂有硫铁矿（FeS_2）或石膏（$CaSO_4 \cdot 2H_2O$）的碎屑，如含量过多，将在已硬化的混凝土中与水化铝酸钙发生反应，生成水化铝酸钙晶体，体积膨胀，在混凝土内产生破坏作用。

3. 压碎值和坚固性

混凝土中所用细集料也应具备一定的强度和坚固性。人工砂进行压碎值测定，天然砂采用硫酸钠溶液进行坚固性试验，经 5 次循环后测其质量损失。

细集料技术要求见表 3-4。按《建筑用砂》（GB/T 14684—2001）的规定：I 级砂宜用于强度等级大于 C60 的混凝土，II 级砂宜用于强度等级大于 C30～C60 的混凝土，III 级砂宜用强度等级低于 C30 的混凝土。

（三）粗集料

普通混凝土常用的粗集料是指粒径大于 4.75mm 的卵石（砾石）和碎石。卵石是由自然条件的作用而形成的，根据产源可分为河卵石、海卵石及山卵石。碎石是将天然岩石或大卵石破碎、筛分而得到，表面粗糙且带棱角，与水泥石黏结比较牢固。

细集料技术要求 表 3-4

技术指标				技术要求		
				I级	II级	III级
人工砂	压碎指标（%）		＜	20	25	30
	甲基蓝试验	MB 值＜1.4 或合格	石粉含量（%）＜	3.0	5.0	7.0
			泥块含量（%）＜	0	1.0	2.0
		MB 值≥1.4 或合格	石粉含量（%）＜	1.0	3.0	5.0
			泥块含量（%）＜	0	1.0	2.0
天然砂	含泥量（%）		＜	1.0	3.0	5.0
	泥块含量（%）		＜	0	1.0	2.0
有害杂质含量（%）	氯化物含量（按氯离子质量计）		＜	0.01	0.02	0.06
	云母含量		＜	1.0	2.0	2.0
	有机物含量（比色法）（%）			合格	合格	合格
	硫化物及硫酸盐（按 SO_3 质量计）（%）		＜	0.5	0.5	0.5
	轻物质含量		＜	1.0	1.0	1.0
坚固性（质量损失）（%）			＜	8	8	10
密度和空隙率				表观密度＞2500kg/m³；松散堆积密度＞1350kg/m³；空隙率＜47%		

普通混凝土用粗集料的技术要求见表 3-5。

1. 强度和坚固性

（1）强度

为保证混凝土的强度，要求粗集料必须具备足够的强度。碎石或卵石的强度，可用岩石立方体强度和压碎值指标两种方法检验。同细集料一样，I 级料宜用于强度等级大于 C60 的混凝土，II 级料宜用于强度等级为 C30～C60 的混凝土，III 级料宜用于强度等级小于 C30 的混凝土。

（2）坚固性

碎石或卵石的坚固性是指集料在气候、环境变化或其他物理因素作用下抵抗碎裂的能力。为保证混凝土的耐久性，用作混凝土的粗集料应具有足够的坚固性，以抵抗冻融和自然因素的风化作用。混凝土用粗集料坚固性用硫酸钠溶液法检验，试样经 5 次循环后，其质量损失应符合表 3-5 规定。

碎石和卵石技术要求 表 3-5

技术指标		技术要求		
		I级	II级	III级
碎石压碎指标（%）	＜	10	20	30
卵石压碎指标（%）	＜	12	16	16
针片状颗粒含量（%）	＜	5	15	25
含泥量（%）	＜	0.5	1.0	1.5

续上表

技术指标		技术要求		
		I级	II级	III级
泥块含量（%）	<	0	0.5	0.7
有机物含量（比色法）		合格	合格	合格
硫化物及硫酸盐含量（按 SO_3 质量计）（%）	<	0.5	1.0	1.0
坚固性（质量损失）（%）	<	5	8	12
岩石抗压强度（MPa）		在饱水状态下，火成岩应不小于 80；变质岩应不小于 60；水成岩应不小于 30		
密度与空隙率		表观密度>2500kg/m³；松散堆积密度>1350kg/m³；空隙率<47%		
碱集料反应		经碱集料反应试验后，由卵石、碎石配制的试件无裂缝、酥裂、胶体外溢等现象，在规定试验龄期的膨胀率应小于 0.10%		

2. 有害杂质含量

粗集料中常含有一些有害杂质，如黏土、淤泥、硫酸盐及硫化物和有机物等，它们的危害作用已在细集料中讲述。其含量不应超过表 3-5 的规定。

3. 最大粒径及颗粒级配

(1) 最大粒径

粗集料中公称粒径的上限称为该粒级的最大粒径，指集料的 100%都要通过的最小的标准筛筛孔尺寸。新拌混凝土随着最大粒径的增加，单位用水量相应减少，在固定用水量和水灰比的条件下，加大粒径，可获得较好的和易性，或减少水灰比而提高混凝土的强度和耐久性。在结构截面允许的条件下，尽量增大最大粒径可节约水泥（但需要注意，增大粒径虽可提高抗压强度，但会降低抗拉强度）。规范规定：混凝土用粗集料最大粒径不得超过结构截面最小尺寸的 1/4，且不得超过钢筋间最小净距的 3/4，对混凝土实心板，集料的最大粒径不宜超过板厚的 1/2，且不得超过 50mm。

(2) 颗粒级配

粗集料应具有良好的颗粒级配，以减少空隙率，增强密实性，从而可以节约水泥，保证混凝土拌和物的和易性及混凝土的强度。特别是配制高强混凝土，粗集料级配尤为重要。

粗集料的颗粒级配，可采用连续级配或连续级配与单粒级配合使用。在特殊情况下，通过试验证明混凝土无离析现象时，也可采用单粒级。混凝土用粗集料的级配应符合表 3-6 的规定。当连续级配不能配合成满意的混合料时，可掺加单粒级集料配合。连续级配矿质混合料的优点是所配制的新拌混凝土较为密实，特别是具有优良的工作性，不易产生离析等现象，故为经常采用的级配。但连续级配与间断级配矿质混合料相比较，配置相同强度的混凝土，所需要的水泥用量较高。

碎石或卵石的颗粒级配与范围 表 3-6

级配情况	序号	公称粒径（mm）	筛孔尺寸（方孔筛，mm）											
			2.36	4.75	9.5	16.0	19.0	26.5	31.5	37.5	53.0	63.0	75.0	90
			累计筛余（按质量计，%）											
连续粒级	1	5～10	95～100	80～100	0～15	0	—	—	—	—	—	—	—	—
	2	5～16	95～100	85～100	30～60	0～10	—	—	—	—	—	—	—	—
	3	5～20	95～100	90～100	40～80	—	0～10	0	—	—	—	—	—	—
	4	5～25	95～100	90～100	—	30～70	—	0～5	0	—	—	—	—	—
	5	5～31.5	95～100	90～100	70～90	—	15～45	—	0～5	0	—	—	—	—
	6	5～40		95～100	70～90	—	30～65	—	—	0～5	0	—	—	—
单粒级	1	10～20	—	95～100	85～100	—	0～15	0	—	—	—	—	—	—
	2	16～31.5	—	95～100	—	85～100	—	—	0～10	0	—	—	—	—
	3	20～40	—	—	95～100	—	80～100	—	—	0～10	0	—	—	—
	4	31.5～63	—	—	—	95～100	—	—	75～100	45～75	—	0～10	0	—
	5	40～80	—	—	—	—	95～100	—	—	70～100	—	30～60	0～10	0

4. *表面特征及颗粒形状*

粗集料的颗粒形状大致可以分为蛋圆形、棱角形、针状及片状。一般来说，比较理想的颗粒形状是接近球形或立方体形，而针状、片状颗粒较差，当针、片状颗粒含量超过一定界限时，使集料空隙增加，不仅使混凝土拌和物和易性变差，而且会使混凝土的强度降低。所以混凝土粗集料中针、片状颗粒含量应有限制，应当符合规范的规定。针状颗粒是指长度大于该粒径所在粒级平均粒径的 2.4 倍者；片状颗粒是指其厚度小于该粒径所在粒级平均粒径的 0.4 倍者。

集料表面特征主要指集料表面的粗糙程度及孔隙特征等。集料的表面特征主要影响集料与水泥石之间的黏结性能，从而影响混凝土的强度，尤其是抗弯强度，这对高强混凝土更为明显。一般情况下，碎石表面粗糙并且具有吸收水泥浆的孔隙特征，所以它与水泥石的黏结能力较强；卵石表面圆滑，因此与水泥石的黏结能力较差，但混凝土拌和物的和易性较好。当混凝土的水泥用量与用水量相同的情况下，一般来说碎石混凝土比卵石混凝土的强度高 10%左右。

5. *碱活性检验*

对于重要的水泥混凝土工程用粗集料，应进行集料碱活性检验。可采用下列方法鉴定集料与碱发生潜在有害反应，即水泥混凝土碱—硅酸盐反应和碱—硅酸反应的可能性。

（1）用岩相法检验确定哪些集料可能与水泥中的碱发生反应。当集料中下列材料含量为 1%或更大时即有可能成为有害反应的集料，这些材料包括下列形式的二氧化硅：蛋白石、玉髓、鳞石英、方石英；在流纹岩、安山岩或英安岩中可能存在的中性重酸性（富硅）的火山玻璃；某些沸石和千枚岩等。

（2）用砂浆长度法检验集料产生有害反应的可能性。如果用高碱硅酸盐水泥制成的砂浆长度膨胀率 3 个月低于 0.05%或者 6 个月低于 0.10%即可判定为非活性集料。超过上述数值时，应通过混凝土试验结果作出最后评定。

(四) 混凝土拌和用水

混凝土拌和用水水源，可分为饮用水、地下水、海水以及经适当处理或处置后的工业废水、符合国家标准的生活用水等，都可以用来拌制混凝土，不需再进行检验。用于拌制和养护混凝土的水，应不含有影响混凝土正常凝结和硬化的有害杂质，如油质、糖类等。地表水或地下水，首次使用必须进行适用性检验，合格才能使用。海水只允许用来拌制素混凝土，不得用于拌制钢筋混凝土和预应力混凝土。

在对水质有疑问时，可将待检验水配制水泥砂浆或混凝土，并测定其28d抗压强度（若有早期强度要求时，需增做7d抗压强度），其强度值不应低于蒸馏水（或符合国家标准的生活用水）拌制的相应砂浆或混凝土抗压强度的90%，则该水可用于拌制混凝土。对混凝土拌和用水的要求见表3-7。

混凝土拌和用水水质要求 表3-7

项 目		素混凝土	钢筋混凝土	预应力混凝土
1. pH值	不小于	4	4	4
2. 不溶物（mg/L）	不大于	5000	2000	2000
3. 可溶物（mg/L）	不大于	10000	5000	2000
4. 氧化物（以 CL^- 计）（mg/L）	不大于	3500	1200	500*
5. 硫酸盐（以 SO_4^{2-} 计）（mg/L）	不大于	2700	2700	600
6. 硫化物（以 S^{2-} 计）（mg/L）	不大于	—	—	100

注：*使用钢丝或热处理钢筋的预应力混凝土中氧化物理含量不超过350mg/L。

(五) 外加剂

在水泥混凝土中，应用外加剂的工程技术效益显著，受到国内外工程界的普遍重视，近几十年来，外加剂发展很快，品种愈来愈多，已成为混凝土四种基本组成材料以外的第五种组分。混凝土外加剂是在拌制混凝土过程中掺入，用以改善混凝土性质的物质，掺量不大于水泥质量的5%（特殊情况除外）。

1. 外加剂类型

混凝土外加剂品种繁多，通常每种外加剂具有一种或多种功能，按照主要功能分类见表3-8。

外加剂分类 表3-8

外加剂功能	外加剂类型
改善混凝土拌和物流变性能	减水剂、引气剂、泵送剂、保水剂等
调节混凝土凝结时间、硬化速度	缓凝剂、早强剂、速凝剂等
调节混凝土体中含气量	引气剂、加气剂、泡沫剂、消泡剂等
改善混凝土耐久性	引气剂、阻锈剂、防水剂、抗渗剂等
为混凝土提供特殊性能	膨胀剂、防冻剂、着色剂、碱—集料反应抑制剂等

按照化学成分，外加剂分为无机化合物类和有机化合物类。无机化合物类主要是无机电解质盐类，如早强剂 $CaCl_2$ 和 Na_2SO_4 等。有机化合物外加剂包括某些有机化合物及其复盐、表面活性剂类。目前混凝土中所用的减水剂和引气剂多属于表面活性剂。

2. 各种外加剂名称、主要功能及组成材料如表3-9。

外加剂名称、功能组成材料　　表3-9

外加剂类型	主要功能	材料
减普通水剂	(1) 在混凝土和易性及强度不变的条件下，可节省水泥5%～10%； (2) 在保证混凝土工作及水泥用量不变的条件下，可减少用水量10%左右，混凝土强度提高10%左右； (3) 在保持混凝土用水量及水泥用量不变条件下，可增大混凝土流动性	(1) 木质磺酸盐类（木钙、木镁、木钠） (2) 腐殖酸类 (3) 烤胶类
高效减水剂	(1) 在保证混凝土工作性及水泥用量不变的条件下，减少用水量15%左右，混凝土强度提高20%左右； (2) 在保持混凝土用水量及水泥用量不变的条件下，可大幅度提高混凝土掺合物流动性 (3) 可节省水泥10%～20%	(1) 多环芳香族磺酸盐类（萘系磺化物与甲醛缩合的盐类）； (2) 水溶性树脂磺酸盐类（磺化三聚氰胺树脂、磺化古玛隆树脂）
引气剂及引气减水剂	(1) 提高混凝土耐久性和抗渗性； (2) 提高混凝土拌和物和易性，减少混凝土泌水离析； (3) 引气减水剂还有减水剂的功能	(1) 松香树脂类（松香热聚物、松香皂） (2) 烷基苯磺酸盐类（烷基苯磺酸盐、烷基苯酚聚氧乙烯醚） (3) 脂肪醇磺酸盐类（脂肪醇聚氧乙烯醚、脂肪醇聚氧乙烯磺酸钠）
早强剂及早强减水剂	(1) 提高混凝土的早期强度； (2) 缩短混凝土的蒸养时间； (3) 早强减水剂还有减水剂功能	(1) 氯盐类（氯化钙、氯化钠） (2) 硫酸盐类（硫酸钠、硫代硫酸钠） (3) 有机胺类（三乙醇胺、三异丙醇胺）
缓凝剂及缓凝减水剂	(1) 延缓混凝土的凝结时间； (2) 降低水泥初期水化热； (3) 缓凝减水剂还有减水剂的功能	(1) 糖类（糖钙） (2) 木质素磺酸盐类（木钙、木钠木镁） (3) 羟基羧酸及其盐类（柠檬酸、酒石酸钾钠） (4) 无机盐类（锌盐、硼酸盐、磷酸盐）
膨胀剂	使混凝土体积，在水化、硬化过程中产生一定膨胀，减少混凝土干缩裂缝，提高抗裂性和抗渗性能	(1) 硫铝酸钙类（明矾石、CSA膨胀剂） (2) 氧化钙类（石灰膨胀剂） (3) 氧化镁类（氧化镁） (4) 金属类（铁屑） (5) 复合类（氧化钙、硫铝酸剂）

3. 各种混凝土工程对外加剂的选择如表3-10。

各种混凝土工程对外加剂的选择　　表3-10

序号	工程项目	选用目的	选用剂型
1	自然条件下的混凝土工程和构件	改善工作性，提高早期强度，节约水泥	各种减水剂，常用木质素类
2	太阳直射下施工	缓凝	缓凝减水剂，常用糖蜜类
3	大体积混凝土	减少水化钠	缓凝剂、缓凝减水剂
4	冬期施工	早强、防寒、抗冻	早强减水剂、早强剂、抗冻剂
5	流态混凝土	提高流动度	非引气型减水剂，常用FDN、UNF

续上表

序号	工程项目	选用目的	选用剂型
6	泵送混凝土	减少坍落损失	泵送剂、引气剂、缓凝减水剂，常用FDNP、UNF-5
7	高强混凝土	C50以上混凝土	高效减水剂、非引气减水剂、密实剂
8	灌浆、补强、填缝	防止混凝土收缩	膨胀剂
9	蒸养混凝土	缩短蒸养时间	非引气高效减水剂、早强减水剂
10	预制构件	缩短生产周期，提高模具周转率	高效减水剂、早强减水剂
11	滑模工程	夏季宜缓凝	普通减水剂木质素类或糖蜜类
		冬季宜早强	高效减水剂或早强减水剂
12	大模板工程	提高和易性，1d强度能拆模	高效减水剂或早强减水剂
13	钢筋密集的构造物	提高和易性，利于浇注	普通减水剂、高效减水剂
14	耐冻融混凝土	提高耐久性	引气高效减水剂
15	灌注桩基础	改善和易性	普通减水剂、高效减水剂
16	商品混凝土	节约水泥，保证运输后的和易性	普通减水剂、缓凝型减水剂

有些外加剂含氯、硫和其他杂质，对混凝土的耐久性有影响，应限制使用，其限制规定如表3-11。

外加剂限制使用规定　　表3-11

外加剂名称	不得使用的混凝土工程
氯盐、含氯盐的早强剂、含氯盐的早强减水剂	(1) 在高湿度空气环境中使用的结构（排出大量蒸汽的）； (2) 处于水位升降部位的结构； (3) 露天结构或经常受水淋的结构； (4) 有镀锌钢材或铝铁相接触部位的结构，以及有外露钢筋预埋件而无防护措施的结构； (5) 与含有酸、碱或硫酸盐等侵蚀性介质相接触的结构； (6) 使用过程中经常处于环境温度为60℃以上的结构； (7) 使用冷拉钢筋、冷轧或冷拔钢丝的结构； (8) 薄壁结构； (9) 预应力混凝土结构； (10) 蒸气养生的混凝土构件
硫酸盐及其复合剂	(1) 有活性集料的混凝土； (2) 有镀锌钢材或铝铁相接触部位的结构； (3) 有外露钢筋预埋件而无防护措施的结构

二、普通水泥混凝土的技术性质

水泥混凝土的主要技术性质包括：新拌混凝土的工作性、硬化后混凝土的力学性质和耐久性。

(一) 新拌混凝土的工作性（和易性）

水泥混凝土在尚未凝结硬化以前，称为新拌混凝土或称混凝土拌和物。新拌混凝土具有良好的工艺性质，称之为工作性（或称和易性）。

1. 新拌混凝土工作性的含义

新拌混凝土的工作性，也称和易性，是指混凝土拌和物易于施工操作（拌和、运输、浇筑、振捣）且成型后质量均匀、密实的性能。实际上，工作性（和易性）这一术语的含义，至今尚无公认的定义。通常认为它包含流动性、黏聚性、保水性和捣实性这四个方面的含义。流动性是指混凝土拌和物在自重或机械振捣作用下，能产生流动，并均匀密实的填满模板的性能；黏聚性是指混凝土拌和物在在施工过程中其组成材料之间有一定的黏聚力，不致产生分层和离析的现象；保水性是指混凝土拌和物施工过程中，具有一定的保水能力，不致产生严重的泌水现象；捣实性是指混凝土拌和物易于振捣密实、排除所有被挟带空气的性质。

2. 工作性的测定方法

各国混凝土工作者对混凝土拌和物的工作性测定方法进行了大量研究工作，至今尚未有一个能够全面反映混凝土拌和物工作性的测定方法。目前的试验方法是在一定条件下测定混凝土拌和物工作性的某一方面，而不是全部的性能。常用的方法是测定混凝土拌和物的流动性，辅以其他方法或直观经验综合评定混凝土拌和物的工作性。按我国行业标准《公路工程水泥及水泥混凝土试验规程》（JTG E30—2005）规定，测定流动性的方法有坍落度试验和维勃稠度试验两种方法。

（1）坍落度试验。坍落度试验是世界上广泛使用的评价混凝土拌和物流动性的测试方法，适用于集料最大粒径不大于 31.5mm、坍落度不小于 10mm 的混凝土拌和物。方法是将新拌混凝土按规定方法分三层装入标准坍落度筒，每层装料高度为筒高的 1/3，每层用弹头棒均匀的插捣 25 次，装满刮平后，立即将筒垂直平稳向上提起，混凝土拌和物因自重产生坍落现象，量测料筒高度与坍落后混凝土拌和物试样最高点之间的高度差，即为该混凝土拌和物的坍落度值，以 mm 计，以此作为流动性指标，如图 3-2 所示。坍落度越大表示混凝土拌和物的流动性越大。

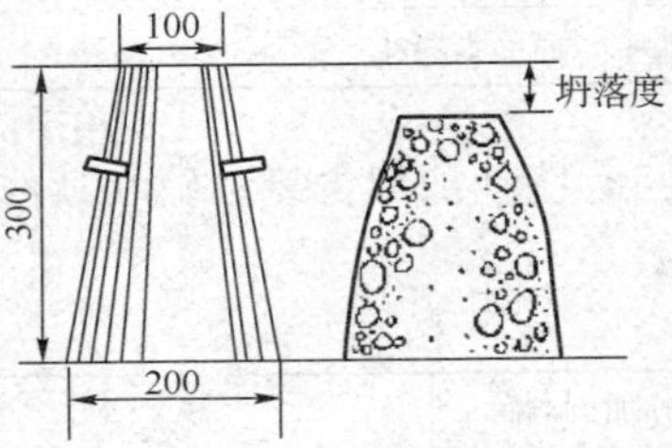

图 3-2　混凝土坍落度测定
（尺寸单位：mm）

为了同时评价混凝土拌和物试样的黏聚性和保水性，在测试坍落度后，用捣棒在已坍落锥体试样的一侧轻轻敲击，如锥体在轻打后渐渐下沉，表示黏聚性好。如锥体突然倒塌，或有石子离析现象，即表示黏聚性差。保水性以混凝土拌和物中水泥浆析出的程度表示，如有较多水泥浆从底部析出，并引起失浆锥体试样中的集料外露，则表示此混凝土拌和物的保水性不好，如仅有少量稀浆从底部析出，则表示此混凝土拌和物的保水性良好。

（2）维勃稠度试验。对于集料公称最大粒径不超过 31.5mm，坍落度小于 10mm 的干硬性混凝土拌和物，常采用维勃稠度试验来测定其流动性。

测定方法是将坍落度筒放在直径为 240mm、高度为 200mm 圆筒内，圆筒安装在专用的振动台上，按坍落度试验的方法将新拌混凝土装满后再拔去坍落度筒，并在新拌混凝土顶上置一透明圆盘。开动振动台并记录时间，从开始振动至透明圆盘底面完全被水泥浆布满止，所经历的时间，以 s 计（精确至 1s），即为新拌混凝土的维勃稠度值，见图 3-3。

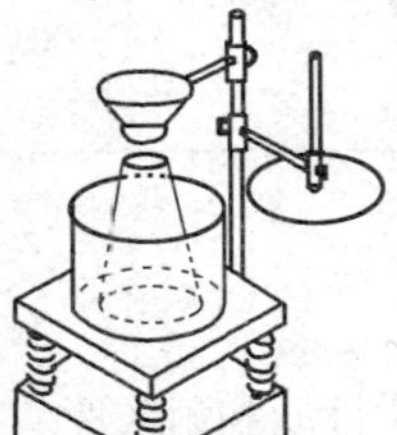

图 3-3　维勃稠度仪

3. 影响新拌混凝土工作性的主要因素

1）组成材料质量及其用量（内因）

（1）水泥浆的数量

混凝土拌和物中的水泥浆，除了填充集料间的空隙外，包裹在集料表面并略有富裕，使拌和物有一定的流动性。在水灰比一定的条件下，水泥浆愈多，流动性愈大，但如水泥浆过多，集料则相对减少，即集浆比小，将出现流浆现象，拌和物的稳定性变差，不仅浪费水泥，而且会使拌和物的强度和耐久性降低；若水泥浆用量过少，则无法很好包裹集料表面及填充其空隙。拌和物中水泥浆的数量应以满足流动性为宜。

（2）水灰比的影响

水灰比是指水与水泥的质量比。在水泥、集料用量一定的情况下，水灰比的变化实际上是水泥浆稠度的变化。水灰比小，则水泥浆稠度大，混凝土拌和物的流动性小。当水灰比过小时，在一定的施工方式下就不能保证混凝土的密实成型。反之，若水灰比过大，水泥将稠度较小，虽然混凝土拌和物的流动性增加，但可能会引起混凝土拌和物黏聚性和保水性不良，当水灰比超过某一极限值时，混凝土拌和物将产生严重的泌水、离析现象，导致混凝土强度和耐久性的降低，故水灰比值应根据混凝土设计强度和耐久性要求合理选用。

（3）单位用水量

单位用水量实际上决定了混凝土拌和物中水泥浆的数量。在组成材料确定的情况下，混凝土拌和物的流动性随单位用水量的增加而增大。当水灰比一定时，若单位用水量过小，则水泥浆数量过少，集料颗粒间缺少足够的黏结材料，混凝土拌和物的黏聚性较差，易发生离析和崩坍，且不宜成型密实；但若单位用水量过多，在混凝土拌和物流动性增加的同时，黏聚性和保水性也将随之恶化，会由于水泥浆过多而出现泌水、分层或流浆现象，致使拌和物产生离析。单位用水量过多还会导致混凝土产生收缩裂缝，使混凝土强度和耐久性严重降低。此外，在水灰比不变的情况下，水泥用量也随单位用水量的增加而增加，不经济。

（4）砂率

砂率是指混凝土中细集料（或砂）的质量占全部集料（砂、石）总质量的百分率。砂率反映了粗细集料的相对比例，它影响混凝土集料的空隙和总比表面积。砂率对混凝土拌和物的和易性影响很大，一方面是砂形成的砂浆在粗集料间起润滑作用，在一定砂率范围内随砂率的增大，润滑作用愈明显，流动性提高；另一方面，在砂率增大的同时，集料的总表面积随之增大，需要润滑的水泥浆增多，在用水量和水泥用量一定的条件下，拌和物流动性降低，所以当砂率超过一定范围后，流动性反而随砂率的增大而降低，如图 3-4 所示。如果砂率过小，砂浆数量不足会使混凝土拌和物的黏聚性和保水性降低，产生离析和流浆现象。所以，混凝土的砂率有一个最佳值，采用最佳砂率时，在用水量和水泥用量不变的情况下，可使混凝土拌和物获得所要求的流动性以及良好的黏聚性与保水性。

（5）水泥的品种和集料的性质

水泥的品种、细度、矿物组成以及混合材料的掺量等，都会影响混凝土拌和物的和易

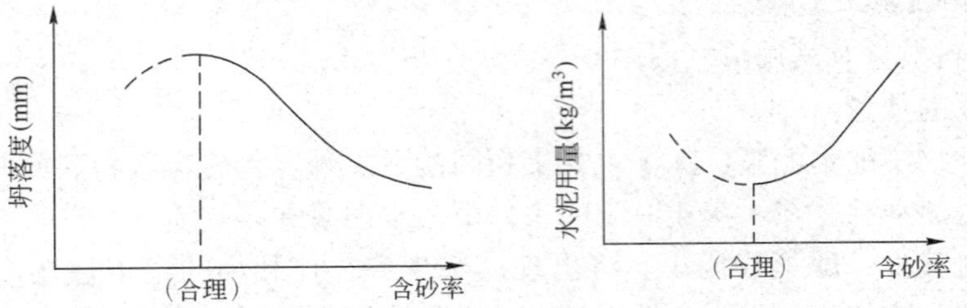

图 3-4 砂率与混凝土拌和物流动性及水泥用量的关系

性，由于不同品种的水泥达到标准稠度的需水量不同，所以不同品种水泥配制成的混凝土拌和物的流动性也不同。通常普通水泥的混凝土拌和物比矿渣水泥、火山灰水泥的工作性好；矿渣水泥拌和物的流动性虽大，但黏聚性差，易产生泌水离析；火山灰水泥流动性小，但黏聚性最好。此外，水泥的细度对拌和物的和易性也有很大的影响，提高水泥的细度可改善混凝土拌和物的黏聚性和保水性，减少拌和物泌水、离析现象，但其流动性变差。

集料在混凝土中占有的体积最大，它的特性对混凝土拌和物工作性的影响也较大，混凝土拌和物的工作性主要与集料的级配、颗粒形状、表面特性、最大粒径有关。一般情况下，级配好的集料，其流动性较大，黏聚性与保水性较好；表面光滑的集料，其流动性较大，总表面积减小，流动性增大；集料棱角较少者，其流动性较大。

（6）外加剂

外加剂对混凝土拌和物的影响较大，在混凝土拌和物中加入少量的外加剂，可在不增加用水量和水泥用量的情况下，有效地改善混凝土拌和物的工作性，同时可提高混凝土的强度和耐久性。

2）外界因素的影响（外因）

对混凝土拌和物工作性有影响的环境因素主要有湿度、温度、风速。在组成材料性质和配合比例一定的条件下，混凝土拌和物的流动性主要受水泥的水化程度和水分的蒸发率所支配，因而，从混凝土拌和物开始搅拌到捣实期间的环境条件对其流动性有着重要影响。环境温度的升高会使水泥水化速度加快、水分蒸发增加，将导致拌和物坍落度的减小。所以，夏季施工时，应采取措施减少混凝土拌和物流动性的损失。同样，风速和湿度通过影响水分的蒸发速度而影响混凝土拌和物的流动性。

此外，搅拌时间的长短，也会影响拌和物的工作性，若搅拌时间不足，拌和物的工作性就差，质量也不均匀。所以规范规定最小搅拌时间为1～3min。

4. 混凝土拌和物和易性的选择

混凝土拌和物和易性依据结构物的断面尺寸、钢筋配置的疏密以及捣实的机械类型和施工方法等来选择。一般对无筋厚大结构、钢筋配置稀疏易于施工的结构，尽可能选用较小的坍落度，以节约水泥。反之，对断面尺寸较小、形状复杂及配筋特密的结构，尽可能选用较大的坍落度，易于浇捣密实，以保证施工质量。对于公路桥梁与道路路面所用的混凝土，可按下述进行选用。

（1）公路桥涵用混凝土拌和物的和易性

应根据公路桥涵技术规范有关规定选择。表3-12可供工程施工中选用参考。

公路桥涵用混凝土拌和物的坍落度　　表3-12

项　次	结构种类	坍落度（mm）
1	桥涵基础、墩台、挡土墙及大型制块等便于灌注捣实的结构	0～20
2	上列桥涵墩台等工程中较不便施工处	10～30
3	普通配筋的钢筋混凝土结构，如钢筋混凝土板、梁、柱等	30～50
4	钢筋较密、断面较小的钢筋混凝土结构（梁、柱、墙等）	50～70
5	钢筋配置特密、断面高而狭小、极不便灌筑捣实的特殊结构部位	70～90

注：1. 使用高频振捣器时，其混凝土坍落度可适当减小；
2. 本表系指不采用机械捣器的坍落度，采用人工捣器时可适当放大；
3. 曲面或斜面结构的混凝土，其坍落度应根据实际需要另行选定；
4. 需要配置大坍落度混凝土时，应掺和外剂；
5. 轻集料混凝土的坍落度，应比表中数值减小10～20mm。

（2）道路混凝土拌和物的工作性选择

水泥混凝土路面所用道路混凝土拌和物的和易性，按照《公路水泥混凝土路面施工技术规范》（JTG 30—2003）中的规定，对于滑模摊铺机施工的碎石混凝土最佳工作坍落度为25～50mm；卵石混凝土为20～40mm。

（二）硬化后混凝土的力学性质

硬化后混凝土的力学性质，主要包括强度和变形两方面。

1. 强度

硬化后的水泥混凝土在路面结构、桥梁构件以及建筑结构中，将受到复杂的应力作用，因此要求水泥混凝土材料必须具备各种力学强度，如立方体抗压强度、棱柱体抗压强度、劈裂抗拉强度、抗剪强度、抗弯拉强度等。

（1）立方体抗压强度（f_{cu}）

按照标准的制作方法制成边长150mm的立方体试件，在标准养护条件（温度20℃±2℃，相对湿度为95%以上）下，养护28d龄期，按标准方法测定其抗压强度值，即为混凝土立方体抗压强度（简称立方体抗压强度），以f_{cu}表示，可按式（3-1）计算，以MPa计。

$$f_{cu}=\frac{F}{A} \tag{3-1}$$

式中：f_{cu}——立方体抗压强度（MPa）；

F——试件破坏荷载（N）；

A——试件承压面积（mm^2）。

以三个试件为一组，取三个试件强度的算术平均值作为每组试件的强度代表值。

若按非标准尺寸试件测得的立方体强度，应乘以换算系数，折算为标准试件的立方体抗压强度。混凝土强度等级＜C60时，边长为200mm试件换算系数为1.05；对于边长为100mm试件换算系数为0.95。当混凝土强度等级≥C60时，宜采用标准试件；使用非标准试件时，换算系数应由试验确定。

①立方体抗压强度标准值（$f_{cu,k}$）

混凝土立方体抗压强度标准值的定义是按照标准方法制作和养护的边长为150mm的立方体试件，在28d龄期，用标准试验方法测定的抗压强度总体分布中的一个值，强度低于该值的百分率不超过5%（即具有95%保证率的抗压强度），以MPa计，用$f_{cu,k}$表示。

从以上定义可知，立方体抗压强度只是一组混凝土试件抗压强度的算术平均值，并未涉及数理统计、保证率的概念。而立方体抗压强度标准值是按数理统计方法确定，具有不低于95%保证率的立方体抗压强度。

②强度等级

混凝土强度等级是根据立方体抗压强度标准值来确定的。强度等级的表示方法，用符号“C”和“立方体抗压强度标准值”两项内容来表示，如“C20”即表示混凝土立方体抗压强度标准值为20MPa。我国现行规范规定，普通混凝土按立方体抗压强度标准值划分C7.5、C10、C15、C20、C25、C30、C35、C40、C45、C50、C55、C60等12个等级。

（2）轴心抗压强度（f_{cp}）

混凝土的抗压强度是采用立方体试件测定的，但在实际工程中，大部分钢筋混凝土结构形式为棱柱体或圆柱体型。为了较真实地反应混凝土的实际受力状况，在钢筋混凝土结构计算中，计算轴心受压构件时，都是采用混凝土的轴心抗压强度作为设计指标。

我国现行标准《公路工程水泥及水泥混凝土试验规程》（JTG E30—2005）规定，采用150mm×150mm×300mm的棱柱体作为标准试件，测定其轴心抗压强度f_{cp}。混凝土的轴心抗压强度f_{cp}可按式（3-2）计算：

$$f_{cp}=\frac{F}{A} \tag{3-2}$$

式中：f_{cp}——混凝土的轴心抗压强度（MPa）；

F——试件破坏荷载（N）；

A——试件承压面积（mm^2）。

关于轴心抗压强度与立方体抗压强度间关系，通过许多棱柱体和立方体试件的强度试验表明：在立方体抗压强度为10～55MPa的范围内，轴心抗压强度与立方体抗压强度之比约为0.7～0.8。

（3）混凝土的抗弯拉强度（抗折强度）（f_{tf}）

道路路面或机场跑道用水泥混凝土，以抗弯拉强度为主要强度指标，抗压强度作为参考指标。

道路路面用水泥混凝土的抗折强度是以标准方法制备成150mm×150mm×550mm的梁形试件，在标准条件下，经养护28d后，按三分点加荷方式（如图3-5），测定其抗折强度（f_{tf}），可按式（3-3）计算：

$$f_{tf}=\frac{FL}{bh^2} \tag{3-3}$$

式中：f_{tf}——混凝土的抗弯拉强度（MPa）；

F——试件破坏荷载（N）；

L——支座间距（mm）；

b——试件宽度（mm）；

h——试件高度（mm）。

（4）混凝土的劈裂抗拉强度（f_{ts}）

混凝土的抗拉强度值较低，通常为抗压强度的1/10～1/20，这个比值随混凝土抗压强度的增高而有所减小。在普通钢筋混凝土结构设计中虽不考虑混凝土承受拉力，但抗拉强度对混凝土的抗裂性起着重要作用，有时也用抗拉强度间接衡量混凝土与钢筋的黏结强度，或用于预测混凝土构件由于干缩或温缩受约束引起的裂缝。

我国现行标准《公路工程水泥及水泥混凝土试验规程》（JTG E30—2005）规定，采用150mm×150mm×150mm的立方体作为标准试件，在立方体试件（或圆柱体）中心平面内用圆弧形垫条施加两个方向相反、均匀分布的压应力，当压力增大至一定程度时试件就沿此平面劈裂破坏，这样测得的强度称为立方体劈裂抗拉强度，简称劈拉强度，按式（3-4）计算：

$$f_{ts}=\frac{0.637F}{A} \tag{3-4}$$

式中：f_{ts}——混凝土的劈裂抗拉强度（MPa）；

F——试件破坏荷载（N）；

A——试件承压面积（mm^2）。

关于劈裂抗拉强度与立方体抗压强度之间的关系，可用经验公式（3-5）表达：

$$f_{ts}=0.637f_{cu} \tag{3-5}$$

2. 影响水泥混凝土强度的因素

1）材料组成

混凝土的材料组成，即水泥、水、砂、石及外加剂等材料是决定混凝土强度形成的主要内因，其质量及配合比对强度起着关键作用。

（1）水泥强度与水灰比

水泥混凝土的强度主要取决于是其内部起胶结作用的水泥石的质量，水泥石的质量则取决于水泥的特性和水灰比。水泥是混凝土中的活性组分，在混凝土配合比相同的条件下，水泥强度等级越高，则配制的混凝土强度越高。当用同一种（品种及强度等级相同）水泥时，混凝土强度主要取决于水灰比。因为水泥水化时所需的结合水，一般只占水泥质量的23%左右，但混凝土拌和物，为了获得必要的流动性，常需用较多的水（约占水泥质量的40%～70%），即采用较大的水灰比，当混凝土硬化后，多余的水分就残留在混凝土中形成水泡或蒸发后形成气孔，大大减少了混凝土抵抗荷载的有效断面，而且可能在孔隙周围产生应力集中。因此，在水泥强度等级相同的情况下，水灰比愈小，水泥石的强度愈高，与集料黏结力愈大，混凝土的强度愈高。但是，如果水灰比太小，拌和物过于干稠，在一定的捣实成型条件下，混凝土拌和物将出现较多的孔洞，导致混凝土的强度下降。1919年，美国D. 阿布拉姆斯（Abrams）就提出“水灰比定则”，指出混凝土抗压强度与水灰比的关系如图3-5所示。

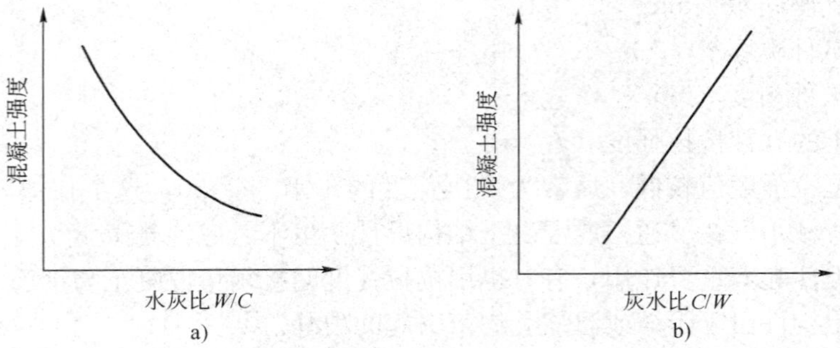

图 3-5　混凝土抗压强度与水灰比之间的关系

根据各国大量工程实践及我国大量的实践资料统计结果，提出水灰比、水泥实际强度与混凝土 28d 立方体抗压强度的关系公式为：

$$f_{cu,28}=\alpha_a\cdot f_{ce}\left(\frac{C}{W}-\alpha_b\right) \tag{3-6}$$

式中：$f_{cu,28}$——混凝土的抗压强度（MPa）；

f_{ce}——水泥的实际强度（MPa）；

$\frac{C}{W}$——灰水比；

α_a，α_b——粗集料回归系数，按《普通混凝土配合比设计规程》（JGJ 55—2000）规定，α_a、α_b 可按表 3-13 选用。

回归系数 α_a、α_b 选用　　表 3-13

集料类别 / 回归系数	碎　石	卵　石	集料类别 / 回归系数	碎　石	卵　石
α_a	0.46	0.48	α_b	0.07	0.33

该经验公式一般只适用于是流动性混凝土及低流动性混凝土，对于干硬性混凝土则不适用。

（2）集料特性

集料的强度不同，使混凝土的破坏机理有所差别，如集料强度大于水泥石强度，则混凝土强度由界面强度及水泥石强度所支配，在此情况下，集料强度对混凝土强度几乎没有影响；如集料强度小于水泥石强度，则混凝土强度与集料强度有关。集料形状以接近球形或立方形为好，若使用扁平或细长颗粒，就会对施工带来不利影响，增加了混凝土的孔隙率，扩大了混凝土的表面积，增加了混凝土的薄弱环节，导致混凝土强度的降低。

（3）浆集比

混凝土中水泥浆的体积和集料体积之比值，对混凝土的强度也有一定的影响。特别是高强度的混凝土更为明显，在水灰比相同的条件下，在达到最优浆集比后，混凝土的强度随着浆集比的增加而降低。水泥浆用量由强度、耐久性、和易性、成本几个方面因素确定，选择时需兼顾。

2）养护温度与湿度

为了获得质量良好的混凝土，成型后必须在适宜的环境中进行养护。养护的目的是为了保证水泥水化过程能正常进行，它包括控制养护环境的温度与湿度。

一般情况下，水泥的水化和混凝土强度发展的速度是随环境温度的高低而增减，如图3-6所示。当温度降至零度时，混凝土中的水分大部分结冰，水泥几乎不再发生水化反应，混凝土强度不仅停止增长，严重时由于孔隙内水分结冰而引起膨胀，产生相当大的膨胀压力。特别在水化初期，混凝土强度较低，遭遇严寒会引起混凝土的崩溃。

混凝土浇筑后，必须有较长时间在潮湿环境中养护，当湿度适当，水泥水化得以顺利进行，使混凝土强度得到充分发展；如果湿度不够，混凝土会失水干燥，影响水泥水化的正常进行，甚至停止水化。这不仅严重降低混凝土强度，而且因水泥水化作用未能完成，会使混凝土结构疏松，渗水性增大，或形成干缩裂缝，从而影响混凝土的耐久性。养护湿度条件对混凝土强度的影响见图3-7。

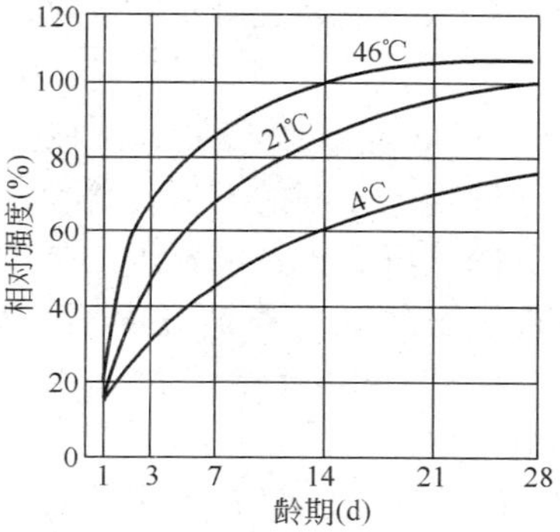

图3-6　养护温度条件对混凝土强度的影响

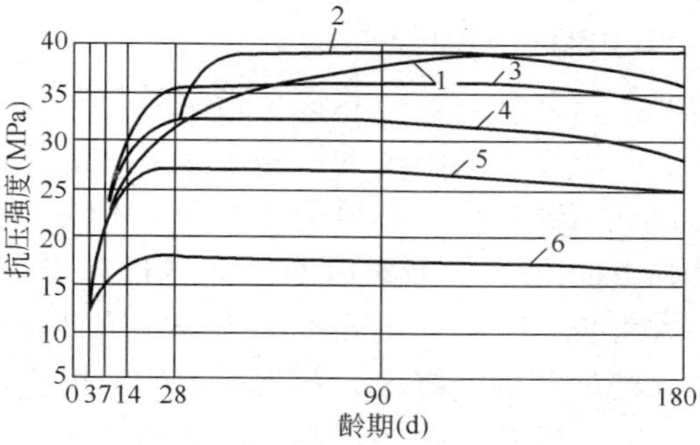

图3-7　养护湿度条件对混凝土强度的影响

1-在潮湿条件下养护；2-28d后在空气中养护；3-14d后在空气中养护；4-7d后在空气中养护；5-3d后在空气中养护；6-全在空气中养护

3）龄期

在正常条件下，混凝土的强度随着龄期的增长而提高，在最初3～7d内发展较快，28d达到设计强度规定的数值，以后强度发展逐渐缓慢，甚至可持续百年左右。在相同养护条件下，其增长规律如下图示3-8。

在标准养护条件下，混凝土强度与其龄期的对数大致成正比，如图3-8。工程中常常利用这一关系，根据混凝土早期强度，估算其后期强度，其表达式为：

$$f_{cu,n}=f_{cu,a}\frac{\lg n}{\lg a} \tag{3-7}$$

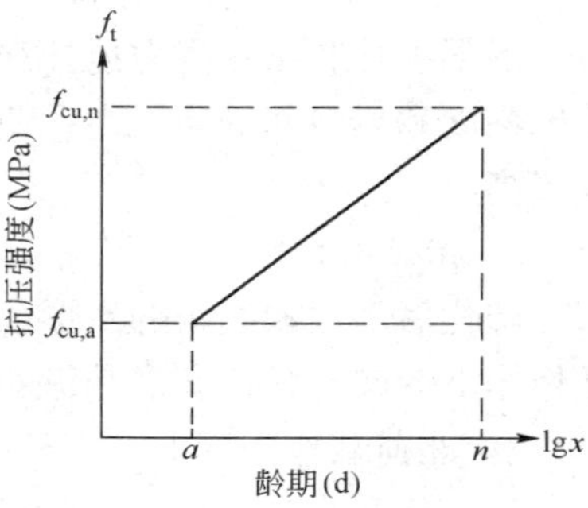

图3-8　水泥混凝土强度增长规律

式中：$f_{cu,n}$——n天龄期的混凝土抗压强度（MPa）；

$f_{cu,a}$——a天龄期的混凝土抗压强度（MPa）。

此公式仅适用于普通硅酸盐水泥（R型水泥除外）拌制的混凝土，且龄期$a\geqslant3$d时才适用。由于混凝土强度的影响因素很多，强度发展不可能完全一样，故此公式只作为一般参考。

此外，试件尺寸、加荷速度和试件表面平整度对混凝土试件强度也有一定影响。

3. 提高混凝土强度的技术措施

1）采用高强度水泥和特种水泥

为了提高混凝土强度可采用高强度等级水泥，对于抢修工程、桥梁拼装接头、严寒的冬季施工以及其他要求早强的结构物，则可采用特种水泥配制的混凝土。

2）采用低水灰比和浆集比

采用低的水灰比，可以减少混凝土中的游离水，从而减少混凝土中的空隙，提高混凝土的密实度和强度。另一方面降低浆集比，减薄水泥浆层的厚度，充分发挥集料的骨架作用，对混凝土的强度也有一定帮助。

3）掺加外加剂

在混凝土中掺加外加剂，可改善混凝土的技术性质。掺早强剂，可提高混凝土的早期强度；掺加减水剂，在不改变流动性的条件下，可减小水灰比，从而提高混凝土的强度。

4）采用湿热处理方法

（1）蒸汽养护。蒸汽养护是指浇筑好的混凝土构件经 1～3h 预养后，在 90％以上的相对湿度、60℃以上的温度的饱和水蒸气中进行养护，以加速混凝土强度的发展。普通水泥混凝土经过蒸汽养护后，其早期强度提高很快，一般经过 24h 的蒸汽养护，混凝土的强度能达到设计强度的 70％，但对后期强度增长有影响，所以普通水泥混凝土养护温度不宜太高，时间不宜太长，一般养护温度为为 60～80℃，恒温养护时间以 5～8h 为宜。用火山灰水泥和矿渣水泥配制的混凝土，蒸汽养护的效果比普通水泥混凝土好。

（2）蒸压养护。蒸压养护是将浇筑成型混凝土构件静置 8～10h，放入蒸压釜内，通入高压（≥8 个大气压）、高温（≥175℃）饱和蒸汽进行养护。在高温、高压的蒸汽养护下，水泥水化时析出的氢氧化钙不仅能充分与活性氧化硅结合，而且也能与结晶状态的氧化硅结合而生成含水硅酸盐结晶，从而加速水泥的水化和硬化，提高了混凝土的强度。此法比蒸汽养护的混凝土质量好，特别是对掺活性混合材料的水泥配制的混凝土，对掺有磨细石英砂混合材料的硅酸盐水泥更为有效。

5）采用机械搅拌和振捣

混凝土拌和物在强力搅拌和振捣作用下，水泥浆的凝聚结构暂时受到破坏，降低了水泥浆的黏度和集料间的摩阻力，使拌和物能更好地充满模型并均匀密实，从而使混凝土强度得到提高。

4. 混凝土的变形

硬化后水泥混凝土的变形，包括非荷载作用下的化学变形、干湿变形和温度变形以及荷载作用下的弹一塑性变形和徐变。

1）非荷载作用变形

（1）化学收缩

混凝土拌和物由于水化产物的体积比反应前物质的总体积要小，因而产生收缩，称为化学收缩。这种收缩随龄期增长而增加，40d 以后渐趋稳定，化学收缩是不能恢复的，一般对结构没有什么影响。

（2）干湿变形

这种变形主要表现为湿胀干缩，混凝土在干燥空气中硬化时，随着水分的逐渐蒸发，体积也将逐渐发生收缩；如在水中或潮湿条件下养护时，则混凝土的干缩将随之减少或略产生膨胀。混凝土收缩值较膨胀值为大，当混凝土产生干缩后，即使长期再放在水中，仍有残余变形，残余收缩约为收缩量的30%～60%。试验表明，混凝土的干缩率可达（3～5）×10^{-4}，由于实际构件尺寸较大，其实际干缩率远远小于试验干缩率。设计上常采用的混凝土干缩率一般为（1.5～2.0）×10^{-4}，即1m长度的混凝土收缩0.15～0.20mm。混凝土干缩主要是水泥石所产生，因此尽量降低水泥用量，减小水灰比是减少混凝土干缩的关键。另用水量、水泥品种及细度、集料种类和养护条件都对混凝土的干缩有一定的影响。

（3）温度变形

混凝土具有热胀冷缩的性质，温度变化引起的热胀冷缩对大体积及大面积混凝土极为不利，因为混凝土是不良导体，水泥水化初期放出大量热量难于散发，浇筑后大体积混凝土内部温度远远高于外部，有时高出50～70℃，这将使内部混凝土产生显著的体积膨胀，而外部混凝土却随气温降低而冷却收缩。内部膨胀和外部收缩相互制约，将产生很大的应力，当混凝土所受拉应力一旦超过混凝土当时的极限抗拉强度，就将产生裂缝。因此对大体积混凝土工程，应设法降低混凝土的发热量，应每隔一段长度设置伸缩缝，同时在结构物内配置温度钢筋。

2）荷载作用下的变形

（1）弹一塑性变形和弹性模量

弹性变形是指施加于材料立即出现、荷载卸除后即消失的变形。水泥混凝土是一种复合材料，这在持续增加的荷载作用下，它的应力—应变关系曲线如图3-9。当卸荷后，其变形并未能恢复到原点。

在应力—应变关系曲线上任一点的应力σ与应变ε的比值为混凝土在该应力下的弹性模量。但混凝土在短期荷载作用下，并非线性关系，故弹性模量有三种表示方法（如图3-10）：

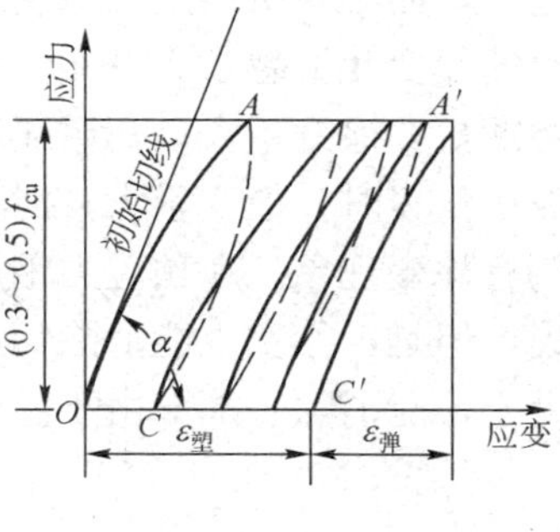

图3-9　加荷及卸荷时混凝土的应力—应变曲线

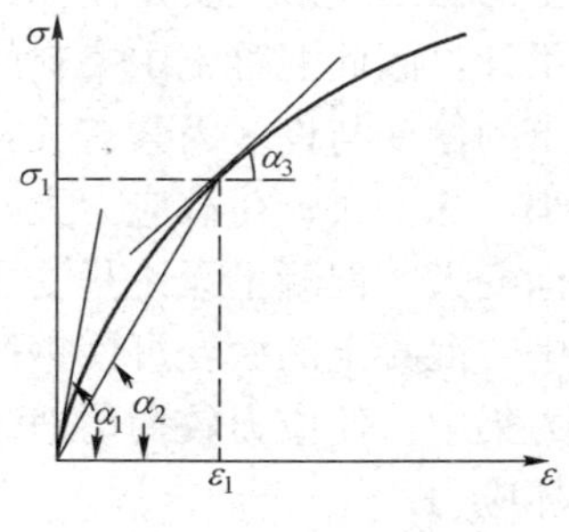

图3-10　水泥混凝土弹性模量分类

①初始切线弹性模量，即$\tan\alpha_1$，此值不易测准，实际意义不大；

②切线弹性模量，即$\tan\alpha_3$，它仅适用于很小的荷载范围；

③割线弹性模量，即$\tan\alpha_2$，在应力小于极限抗压强度30%～40%时，应力—应变曲线接近直线。

在桥梁工程中以应力为棱柱体极限抗压强度 40%（即 $\sigma=0.4f_{cp}$）时的割线弹性模量，作为混凝土的弹性模量，其关系式为

$$E_{ce}=\frac{\sigma_{(0.4f_{ce})}}{\varepsilon_e} \tag{3-8}$$

式中：E_{ce}——混凝土抗压弹性模量（MPa）；

$\sigma_{(0.4f_{ce})}$——相当于棱柱体极限抗压强度 40%的应力（MPa）；

ε_e——按割线模量计的应变。

在道路路面及机场跑道工程中水泥混凝土应测定其抗折时的平均弹性模量作为设计参数，其关系式为：

$$E_{cf}=\frac{23FL^3}{1296fJ} \tag{3-9}$$

式中：E_{cf}——抗折弹性模量（MPa）；

F——荷载（N）；

L——试件净跨，为 450mm；

f——跨中挠度（mm）；

J——试件断面转动惯量［$J=1/(12\times bh^3)$］（mm^4）。

在路面工程中混凝土要求有较高的抗折强度，而且要有较低的抗折弹性模量以适应混凝土路面受荷载后有较大的变形能力。

（2）徐变

混凝土在持续荷载的作用下，随时间增长的变形称为徐变，也称为蠕变。混凝土的徐变变形在早期增长很快，然后逐渐减慢，一般要 2～3 年才可能基本趋于稳定。当混凝土卸载后，一部分变形瞬间恢复，还有一部分要若干天内才能逐渐稳定，称为徐变恢复，剩下不可恢复部分称为残余变形。

混凝土的徐变变形主要是由水泥石的徐变变形所引起的，而集料所产生的徐变变形几乎可以忽略不计，因此混凝土中集料的体积率越大，混凝土的徐变变形越小。

混凝土的徐变与许多因素有关：混凝土水灰比大，龄期短，徐变量大；荷载作用时间内大气湿度小，徐变大；荷载应力大，徐变大；混凝土水泥用量多时，徐变量大；混凝土弹性模量小，徐变大。混凝土无论是受压、受拉或受弯时，均有徐变现象。在预应力钢筋混凝土桥梁构件中，混凝土的徐变可使钢筋的预加应力受到损失，但是，徐变也能消除钢筋混凝土的部分应力集中，使应力较均匀地分布，对于大体积混凝土，能消除一部分由于温度变形所产生的破坏应力。

（三）混凝土的耐久性

道路与桥梁用混凝土除了要满足工作性和强度外，还要求具有优良的耐久性。耐久性是指混凝土在使用过程中，抵抗周围环境介质作用保持其质量和使用质量的能力。耐久性的首要要求是抗冻性；其次对道路混凝土，因受车辆轮胎作用，还要求其有耐磨性；桥梁墩台混凝土受海水或污水的侵蚀，还要求具有抵抗化学侵蚀的耐蚀性。此外，碱—集料反应必须引起关注。

1. 抗冻性

混凝土的抗冻性是指混凝土在饱水状态下，能经受多次冻融循环作用而不破坏的能力。冻融破坏的原因是混凝土中的水结冰后发生体积膨胀，当冰胀应力超过混凝土的抗拉强度时，便使混凝土产生微细裂缝，反复冻融使裂缝不断扩大，导致混凝土强度降低直至破坏。

混凝土的抗冻性一般以抗冻标号来表示。抗冻标号是以100mm×100mm×400mm棱柱体混凝土试件，经过28d龄期的养护，于−17℃和5℃条件下快速冻结和融化循环，每25次冻融循环，对试件进行一次横向基频的测试并称质量。当冻 融至300次或相对动弹性模量下降至60%以下，或质量损失达到5%，即可停止试验。此时的循环次数即为混凝土的抗冻标号。混凝土的抗冻标号分为D10、D15、D25、D50、D100、D150、D200、D250、D300等。

2. 耐磨性

耐磨性是道路路面和桥梁工程用混凝土的最重要的性能之一。作为高级路面的水泥混凝土，必须具有抵抗车辆轮胎磨耗和磨光的性能。作为大型桥梁的墩台用混凝土，也需要具有抵抗湍流冲蚀的能力。

混凝土耐磨性的评价，以试件磨损面上单位面积的磨损作为评定混凝土耐磨性的相对指标。按现行标准，是以150mm×150mm×150mm立方体试件，养生至27d时，在60℃温度下烘干至恒量，然后在带有花轮磨头的混凝土磨耗试验机上，在200N负荷下磨削50转。按下式计算试件的磨耗量：

$$G=\frac{m_0-m_1}{0.0125}\times 100 \tag{3-10}$$

式中：G——单位面积磨损量（kg/m^3）；

m_0——试件的原始质量（kg）；

m_1——试件磨损后的质量（kg）；

0.0125——试件的磨损面积（m^2）。

混凝土的耐磨性与其强度等级有密切关系，同时也与水泥品种、集料硬度有关，细集料对路面混凝土的耐磨性有较大影响。欲提高混凝土抗磨损能力，应提高混凝土的断裂韧性，降低脆性，减少原生缺陷，提高硬度及降低弹性模量。

3. 碱—集料反应

水泥混凝土中水泥中的碱与某些碱活性集料发生化学反应，可引起混凝土产生膨胀、开裂，甚至破坏，这种化学反应称为碱—集料反应（简称ARR）。碱—集料反应是引发水泥混凝土破损的原因，会导致路面或桥梁墩台的开裂和破坏，并且这种破坏会继续发展下去，维修困难。因此，引起世界各国的普遍关注。

碱—集料反应必须具备三个条件：混凝土中的集料具有活性；混凝土中含有一定量可溶性碱；有一定湿度。为防止碱—集料反应的危害，按现行规范规定：应使用含碱量小于0.6%的水泥或采用抑止碱—集料反应的掺合料；当使用钾、钠离子的混凝土外加剂时，必须专门试验。

影响混凝土耐久性的因素很多，主要是材料本身的性质以及混凝土的密实度、强度等。提高混凝土的耐久性应注意合理选择水泥品种，选用良好的砂石材料，改善集料的级配，采用减水剂或加气剂，改善混凝土的施工操作方法，提高混凝土的密实度。

4. 混凝土的碳化

混凝土的碳化作用是指大气中的二氧化碳在存在水的条件下与水泥水化产物氢氧化钙发生反应，生成碳酸钙和水。因氢氧化钙是碱性，而碳酸钙是中性，所以碳化又叫中性化。

碳化主要是对混凝土的碱度、强度和收缩产生影响。混凝土的碳化深度随着龄期的延长而增加，碳化的速度受许多因素影响，主要有：水泥品种和掺量、水灰比、环境条件、外加剂、集料种类等。提高混凝土抗碳化的主要措施有降低水灰比、使用减水剂、在混凝土表面刷涂料或水泥砂浆抹面等。

5. 混凝土的抗侵蚀性

当混凝土所处的环境水有侵蚀性时，必须对侵蚀问题予以重视。环境侵蚀主要指对水泥石的侵蚀，如淡水侵蚀、硫酸盐侵蚀、酸碱侵蚀等。混凝土的抗侵蚀性主要在于选用合适的水泥品种和提高混凝土密实度。密实性好及具有封闭孔隙的混凝土，环境水不易侵入混凝土内部，故其抗侵蚀性好。

三、普通水泥混凝土以抗压强度为指标的配合比设计

混凝土配合比设计就是根据原材料的性能和对混凝土的技术要求，通过计算和试配调整，确定出满足工程技术经济指标要求的混凝土各种组成材料的用量。

（一）混凝土配合比设计的基本资料

（1）混凝土设计强度等级；

（2）工程特征（工程所处环境、结构断面、钢筋最小净距等）；

（3）耐久性要求（如抗冻性、抗侵蚀、耐磨、碱—集料要求等）；

（4）水泥强度等级和品种；

（5）砂、石的种类，石子最大粒径、密度等；

（6）施工方法等。

（二）表示方法

混凝土配合比表示方法，有下列两种：

（1）单位用量表示法。以每 $1m^3$ 混凝土中各种材料的用量表示（例如 水泥：水：细集料：粗集料＝330kg：150kg：726kg：1364kg）。

（2）相对用量表示法。以水泥的质量为 1，并按“水泥：细集料：粗集料：水灰比”的顺序排列表示（例如 1：2.14：3.81；$W/C=0.45$）。

（三）基本要求

混凝土配合比设计，应满足下列四项基本要求：

（1）满足结构物设计强度的要求。不论是混凝土路面或桥梁，在设计时都会对不同的结构部位提出不同的“设计强度”要求。为了保证结构物可靠性，在配制混凝土配合比时，必须要考虑到结构物的重要性、施工单位施工水平、施工环境因素等，采用一个比设计强度高的“配制强度”，才能满足设计强度的要求。但是“配制强度”的高低一定要适宜，定得太低结构物不安全，定得太高会造成浪费。

(2) 满足施工工作性的要求。按照结构物断面尺寸和形状、钢筋的配置情况、施工方法及设备等，合理确定混凝土拌和物的工作性（坍落度或维勃稠度)。

(3) 满足环境耐久性的要求。根据结构物所处的环境条件，如严寒地区的路面、桥梁墩台处于水位升降范围等，为保证结构的耐久性，在设计混凝土配合比时应考虑允许的“最大水灰比”和“最小水泥用量”。

(4) 满足经济性的要求。在满足混凝土设计强度、工作性和耐久性的前提下，在配合比设计中要尽量降低高价材料（如水泥）的用量，并考虑应用当地材料和工业废料（如粉煤灰)，以配制成性能优良、价格便宜的混凝土。

(四) 混凝土配合比设计的步骤

确定混凝土配合比的主要内容为：根据经验公式和试验参数计算各种组成材料的比例，得出“初步配合比”；按初步配合比在试验室进行试拌，考察混凝土拌和物的施工和易性，经调整后得出“基准配合比”；再按“基准配合比”，对混凝土进行强度复核，如有其他要求，也应作出相应的检验复核，最后确定出满足设计和施工要求且经济合理的“试验室配合比”；在施工现场。还应根据现场砂石材料的含水量对配合比进行修正，得出“施工配合比”。

1. 计算“初步配合比”

1) 确定混凝土配制强度 $f_{cu,o}$

混凝土的设计强度等级根据结构设计确定。为了使所配制的混凝土在工程使用时具有要求的强度保证率，配合比设计时的混凝土配制强度应大于设计要求的强度等级。混凝土配制强度按照式（3-11）计算：

$$f_{cu,o} \geqslant f_{cu,k} + 1.645\sigma \tag{3-11}$$

式中：$f_{cu,o}$——混凝土配制强度（MPa）；

$f_{cu,k}$——混凝土立方体抗压强度标准值（即设计要求的混凝土强度等级）(MPa)；

σ——由施工单位质量管理水平确定的混凝土强度标准差（MPa)。

混凝土强度标准差 σ 按式（3-12）计算：

$$\sigma = \sqrt{\frac{\sum_{i=1}^{n} f_{cu,i}^2 - n\mu_{fcu}^2}{n-1}} \tag{3-12}$$

式中：$f_{cu,i}$——第 i 组混凝土试件立方体抗压强度值（MPa）；

μ_{fcu}——n 组混凝土试件立方体抗压强度平均值（MPa）；

n——统计周期内相同等级的试件组数，$n \geqslant 25$ 组。

混凝土强度标准差 σ 可根据近期同类混凝土强度资料求得，其试件组数不应少于 25 组。当混凝土强度等级为 C20 和 C25 级，若强度标准差计算值低于是 2.5MPa 时，则计算配制强度时的标准差应取不小于 2.5MPa；当混凝土强度等级等于或大于 C30 级，其强度标准差计算值低于 3.0MPa 时，计算配制强度时的标准差取用不小于 3.0MPa。

当无历史统计资料时，强度标准值可根据强度等级按表 3-14 规定取用。

强度标准差 σ 值表　　表 3-14

强度等级（MPa）	低于 C20	C20～C35	高于 C35
标准差 σ（MPa）	4.0	5.0	6.0

2）确定初步水灰比

（1）普通混凝土的水灰比 W/C 由经验公式（3-13）计算：

$$\frac{W}{C}=\frac{\alpha_a \cdot f_{ce}}{f_{cu,o}+\alpha_a \cdot \alpha_b \cdot f_{ce}} \tag{3-13}$$

式中：$f_{cu,o}$——水泥混凝土的配制强度（MPa）；

α_a，α_b——回归系数，取值见表 3-13；

f_{ce}——水泥的实际强度值（MPa）。

当无水泥实际强度时，采用的水泥强度按式（3-14）计算：

$$f_{ce}=\gamma_c \times f_{ce,k} \tag{3-14}$$

式中：$f_{ce,k}$——水泥强度等级的标准值（MPa）；

γ_c——水泥强度等级值富余系数，该值按各地区实际统计资料确定。

（2）按耐久性校核水灰比。按式 3-13 计算所得的水灰比，系按强度要求计算得到的结果。在确定采用的水灰比时，还应根据混凝土所处的环境条件、耐久性要求的允许最大水灰比（表 3-15）进行校核，从中选择小者。

普通混凝土的最大水灰比和最小水泥用量　　表 3-15

环境条件		结构物类别	最大水灰比			最小水泥用量（kg）		
			素混凝土	钢筋混凝土	预应力混凝土	素混凝土	钢筋混凝土	预应力混凝土
1. 干燥环境		正常的居住或办公用房屋内部件	不作规定	0.65	0.60	200	260	300
2. 潮湿环境	无冻害	（1）高湿度的室内部件；（2）室外部件；（3）在非侵蚀性土或水中的部件	0.70	0.60	0.60	225	280	300
	有冻害	（1）经受冻害的室外部件；（2）在非侵蚀性土或水中且经受冻害的部件；（3）高湿度且经受冻害的室内部件	0.55	0.55	0.55	250	280	300
3. 有冻害除冰剂的潮湿环境		经受冻害和除冰剂作用的室内和室外部件	0.50	0.50	0.50	300	300	300

注：1. 摘自《普通水泥混凝土配合比设计规程》（JGJ 55—2000）；

2. 当用活性掺加料取代部分水泥时，表中的最大水灰比及最小水泥用量即为替代前的水灰比和水泥用量；

3. 配制 C15 及其以下等级的混凝土，可不受本表限制。

3）确定单位用水量

当水灰比确定后，单位用水量决定了混凝土中水泥浆与集料质量的比例关系。单位用水量取决于集料特性以及混凝土拌和物施工和易性的要求，按以下方法选用。

（1）干硬性和塑性混凝土

当水灰比在0.40～0.80范围时，根据粗集料的品种、粒径及施工要求的混凝土拌和物流动性按表3-16、表3-17选取。

干硬性混凝土的用水量（kg/m³）　　表3-16

拌和物稠度		卵石最大粒径（mm）			碎石最大粒径（mm）		
项目	指标	10	20	40	16	20	40
维勃稠度（s）	16～20	175	160	145	180	170	155
	11～15	180	165	150	185	175	160
	5～10	185	170	155	190	180	165

塑性混凝土的用水量（kg/m³）　　表3-17

拌和物稠度		卵石最大粒径（mm）				碎石最大粒径（mm）			
项目	指标	10	20	31.5	40	16	20	31.5	40
坍落度（mm）	10～30	190	170	160	150	200	185	175	165
	35～50	200	180	170	160	210	195	185	175
	55～70	210	190	180	170	220	205	195	185
	75～90	2 15	195	185	175	230	215	205	195

注：1.用水量系采用中砂时的平均值，采用细砂时，每立方米混凝土用水量可增加5～10 kg/m³；采用粗砂时，则可减少5～10 kg/m³；

2.掺用各种外加剂或掺合料时，用水量应相应调整。

（2）水灰比小于0.40的混凝土以及用特殊成型工艺的混凝土用水量通过试验确定。

（3）流动性和大流动性混凝土。未掺外加剂时，以表3-17中坍落度90mm的用水量为基础，按坍落度每增大20mm用水量增加5 kg/m³的原则计算混凝土的用水量。

掺外加剂时，混凝土用水量可按下式计算：

$$m_{w,ad} = m_{wo}(1-\beta_{ad}) \tag{3-15}$$

式中：$m_{w,ad}$——掺外加剂混凝土每立方米的混凝土用水量（kg）；

m_{wo}——未掺外加剂混凝土每立方米的混凝土用水量（kg）；

β_{ad}——外加剂的减水率（%）经试验确定。

4）计算单位水泥用量

（1）按强度要求计算单位用灰量。每立方米混凝土拌和物的用水量（m_{wo}）选定后，即可根据强度或耐久性要求和已求得的水灰比（W/C）值计算单位水泥用量。

$$m_{co} = m_{wo} \times \frac{C}{W} \tag{3-16}$$

（2）按耐久性要求校核单位水泥用量。根据混凝土耐久性要求，普通水泥混凝土的最小水泥用量，依结构所处环境条件应不低于表3-15规定的最小水泥用量。

5）砂率的选定

（1）坍落度为10～60mm的混凝土

当无历史资料可参考时，砂率可根据粗集料品种、粒径及水灰比按表3-18选取。

混凝土的砂率（%） 表3-18

水灰比（W/C）	卵石最大粒径（mm）			碎石最大粒径（mm）		
	10	20	40	16	20	40
0.40	26～32	25～31	24～30	30～35	29～34	27～32
0.50	30～35	29～34	28～33	33～38	32～37	30～35
0.60	33～38	32～37	31～36	36～41	35～40	33～38
0.70	36～41	35～40	34～39	39～44	38～43	36～41

注：1. 本表数值系中砂的选用砂率，其细砂或粗砂，可相应地减少可增大砂率；
2. 只用一个单粒级粗集料配制混凝土时，砂率应适当增大；
3. 对薄壁构件，砂率取偏大值；
4. 本表中砂率系指砂与集料总量的质量比。

（2）坍落度大于60mm的混凝土砂率，可经试验确定，也可在表3-18的基础上，按坍落度每增大20mm、砂率增大1%的幅度予以调整。

（3）坍落度小于10mm的混凝土及使用外加剂或掺合料的混凝土，其砂率应经试验确定。

6）计算单位粗、细集料用量

（1）质量法。又称假定表观密度法。此法是假定混凝土拌和物的表观密度为一固定值，混凝土拌和物各组成材料的单位用量之和即为其表观密度。在砂率值为已知的条件下，粗、细集料的单位用可用下式计算得：

$$\begin{cases} m_{co} + m_{go} + m_{so} + m_{wo} = m_{cp} & (3\text{-}17) \\ \beta_s = \dfrac{m_{so}}{m_{go} + m_{so}} \times 100\% & (3\text{-}18) \end{cases}$$

式中：m_{co}，m_{go}，m_{so}，m_{wo}——每立方米混凝土中的水泥、粗集料、细集料和水的用量（kg）；

β_s——混凝土的砂率（%）；

m_{cp}——每立方米混凝土拌和物的湿表观密度（kg/m^3），其值可根据施工单位积累的试验资料确定。当缺乏资料时，可根据集料粒径以及混凝土强度等级，在2350～2450kg范围内选定，可参考表3-19。

混凝土拌和物的假定湿表观密度参考表 表3-19

混凝土强度等级（MPa）	C7.5～C15	C20～C30	>C40
假定湿表观密度（kg/m^3）	2300～2350	2350～2400	2450

（2）体积法。又称绝对体积法。该法是假定混凝土拌和物的体积等于各组成材料的绝对体积与混凝土拌和物中所含空气体积之和。在砂率为已知的条件下。单位粗、细集料的用量

可由下式求得：

$$\begin{cases} \dfrac{m_{co}}{\rho_c}+\dfrac{m_{go}}{\rho_g}+\dfrac{m_{so}}{\rho_s}+\dfrac{m_{wo}}{\rho_w}+0.01\alpha=1 & (3\text{-}19) \\ \beta_s=\dfrac{m_{so}}{m_{go}+m_{so}}\times 100\% & (3\text{-}20) \end{cases}$$

式中：m_{co}，m_{go}，m_{so}，m_{wo}，β_s——符号意义同式（3-17）、式（3-18）；

ρ_c——水泥密度（kg/m^3），可取 $2900\sim3100kg/m^3$；

ρ_w——水的密度（kg/m^3），可取 $1000kg/m^3$；

ρ_g，ρ_s——粗、细集料的表观密度（kg/m^3）。

α——混凝土的含气量百分数（%），在不使用引气型外加剂时，取值为 1。

通过以上六个步骤计算，可将水泥、水、粗集料、细集料的用量全部求出，得到初步配合比，而以上各项计算多数利用经验公式或经验资料获得，因此按计算配合比所制得的混凝土不一定符合实际要求，所以应对配合比进行试配、调整和确定。

2. 试配、调整提出“基准配合比”

1）试配

（1）材料要求。试配混凝土所用各种原材料，要与实际工程使用的材料相同，粗、细集料的称量均以干燥状态为基准。如不是干燥的集料配制，称料时应在用水量中扣除集料中的水，集料也应增加。但在以后试配调整时仍应取原计算值，不计该项增减数值。

（2）搅拌方法和拌和物数量。混凝土的搅拌方法，应尽量与生产时使用方法相同。试拌时，每盘混凝土数量一般应不少于表 3-20 中的建议值。如需要进行抗折强度试验，则应根据实际需要计算拌和用量。采用机械搅拌时，拌和量不应小于搅拌机额定搅拌量的 1/4。

混凝土试配的最小搅拌量　　表 3-20

集料最大粒径（mm）	拌和物数量（L）	集料最大粒径（mm）	拌和物数量（L）
31.5 及以下	15	40	25

2）校核工作性，调整配合比

按初步配合比计算出试配所需的材料用量，配制混凝土拌和物。首先通过试验测定混凝土的坍落度，同时观察拌和物黏聚性和保水性。当不符合要求时，应进行调整。调整的基本原则如下：若流动性太大，可在砂率不变的条件下，适当增加砂、石的用量；若流动性太小，应在保持水灰比不变的情况下，适当增加水和水泥；若黏聚性和保水性不良时，实质上是混凝土拌和物中砂浆不足或砂浆过多，可适当增大砂率或降低砂率。经调整和易性满足要求的配合比，即是可供混凝土强度试验用的基准配合比，即 m_{ca}、m_{ga}、m_{ca}、m_{wa}。当试拌调整工作完成后，应测出混凝土拌和物的实际表观密度。

3. 检验强度，确定试验室配合比

1）制作试件，检验强度

经过和易性调整试验得出的混凝土基准配合比，其水灰比不一定选用恰当，混凝土的强度不一定符合要求，所以应对混凝土强度进行复核。混凝土强度试验时至少采用三个不同的配合比。其中一个是基准配合比，另两组的水灰比则分别增加及减少 0.05，用水量应与基准配合比相同，砂率可分别减少 1%和增加 1%。

每种配合比制作一组（三块）试件，在制作混凝土强度试件时，应检验混凝土拌和物的坍落度（或维勃稠度）、黏聚性、保水性及拌和物的表观密度，并以此结果作为代表相应配合比的混凝土拌和物的性能。按标准条件养护 28d，根据试验得出的混凝土强度与其相对应的灰水比关系，用作图法或内插法求出与混凝土配制强度相应的灰水比（见图 3-11）。

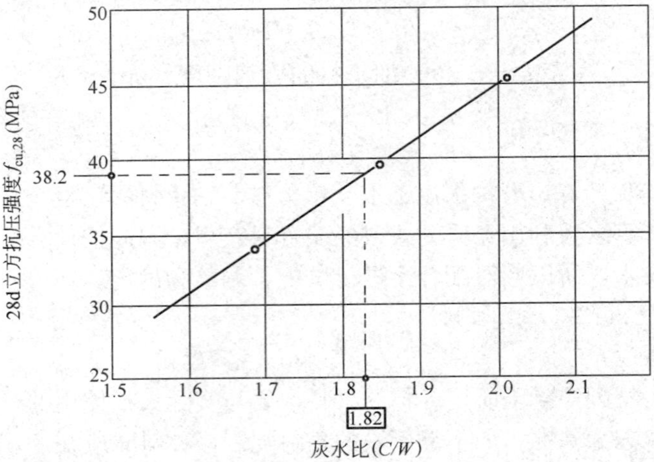

图 3-11　作图法计算混凝土强度的相应灰水比

2）确定试验室配合比

（1）根据强度检验结果修正配合比

①确定用水量 m_{wb}。应在基准配合比用水量的基础上，根据制作强度试件时测得的坍落度或维勃稠度值加以适当调整。

②确定水泥用量 m_{cb}。取用水量乘以由“强度与灰水比”关系定出的灰水比得出。

③确定粗、细集料用量 m_{sb}、m_{gb}。应在基准配合比的粗集料和细集料用量的基础上，按选定的灰水比进行调整后确定。

（2）根据实测拌和物湿表观密度修正配合比

由强度复核之后的配合比，还应根据实测的混凝土拌和物的表观密度作校正，以确定 1m^3 混凝土中各种材料的用量。其步骤如下：

①计算出混凝土拌和物的计算表观密度，可按下式计算：

$$\rho_{c,c} = m_{cb} + m_{wb} + m_{gb} + m_{sb} \tag{3-21}$$

②计算出混凝土密度校正系数，可按下式计算：

$$\delta = \rho_{c,t} / \rho_{c,c} \tag{3-22}$$

式中：$\rho_{c,c}$——混凝土表观密度计算值（kg/m^3）；

$\rho_{c,t}$——混凝土表观密度实测值（kg/m^3）。

③当混凝土表观密度计算值与实测值之差的绝对值不超过计算值的 2%时，按以上原则确定的配合比即为确定的设计配合比；当两者之差超过 2%时，应将配合比中每项材料用量

乘以校正系数 δ，即为确定的设计配合比。

$$\begin{cases} m'_{cb} = m_{cb} \cdot \delta \\ m'_{sb} = m_{sb} \cdot \delta \\ m'_{gb} = m_{gb} \cdot \delta \\ m'_{wb} = m_{wb} \cdot \delta \end{cases} \tag{3-23}$$

4. 确定"施工配合比"

试验室最后确定的配合比，是按绝干状态集料计算的，而施工现场的砂、石材料为露天堆放，都含有一定的水分。因此，施工现场应根据现场砂、石实际含水率变化，将试验定配合比换算为施工配合比。

设施工现场实测砂、石含水率分别为 $a\%$，$b\%$施工配合比 $1m^3$ 混凝土各种材料用量为：

$$\begin{cases} m_c = m'_{cb} \\ m_s = m'_{sb}(1 + a\%) \\ m_g = m'_{gb}(1 + b\%) \\ m_w = m'_{wb} - (m'_{sb} \cdot a\% + m_{gb} \cdot b\%) \end{cases} \tag{3-24}$$

【设计实例 3-1】　以抗压强度为指标的设计方法，试设计钢筋混凝土桥 T 型梁混凝土配合比。

【原始资料】

1. 已知混凝土设计强度等级为 C30，无强度历史统计资料，要求混凝土拌和物坍落度为 30～50mm。桥梁所在地属寒冷地区。

2. 组成材料：可供应强度等级 42.5 级硅酸盐水泥，密度为 $3.1\times10^3 kg/m^3$，富余系数为 1.13；砂为中砂，表观密度为 $2.65\times10^3 kg/m^3$；碎石最大粒径为 31.5mm，表观密度为 $2.70\times10^3 kg/m^3$。

【设计要求】

1. 按题给资料计算出初步配合比。

2. 按初步配合比在试验室进行试拌调整得出试验室配合比。

3. 根据施工土地情况，确定施工配合比。

【设计步骤】

(一) 计算初步配合比

1. 确定混凝土配制强度 $f_{cu,o}$

按题意已知：设计要求混凝土强度为 30MPa，无历史资料，查表 3-14 标准差为 5.0MPa。混凝土配制强度

$$f_{cu,o} = f_{cu,k} + 1.645\sigma = 30 + 1.645\times5 = 38.2MPa$$

2. 计算水灰比 $\frac{W}{C}$

1）按强度要求计算水灰比

（1）计算水泥实际强度。由题意已知采用强度等级 42.5MPa 硅酸盐水泥，富余系数为 1.13。则水泥实际强度：

$$f_{ce}=\gamma_c \cdot f_{ce,k}=1.13\times42.5=48\text{MPa}$$

（2）计算水灰比。已知混凝土配制强度为 38.2MPa，水泥实际强度为 48MPa。本单位无混凝土强度回归系数统一资料，查表 3-13 中回归系数 $\alpha_a=0.46$，$\alpha_b=0.07$。计算水灰比：

$$\frac{W}{C}=\frac{\alpha_a \cdot f_{ce}}{f_{cu,o}+\alpha_a \cdot \alpha_b \cdot f_{ce}}=\frac{0.46\times48}{38.2+0.46\times0.07\times48}=0.56$$

2）按耐久性校核水灰比

根据混凝土所处环境属于寒冷地区，有冻害，查表 3-15，允许最大水灰比为 0.70，按强度计算的水灰比满足耐久性要求，采用 0.56。

3. 选用单位用水量 m_{wo}

由题意已知，要求混凝土拌和物坍落度为 30～50mm，碎石最大粒径为 31.5mm。查表 3-17 选用混凝土用水量为 185kg/m³。

4. 计算单位水泥用量 m_{co}

1）按强度计算单位水泥用量

已知混凝土单位水用量为 185 kg/m³，水灰比为 0.56，混凝土单位水泥用量为：

$$m_{co}=\frac{m_{wa}}{\frac{W}{C}}=\frac{185}{0.56}=330\text{kg/m}^2$$

2）按耐久性校核单位水泥用量

根据混凝土所处环境属于寒冷地区，查表 3-15，最小水泥用量不得小于 275kg/m³。按强度计算单位水泥用量符合耐久性要求，采用单位水泥用量 330kg/m³。

5. 选定砂率 β_s

按已知集料采用碎石，最大粒径 31.5mm，水灰比为 0.56，查表 3-18，选取砂率为 0.33。

6. 计算砂石用量

1）采用质量法

已知：单位水泥用量为 330kg/m³，单位用水量为 185kg/m³，混凝土拌和物湿表观密度为 2400kg/m³，砂率为 0.33，得：

$$\begin{cases} m_{so}+m_{go}=\rho_{cp}-m_{co}-m_{wo}=2400-330-185 \\ \dfrac{m_{so}}{m_{so}+m_{go}}=\beta_s=0.33 \end{cases}$$

解得：$m_{so}=622$ kg/m³，$m_{go}=1263$kg/m³

按质量法计算得初步配合比：$m_{co}:m_{so}:m_{go}:m_{wo}=330:622:1263:185$

即 1：1.88：3.83，$W/C=0.56$

2）采用体积法

已知：水泥密度为 $3.1\times10^3kg/m^3$；砂的表观密度为 $2.65\times10^3kg/m^3$；碎石表观密度为 $2.70\times10^3kg/m^3$。

$$\begin{cases}\dfrac{m_{so}}{\rho_s}+\dfrac{m_{go}}{\rho_g}=1000-\dfrac{m_{co}}{\rho_c}-\dfrac{m_{wo}}{\rho_w}-10\alpha\\ \dfrac{m_{so}}{m_{so}+m_{go}}=\beta_s\end{cases}$$

非引气混凝土 $\alpha=1$

$$\begin{cases}\dfrac{m_{so}}{2.65}+\dfrac{m_{go}}{2.70}=1000-\dfrac{330}{3.10}-\dfrac{185}{1}-10\\ \dfrac{m_{so}}{m_{so}+m_{go}}=0.33\end{cases}$$

解得：砂用量为 $619kg/m^3$；碎石用量为 $1257kg/m^3$。

按体积法计算得初步配合比：$m_{co}:m_{so}:m_{go}:m_{wo}=330:619:1257:185$

即：1：1.88：3.81，$W/C=0.56$

（二）调整工作性，提出基准配合比

1. 计算试样材料用量

按计算初步配合比取样 15L，则各种材料的用量为

水泥：330×0.015=4.95kg　　砂：619×0.015=9.23kg

石子：1257×0.015=18.86kg　　水：185×0.015=2.78kg

2. 调整工作性

按计算材料用量拌制混凝土拌和物，测定其坍落度为 10mm，未满足题给的施工和易性要求。为此，保持水灰比不变，增加5%水泥浆，再经拌和坍落度为 40mm，黏聚性和保水性亦良好，满足施工和易性要求。此时混凝土拌和物各组成材料实际用量为：

水泥：4.95（1+5%）=5.20kg　　砂：9.23kg

石子：18.86kg　　水：2.78（1+5%）=2.92kg

3. 提出基准配合比

可得出基准配合比：5.20：9.23：18.86=1：1.78：3.63　$W/C=0.56$

（三）检验确定、测定试验室配合比

1. 检验强度

以 0.56 为基准，选用 0.51、0.56 和 0.61 三个水灰比，分别拌制三个试样，其中对 0.51 和 0.61 做和易性调整，满足设计要求。分别测得其表观密度为 2440 kg/m^3、2430kg/m^3 和 2425 kg/m^3；分别做成试块，实测 28d 抗压强度结果如表 3-21。

不同水灰比的混凝土强度值　　表 3-21

试样编号	W/C	C/W	抗压强度（MPa）
I	0.51	1.96	45.3
II	0.56	1.79	39.5
III	0.61	1.64	34.2

经内插计算得，相应混凝土配制强度38.2MPa的水灰比$C/W=1.75$，即水灰比为0.57。

2. 混凝土试验室配合比

按强度试验结果修正配合比，各材料用量为：

水：185×（1+5%）=194kg

水泥：194÷0.57=340kg

砂、石用量按体积法计算：

$$\begin{cases}\dfrac{m_{so}}{2.65}+\dfrac{m_{go}}{2.70}=1000-\dfrac{340}{3.10}-\dfrac{194}{1}-10\\ \dfrac{m_{so}}{m_{so}+m_{go}}=0.33\end{cases}$$

解得：砂用量607kg，碎石用量1232kg。

修正配合比　　$m_{co}:m_{so}:m_{go}:m_{wo}=340:607:1232:194$

计算湿表观密度为：340 + 194 + 607 + 1232 = 2373kg/m^3

实测湿表观密度为：2400 kg/m^3

修正系数：2400/2373=1.01

按实测湿表观密度修正各种材料用量：

水泥：　　340×1.01=343 kg/m^3

水：　　194×1.01=196 kg/m^3

砂：　　607×1.01=613 kg/m^3

碎石：　　1232×1.01=1244 kg/m^3

因此，试验室配合比$m_{co}:m_{so}:m_{go}:m_{wo}=343:613:1244:196$

（四）确定施工配合比

根据工地实测，砂的含水量为5%，碎石的含水量为1%，各种材料的用量为：

水泥：　　343 kg/m^3

砂：　　613（1+5%）=644 kg/m^3

碎石：　　1244（1+1%）=1256 kg/m^3

水：　　196－（613×5%+1244×1%）=153 kg/m^3

因此，施工配合比$m_{co}:m_{so}:m_{go}:m_{wo}=343:644:1256:153=1:1.88:3.66:0.45$

四、路面水泥混凝土配合比设计

路面水泥混凝土配合比设计适用于滑模摊铺机、轨道摊铺机、三辊轴机组及小型机具四种施工方式，也包括掺用外加剂或真空脱水、掺用粉煤灰的路面混凝土、全部缩缝插传力杆的路面混凝土、配筋混凝土路面、桥面和桥头搭板等的混凝土配合比设计。重要的路面工程或桥面工程混凝土应采用正交试验法进行配合比优选。

1. 配制弯拉强度 f_c

路面普通混凝土的配制弯拉强度均值 f_c 按式

$$f_c=\frac{f_{cm}}{1-1.04C_v}+t\cdot S \tag{3-25}$$

式中：f_{cm}——混凝土设计抗弯拉强度标准值（MPa）；

S——抗弯拉强度试验样本的标准差；

t——保证率系数，按样本数 n 和判别概率 p 参照表 3-22 确定；

C_v——混凝土弯拉强度变异系数，应按统计数据在表 3-23 的规定范围内取值。（在无统计数据时，抗弯拉强度变异系数应按设计取值；如施工配置抗弯拉强度超出设计给定的抗弯拉强度变异系数上限，则必须改进机械装备和提高施工控制水平）

保证率系数 t 表 3-22

公路等级	判别概率 P	样本数 n（组）				
		3	6	9	15	20
高速公路	0.05	1.36	0.79	0.61	0.45	0.39
一级公路	0.10	0.95	0.59	0.46	0.35	0.30
二级公路	0.15	0.72	0.46	0.37	0.28	0.24
三、四级公路	0.20	0.56	0.37	0.29	0.22	0.19

各级公路混凝土路面抗弯拉强度变异系数 表 3-23

公路等级	高速公路	一级公路		二级公路	三、四公路	
变异系数水平等级	低	低	中	中	中	高
变异系数 C_v 允许变化范围	0.05～0.10	0.05～0.10	0.10～0.15	0.10～0.15	0.10～0.15	0.15～0.20

2. 水灰比 W/C 的计算、校核及确定

（1）按照混凝土弯拉强度计算水灰比

不同粗集料类型混凝土的水灰比 W/C 按经验公式（3-26）、式（3-27）计算。

对碎石或碎卵石混凝土 $$\frac{W}{C}=\frac{1.5684}{f_c+1.0097-0.3595f_s} \tag{3-26}$$

对卵石混凝土 $$\frac{W}{C}=\frac{1.2618}{f_c+1.5492-0.4709f_s} \tag{3-27}$$

式中：f_c——混凝土配制弯拉强度（MPa）；

f_s——水泥 28d 实测抗折强度（MPa）。

（2）水胶比 $W/(C+F)$ 的计算

水胶比中的“水胶”是指水泥与粉煤灰质量之和，如果将粉煤灰作为掺加料时，应计入超量取代法中代替水泥的那一部分粉煤灰用量 F，代替砂的超量部分不计入，此时水灰比（W/C）用水胶比（$W/(C+F)$）代替。

（3）耐久性校核确定水灰（胶）比

按照路面混凝土的使用环境、道路等级查表 3-24，得到满足耐久性要求的最大水灰比（或水胶比）。在满足弯拉强度和耐久性要求的水灰比（或水胶比）中取小值作为路面混凝土的设计水灰比（或水胶比）。

混凝土满足耐久性要求的最大水灰（胶）比和最小单位水泥用量 表 3-24

公路等级		高速公路、一级公路	二级公路	三、四级公路
最大水灰（胶）比		0.44	0.46	0.48
抗冰冻要求最大水灰（胶）比		0.42	0.44	0.46
抗盐冻要求最大水灰（胶）比		0.40	0.42	0.44
最小单位水泥用量（kg/m^3）	42.5 级	300	300	290
	32.5 级	310	310	305
抗冰（盐）冻时最小单位水泥用量（kg/m^3）	42.5 级	320	320	315
	32.5 级	330	330	325
掺粉煤灰时最小单位水泥用量（kg/m^3）	42.5 级	260	260	255
	32.5 级	280	270	265
抗冰（盐）冻掺粉煤灰最小单位水泥用量（42.5 级水泥）（kg/m^3）		280	270	265

注：1. 掺粉煤灰，并有抗冰（盐）冻性要求时，不得使用 32.5 级水泥；
2. 水灰（胶）比计算以砂石料的自然风干状态计（砂含水量≤1.0%；石子含水量≤0.5%）；
3. 处在除冰盐、海风、酸雨或硫酸盐等腐蚀性环境中，或在大纵坡等加减速车道上的混凝土，最大水灰（胶）比可比表中数值降低 0.01～0.02。

3. 选取砂率 β_s

根据砂的细度模数和粗集料品种，查表 3-25 选取砂率 β_s。表 3-25 的适用条件为：水灰比在 0.35～0.48 之间，使用外加剂，集料级配良好，卵石最大粒径 19.0mm，碎石最大粒径 31.5mm，碎卵石可在碎石和卵石混凝土之间内插取值。

砂的细度模数与最优砂率关系 表 3-25

砂细度模数		2.2～2.5	2.5～2.8	2.8～3.1	3.1～3.4	3.4～3.7
砂率 β_s（%）	碎石	30～34	32～36	34～38	36～40	38～42
	卵石	28～32	30～34	32～36	34～38	36～40

4. 计算单位用水量 m_{wo}

（1）不掺外加剂和掺合料时，单位用水量的计算

单位用水量按照经验公式（3-28）或公式（3-29）计算，其中砂石材料质量以自然风干状态计。

对碎石混凝土：
$$m_{wo}=104.97+0.309S_L+11.27\frac{C}{W}+0.61\beta_s \tag{3-28}$$

对卵石混凝土：
$$m_{wo}=86.89+0.370S_L+11.24\frac{C}{W}+1.00\beta_s \tag{3-29}$$

式中：S_L——坍落度（mm）；

β_s——砂率（%），参考表 3-25 选定。

（2）掺外加剂的混凝土单位用水量

$$m_{w,ad} = m_{wo}(1-\beta_{ad}) \tag{3-30}$$

式中：$m_{w,ad}$——掺外加剂混凝土的单位用水量（kg/m^3）；

m_{wo}——掺外加剂混凝土的单位用水量（kg/m^3）；

β_{ad}——外加剂减水率的实测值，以小数计。

单位用水量应取计算值与表 3-26（或表 3-27）中规定值两者中的小值。如果实际用水量在仅掺引气剂时的混凝土拌和物不能满足坍落度要求时，应掺用引气剂复合（高效）减水剂。对于三、四级公路，也可采用真空脱水工艺。

混凝土路面滑模最佳工作性、允许范围及最大单位用水量　　表 3-26

集料品种		卵石混凝土	碎石混凝土
坍落度（mm）	设前角的滑模摊铺机	20～40	25～50
	不设前角的滑模摊铺机	10～40	10～30
	允许波动范围（mm）	5～55	10～65
振动黏度系数（$N \cdot s/m^2$）		200～500	100～600
最大单位用水量（kg/m^3）		155	160

不同路面施工方式混凝土坍落度及最大单位用水量　　表 3-27

摊铺方式	轨道摊铺机摊铺		三辊轴机组摊铺		小型机具摊铺	
出机坍落度（mm）	40～60		30～50		10～40	
摊铺坍落度（mm）	20～40		10～30		0～20	
最大单位用水量（kg/m^3）	碎石 156	碎石 153	碎石 153	碎石 148	碎石 150	碎石 145

5. 计算单位水泥用量 m_{co}

单位用水量 m_{co} 按照式（3-31）计算，然后根据道路等级和环境条件，查表 3-26，得到满足耐久性要求的最小水泥用量，取两者中的大值。

$$m_{co} = \frac{m_{co}}{W/C} \tag{3-31}$$

6. 计算单位粉煤灰用量

路面混凝土中掺用粉煤灰时，其配合比应按照超量取代法进行。代替水泥的粉煤灰掺量：I 型硅酸盐水泥≤30%；II 型硅酸盐水泥≤25%；道路硅酸盐水泥≤20%；普通水泥≤15%；矿渣水泥不得掺加粉煤灰。粉煤灰的超量部分应代替砂，并折减用砂量。

7. 计算砂石材料单位用量 m_{so} 和 m_{go}

一般道路混凝土中的砂石材料用量的计算采用体积法或密度法，将上述计算确定的单位水泥用量 m_{co}、单位用水量 m_{wo} 和砂率 β_s 代入式（3-17）、式（3-18）或式（3-19）、式（3-20），即可求出砂石材料用量 m_{so} 和 m_{go}。

经计算得到的配合比应验算单位粗集料填充体积率，且不宜小于 70%。

混凝土的初步配合比确定后，应对该配合比进行试配、调整，确定其设计配合比，有关方法与本章普通混凝土配合比设计方法相同，此处不再赘述。

【设计实例 3-2】 某一级公路拟采用水泥混凝土路面，试设计路面用混凝土配合比

1. 原材料各项指标如下：

水泥：52.5 级普通硅酸盐水泥，密度为 $3.1g/cm^3$，实测 28d 胶砂抗折强度为 8.7MPa；

碎石：石灰石，最大粒径 40mm，级配合格，表观密度为 $2.70g/cm^3$；

砂：中砂，表观密度为 $2.63g/cm^3$，细度模数为 2.64，其他各项指标均符合技术要求；

水：饮用水。

2. 设计要求

混凝土抗折强度等级为 5.0MPa，施工要求混凝土弯拉强度样本的标准差为 0.4MPa（$n=9$）。混凝土拌和物的坍落度为 30 ～ 50mm。

3. 配合比设计

（1）确定试配强度

$$f_c=\frac{f_{cm}}{1-1.04C_v}+t\cdot S=\frac{5}{1-1.04\times0.075}+0.61\times0.4=5.67\ (\text{MPa})$$

（2）计算水灰比

由式（3-26）可得：$\dfrac{W}{C}=\dfrac{1.5684}{f_c+1.0097-0.3595f_s}$得：$W/C=0.42$

查表得耐久性允许最大水灰比为 0.44，故取计算水灰比为 0.42。

（3）计算用水量

由表 3-24 得：$W/C=0.42$ 时，$\beta_s=34\%$；代入公式（3-28）中：

$$m_{wo}=104.97+0.309S_L+11.27\frac{C}{W}+0.61\beta_s=143kg/m^3$$

（4）计算水泥用量

由式（3-31）可得： $m_{co}=143\times\dfrac{1}{0.42}=340kg/m^3$

由表 3-24 得：耐久性允许最小水泥用量为 $300kg/m^3$，故取 $340kg/m^3$。

（5）计算砂、石用量：

由式（3-19）、式（3-20）可得：

$$\begin{cases}\dfrac{340}{3.1}+\dfrac{m_{so}}{2.63}+\dfrac{m_{go}}{2.70}+\dfrac{143}{1}+0.01\times1=1000\\[2ex]\dfrac{m_{so}}{m_{so}+m_{go}}=34\%\end{cases}\quad 解得：\begin{cases}m_{so}=671kg/m^3\\ m_{go}=1302kg/m^3\end{cases}$$

验算：碎石的填充体积$\dfrac{m_{go}}{\rho_{gh}}=\dfrac{1302}{1701}\times100\%=74.2\%$，符合要求。

由此确定路面混凝土的“初步配合比”为：

$$m_{wo}=143kg/m^3；m_{co}=340kg/m^3；m_{so}=671kg/m^3；m_{co}=1302kg/m^3$$

路面混凝土的基准配合比、设计配合比与施工配合比设计内容与普通混凝土相同。

五、普通水泥混凝土的质量控制

（一）普通水泥混凝土强度的评定方法

现行标准的规定，混凝土强度应分批进行检验评定。一个验收批的混凝土应由强度等级相同、龄期相同以及生产工艺条件和配合比基本相同的混凝土组成。

1. 统计方法评定

（1）已知标准差方法

当混凝土生产条件在较长时间内能保持一致，且同一品种混凝土的强度变异性能保持稳定时，应由连续的三组试件组成一个验收批，其强度应同时满足下列要求：

$$m_{fcu} \geqslant f_{cu,k} + 0.7\sigma_o \tag{3-32}$$

$$f_{cu,min} \geqslant f_{cu,k} - 0.7\sigma_o \tag{3-33}$$

当混凝土强度等级高于C20时，其强度的最小值尚应满足下式要求：

$$f_{cu,min} \geqslant 0.90 f_{cu,k} \tag{3-34}$$

式中：m_{fcu}——同一验收批混凝土立方体抗压强度的平均值（N/mm^2）；

$f_{cu,k}$——混凝土立方体抗压强度标准值（N/mm^2）；

σ_o——验收批混凝土立方体抗压强度的标准差（N/mm^2）；

$f_{cu,min}$——同一验收批混凝土立方体抗压强度最小值（N/mm^2）。

验收批混凝土立方体抗压强度标准差，应根据前一个检验期内同一品种混凝土试件的强度数据，按下式确定：

$$\sigma_o = \frac{0.59}{m}\sum_{i=1}^{m}\Delta f_{cu,i} \tag{3-35}$$

式中：$\Delta f_{cu,i}$——第 i 批试件立方体抗压强度中最大值与最小值之差；

m——用以确定验收批混凝土立方体抗压强度的标准差的数据总批数。

（2）未知标准差方法

当混凝土生产条件不能满足前述规定，或在前一个检验期内的同一品种混凝土没有足够的数据用以确定验收批混凝土强度的标准差时，应由不少于10组试件组成一个验收批，其强度应同时满足下列公式的要求：

$$m_{fcu} - \lambda_1 S_{fcu} \geqslant 0.9 f_{cu,k} \tag{3-36}$$

$$f_{cu,min} \geqslant \lambda_2 f_{cu,k} \tag{3-37}$$

式中：S_{fcu}——同一验收批混凝土立方体抗压强度的标准差（N/mm^2），当 S_{fcu} 的计算值小于 $0.06f_{cu,k}$ 时，取 $S_{fcu}=0.06f_{cu,k}$；

λ_1，λ_2——合格判定系数，按表3-28取用。

混凝土强度的合格判定系数 表3-28

试件组数	10～14	15～24	≥25
λ_1	1.70	1.65	1.60
λ_2	0.90	0.85	

混凝土立方体抗压强度的标准差可按下列公式计算：

$$S_{fcu}=\sqrt{\frac{\sum_{i=1}^{n} f_{cu,i}^{2}-nm_{fcu}^{2}}{n-1}} \tag{3-38}$$

式中：$f_{cu,i}$——第 i 组混凝土立方体抗压强度值（N/mm^2）；

n——一个验收混凝土试件的组数。

2. 非统计方法评定

试件少于 10 组时，按非统计方法评定混凝土强度时，其所保留强度应同时满足下列要求：

$$m_{fcu} \geqslant 1.15 f_{cu,k} \tag{3-39}$$

$$f_{cu,min} \geqslant 0.95 f_{cu,k} \tag{3-40}$$

式中符号含义同前。

（二）混凝土强度的合格性判断

当检验结果能满足上述规定时，则该批混凝土强度判为合格；当不满足上述规定时，则该批混凝土强度判为不合格。

由不合格批混凝土制成的结构或构件，应进行鉴定。对不合格的结构或构件必须及时处理。

当对混凝土试件强度的代表性有怀疑时，可采用从结构或构件中钻取试件的方法或采用非破损检验方法，按有关标准的规定对结构或构件中混凝土的强度进行推定。

第二节　其他功能混凝土

在道路与桥梁工程中，除了普通水泥混凝土材料外，高强混凝土、流态混凝土、纤维增强混凝土、聚合物混凝土等一些新型混凝土都有了很大的发展。现将这几种混凝土简述如下。

一、高强混凝土

强度等级高于 C60 的混凝土称为高强混凝土。为了减轻自重、增大跨径，现代高架公路、立体交叉和大型桥梁等混凝土结构均采用高强混凝土。为了保证混凝土质量，达到应有的强度，通常采用下列几方面的综合措施。

1. 精选优质原材料

（1）优质高强水泥

并非所有高强度等级水泥都能配制出高强混凝土。高强混凝土用水泥，应从矿物组成和细度两方面考虑。矿物成分中 C_3S 和 C_3A 含量应较高，特别是 C_3S 含量要高。水泥经两次振动磨细后，可大大提高强度，细度按比表面积计应达到 $4000\sim6000cm^2/g$ 以上。

（2）采用磁化水拌和

磁化水是普通的水以一定速度流经磁场，由于磁化作用提高了水的活性。用磁化水拌制混凝土，容易进入水泥颗粒内部，使水泥水化更安全、充分，因而可提高混凝土强度

30%～50%。

（3）硬质高强的集料

粗集料应选择坚质岩石轧制的碎石，岩石强度应为混凝土强度等级的两倍以上。碎石宜呈近似正立方体，有棱角以及形成具有高内摩擦力的骨架。碎石表面组织应粗糙，使其与水泥石具有优良的黏结力。通常碎石最大粒径不大于15mm，混凝土可得到较高的抗压强度。细集料与粗集料应能组成密实的矿质混合料。

（4）高效外加剂

高强混凝土均需采用减水剂及其他外加剂。应选用优质高效的NNO、MF等减水剂。

2. 采用各种提高强度的方法

提高水泥混凝土强度的方法，按其原理归纳于表3-29。

高强混凝土的制造原理和方法　　表3-29

原　理	方法（选用见√）					
	应用减水剂	采用活性集料	高温高压蒸气养生	高压成型	应用聚合物	应用增强纤维
改善水泥水化条件			√			
使用水泥以外的结合料					√	
减少孔隙率				√	√	
减少水灰比	√			√		
改善集料与水泥黏结力		√			√	
使用增强材料						√

为使混凝土达到高强，主要可采用下列方法。

（1）改善水泥的水化条件

①增加水泥中早强和高强的矿物成分的含量。水泥矿物中硅酸三钙（C_3S）、铝酸三钙（C_3A）和氟铝酸钙（$C_{11}A_7CaF_2$）的含量增加时，对水泥混凝土早强、高强都有一定的效果，特别是以氟铝酸钙（$C_{11}A_7CaF_2$）为主要成分的水泥，快凝、快硬的效果显著，4h的抗压强度可达20MPa以上。

②提高水泥的磨细度。提高水泥的细度可使水泥加速和加快水化。研究表明，当超高强水泥细度提高到比表面积为6000cm^2/g、水灰比为0.2时，水泥净浆的抗压强度可达215MPa。

③采用压蒸养护。如前所述，水泥的水化和凝结硬化的速度是随养护温度的升高而加速的。采用蒸压养护技术，可促使水泥水化反应迅速完成。研究表明，按压蒸养护方法（浇注4h后，开始在65℃下养护14h；然后进入压蒸，升温8h达10个大气压，在180℃下保持1h；降温24h结束）养护的混凝土（组成为用灰量530kg，水灰比0.3，减水剂ML1.5%）28d抗压强度可达100MPa以上。

（2）掺加各种高聚物

使用水泥以外的结合料，目前主要是混凝土中掺加各种聚合物。

（3）增强集料和水泥的黏附性

混凝土破坏的方式，主要有水泥石的破坏、集料的破坏或水泥石与集料黏附界面的破坏。这三种破坏方式中，尤以水泥石与集料的黏附力不足而引起的破坏最为常见。为此，曾有研究者采用水泥熟料作为混凝土的集料，制成所谓“熟料混凝土”。在拌制混凝土时，有的还掺加减水剂，这样可取得明显的高强效果。这种混凝土 1d 的抗压强度可达 68MPa，28d 的抗压强度可达 98 MPa。还有的研究者采用环氧树脂处理集料表面，亦得到良好的高强效果。

(4) 掺加高效外加剂

掺加外加剂降低水灰比，提高混凝土强度。

(5) 增加混凝土的密实度

随着混凝土密实度的增加（即孔隙率的减少），混凝土的强度亦随之提高，同时其他一系列物理—力学性能亦得到改善。为提高混凝土的密实度，可采用下列措施。

①加压脱水成型法。曾有研究报道，对用灰量为 400～500kg/m^3、水灰比为 0.35～0.4 的预制板，在成型时施加 0.07MPa 的压力使多余的水分排出，并经过适当养护，其 28d 抗压强度达 105MPa。

②超声高频振动。采用高频或超声振动，排除混凝土中的气泡，使集料与水泥颗粒间的排列更为致密，由于孔隙率的减少，而达到高强效果。有研究报道，采用超声高频振动法制成的混凝土，28d 抗压强度可达 140MPa。另外，还有采用加压和高频振动相结合的方法制成的混凝土，28d 抗压强度可达 250MPa。

③掺加减水剂。减水剂可增加混凝土的流动度和提高强度。目前采用 SM 型减水剂、水灰比为 0.25 的混凝土，28d 抗压强度达 100MPa 以上。

(6) 采用纤维增强

采用各种纤维增强，对提高混凝土强度可获得良好的增强效果。

二、流态混凝土

流态混凝土是指在预拌的坍落度为 80～120mm 的基体混凝土拌和物中，加入外加剂——流化剂，经过二次搅拌，使基体混凝土拌和物的坍落度顿时增加至 180～220mm，能自流填满模型或钢筋间隙的混凝土，又称超塑性混凝土。

1. 流态混凝土的特点

流态混凝土具有下列特点。

(1) 流动性大，浇注性好

流态混凝土流动性好，坍落度在 200mm 以上，便于泵送浇注后，可以不振捣，因为它具有自密性。

(2) 减少用水量，提高混凝土性能

由于流化剂可大幅度减少用水量，如用灰量不变，则可在保证流动性的前提下减小水灰比，因而可提高混凝土的强度和耐久性。

(3) 降低浆集比，减少收缩

流态混凝土是依赖流化剂的流化效应来提高其流动性，如保护原来水灰比不变，则不仅可减少用水量，同时还可节约水泥用量。这样拌和物中水泥浆的体积减少后，则可减小混凝土硬化后的收缩率，避免收缩裂缝。

（4）不产生离析和泌水

由于流化剂的作用，在用水量较小的情况下，具有大的流动性，所以它不会像普通混凝土那样产生离析和泌水。

2. 流态混凝土的组成

流态混凝土是由基体混凝土和流化剂组成的新型混凝土。

（1）混凝土基体组成

为适应流态混凝土的大坍落度要求，需要基体混凝土的组成有一些特点，如水泥用量一般不低于 $300kg/m^3$，粗集料最大粒径不大于 20mm，细集料希望含有一定数量粒径小于 0.315mm 的粉料，砂率通常可达 45%左右。基体混凝土拌和物的坍落度值应与流化后拌和物的坍落度值相匹配，通常两值之差约为 100mm。

（2）流化剂

流化剂属高效减水剂，常用的有三聚氰胺磺酸盐甲醛缩合物（SMF）、萘系磺酸盐缩合物（SNF）和改性木质素磺酸盐（MLS）三类。流化剂的用量一般为水泥用量的 0.5%～0.7%，如超过 0.7%，坍落度并无明显增加，且易产生离析现象。流化剂加入的方法有下列两种：

①一次加入法（简称 P 法）即在混凝土搅拌过程中加入流化剂；

②后加法（简称 F 法）预先搅拌好基体混凝土，经过一段时间（5～90min）静置，然后加入流化剂，并再次搅拌制得流态混凝土。

这两种方法，实践证明后加法可取得更好的流化效果。

（3）掺合料

在流态混凝土中常掺加优质粉煤灰，可改善流动性，提高强度，节约水泥。

3. 流态混凝土的力学性能

（1）抗压强度

一般情况下，流态混凝土与基体混凝土相比，同龄期的强度无大差别。但是由于流化剂的性能各异，有些流化剂可起到一定早强作用，因而使流态混凝土的强度有所提高。

（2）强性模量

掺加流化剂后，混凝土的弹性模量与抗压强度一样，未见明显差别。

（3）与钢筋的黏结强度

由于流化剂使混凝土拌和物的流动性增加，所以流态混凝土较普通混凝土与钢筋的黏结强度有所提高。

（4）徐变和收缩

流态混凝土的徐变较基体混凝土稍大，而与普通大流动性混凝土接近。流态混凝土收缩与流化剂的品种和掺量有关。掺加缓凝型流化剂时，其收缩比基体混凝土大。

（5）抗冻性

流态混凝土的抗冻性比基体混凝土稍差，与大流动性混凝土接近。

（6）耐磨性

试验表明，流动性混凝土的耐磨性较基体混凝土稍差，作为路面混凝土应考虑提高耐磨性措施。

4. 工程应用

流态混凝土在道路与桥梁工程中应用日益广泛，例如越江隧道的水泥混凝土路面、斜拉桥的混凝土主塔以及地铁的衬砌封顶等均须采用流态混凝土。

三、纤维增强混凝土

纤维增强混凝土（Fiber reinforced concrete）简称纤维混凝土，是由水泥混凝土为基材与不连续而分散的纤维为增强材料所组成的一种复合材料。常作为增强材料的纤维有钢纤维、玻璃纤维、合成纤维和天然纤维等。因为其他几类纤维模量较低、增强效果较差，目前用于道路路面或桥梁桥面混凝土的增强纤维，主要为钢纤维。

1. 钢纤维的构造与性能

钢纤维混凝土用钢纤维主要是采用碳钢加工制成的纤维，对长期处于受潮条件的混凝土，亦有采用不锈钢加工制成的纤维。

钢纤维的尺寸主要由强化效果和施工难易性决定。钢纤维太粗或太短，其强化效果较差；如过长或过细，施工时不易拌和，容易结团。为了增加钢纤维和混凝土之间的黏结力，采用增加纤维表面积的方法，一般将其加工为异形纤维，如波形、哑铃形、端部带弯钩等形状。

钢纤维的几何特征，通常用长径比表示，即纤维的长度与截面直径之比。如纤维截面不是圆形，则用具有相等截面积的圆形直径（当量直径）计算长径比。一般纤维的长径比约在30～150的范围内。圆形截面钢纤维，一般直径为0.25～0.75 mm；扁平状钢纤维的厚度为0.15～0.40mm，宽度为0.25～0.90mm；长度为20～60mm。为了便于搬运和拌和，也可用水溶性胶将10～30根纤维胶成一束。这种束状纤维在拌和时遇水即可分离为单根纤维，并均匀分布于混凝土中。

2. 钢纤维混凝土的力学性能

钢纤维混凝土的力学性能，除了与基体混凝土组成有关外，还与钢纤维的形状尺寸、掺量、配置方向和分散程度等有关。

钢纤维的掺量以纤维体积率表示。当钢纤维的形状和尺寸在适合范围内，钢纤维混凝土的强度随纤维体积率和长径比增加而增加。通常圆截面纤维合适尺寸范围为直径0.2～0.6mm，长径比为40～100。钢纤维体积率通常为0.5%～2.0%。例如圆形截面钢纤维，其直径为0.3～0.6mm，长度为20～40mm，掺量为2%的钢纤维混凝土与普通混凝土比较，其抗拉强度可提高1.2～2.0倍，伸长率约提高2倍，而韧性可提高40～200倍。所以钢纤维混凝土的力学性能主要表现为抗弯拉强度提高，特别是冲击韧性有很大的提高，抗疲劳强度也有一定的提高。

此外，钢纤维在混凝土中的配置方向和分散度对混凝土力学强度也有影响。配置方向和分散度与混凝土的组成和施工工艺等因素有关。

3. 工程应用

钢纤维与混凝土组成复合材料后，可使混凝土的抗弯拉强度、抗裂强度、韧性和冲击强度等性能得到改善，所以钢纤维混凝土广泛应用于道路与桥隧工程中，如机场道面、高等级路面、桥梁桥面铺装和隧道衬砌等工程。

四、碾压式水泥混凝土

碾压式水泥混凝土（Roller Compacted Concrete，RCC）是以级配集料和较低的水泥用量与用水量以及掺合料和外加剂等组成的超干硬性混凝土拌和物，经振动压路机等机械碾压密实而形成的一种混凝土。这种混凝土铺筑成的路面具有强度高、密度大、耐久性好的和节约水泥等优点。

1. 材料组成

（1）水泥

路面碾压混凝土用水泥与普通水泥混凝土相同，应符合《公路水泥混凝土路面施工技术规范》（JTG F30—2003）的有关技术要求。

（2）矿质混合料

路面碾压混凝土用粗细集料应能组成密实的混合料，符合密级配的要求。粗集料最大粒径，用于路面面层的应不大于20mm，用于路面底层的应不大于30（或40）mm。碎石中往往缺乏5～2.5mm部分，因而应补充部分石屑。为达到密实结构，砂率宜采用较高值。

（3）掺合料

为节约水泥、改善和易性和提高耐久性，通常均应掺加粉煤灰。

2. 技术性能和经济效益

（1）技术性能

①强度高。碾压混凝土路面由于矿质混合料组成为连续密级配，经过振动压路机和轮胎压路机等的碾压，使各种集料排列为骨架密实结构，这样不仅节约水泥用量，而且使水泥胶结物能发挥最大作用，因而具有高的强度，特别是早期强度的提高。通过现场钻孔取样及无损测试表明，不论抗压或抗弯拉强度均较普通混凝土有所提高，例如用灰量为200kg/m^{3}的碾压式混凝土，其28d抗压强度$f_{eu,28}>30$MPa，抗弯拉强度$f_{eu,28}>5$MPa。

②干缩率小。碾压混凝土由于其组成材料配合比的改进，使拌和物具有优良的级配和很低的含水率。这种拌和物在碾压机械的作用下，才有可能使矿质集形成包裹一层很薄水泥浆而又互相靠拢的骨架。这样，在碾压混凝土中，水泥浆与集料的体积比率大大降低。因为水泥浆的干缩率比集料大得多，所以碾压混凝土的干缩率也大大减小。根据试验，在20℃时，普通混凝土的干缩率为18.7×10^{-4}，而碾压混凝土仅有6.9×10^{-4}。

③耐久性好。如前所述，碾压式混凝土可形成密实骨架结构的高强、干缩率低的混凝土。由于在形成这种密实结构的过程中，拌和物中的空气被碾压机械所排出，所以在碾压式混凝土中的孔隙率大为降低，这样抗水性、抗渗性和抗冻性等耐久性指标都有了提高。

④外加剂。为改善和易性及有足够的碾压时间，可以掺加缓凝型减水剂。

（2）配合比设计

碾压式混凝土配合比设计的研究，曾提出许多有益的建议。目前多数单位仍采用击实试验结合实践经验的方法，其主要步骤为如下：

①确定矿质集料的组成配比。按要求级配确定各级集料用量，并按粗集料的空隙确定砂率。

②确定最佳含水量和最大表观密度。采用正交设计方法求出含水量与表观密度、含水量与强度曲线，确定配合比的最佳含水量和最大表观密度。

③确定水泥用量。用改进的维勃稠度仪测定工作性，确定水泥用量。

④计算初步配合比。根据已知的用水量、水泥用量和砂率，按绝对体积法计算初步配合比。

⑤试拌调整，强度校核。通过试拌调整并作抗弯拉强度校核提出试验室建议配合比。

⑥现场修正配合比。碾压式混凝土的配合比，很大程度上决定于现场施工工艺，必须经工地实践再行修正。

(3) 经济效益

①节约水泥。由于碾压式混凝土用水量少，在保持同样的水灰比的条件下，其用灰量亦较少。在达到相同强度前提下，可较普通水泥混凝土节约水泥30%。

②提高工效。碾压式混凝土采用强制式拌和机拌和，自卸车运料，改装后的摊铺机摊铺，振动压路机和胶轮压路机碾压，按此施工组织的工效可较普通水泥混凝土提高两倍左右。

③提早通车。碾压式混凝土早期强度高，养生时间短，可提早开放交通，带来明显的社会、经济效益。

④降低投资。碾压式混凝土路面的造价与沥青混凝土路面接近，养护费用较沥青混凝土路面低，而且使用年限较长。

3. 工程应用

碾压式混凝土应用于水泥混凝土路面，可以做成一层式或两层式；亦可作为底层，面层采用沥青混凝土作为抗滑、磨耗层。

特别应该指出，碾压式混凝土路面的质量，不仅取决于材料的组成配合，更主要的取决于路面施工工艺。

五、仿生裂缝自愈合混凝土

水泥混凝土结构在受力或其他因素作用下，会出与损伤，造成微裂纹。虽然这些损伤是隐形的，但是如果不能及时修复，这些微裂纹会进一步发展，出现大的裂纹，随着水的渗入会出现钢筋锈蚀，从而降低混凝土结构的抗震能力和使用寿命。研究和开发新型自愈合仿生混凝土，使其能够主动、自动地对损伤部位进行修复、恢复并提高混凝土材料的性能，已成为结构功能（智能）一体化混凝土的发展趋势。例如桥梁或一些关键结构的灾难性故障，都要求找到出事之前能警示或能预知失事而自动加固、自动修补裂纹的材料。智能材料的发展就是应人类这方面的需要而产生的。在人类的现实生活中可以见到，人的皮肤划破后，经一段时间皮肤会自然长好，而且修补得天衣无缝；骨头折断后，只要对接好骨缝，断骨就会自动愈合。自然界的生物体经过了亿万年自然选择和进化，形成了天然合理的结构和功能，具有高度的结构功能一体化和敏感的自反馈、自适应机制。对自然界生物的仿生研究可以设计和发展智能材料提供一些有益的借鉴，这些事实都启迪了科学家们对智能材料的构思。自愈合仿生混凝土是模仿生物组织对受创伤部位自动分泌某种物质，而使创伤部位得到愈合的机能，在混凝土组分中复合特殊组分（如含黏结剂的液芯纤维或胶囊），在混凝土内部形成智能型仿生自愈合神经网络系统。当混凝土材料出现裂纹时，部分液芯纤维或胶囊破裂，黏结液流出渗入裂缝，可使混凝土裂缝重新愈合。

1. 自愈合技术路线

目前，实现裂缝自愈合的技术路线有三种。

(1) 内置液芯胶囊法

在日本，以东北大学三桥博三教授为首的日本学者将内含黏结剂的空心胶囊或玻璃纤维掺入混凝土材料中，一旦混凝土在外力作用下发生开裂，部分胶囊或空心纤维就会破裂，其中的黏结液流出深入裂缝，从而可使混凝土裂缝重新愈合。

研究集中在空心修复纤维如何在基体中的分布和随后的化学制品的释放，通过这些化学制品密封基体的微裂缝以及使损伤界面重新愈合，达到控制开裂的目的。具有机敏性自愈合能力的材料由以下几部分组成：

①一种内部损坏的因素，诸如一个导致开裂的动力荷载；

②一种释放修复化学制品的刺激物；

③一种用于修复的纤维；

④一种修复化学制品，它能对刺激物产生反应，发生移动或是变化；

⑤在纤维内的推动化学制品的因素；

⑥在交叉连接聚合体的情况下，使基体中的化学制品固化的一种方法或在单体的情况下干燥基体的一种方法。

(2) 多孔纤维网修复法

在含有单聚物的磷酸钙水泥基材中加入多孔的编制纤维网，一旦混凝土在外力作用下发生开裂，部分纤维网破裂，黏结液流出，深入裂缝，黏结液可使混凝土裂缝重新愈合。

(3) 内掺有机化合物法

在硅酸盐水泥中掺入特殊有机化合物，并搅拌均匀，生成所谓“生物水泥”。其中一种有机化合物按要求使用时会形成一种含盐度比普通地下水大得多的溶液，该液体携带化合物深入到水泥基材料中，即开始了渗透过程，这种过程可以顺水压也可逆水压发生。另一种常用的有机化合物是不含固化剂的环氧树脂，在碱性和含 OH 的环境下，环氧树脂具有缓慢硬化的特征，未硬化的环氧树脂被已硬化的包住，而形成自封的微胶囊，一旦有裂纹，微胶囊易破裂，黏结液流出，从而将开裂的混凝土黏结在一起。

2. 仿生自愈合混凝土的自修复效果

自修复混凝土是模仿动物的骨组织结构和受创伤后的再生、恢复机理，采用黏结材料和基材相复合的方法，对材料损伤破坏具有自行愈合和再生功能，恢复甚至提高材料性能的新型复合材料。但在修复过程中，一些因素对混凝土材料的修复过程及效果非常重要。影响自修复的主要因素如下。

(1) 纤维管与基体材料的性能匹配是很重要的，如采用塑料纤维管装入修复剂嵌入，可发现基体完全裂开而纤维管并未破损的现象，无法实现自修复功能。

(2) 纤维管的数量也影响材料的修复，太少不能形成安全修复，太多又可能对材料的宏观性能有影响。

(3) 修复后的强度与原始强度的比值是评价修复的重要依据，它特别与修补液的黏结强度有很大关系。

(4) 黏结质量、黏结剂的渗透效果，管内压力也对自修复作用产生很大和影响。

以下分别对国外学者在这几方面所做的研究作一简单介绍。

日本三桥博三教授，用水玻璃和环氧树脂等材料作为修复剂，将其注入空心玻璃纤维中并掺入混凝土材料中，测试不同龄期下，经不同修补液在开裂修复后混凝土材料的强度回复率。

美国伊利诺伊斯大学的 Carolyn Dry 在 1994 年采用类似的方法，在空心玻璃纤维中注入高分子溶液作为黏结剂，埋入混凝土中。实验试件采用三点弯曲法。荷载导致修复纤维开裂并且释入黏结剂进入混凝土基体。从听觉上可判断玻璃纤维发生破裂，从试件的表面可看出黏结剂已渗出表面。当修补液黏结剂固化后再进行三点弯曲实验，测试了试件修复前后的承载力状况及修复后材料的柔韧性状况。将第一次测试（化学黏结剂释放之前）与第二次测试（黏结剂释放进行基体之后）相比较，见表 3-30、表 3-31 所示。

材料的承载力变化 表 3-30

弯曲试验				
样本	第 1 次测试（kN）	第 2 次测试（kN）	增加值（kN）	增加率（%）
A	2.188	3.096	0.908	41
B	1.86	2.135	0.275	14.8
C	1.76	1.76	0	0

材料的尺寸变化 表 3-31

弯曲试验				
样本	第 1 次测试 ΔL（in）	第 1 次测试 ΔL（in）	增加值（in）	增加率（%）
A	0.075	0.120	0.045	60
B	0.085	0.115	0.030	35
C	0.090	0.130	0.040	44

实验表明，第二次弯曲实验中，被黏结剂愈合后的试件将能承受重大的荷载，并且材料的延展性、柔韧性也得到了较大的改善。

3. 研究前景与展望

虽然国外一些专家对自愈合混凝土做了一些工作，但是从自愈合混凝土的发展来看，目前尚有许多问题需要解决。例如，有关修复黏结剂的选择、封入的方法、流出量的调整、释放机理的研究、纤维或胶囊的选择、分布特性、其与混凝土的断裂匹配的相容性、愈合后混凝土耐久性能的改善等问题，研究尚不完全，还有大量的工作要做。特别是对自愈合混凝土在实际生产中的制备和应用上所存在的问题，以上这些方法目前尚不能很好地解决。解决好这一问题将对自愈合混凝土今后的发展产生深远的影响。

仿生自愈合混凝土的发展，无论从理论上还是实际应用上都还需进一步完善。技术上应当采用不同的方法。如在实际应用中可对混凝土局部易开裂处采用自愈合处理，而无须整体实施自愈合方案，在理论上也可以考虑研究梯度型的自愈合混凝土。此外，自愈合混凝土作为一种智能混凝土材料，其未来发展应既是高性能的建筑结构材料，同时又具有优异的智能性能，真正达到混凝土材料结构与智能的一体化。这就需要在自愈合混凝土的基础上，进一步融入信息科学的内容，如感知、识别和控制系统等，从而达到适应环境、调节环境、材料和结构健康状况的自诊断和自修复等目的，使其具有多种完善的仿生功能，包括骨骼系统（基材）提供的承载能力、神经系统（传感网络）提供的监测和感知能力、肌肉系统（驱动元件）提供的调整响应能力和免疫系统（修复元件）提供的康复能力。发展智能混凝土是智能化时代的产物，智能混凝土材料作为建筑材料领域的高新技术，为传统建材的未来发展注入了新的内容和活力，也提供了全新的机遇。通过对基础理论及其应用技术深入研究，将使传统的混凝土材料发展步入科技创新轨道，使传统混凝土工业获得新的、突破性的飞跃。

第三节　建筑砂浆

将砖、石、砌块等黏结成为砌体的砂浆统称为砌筑砂浆，它又分为水泥砂浆和水泥混合砂浆。水泥砂浆是由水泥、细集料和水配制而成的砂浆；水泥混合砂浆是由水泥、细集料、掺加料和水配制成的砂浆。砌筑砂浆在结构中起着传递荷载的作用，有时还起到保温作用。

一、砌筑砂浆

（一）砌筑砂浆的组成材料

1. 胶结材料

胶结材料应根据砂浆的使用环境及用途合理选用，在干燥环境中使用的砂浆既可选用气硬性胶结材料，也可选用水硬性胶结材料；处于潮湿环境或水中的砂浆则必须选用水硬性胶结材料。所用的各类胶结材料均应满足相应的技术要求。

（1）水泥

常用的各种品种水泥均可作为砂浆的结合料，由于砂浆的强度相对较低，所以水泥的强度不宜过高，否则水泥的用量太低，会导致砂浆的保水性不良。通常水泥的强度宜为砂浆强度等级的4～5倍，水泥砂浆采用的水泥，其强度等级不宜大于32.5级；水泥混合砂浆采用的水泥，其强度等级不宜大于42.5级。

（2）其他胶结料及掺合料

为改善砂浆的和易性、节约水泥，还可以掺加其他胶结料或掺合料（如石灰膏、黏土膏和粉煤灰等）制成混合砂浆。所用的石灰膏应该“陈伏”，使其充分熟化，并要防止石灰膏干燥、冻结和污染，严禁使用脱水硬化的石灰膏。消石灰粉是未充分熟化的石灰，颗粒太粗，起不到改善和易性的作用，所以不得将消石灰粉直接用于砌筑砂浆中。砂浆中的掺合料均应用孔径不大于3mm×3mm的网过滤。

2. 细集料

细集料为砂浆的骨料，由于砂浆多铺成薄层，因此对砂的最大粒径应予以限制。砌筑砂浆用砂的最大粒径应小于灰缝的1/4～1/5，砖砌体用砂浆，砂的最大粒径为2.5mm；石砌体用砂浆，砂的最大粒径为5mm。砌筑砂浆用砂宜选用中砂，其中毛石砌体宜选用粗砂，面层的抹面砂浆或勾缝砂浆应采用细砂，且最大粒径小于1.2mm。砌筑砂浆用砂的含泥量不应超过5%；强度等级为M2.5以下的水泥混合砂浆，砂的含泥量不应超过10%。

3. 外加剂

为改善砂浆的性能，节约结合料的用量，可在砂浆中掺加减水剂、膨胀剂、微沫剂等外加剂。微沫剂是一种松香热聚物，其主要作用是改善砂浆的和易性和替代部分石灰，掺量为水泥质量的0.005%～0.010%。微沫剂用于水泥混合砂浆时，石灰膏的减少量不应超过50%。水泥黏土砂浆中不宜掺入微沫剂。

4. 水

砂浆对水的技术要求与混凝土拌和用水相同，其水质应符合现行行业标准《混凝土用水标准》（JGJ 63—2006）的要求。

（二）砌筑砂浆的主要技术性质

砂浆与混凝土在组成上的差别仅在于砂浆中不含粗集料，故砂浆也称为无粗集料混凝土。有关混凝土和易性、强度的基本规律，原则上也适用于砂浆，但由于砂浆的组成及用途与混凝土有所不同，所以它还具有其自身的特点。

1. 新拌砂浆的和易性

砂浆在硬化前应具有良好的和易性，以方便施工操作，能在砖石表面铺展成均匀的薄层，并使砌体之间紧密黏结。砂浆的和易性包括流动性和保水性两个方面。

（1）流动性

砂浆的流动性又称稠度，是指新拌砂浆在其自重或外力作用下产生流动的性能。

砂浆的流动性与用水量、胶结材的品种和用量、细集料的级配和表面特征、掺合料及外加剂的特性和用量、拌和时间等因素有关。砂浆的稠度采用砂浆稠度仪测定。测定方法是将砂浆拌和物一次装入稠度仪的容器中，使砂浆表面低于容器口10mm左右，用捣棒插捣25次，然后轻轻将容器摇动或敲击5～6下，使砂浆表面平整，将容器置于稠度仪上，使试锥与砂浆表面接触，旋紧制动螺丝，使指针对准零点。拧开制动螺丝，同时计时，待10s立即固定螺丝，从刻度盘读出试锥下沉深度（精确至1mm）即为砂浆的稠度值（亦称沉入量）。沉入量愈大，砂浆的流动性愈大。

砂浆流动性的选择应根据砌体种类、用途、气候条件、施工方法等因素决定，参见表3-32。

砌筑砂浆的稠度 表3-32

砌体种类	砂浆稠度（mm）	砌体种类	砂浆稠度（mm）
烧结普通砖砌体	70～90	烧结普通砖平拱式过梁，空斗墙，筒拱，普通混凝土小型空心砌块砌体，加气混凝土砌块砌体	50～70
轻集料混凝土小型空心砌块砌体	60～90		
烧结多孔砖，空心砖砌体	60～80	石砌体	30～50

（2）保水性

砂浆的保水性是指砂浆保持水分及整体均匀一致的性能。砂浆在运输、静置或砌筑过程中，水分不应从砂浆中离析，使砂浆保持必要的稠度，以便于施工操作，同时使水泥正常水化，以保证砌体的强度。保水性不好的砂浆，会因失水过多而影响砂浆的铺设及砂浆与材料间的结合，并影响砂浆的正常硬化，从而使砂浆的强度，特别是砂浆与多孔材料的黏结力大大降低。

砂浆的保水性与胶结材的种类和用量、细集料的级配、用水量以及有无掺合料和外加剂等有关。实践表明：为保证砂浆的和易性，水泥砂浆的最小水泥用量不宜小于 200kg/m^3，混合砂浆中胶结材料总用量应在 300～350kg/m^3 以上，另外，工程中还常采用在砂浆中掺加石灰膏、粉煤灰、微沫剂等方法来提高砂浆的保水性。

砂浆的保水性采用“分层度”表示。分层度用分层度仪测定。方法是将已测定稠度的砂浆，一次装入分层度筒内，装满后用木锤在容器周围距离大致相等的四个不同地方轻轻敲击1～2 下，若砂浆沉落到低于筒口，则应随时添加，然后刮去多余的砂浆并抹平。静置30min 后，去掉上部 200mm 厚的砂浆，剩余的 100mm 砂浆倒出来，放在拌和锅中拌 2min，再按稠度试验方法测定其稠度。前后两次测得的稠度之差即为该砂浆的分层度（以 mm 计）。

分层度大，表明砂浆的保水性不好。具有良好保水性的砂浆，其分层度应不大于 2cm。分层度大于 2cm 的砂浆容易离析，不便施工；但分层度小于 1cm 时，虽然砂浆的保水性好，但往往胶结材料用量过多，或者砂过细，不仅不经济，而且硬化后还易产生干缩裂缝。普通砂浆的分层度宜为 1～2cm。

2. 硬化后砂浆的性质

建筑砂浆在砌体中要传递荷载，并要经受周围环境介质的作用，因此砂浆应具有一定的黏结强度、抗压强度和耐久性。试验证明，砂浆的黏结强度、耐久性均随抗压强度的增大而提高，即它们之间有一定的相关性。而且抗压强度的试验方法较成熟，测试简单准确，所以工程中常以抗压强度作为砂浆的主要技术指标。

（1）抗压强度

砂浆的抗压强度等级以 70.7mm×70.7mm×70.7mm 的立方体试件，在标准温度 20℃±3℃和规定湿度（水泥混合砂浆相对湿度为 60％～80％，水泥砂浆和微沫砂浆相对湿度为90％以上）的条件下，用标准试验方法测得的 28d 龄期的单位承压面积上的破坏荷载来确定，并划分为 M20、M15、M10、M7.5、M5.0、M2.5 等共 6 个强度等级。桥涵工程中砂浆的强度根据结构物的类型和用途而决定，参见表 3-33。

桥涵圬工砌体用砂浆强度等级　　表 3-33

结构物类型		砂浆强度等级	
		砌筑用	勾缝用
拱圈	大中跨径及轻台拱桥	M7.5	≥M7.5
	小跨径桥涵	M5.0	
大中跨径桥墩台及基础	圬工面层	M5.0	≥M7.5
	圬工里层	M2.5	
小桥墩台及基础挡土墙	轻型桥台及轻台拱桥	M5.0	≥M5.0
	其余	M2.5	

$$f_{m,cu}=\frac{F_u}{A} \tag{3-41}$$

式中：$f_{m,cu}$——砂浆立方体抗压强度（MPa）；

F_u——破坏荷载（N）；

A——承压面积（mm^2）。

（2）黏结强度

为保证砌体的整体性，砂浆要有一定的黏结力。黏结强度主要和砂浆的抗压强度以及砌体材料的表面粗糙程度、清洁程度、湿润程度以及施工养护等因素有关。一般砂浆的抗压强度愈高，其黏结性愈好。

（3）耐久性

圬工砂浆经常遭受环境水的作用，故除强度外，还应考虑抗渗性、抗冻性和抗蚀性等性能。提高砂浆的耐久性，主要途径是提高其密实性。

3. *砌筑砂浆的配合比设计*

1）砌筑砂浆配合比设计的基本要求

砌筑砂浆配合比设计应满足以下基本要求：

（1）砂浆拌和物的和易性应满足施工要求；

（2）砌筑砂浆的强度、耐久性应满足设计的要求；

（3）经济上应合理，水泥、掺合料的用量应较少。

2）砌筑砂浆配合比设计的方法与步骤

（1）水泥混合砂浆配合比计算

①确定砂浆的试配强度

砂浆的试配强度应按式（3-42）计算：

$$f_{m,o}=f_2+0.645\sigma \tag{3-42}$$

式中：$f_{m,o}$——砂浆的试配强度，精确至 0.1MPa；

f_2——砂浆的抗压强度平均值，精确至 0.1 MPa；

σ——砂浆现场强度标准差，精确至 0.1 MPa 。

砂浆现场确定标准差的方法如下：

当有统计资料时，标准差应按式（3-43）计算：

$$\sigma=\sqrt{\frac{\sum_{i=1}^{n}f_{m,i}^2-n\mu_{fm}^2}{n-1}} \tag{3-43}$$

式中：$f_{m,i}$——统计周期内同一品种砂浆第 i 组砂浆试件的强度（MPa）；

μ_{fm}——统计周期内同一品种砂浆第 n 组试件强度的平均值（ MPa）；

n——统计周期内同一品种砂浆试件的总组数，$n\geqslant25$。

当不具有近期统计资料时，砂浆现场强度标准差可按表 3-34 取用。

砂浆强度标准差 σ 选用表 表 3-34

施工水平＼砂浆强度等级	M2.5	M5.0	M7.5	M10	M15	M20
优良	0.50	1.00	1.50	2.00	3.00	4.00
一般	0.62	1.25	1.88	2.50	3.75	5.00
较差	0.75	1.50	2.25	3.00	4.50	6.00

②计算水泥用量

每立方米砂浆中的水泥用量，应按式（3-44）计算：

$$Q_c = \frac{1000(f_{m,o} - \beta)}{\alpha \cdot f_{ce}} \tag{3-44}$$

式中：Q_c——每立方米砂浆的水泥用量，精确至 1kg；

$f_{m,o}$——砂浆的试配强度，精确至 0.1MPa；

f_{ce}——水泥的实测强度，精确至 0.1MPa；

α，β——砂浆的特征系数，其中 $\alpha = 3.03$；$\beta = -15.09$。

在无法取得水泥的实测强度值时，可按式（3-45）计算 f_{ce}：

$$f_{ce} = \gamma_c \cdot f_{ce,k} \tag{3-45}$$

式中：$f_{ce,k}$——水泥强度等级对应的强度值；

γ_c——水泥强度等级富裕系数，应按实际统计资料确定。无统计资料时取 1.0。

③计算掺合料用量 Q_D

为了改善砂浆的稠度，提高保水性，可掺入石灰膏或黏土膏。每立方米砂浆中掺合料（石灰膏或黏土膏）用量按式（3-46）计算：

$$Q_D = Q_A - Q_C \tag{3-46}$$

式中：Q_D——每立方米砂浆的掺合料用量，精确至 1kg；石灰膏、黏土膏使用时的稠度为 120mm±5mm；

Q_C——每立方米砂浆的水泥用量，精确至 1kg；

Q_A——每立方米砂浆中水泥和掺合料的总量，精确至 1kg；一般应在 300～350 kg/m^3 之间。

④确定砂用量 Q_S

砂浆中的水、胶结料合掺合料用于填充砂子的空隙，因此 1m^3 干燥状态下的砂子的堆积密度值也就是 1m^3 砂浆所用的干砂用量。砂子在干燥状态时体积恒定，而当砂子含水 5%～7%时，体积将膨胀 30%左右，当砂子含水处于饱和状态时，体积比干燥状态要减少 10%左右。所以必须按照砂子的干燥状态为基准进行计算。

⑤确定用水量 Q_W

砂浆中用水量的多少，对砂浆强度的影响不大，应根据施工和易性所需稠度选用，水泥混合砂浆用水量通常小于水泥砂浆。当采用中砂时，砂浆用水量范围可选用 240～310 kg/m^3；当采用细砂或粗砂时，用水量分别取该范围的上限或下限。当砂浆稠度小于 70mm 时，用水量可取该范围的下限。当施工现场气候炎热或在干燥季节，可酌量增加用水量。

（2）水泥砂浆的配合比确定

若按照水泥混合砂浆配合比设计方法计算水泥砂浆配合比，由于水泥强度太高，而砂浆强度太低，造成计算水泥用量偏少，因此通过计算得到的配合比不太合理。水泥砂浆材料用量可参考表 3-35 选用。

每 m^3 水泥砂浆材料用量 表 3-35

强度等级	水泥用量（kg）	砂子用量（kg）	用水量（kg）
M2.5～M5	200～230	1m^3 砂子的堆积密度值	270～330
M7.5～M10	220～280		
M15	280～340		
M20	340～400		

注：1. 此表水泥强度等级为 32.5 级，大于 32.5 级水泥用量宜取下限；
2. 根据施工水平合理选择水泥用量；
3. 当采用细砂或粗砂时，用水量分别取上限或下限；
4. 稠度小于 70mm 时，用水量可小于下限；
5. 施工现场气候炎热或干燥季节，可酌量增加用水量；
6. 试配强度按式（3-42）计算。

（3）配合比的试配、调整与确定

①试配检验、调整和易性，确定基准配合比

砂浆试配时应采用工程中实际使用的材料，按计算配合比进行试拌，测定拌和物的稠度和分层度，若不满足要求，则调整用水量或掺合料，直到符合要求为止，由此得到基准配合比。

②砂浆强度调整与确定

检验强度时至少应采用三个不同的配合比，其中一个为基准配合比，另外两个配合比的水泥用量按基准配合比分别增加和减少 10%，在保证稠度、分层度合格的条件下，可将用水量或掺合料用量作相应调整。三组配合比分别成型、养护、测定 28 天强度，选定符合试配强度要求的且水泥用量最低的配合比作为砂浆配合比。

【设计实例 3-3】 试设计某砌筑工程用水泥石灰混合砂浆的配合比。

【原始资料】

1. 已知砂浆强度等级为 M5，稠度要求为 7～10cm 施工水平一般。

2. 原材料：强度等级 32.5 的矿渣硅酸盐水泥，强度等级富余系数为 1.03；石灰膏：稠度 10cm；中砂：堆积密度为 1450kg/cm³，含水率 2%。

【设计步骤】

1. 确定试配强度

查表 3-34 得：$\sigma = 1.25\text{MPa}$

按式（3-42），砂浆的试配强度

$$f_{m,o} = f_2 + 0.645\sigma = 5.0 + 0.645 \times 1.25 = 5.8\ (\text{MPa})$$

2. 计算水泥用量 Q_C

水泥实际强度　　$f_{ce}=\gamma_c \cdot f_{ce,k}=1.03\times 32.5=33.5$（MPa）

按式（3-44）计算水泥用量

$$Q_c=\frac{1000\ (f_{m,o}-\beta)}{\alpha \cdot f_{ce}}=\frac{1000\ (5.8+15.09)}{3.03\times 33.5}=206\ (\text{kg})$$

3. 计算石灰膏用量 Q_D

取　　$Q_A=350\text{kg}$

则　　$Q'_D=Q_A-Q_C=350-206=144$（kg）

石灰膏稠度为 10cm，查表得换算系数为 0.97

故　　$Q_D=0.97\times 144=140$（kg）

4. 确定砂用量 Q_S

$$Q_S=1450+1450\times 2\%=1479\ (\text{kg})$$

5. 确定用水量 Q_W

取用水量 300kg，扣除砂中所含的水，则

$$Q_W=300-1450\times 2\%=271\ (\text{kg})$$

砂浆的配合比为：$Q_C:Q_D:Q_S:Q_W=206:140:1479:271=1:0.68:7.18:1.32$

4. 常用砌筑砂浆参考配合比

路桥工程砌体用砂浆，也可根据构筑物的部位，确定设计强度等级，查阅有关图表选定配合比，下面给出几种常用砌筑砂浆的参考配合比。

（1）混合砂浆参考配合比，见表 3-36。

混合砂浆参考配合比　　表 3-36

水泥强度等级（MPa）	砂浆强度等级（MPa）	配合比（水泥：石灰膏：砂）	每 m^3 砂浆材料用量（kg）		
			水泥	石灰膏	砂
32.5 级矿渣水泥	M1.0	1：3.70：20.90	70	260	1450
	M2.5	1：1.73：13.18	110	190	1450
	M5.0	1：0.94：8.53	170	160	1450
	M7.5	1：0.50：6.59	220	110	1450
	M10	1：0.27：5.58	260	70	1450
42.5 级普通水泥	M2.5	1：1.95：14.5	100	195	1450
	M5.0	1：1.35：11.15	130	176	1450
	M7.5	1：0.73：8.79	165	120	1450
	M10	1：0.56：7.25	200	112	1450

注：以上配合比中所用砂均为中砂。

（2）微沫砂浆参考配合比，见表 3-37。

微沫砂浆参考配合比

表 3-37

砂浆强度等级（MPa）	配合比（水泥：石灰膏：砂）	微沫剂掺量（‰）	每 m^3 砂浆材料用量（kg）		
			水泥	石灰膏	砂
M2.5	1：0.87：13.0	3	110	96	1430
M5.0	1：0.42：7.95	2	180	76	1430
M7.5	1：0.28：6.65	1	215	60	1430
M10	1：0.17：5.28	1	270	46	1430

注：以上配合比中水泥为 32.5 级矿渣水泥，砂为中砂。

（3）水泥粉煤灰混合砂浆参考配合比，见表 3-38。

水泥粉煤灰混合砂浆参考配合比

表 3-38

水泥品种	砂浆强度等级（MPa）	配合比（水泥：石灰膏：粉煤灰：砂）	每 m^3 砂浆材料用量（kg）			
			水泥	石灰膏	磨细粉煤灰	砂
矿渣水泥	M2.5	1：1.54：1.54：16.20	90	135	135	1460
	M5.0	1：0.66：0.66：9.12	160	105	105	1460
	M7.5	1：0.49：0.49：7.48	195	95	95	1460
	M10	1：0.23：0.23：6.10	240	95	95	1460

注：以上配合比中水泥强度等级为 32.5 级。

二、抹面砂浆

以薄层涂抹在建筑物表面的砂浆称为抹面砂浆。抹面砂浆常用于桥涵圬工砌体和地下物的表面，一般对抹面砂浆的强度要求不高，但要求保水性好、与基底的黏附性好。

抹面砂浆按用途不同可分为普通抹面砂浆、装饰砂浆和防水砂浆；按胶结料不同可分为水泥砂浆、白灰砂浆和混合砂浆。

抹面砂浆常分层施工，第一层称为底层，第二层称为垫层，第三层称为面层。各层砂浆的稠度不同，底层较稀，垫层和面层较稠。由于施工要求不同，砂浆的材料及流动性要求亦不同。

抹面砂浆可保护结构物不受风雨、潮气等侵蚀，提高结构物防潮、防风化、防腐蚀能力，提高耐久性，同时使结构物表面、地面等建筑部位平整、光滑、清洁美观。

1. 原材料的质量要求

（1）水泥。常用的五大品种水泥均可使用，不同品种的水泥不得混合使用，其强度应符合设计要求。

（2）石灰膏。用生石灰熟化成石灰膏时，熟化时间以 1 个月以上为宜，其他要求同砌筑砂浆。

（3）砂子。抹面砂浆用砂最好是中砂，或中砂与粗砂掺合使用。要求颗粒坚硬洁净，黏土、泥灰、粉末等杂质含量不得超过有关规定。由于地区的局限性，细砂也允许使用，但粉砂不宜使用。砂在使用前应过筛，对砂子的其他技术要求和砌筑砂浆相同。对砂子最大粒径的要求见表 3-38。

（4）水。同砌筑砂浆。

（5）石膏。石膏应磨成细粉，无杂质，其凝结时间要符合要求。

（6）电石膏。一般可用于砖基层的底层抹灰，并需根据工程要求适当掺加水泥，以提高砂浆的强度。

（7）黏土。应选用砂质黏土，使用前要过筛。

（8）炉渣。炉渣使用前应过筛，并浇水润透，一般15d左右，粒径不宜超过1.2～2mm。

2. 抹面砂浆的性质

（1）流动性。抹面砂浆的流动性用稠度表示，稠度的大小用沉入度试验来确定，见表3-39。

抹面砂浆流动性及集料最大粒径　　表3-39

抹面层名称	沉入度（mm）		砂子最大粒径（mm）
	人工操作	机械施工	
底层	10～12	8～9	2.6
中层	7～9	7～8	2.6
面层	9～10	7～8	1.2

（2）保水性。抹面砂浆保水性仍用分层度表示。抹面砂浆的分层度应根据施工条件选定，一般情况下要求分层度在1～2cm之间。分层度接近于0的砂浆，易产生干缩裂缝，不宜作抹灰用。分层度大于2cm的砂浆，容易离析，施工不便。

（3）黏结力。为了保证砂浆与基层黏结牢固，抹面砂浆应具有一定的黏结强度。影响砂浆黏结强度的因素很多，有砂浆的组成材料、水灰比、基层的湿度、基层表面的清洁及粗糙程度、操作技术和养护条件等。一般情况下，砂浆的黏结力随砂浆的抗压强度增大而提高。有一些高级抹灰为了增大黏结力在砂浆中掺入乳胶或107胶等。

3. 抹面砂浆的配合比

普通抹面砂浆的配合比，可参考表3-40选用。

普通抹面砂浆的配合比　　表3-40

材　料	体积配合比	材　料	体积配合比
水泥：砂	1：2～1：3	石灰：石膏：砂	1：0.4：2～1：2：4
石灰：砂	1：2～1：4	石灰：黏土：砂	1：1：4～1：1：8
水泥：石灰：砂	1：1：6～1：2：9	石灰膏：麻刀	100：1.3～100：2.5（质量比）

三、防水砂浆

制作防水层的砂浆叫防水砂浆。砂浆防水层又称刚性防水层，适用于具有一定刚度的混凝土或砖石砌体的表面，路桥工程中，防水砂浆主要用于隧道工程。

防水砂浆通常采用1：2～3的富水泥砂浆，水灰比为0.40～0.50。配制防水砂浆的水泥应采用强度不低于32.5级的普通水泥，砂子宜用中砂或粗砂，要求级配良好。也可以掺加防水剂，常用的防水剂有氯化物金属盐类防水剂、水玻璃防水剂和金属皂类防水剂等，近年来，主要采用掺加各种高聚物涂料提高砂浆的防水性能。

防水砂浆的防渗效果在很大程度上取决于施工质量，因此施工时要严格控制原材料质量和配合比。防水砂浆层一般分四层或五层施工，每层约 5mm 厚。砂浆防水层做完后，要加强养护，以防止出现干缩裂缝，降低防水效果。

本章小结

本章的重点内容是普通水泥混凝土和砂浆的基本性能及配合比设计。正确区分普通水泥混凝土和砂浆的和易性、强度、耐久性的概念，区别在基本性能上的相似之处和不同之处。

新拌混凝土的工作性及硬化后混凝土的力学强度和耐久性是普通混凝土最主要的技术性质。

新拌水泥混凝土的工作性采用坍落度和维勃稠度两项指标评定。水泥混凝土的强度等级是桥梁混凝土结构设计的最主要材料强度指标，各种强度（轴心抗压、抗拉、抗剪等强度）的强度标准值和强度设计值均由其推算得出。道路水泥混凝土路面的强度指标为抗弯拉强度。道路与桥梁用混凝土对耐久性、耐磨性和碱—集料反应等耐久性要求都极为重要。

混凝土材料的组成配合设计包括：组成材料的选择、配合比的计算和强度的评定三项内容。

混凝土组成材料的性能，对混凝土性能的影响十分明显，所以只有知道组成材料的性能，才能掌握本章有关内容。在配合比设计前，首先应选用适合的原材料。混凝土配合比设计时，应满足四项基本要求，正确处理水灰比、砂率、用水量三个参数。配制强度的确定是决定配合比设计的重要一环，配制强度选用不当，势必将影响工程质量或浪费材料。混凝土的试配与调整也是十分重要的，只有经过实践检验的配合比，才能符合工程的要求。混凝土的质量控制是提高施工水平的必要条件，强度评定是检验配合比设计的最终成果。

以立方抗压强度为指标的桥梁用混凝土和以抗弯拉强度为指标的道路用混凝土的配合比计算，基本原理和计算步骤基本上是相同的，但具体参数选用上稍有差别。

外加剂和掺合料（粉煤灰）的应用是现代普通混凝土的新技术，是改善混凝土性能的有效途径之一，科学地应用才可达到提高工程质量和降低成本等技术经济效益。

道路混凝土与普通混凝土相比，在抗弯拉强度、耐磨性上有较高的要求。高强混凝土、流态混凝土、碾压混凝土、纤维增强混凝土及仿生自愈合混凝土等是路桥用混凝土的发展方向。

复习思考题

1. 什么是水泥混凝土？为什么能够在高级路面和桥梁工程中得到广泛应用？

2. 试述新拌混凝土工作性含义？施工中是如何选择稠度大小？如达不到施工要求时有哪些改善措施？

3. 试述影响新拌混凝土工作性的主要因素。

4. 水泥混凝土用粗集料、细集料在技术性质上有哪些主要要求?

5. 普通混凝土的强度等级是如何划分的? 有哪几个强度等级?

6. 试述影响水泥混凝土强度的主要因素及提高强度的主要措施。

7. 试述我国现行的混凝土配合比设计方法及其内容和步骤。

8. 道路和桥梁用水泥混凝土的耐久性包括哪些含义? 提高混凝土的耐久性的措施有哪些?

9. 水泥混凝土用的材料在技术性质上有哪些主要要求? 这些技术性质不符合要求，对混凝土质量有何影响?

10. 现场浇灌混凝土时，禁止施工人员随意向混凝土拌和物中加水，试从理论上分析加水对混凝土质量的危害，它与成型后的洒水养护有无矛盾 ? 为什么 ?

11. 用数理统计法控制混凝土质量可用哪些参数 ?

12. 简述路用普通水泥混凝土配合比设计步骤。

13. 新拌砂浆和易性的含意是什么?

14. 砂浆的保水性不良对工程质量有何影响?

15. 配制砂浆时，为什么除水泥外还常常要加入一定量的其他胶结材料?

16. 配制强度等级为 M2.5 的混合砂浆，水泥采用 32.5 级普通水泥，砂含水率小于 0.5%，堆积密度为 1500kg/m^3，施工水平一般，求每 1 m^3 砂浆中水泥、砂子和石灰膏的用量。

习　题

1. 试设计某桥预应力混凝土 T 梁用混凝土的配合组成

【设计资料】

(1) 按设计图纸，水泥混凝土强度等级 C40，施工要求坍落度 30～50mm。

(2) 可供选择的组成材料及性质

①水泥：硅酸盐水泥 I 型 42.5 级，实测 28d 抗压强度 48.5MPa，密度 ρ_c=3.1g/cm^3；

②碎石：一级石灰岩轧制的碎石，最大粒径 d_{max}=19mm，表观密度 ρ_g=2.78g/cm^3，现场含水量为 1.0%；

③砂：清洁河砂，属于中砂，表观密度 ρ_s=2.68g/cm^3，现场含水量为 5.0%；

④水：饮用水，符合水泥混凝土拌和水要求；

⑤减水剂：采用 UNF-5，用量 0.8%，减水率 12%。

【设计要求】

(1) 确定水泥混凝土配制强度，并选择适宜的组成材料。

(2) 按我国国标现行方法计算初步配合比。

(3) 通过试验室试样调整和强度试验，确定试验室配合比。

(4) 按提供的现场材料含水量折算为施工配合比。

2. 试用抗弯拉强度为指标的方法，设计某重交通二级公路面层用水泥混凝土 (无抗冻性要求) 的配合比组成。

【设计资料】

（1）混凝土设计抗弯拉强度标准值 f_{cm} 为 5.5MPa；施工单位混凝土弯拉强度标准差 S 为 0.5（样本 n=6），现场采用小型机具摊铺。

（2）要求施工坍落度 10～30mm。

（3）组成材料

①水泥：52.5 级普通硅酸盐水泥，实测 28d 抗弯拉强度 7.45MPa，密度 ρ_c=3150kg/m^3。

②碎石：一级石灰岩轧制的碎石；最大粒径 d_{max}=37.5mm，表观密度 ρ_g=2750kg/m^3，振实密度 ρ'_g=1736kg/m^3。

③砂：清洁河砂，属于中砂，表观密度 ρ_s=2700kg/m^3。

④水：饮用水，符合水泥混凝土拌和水要求。

【设计要求】

计算该路面混凝土的初步配合比。

3. 混凝土初步计算配合比为 1∶2.35∶4.32，W/C=0.5，在试拌调整时，增加了 10% 的水泥浆。试求（1）该混凝土的基准配合比；（2）若已知以基准配制的混凝土，每立方米水泥用量为 330kg，求 1m^3 混凝土其他材料的用量。

4. 欲配制强度等级为 C25 的混凝土，已知试验室配合比为水泥∶细集料∶粗集料=1∶1.85∶3.1，W/C=0.53，配制 1m^3 混凝土水泥用量为 320kg。求配制 1m^3 混凝土其他材料用量。测得该混凝土的 28 天抗压强度为 34.6MPa，试问该混凝土是否满足强度要求。（已知概率度 t=1.645，强度标准差 σ 取 5.0）

5. 用 32.5 级 P.O 水泥配制碎石混凝土，制作边长为 10cm 的立方体试件 3 块，在标准条件下 7d，测得破坏荷载分别为 167kN、155kN、158kN。试求该混凝土的标准立方体抗压强度，并估算该混凝土的水灰比。（已知 A=0.46，B=0.07，富余系数取 1.10）

6. 某工程原设计用 P.O 水泥 42.5 R 型水泥配制 28d 强度为 35.0 MPa 的混混凝土，采用卵石和中砂，用水量 180 kg/m^3。为节约水泥，施工时按 60d 强度为 35.0 MPa 验收，问可以节约多少水泥？

假设混凝土抗压强度随龄期的对数而直线增长，已知 1d 强度不等于 0，7d 抗压强度为 21MPa，14d 抗压强度为 26.0MPa，求 28d 强度为多少？

7. 为确定混凝土的实验室配合比，采用 0.70、0.60、0.65 三个不同水灰比的配合比，测得的 28d 时的抗压强度分别为 19.1、27.4、23.1MPa。求：

（1）试确定配制 C15 混凝土所应采用的水灰比（假定 σ=4.0MPa）；

（2）若基准配合比为水泥 277kg、水 180kg、砂 700kg、石 1200kg，试计算实验室配合比。（假定混凝土拌和物体积密度的实测值为 2370kg/m^3。）

8. 水泥混凝土配合比为 1∶1.45∶3.0，W/C=0.5，已知水泥密度 3.00g/cm^3，砂、石表观密度分别为 2.65 g/cm^3、2.70 g/cm^3。计算在不使用外加剂下，每立方米混凝土中各种材料的用量是多少？当砂、石含水量分别为 5.0%和 1.0%时，配制 300L 混凝土各种材料的用量是多少？

9. 某建筑工地砌筑用水泥石灰混合砂浆，从有关资料查出，可使用其配合比值为：水泥∶石灰膏∶砂子=1∶0.46∶5.5（体积比），问拌制 1m^3 砂浆需要各项材料用量为多少？若拌制 2.65m^3 的砂浆，各项材料用量又为多少？（已知水泥 ρ_{oc}=1300kg/m^3，石灰膏为 $\rho_{o石灰膏}$=1400kg/m^3，砂子 $\rho_{o干}$=1450kg/m^3）

第四章　沥 青 材 料

本章提要

本章重点阐述石油沥青的生产工艺、分类方法、组成结构、技术性质和技术标准，以及石油沥青技术性质的常规试验方法。同时还对其他各类沥青材料的组成结构和技术性质作了简要介绍。

通过学习，要求学生必须掌握石油沥青的化学组分、胶体结构、技术性质和试验方法，同时对其他各类沥青材料的组成结构和技术性质有一般了解。

沥青材料（Bituminous material）是由极其复杂的高分子碳氢化合物和这些碳氢化合物的非金属（氧、硫、氮）的衍生物所组成的混合物。沥青在常温下一般呈固体或半固体，也有少数品种的沥青呈黏性液体状态，可溶于二硫化碳、四氯化碳、三氯甲烷和苯等有机溶剂，颜色为黑褐色或褐色。

沥青材料的品种很多，按其在自然界获得的方式不同，可分为地沥青和焦油沥青两大类。

1. 地沥青（Asphalt）

地沥青是指地下原油演变或加工而得到的沥青，又分为天然沥青和石油沥青。

（1）天然沥青（Natural asphalt）。天然沥青是指由于地壳运动使地下石油上升到地壳表层聚集或渗入岩石空隙，再经过一定的地质年代，轻质成分挥发后的残留物经氧化形成的产物。一般存在于岩石裂缝中、地面上或形成湖泊，如著名的特立尼达湖沥青。

（2）石油沥青（Petroleum asphalt）。石油沥青是由石油原油分馏出各种产品后的残渣加工而成的。我国天然沥青很少，但石油资源丰富，故石油沥青是使用量最大的一种沥青材料。

2. 焦油沥青（Tar）

焦油沥青是干馏有机燃料（煤、页岩、木材料等）所收集的焦油经再加工而得到的一种沥青材料，按干馏原料的不同，焦油沥青可分为煤沥青、页岩沥青、木沥青和泥炭沥青。工程上常用的焦油沥青是煤沥青。

沥青材料是这类材料的总称，它具有良好的憎水性、黏结性和塑性，可以防水，防潮，因而广泛应用与道路和防水工程。通常所讲的沥青是石油沥青，其他沥青都要在沥青前加上名称以示区别，如：煤沥青、页岩沥青等。在道路建筑中最常用的主要是石油沥青和煤沥青两类，其次是天然沥青。

第一节　石 油 沥 青

一、石油沥青的生产和分类

(一) 石油沥青生产工艺概述

从油井开采出来的石油，一般简称原油，它是由多种分子量大小不等的烃类（环烃，烷烃和芳香烃）组成的复杂混合物。炼油厂将原油分馏而提取汽油、煤油、柴油和润滑油等石油产品后所剩残渣，再进行加工可制得各种不同的石油沥青。其生产工艺流程可见图 4-1。

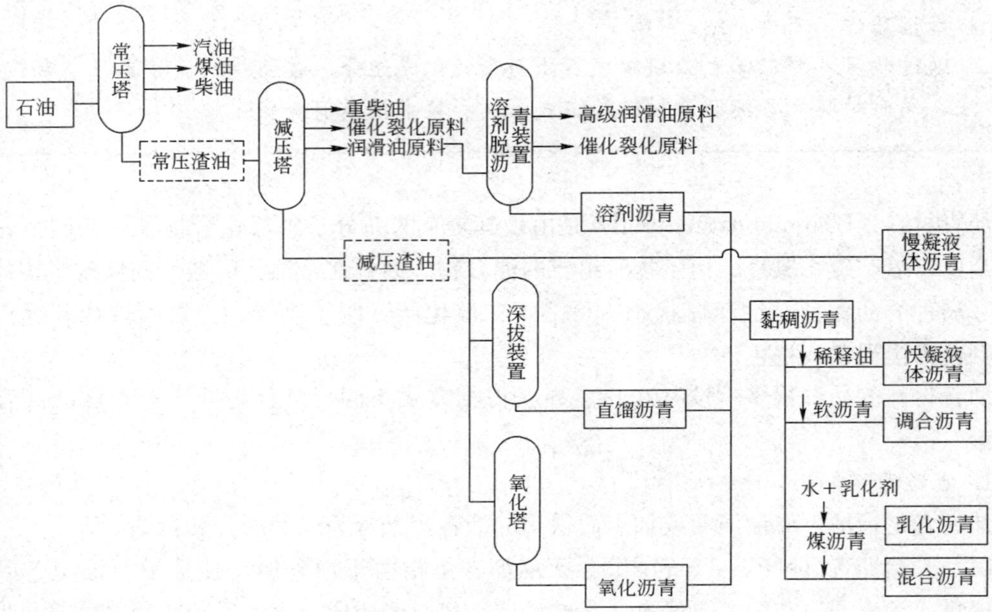

图 4-1　石油沥青生产工艺流程示意图

常用石油沥青主要是由氧化装置、溶剂脱沥青装置或深拔装置所产生的黏稠沥青。为了改善黏稠沥青的使用性能，还可采取各种方式将其加工成液体沥青、调和沥青、乳化沥青、混合沥青和其他改性沥青等。

(二) 石油沥青的分类

石油沥青可根据不同的情况进行分类，各种分类方法都有各自的特点和使用价值。

1. 按原油的成分分类

原油是生产石油沥青的原材料。在炼油时所采用的原油成分不同，炼油后所得到的沥青成分也不相同。原油按其所含烃类成分或硫含量的不同可划分为几种基本类型。

原油的分类一般是根据“关键馏分特性”和“含硫量”。可分为石蜡基原油、环烷基原油和中间基原油，以及高硫原油（含硫量＞2%）、含硫原油（含硫量 0.5%～2%）和低硫原油（含硫量＜0.5%）。

（1）石蜡基沥青，也称多蜡沥青。它是由含大量的烷烃成分的石蜡基原油提炼而得。这种沥青因原油中含有大量烷烃，沥青中含蜡量一般大于5%，有的高达10%以上。蜡在常温下往往以结晶体存在，降低了沥青的黏结性和温度稳定性；表现为软化点高、针入度小、延度低，但抗老化性能较好。如果用丙烷脱蜡，仍然可得到延度较好的沥青。

（2）环烷基沥青，也称沥青基沥青。由沥青基石油提炼而得的沥青。它含有较多的环烷烃和芳香烃，所以此种沥青的芳香性高，含蜡量一般小于2%，沥青的黏结性和塑性均较高。目前我国所产的环烷基沥青较少。

（3）中间基沥青，也称混合基沥青。中间基沥青是由蜡质介于石蜡基原油和环烷基原油之间的原油提炼而得。所含烃类成分和沥青的性质一般均介于石蜡基沥青和环烷基沥青之间。

我国石油油田分布广，但国产石油多属石蜡基和中间基原油。

2. 按加工方法分类

（1）直馏沥青，也称残留沥青。用直馏的方法将石油在不同沸点温度的馏分（汽油、煤油、柴油）取出之后，最后残留的黑色液体状产品。符合沥青标准的，称为直馏沥青；不符合沥青标准的，针入度大于300，含蜡量大的称为渣油。在一般情况下，低稠度原油生产的直馏沥青，其温度稳定性不足，还需要进行氧化处理才能达到黏稠石油的性质指标。

（2）氧化沥青。将常压或减压重油，或低稠直馏沥青在250～300℃高温下吹入空气，经过数小时氧化可获得常温下为半固体或固体状的沥青。氧化沥青具有良好的温度稳定性。在道路工程中使用的沥青，氧化程度不能太深，有时也称为半氧化沥青

（3）溶剂沥青。这种沥青是对含蜡量较高的重油采用溶剂萃取工艺，提炼出润滑油原料后所余残渣。在溶剂萃取过程中，一些石蜡成分溶解在萃取溶剂中随之被拔出，因此，溶剂沥青中石蜡成分相对减少，其性质较由石蜡基原油生产的渣油或氧化沥青有很大的改善。

（4）裂化沥青。在炼油过程中，为增加出油率，对蒸馏后的重油在隔绝空气和高温下进行热裂化，使碳链较长的烃分子转化为碳链较短的汽油、煤油等。裂化后所得到的裂化残渣，称为裂化沥青。裂化沥青具有硬度大、软化点高、延度小、没有足够的黏度和温度稳定性，不能直接用于道路上。

3. 按沥青在常温下的稠度分类

根据用途的不同，要求石油沥青具有不同的稠度，一般可分为黏稠沥青和液体沥青两大类。黏稠沥青在常温下为半固体或固体状态。如按针入度分级时，针入度＜40为固体沥青，针入度在40～300之间的呈半固体，而针入度＞300者为黏性液体状态（单位为0.1mm）。

4. 按用途分类

（1）道路石油沥青。主要含直馏沥青，是石油蒸馏后的残留物或残留物氧化而得的产品。

（2）建筑石油沥青。主要含氧化沥青，是原油蒸馏后的重油经氧化而得的产品。

（3）普通石油沥青。主要含蜡基沥青，它一般不能直接使用，要掺配或调和后才能使用。

液体沥青在常温下多成黏性液体或液体状态，根据凝结速度的不同，可按标准黏度分级

划分为慢凝液体沥青、中凝液体沥青和快凝液体沥青三种类型。在生产应用中，常在黏稠沥青掺入一定比例的溶剂，配制的稠度很低的液体沥青，称为稀释沥青。

二、石油沥青的化学组成和结构

(一) 元素组成

石油沥青是由多种碳氢化合物及其非金属（氧、硫、氮）的衍生物组成的混合物，它的分子表达通式为 $C_nH_{2n+a}O_bS_cN_d$。化学组成主要是碳（80%～87%）、氢（10%～15%），其次是非烃元素，如氧、硫、氮等（<3%）。此外，还含有一些微量的金属元素，如镍、钒、铁、锰、镁、钠等，但含量都极少，约为几个至几十个 ppm（百万分之一）。

由于石油沥青化学组成结构的复杂性，许多元素分析结果非常近似的石油沥青，它们的性质却相差很大。这主要是沥青中所含烃类基属的化学结构不同。近年来的一些研究结果表明，石油沥青中所含碳原子和氢原子的数量之比（称为碳氢比，C/H），在一定程度上能说明沥青结构单元中组成烃类基属含量的大致比例，从而可间接的了解石油沥青化学组成结构的概貌。

(二) 石油沥青的化学组分

目前的分析技术尚难将沥青分离为纯粹的化合物单体。为了研究石油沥青化学组成与使用性能之间的联系，从工程角度出发，将沥青所含烃类化合物中化学性质相近的成分归类分析，从而划分为若干组，称为“沥青化学组分”，简称“组分”。

将沥青分为不同组分的化学分析方法称为组分分析法。组分分析是利用沥青在不同有机溶剂中的选择性溶解或在不同吸附剂上的选择性吸附等性质进行分组。

沥青组分分析方法较多。早年丁·马尔库松（德国）就提出将石油沥青分离为沥青酸、沥青酸酐、油分、树脂、沥青质、沥青碳和似碳物等组分的方法。后来经过许多研究者的改进，美国的 L. R 哈巴尔德和 K. E 斯坦费尔德将其完善为三组分分析法。再后来 L. W. 科尔贝特（美国）又提出四组分分析法。

1. 三组分分析法

石油沥青的三组分分析法是将石油沥青分离为油分（Oil）、树脂（Resin）、沥青质（Asphaltene）三个组分。因我国富产石蜡基和中间基沥青，在油分中往往含有蜡，故在分析时还应将油蜡分离。这种分析方法称为溶解—吸附法。

溶解—吸附法的优点是组分分解明确，组分含量能在一定程度上说明沥青的路用性能，其分析示意图如图 4-2。但是它的主要缺点是分析流程复杂，分析时间长。

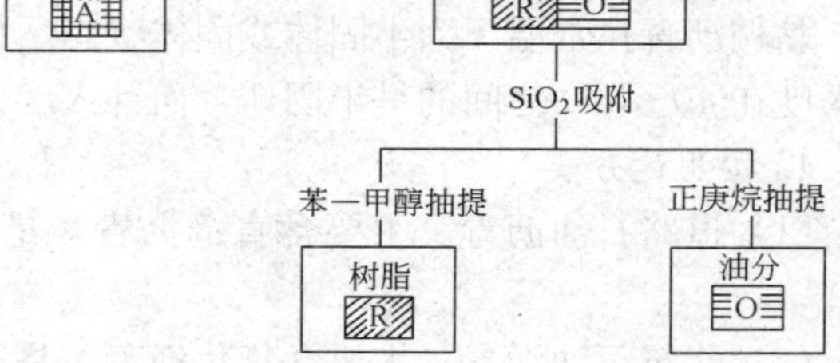

图 4-2　三组分分析法石油沥青分析流程图

按三组分分析法所得各组分的性状如表 4-1。

石油沥青三组分分析法的各组分的性状　　表 4-1

性状 组分	外观特征	平均分子量 Mw	碳氢比 C/H	物化特征
油分	淡黄色透明液体	200～700	0.5～0.7	几乎可溶解大部分有机溶剂，具有光学活性，常发现有荧光，相对密度为 0.910～0.925
树脂	红褐色黏稠半固体	800～3000	0.7～0.8	温度敏感性高，熔点低于100℃，相对密度大于1.000
沥青质	深褐色固体末状微粒	1000～5000	0.8～1.0	加热不熔化，分解为硬焦炭，使沥青呈黑色

2. 四组分分析法

由科尔贝特（L. W. Corbete）首先提出，该法可将沥青分为如下四种成分：

（1）沥青质（Asphaltene）。沥青中不溶于正庚烷而溶于甲苯中的物质。

（2）饱和分（Saturate）。亦称饱和烃，沥青中溶于正庚烷、吸附于 Al_2O_3 谱柱上、能为正庚烷或石油醚溶解脱附的物质。

（3）环烷芳香烃。亦称芳香烃（分）（Aromatics），沥青经上一步骤处理后，为甲苯所溶解脱附的物质。

（4）极性芳香分。亦称胶质（Resin），沥青经上一步骤处理后能为苯—乙醇或苯—甲醇所溶解脱附的物质。

对于多蜡沥青，还可将饱和分和环烷芳香分用丁酮－苯混合溶液冷冻分离出蜡。石油沥青四组分分析法示意图如图 4-3。

按四组分分析法所得各组分的性状如表 4-2。

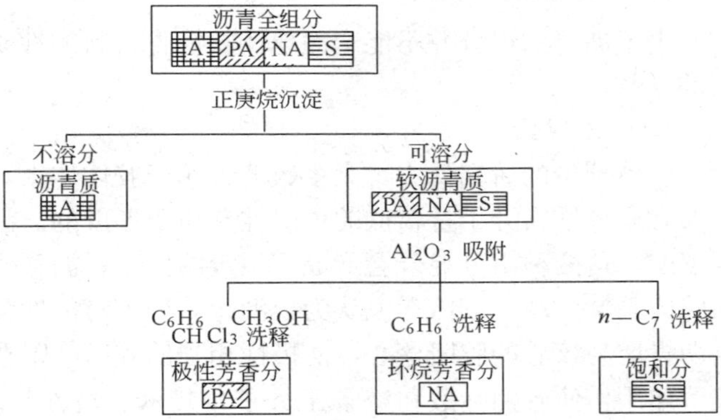

图 4-3　四组分分析法石油沥青分析流程图

石油沥青四组分分析法的各组分的性状　　表 4-2

性状 组分		外观特征	平均分子量 Mw	碳氢比 C/H	物化特征
沥青质		深褐色固体末状微粒	1000～5000	<1.0	提高热稳定性和黏滞性
饱和分	相当油分	无色黏稠液体	300～1000	<1.0	赋予沥青流动性
芳香分	相当油分	茶色黏稠液体	300～1000	<1.0	赋予沥青流动性
胶质		红褐色至黑褐色黏稠半固体	500～1000	≈1.0	赋予胶体稳定性，提高黏附性及可塑性
蜡（石蜡和地蜡）		白色结晶	300～1000	<1.0	破坏沥青结构的均匀性，降低塑性

沥青的化学组分与沥青的物理、力学性质有着密切的关系，主要表现为沥青组分及其含量的不同将引起沥青性质趋向性的变化。一般认为：油分使沥青具有流动性；树脂使沥青具有塑性，树脂中含有少量的酸性树脂（即地沥青酸和地沥青酸酐），是一种表面活性物质，能增强沥青与矿质材料表面的吸附性；沥青质能提高沥青的黏结性和热稳定性。

3. 沥青的含蜡量

沥青中的蜡可以是石蜡或地蜡。地蜡也称为微晶蜡，沥青中的蜡主要是地蜡。蜡在常温下呈白色晶体存在于沥青中，当温度达到45℃就会由固态转变为液态。蜡的存在对沥青性能的影响，是沥青性能研究的一个重要课题。现有研究认为：由于沥青中蜡的存在，在高温时使沥青容易发软，导致沥青的高温稳定性降低，出现车辙；同样低温时会使沥青变得脆硬，导致路面低温抗裂性降低，出现裂缝。此外，蜡会使沥青与石料黏附性降低，在水分作用下，会使路面石子与沥青产生剥落现象，造成路面破坏。更严重的是，沥青含蜡会使路面的抗滑性降低，影响路面的行车安全。对于沥青含蜡量的限制，世界各国测定方法不一样，所以限值也不一样，其范围为2%～4%，道路石油沥青技术要求规定，A级沥青含蜡量（蒸馏法）不大于2.2%，B级沥青不大于3.0%，C级沥青不大于4.5%。

（三）石油沥青的结构

由于沥青的组分并不能全面地反映沥青材料的性质，沥青的性质还与沥青的结构有着密切的联系。

1. 胶体理论

胶体理论的研究认为，大多数沥青属于胶体体系，它是由相对分子量很大，芳香性很强的沥青质分散在分子量较低的可溶性介质中形成的。沥青质是憎油性的，而且在油分中是不溶解的，这两种组分混合会形成不稳定的体系，沥青质极易絮凝，而沥青之所以能成为稳定的胶体系统。现代胶体学说认为，沥青质分子对极性强大的胶质具有很强的吸附力，形成了以沥青质为核心的胶团核心，而极性相当的胶质吸附在沥青质周围形成中间相。由于胶团的胶溶作用，使胶团弥散和溶解于分子量较低、极性较弱的芳香分和饱和分组成的分散介质中，形成了稳固的胶体。在沥青胶团结构中，从核心到油质是均匀的、逐步递变的，并无明显分界面。

2. 胶体的结构类型

根据沥青中各组分的化学组成和相对含量的不同，可以形成不同的胶体结构。沥青的胶体结构，可分为下列三个类型：

（1）溶胶型结构。沥青质含量较少（<10%），油分及树脂含量较多，胶团外薄膜较厚，胶团相对运动较自由（如图4-4a)）。这种结构沥青黏滞性小，流动性大，塑性好，开裂后自行愈合能力强，但温度稳定性较差，是液体沥青的结构特征。

（2）凝胶型结构。油分及树脂含量较少，沥青质含量较多（>30%），胶团外膜较薄，胶团靠近团聚，胶团相互吸引力增大，相互移动困难（如图4-4c)）。这种结构的特点是弹性和黏性较高，温度敏感性较小，流动性、塑性较低。

（3）溶—凝胶型结构。当沥青质含量适当时（15%～25%），又含适量的油分及树脂。胶团的浓度增加，胶团间具有一点的吸引力，它介于溶胶型结构和凝胶型结构之间，称为溶—凝胶型结构（如图4-4b)）。这类沥青在高温时温度稳定性好，低温时的变形能力也好，现代高级路面所用的沥青，都应属于这类胶体结构类型。

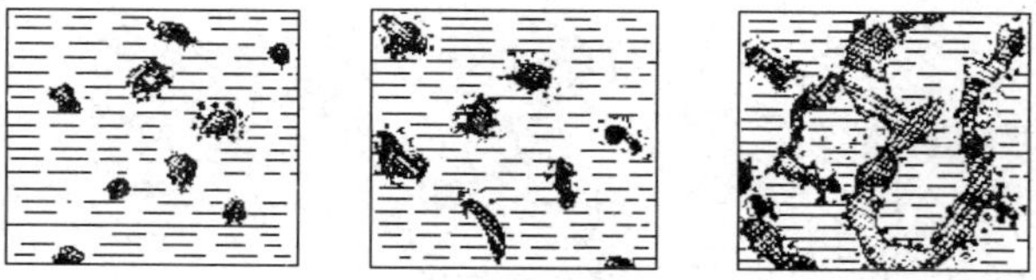

a)　　b)　　c)

图 4-4　沥青的胶体结构示意图

3. 胶体结构类型的判定

沥青的胶体的结构与其路用性能有着密切的关系。为工程使用方便，通常采用针入度指数法划分其胶体结构类型（表 4-3）。

沥青的针入度指数和胶体结构类型　　表 4-3

沥青针入度指数	沥青胶体结构类型	沥青的针入度指数	沥青胶体结构类型	沥青针入度指数	沥青胶体结构类型
<−2	溶胶	−2～+2	溶凝胶	>+2	凝胶

三、石油沥青的技术性质

用于沥青路面的沥青材料，其性质对沥青路面的使用性质有很大影响，因此应对其基本性能进行研究。

（一）沥青的物理性质

石油沥青的物理性质可用一些物理常数表征，现重点介绍密度、介电常数和体膨胀系数。

1. 密度（Density）

沥青密度是在规定温度下单位体积所具有的质量，单位为 kg/m^3 或 g/cm^3。我国现行试验方法（JTJ 052—2000）规定的温度条件为 15℃也可用相对密度来表示。相对密度是指在规定温度下，沥青质量与同体积的水质量之比值。

沥青的密度是沥青在质量与体积之间互相换算以及沥青混合料配合比设计时必不可少的重要参数，也是沥青使用、储存、运输、销售和设计沥青容器时不可缺少的数据。

众多的试验表明沥青的密度与其化学组成有一定关系，它取决于沥青各组分的比例及排列的紧密程度。沥青中除沥青质使沥青密度增大外，其他组分都使沥青密度变小，其中饱和分含量越多，密度变小的倾向性越明显。沥青中的蜡尤其是饱和分中的蜡含量多的沥青密度较小，因为蜡的密度很小。

黏稠沥青的密度多在 0.97～1.04kg/m^3 范围。

2. 体膨胀系数（Volumetric coefficient of expension）

当温度上升时，沥青材料的体积会发生膨胀，这对于沥青与储罐的设计和沥青作为填缝、密封材料是十分重要的数据，同时与沥青路面的路用性能也有密切的关系。体膨胀系数越大，沥青路面在夏季易泛油，冬季因收缩而产生裂缝。

沥青的体膨胀系数可以通过测定不同温度下的密度，由式（4-1）计算。

$$A = \frac{D_{r2} - D_{r1}}{D_{r1}(T_1 - T_2)} \tag{4-1}$$

式中：A——沥青的体膨胀系数；

T_1，T_2——测试温度（℃）；

D_{r1}，D_{r2}——分别为温度 T_1 和 T_2 时的密度（g/cm^3）。

3. 介电常数（Permittivity）

研究表明沥青对氧、雨、紫外线等的耐气候老化能力与它的介电常数有关。英国道路研究所（TRRL）研究认为，沥青路面的抗滑阻力的改善与介电常数有关，因此英国标准对道路用沥青的介电常数提出了要求。

（二）沥青的路用性质

1. 黏滞性（黏性）（Viscosity）

黏滞性是指沥青在外力作用下抵抗变形的能力，是反映沥青内部材料阻碍其相对流动的特性。沥青受到外力作用后表现的变形，是由于沥青中组分胶团发生变形或胶团之间产生相互位移。

各种石油沥青的黏滞性变化范围很大，黏滞性的大小与组分及温度有关。当沥青质含量较高，又含有适量的树脂、少量的油分时，则黏滞性较大。在一定温度范围内，当温度升高时，黏滞性随之降低，反之则增大。黏滞性是与沥青路面力学性质联系最密切的一种性质。在现代交通条件下，为防止路面出现车辙，沥青的黏度的选择是首要考虑的参数，沥青的黏滞性通常用黏度表示。

1）沥青的绝对黏度（Absolute viscocity）（亦称动力黏度）

如果采用一种剪切变形的模型来描述沥青在沥青与矿质材料的混合料中的应用，可取一对互相平行的平面，在两平面之间分布有一沥青薄膜，薄膜与平面的吸附力远大于薄膜内部胶团之间的作用力。当下层平面固定，外力作用于顶层表面发生位移时（图 4-5），按牛顿定律可得到如下方程：

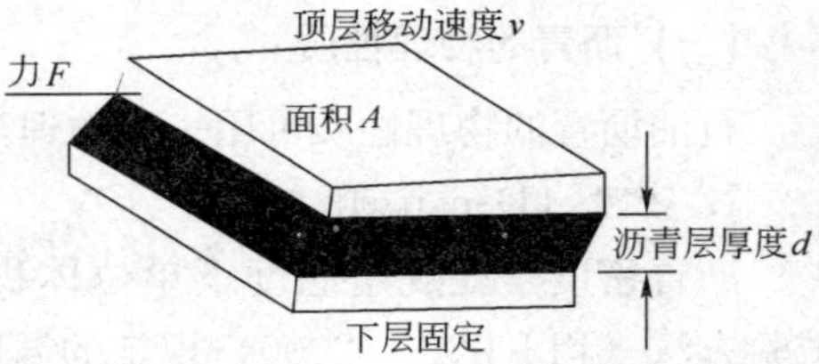

图 4-5　沥青绝对黏度概念图

$$F = \eta A \frac{v}{d} \tag{4-2}$$

式中：F——移动顶层平面的力（N）（即等于沥青薄膜内部胶团抵抗变形的能力）；

A——沥青薄膜层的面积（cm^2）；

v——顶层位移的速度（m/s）；

d——沥青膜的厚度（cm）；

η——反映沥青黏滞性的系数，即绝对黏度（Pa·s）。

由式（4-2）得知，当相邻接触面积大小和沥青薄膜厚度一定时，欲使相邻平面以速度 v 发生位移所用的外力与沥青黏度成正比。

当令，$\tau = F/A$、$\gamma = v/d$ 时，可将式 4-2 改写为：

$$\eta = \frac{\tau}{\gamma} \tag{4-3}$$

式中：τ——剪应变（N/cm^2）（沥青薄膜层单位面积上所受的剪切力）；

γ——剪变率（s^{-1}）（位移速度在 d 方向的变化率）。

沥青绝对黏度的测定方法，我国现行试验规程《公路工程沥青及沥青混合料试验规程》（JTJ 052—2000）规定，测定沥青运动黏度采用毛细管法，测定沥青动力黏度采用真空减压毛细管法。

（1）毛细管法

毛细管法是测定沥青运动黏度的一种方法。该法是测定沥青试样在严密控温条件下，在规定温度（通常为 135℃），通过选定型号的毛细管黏度计（通常采用的有坎—芬式，如图 4-6），流经规定体积所需的时间（以 s 计），按式（4-4）计算运动黏度。

$$V_T = c\,t \tag{4-4}$$

式中：V_T——在温度 T 测定的运动黏度（mm^2/s）；

c——黏度计标定常数（mm^2/s^2）；

t——流经规定体积的时间（s）。

（2）真空减压毛细管法

是测定沥青动力黏度的一种方法。该法是沥青试样在严密控制的真空装置内，保持一定的温度（通常为 60℃），通过规定型号的毛细管黏度计（AI 式，如图 4-7），流经规定的体积所需要的时间（以 s 计）。按式（4-5）计算动力黏度。

$$\eta_T = k\,t \tag{4-5}$$

式中：η_T——在温度 T 测定的动力黏度（Pa·s）；

k——黏度计常数（Pa·s/s）；

t——流经规定体积的时间（s）。

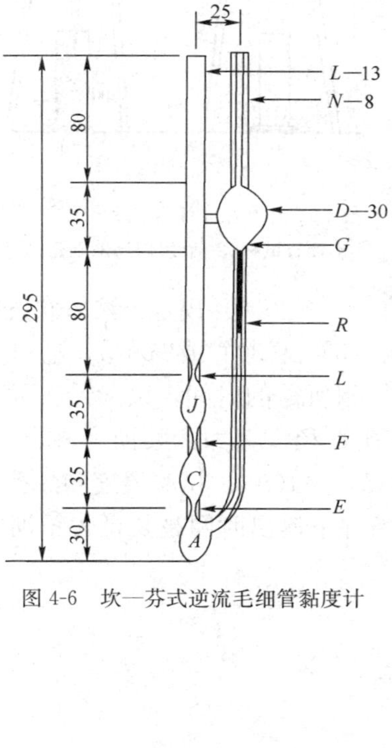

图 4-6　坎—芬式逆流毛细管黏度计

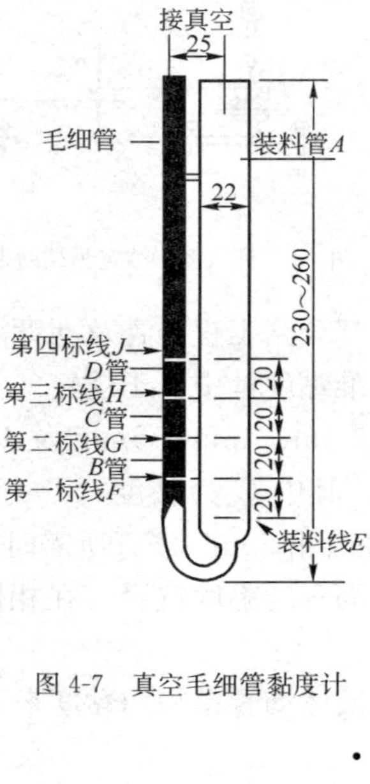

图 4-7　真空毛细管黏度计

《公路沥青路面施工技术规范》(JTG F40—2004) 规定60℃动力黏度可作为A级沥青的选择性指标，用来评价沥青的高温性能。

2) 沥青的相对黏度 (Relative viscosity)

沥青的相对黏度也称为条件黏度，是反映沥青材料在温度条件下表现出的性质。

(1) 针入度 (Penetration)

针入度试验是国际上普遍采用测定黏稠石油沥青黏结性的一种方法。针入度试验装置见图4-8。沥青的针入度是在规定的温度和时间内，附加一定质量的标准针垂直灌入试样的深度，以0.1mm表示。试验结果以$P_{T,m,t}$表示，其中P为针入度，角标表示试验条件，其中T为试验温度、m为荷载重、t为贯入时间。针入度值越小，表示黏度越大。

我国现行试验方法《公路工程沥青及沥青混合试验规程》规定：标准针和针连杆组合件的总质量为50g±0.05g，另加50g±0.05g的砝码一个，试验时总质量100g±0.05g，常用的试验温度为25℃（当计算针入度指数PI时可采用15℃、30℃、25℃或5℃），标准针贯入时间为5s。例如：某沥青在上述条件时测得针入度为65 (0.1mm)，可表示为：

$$P\ (25℃, 100g, 5s) = 65\ (0.1mm)$$

我国现行黏稠沥青技术标准，针入度是划分沥青标号的主要指标。针入度值越大，表明沥青愈软（稠度愈小）。

(2) 标准黏度 (Viscosity)

标准黏度又称黏滞度，是液体石油沥青、煤沥青和乳化沥青等技术指标。采用道路标准黏度计法测定，试验装置见图4-9。

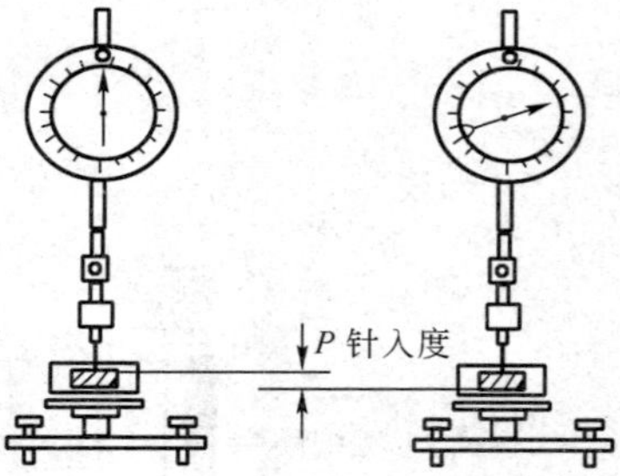

图4-8 针入度法测定黏稠沥青针入度示意图

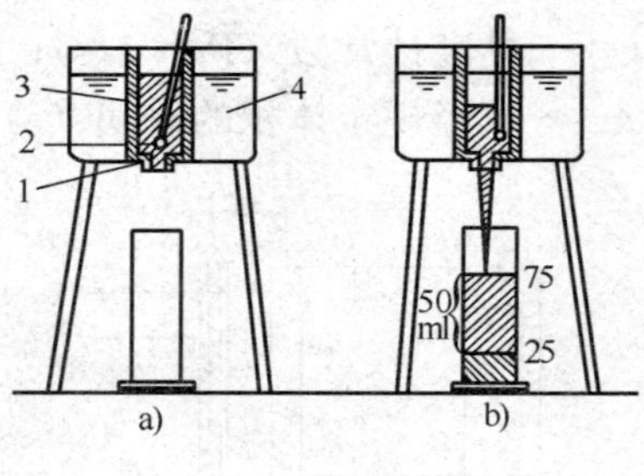

图4-9 标准黏度计测定液体沥青示意图
1-沥青试样；2-活动球杆；3-流孔；4-水

根据《公路工程沥青及沥青混合试验规程》(JTJ 052—2000) 规定：液体状态的沥青材料，在标准黏度计中，于规定的温度条件下（20℃、25℃、30℃或60℃），通过规定的直径流孔（3mm、4mm、5mm及10mm）流出50mL体积所需的时间，以s计。试验结果以$C_{T,d}$表示，其中C为黏度，T为试验温度，d为流孔直径。例如：某沥青在60℃时，自5mm孔径流出50mL沥青所需时间为100 s，表示为$C_{60,5}=100$ s。试验温度和流孔直径根据液体状态沥青的黏度选择。在相同温度和相同流孔条件下流出时间越长，表示沥青黏度越大。

我国液体沥青是采用黏度来划分技术等级的。

2. 塑性（Ductibility）

塑性是指沥青在外力作用下发生变形而不被破坏的能力，是沥青的内聚力的度量，通常采用延度（Ductility）作为条件延性指标来表征，用延度仪测定，见图 4-10。

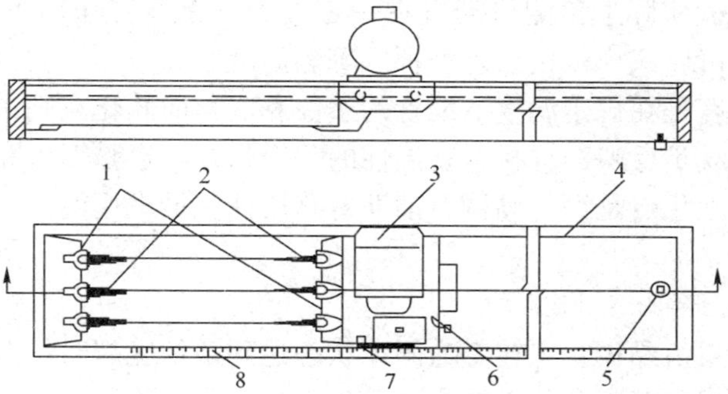

图 4-10　延度仪

1-试模；2-试样；3-电机；4-水槽；5-泄水孔；6-开关柄；7-指针；8-标尺

我国现行试验方法《公路工程沥青及沥青混合试验规程》（JTJ 052—2000）规定：延度是将沥青试样制成∞字型标准试模（中间最小截面为 1cm^2）在规定速度（5cm/min±0.25cm/min）和温度（5℃或 10℃）下拉伸至断时的长度，以 cm 表示。

沥青的塑性与沥青的流变特性、胶体结构和化学组分等有密切联系。沥青中树脂含量多，油分及沥青质含量适当，则塑性较大。在常温下，塑性好的沥青不易产生裂缝，并减少摩擦时的噪声。但沥青在温度降低时对抵抗开裂的性能有重要影响。《公路沥青路面施工技术规范》（JTG F40—2004）规定，A、B 级沥青采用 10℃延度，C 级沥青采用 15℃延度评定沥青的低温塑性指标。

3. 温度稳定性（Temperature susceptibility 简称感温性）

温度敏感性是指沥青的黏滞性和延性随温度升降而变化的性能。当温度升高时，沥青由固态或半固态逐渐软化成黏流状态，当温度降低时由黏流状态转变为半固态或固态，甚至变脆。温度稳定性高的沥青，使用时不易因夏季高温而软化，也不易因冬季低温而变脆。在工程上使用的沥青，要求具有良好的温度稳定性。

1）软化点（Softening point）

软化点取沥青材料由固化点到滴落点的温度间隔的 87.21%为软化点。

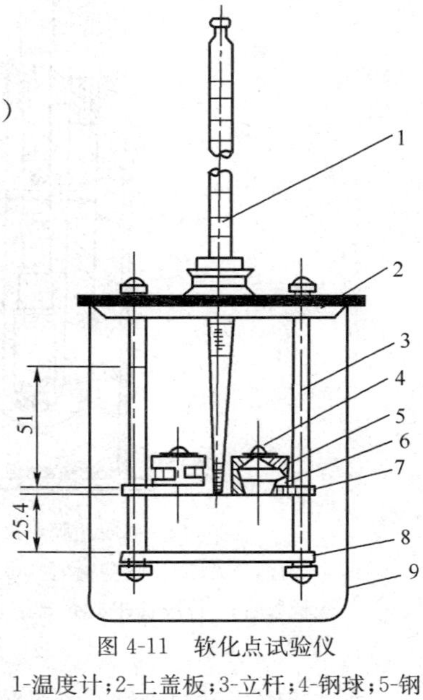

图 4-11　软化点试验仪

1-温度计；2-上盖板；3-立杆；4-钢球；5-钢球定位环；6-金属环；7-中层板；8-下底板；9-烧杯

我国现行《公路工程沥青及沥青混合试验规程》规定：沥青软化点一般采用环球法软化点仪测定（见图 4-11），即是将沥青试样装入规定尺寸的铜环内（内径 18.9mm），试样上放置标准钢球（重 3.5g）在水或甘油中，以规定的升温速度（5℃/min）加热，使沥青软化下垂至规定距离（垂度为 25.4mm）时的温度，以℃表示。软化点愈高，表明沥青的耐热性愈好，即温度稳定性愈好。

研究认为：多种沥青在软化时的黏度约为 1200Pa·s，或相当于针入度值为 800（0.1mm）。软化点试验实际上是测量沥青在一定外力（钢球）作用下开始产生流动并达到一定变形时的温度，可以认为软化点是一种“等黏温度”。

由此可见，针入度是在规定温度下沥青的条件黏度，而软化点则是沥青达到规定条件黏度时的温度。软化点既是反映沥青材料感温性的一个指标，也是沥青黏度的一种量度。

针入度、延度、软化点是评价黏稠石油沥青路用性能最常用的经验指标，所以统称“三大指标”。

2）脆点（Brittleness）

脆点是指沥青材料由黏稠状态转变为固体状态达到条件脆裂时的温度。

我国规范《公路工程沥青及沥青混合试验规程》规定，采用弗拉斯法测定沥青脆点。脆点试验是将沥青试样均匀涂在金属片上，置于有冷却设备的脆点仪内，摇动脆点仪的曲柄，使涂有沥青的金属片产生重复弯曲，随制冷剂温度降低，沥青薄膜温度也逐渐降低，当沥青薄膜在规定弯曲条件下，产生断裂时的温度，即为脆点。见图 4-12、图 4-13。

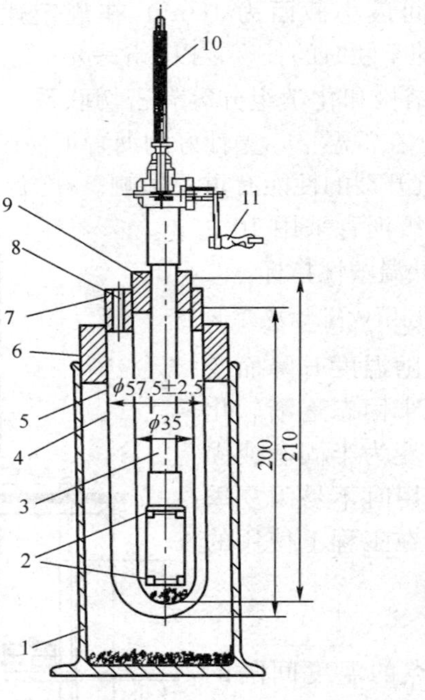

图 4-12　弗拉斯脆点仪（单位：mm）

1-外筒；2-夹钳；3-硬塑料管；4-真空玻璃管；5-试样管；6-橡胶管；7-橡胶管；8-通冷却液管道；9-橡胶管；10-温度计；11-摇把

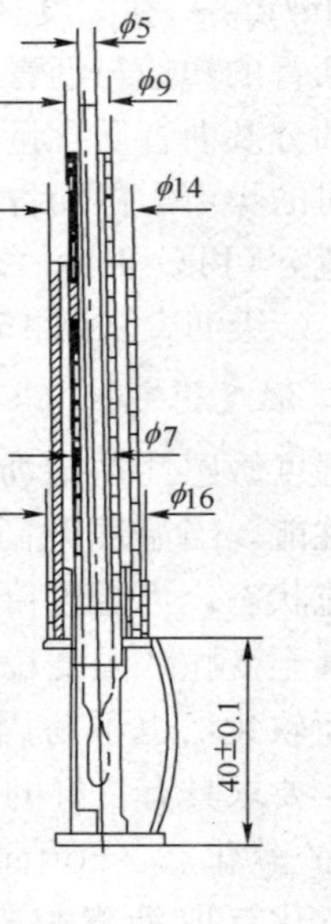

图4-13　弯曲器（单位：mm）

在工程实际应用中，要求沥青具有较高的软化点和较低的脆点，否则容易发生沥青材料夏季流淌或冬季变脆甚至开裂等现象。

3）针入度指数（Penetration Index 简称 PI）

针入度指数是应用经验的针入度和软化点试验结果来表征沥青感温性的一种指标。同时也可采用针入度指数值来判别沥青的胶体结构状态。

（1）针入度—温度感应性系数 A

P·P·h·普费和范·德·玻尔等研究认为沥青的黏度随温度而变化，当以对数纵坐标表示针入度，以横坐标表示温度，可以得到图 4-14 所示的直线关系，此关系由式（4-6）表示。

$$\lg P = AT + K \tag{4-6}$$

式中：P——沥青的针入度（0.1mm）；

A——针入度—温度感应性系数，可由针入度和软化点确定；

K——回归系数。

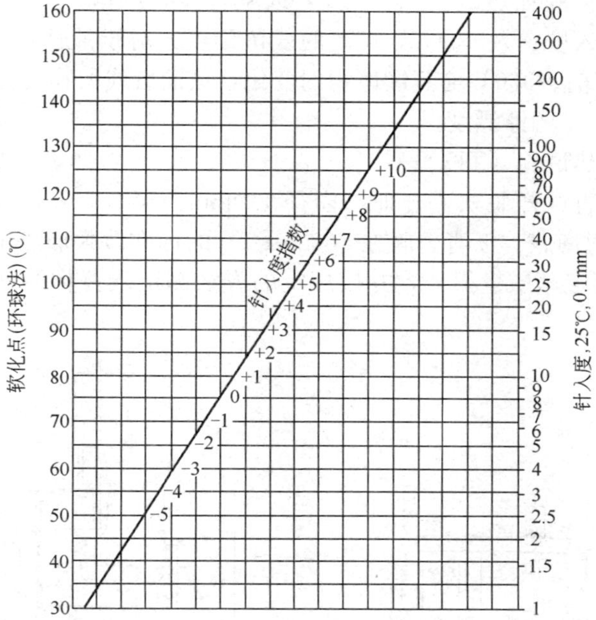

图 4-14　确定沥青针入度指数诺模图

费普等人根据对多种沥青的研究，认为沥青在软化点温度时，针入度在 600～1000 之间，假定为 800（0.1mm）。由此针入度—温度感应性系数 A 可由下式（4-7）表示。

$$A = \frac{\lg 800 - \lg P_{(25℃,100g,5s)}}{T_{R\&B} - 25} \tag{4-7}$$

式中：$P_{(25℃,100g,5s)}$——在 25℃、100g、5s 条件下测定的针入度值（0.1mm）；

$T_{R\&B}$——环球法测定的软化点温度（℃）。

由于软化点温度时的针入度常与 800 相距甚大，因此斜率 A 应根据不同温度的针入度值确定，常采用的温度为 15℃、25℃及 30℃（或 5℃）3 个或 3 个以上（必要时增加 10℃、20℃等）温度测定沥青的针入度，但用于仲裁试验的温度条件应为 5 个。

（2）针入度指数（PI）的确定

①实用公式。按式（4-7）计算的 A 值均为小数，为使用方便，费普等做了一些处理，

推导出针入度指数（PI）的计算公式如下：

$$PI=\frac{30}{1+50A}-10 \tag{4-8}$$

②针入度指数也可根据针入度指数诺模图（图4-14）求得。

③按针入度指数（PI）值可将沥青划分为三种胶体结构类型，具体见表4-3。

4. 加热稳定性

沥青在加热或长时间加热过程中，会发生轻质馏分挥发、氧化、裂化、聚合等一系列物理及化学变化，使沥青的化学组成及性质相应的发生变化。这种性质称为沥青热稳定性。

为了解沥青材料在路面施工及使用过程的耐久性，规范《公路工程沥青及沥青混合试验规程》(JTJ 052—2000）规定，要对沥青材料进行加热质量损失和加热后残渣性质的试验，对道路石油沥青采用薄膜加热试验（TFOT）或旋转薄膜烘箱试验（RTFOT）后，测定质量变化、25℃残留针入度比及10℃或15℃的残留延度。对于液体石油沥青采用蒸馏试验，测定225℃前、315℃前、360℃前蒸馏体积的变化，蒸馏后残留物的性质主要测定25℃的针入度、25℃的延度、5℃的浮漂度。

（1）沥青薄膜加热试验（TFOT）

该法是将50g沥青试样装入盛样皿（内径140mm，深9.5mm～10mm）内，使沥青成为厚约3.2mm的沥青薄膜。沥青薄膜在163℃±1℃的标准薄膜加热烘箱（图4-15）中加热5h后，取出冷却，测定其质量损失，并按规定的方法测定残留物的针入度、延度等技术指标。

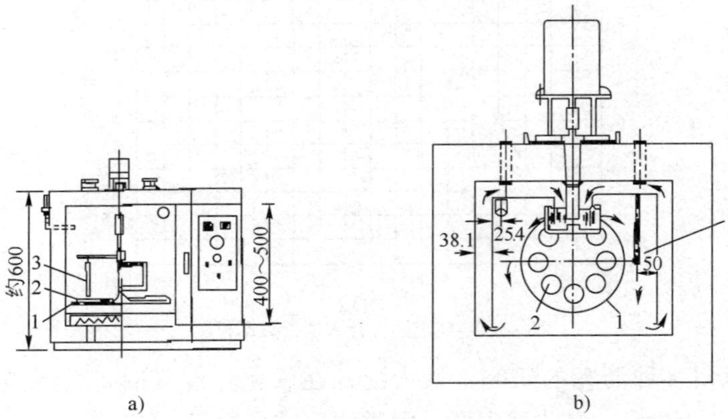

图4-15　沥青薄膜加热烘箱（单位：mm）
a）薄膜加热烘箱：1-转盘；2-试样；3-温度计
b）旋转薄膜加热烘箱：1-垂直转盘；2-盛样瓶插孔；3-试验温度计

（2）旋转薄膜烘箱试验（RTFOT）

该法是将沥青试样在垂直方向旋转，沥青膜较薄；并通过鼓入热空气，以加速老化，使试验时间缩短为75min。其试验结果精度较高。

（3）液体石油沥青蒸馏试验

蒸馏试验是将沥青在标准曲颈蒸馏器（图4-16）内加热测定。选择馏出阶段较接近，同时具有相同物理、化学性质的馏分含量，以占试样体积百分率表示。除非特殊要求，各馏分蒸馏的标准切换温度为225℃、316℃、360℃。通过此试验可了解液体石油沥青含各温度范围内轻质挥发油的数量，并可根据对残留物的性质测定预估液体沥青在道路路面中的性质。

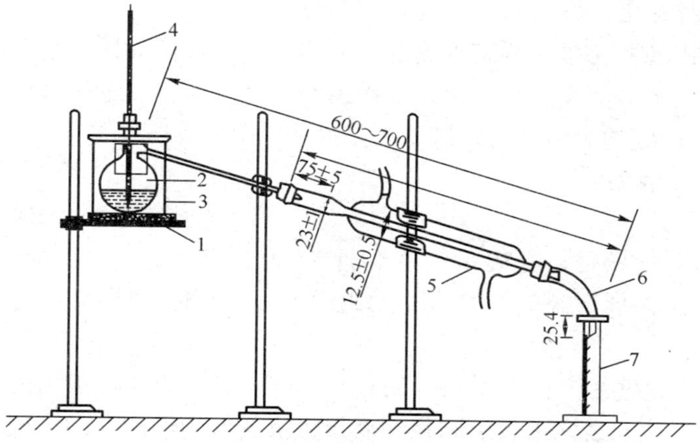

图4-16 液体石油沥青蒸馏试验（尺寸单位：mm）

1-调节加热器；2-蒸馏烧杯；3-保温罩；4-温度计；5-冷凝管；6-牛角管；7-量筒

5. 安全性

沥青材料在使用时必须加热。当加热至一定温度时，沥青材料中挥发的油分蒸汽与周围空气组成混合气体，此混合气体遇火焰则发生闪火。若继续加热，油分蒸汽的饱和度增加，此种蒸气与空气组成的混合气体遇火焰极易燃烧，而引起火灾或导致沥青烧坏。为此必须测定沥青的闪点和燃点。

（1）闪点（闪火点）

加热沥青挥发的可燃气体与空气组成混合气体在规定条件下与火接触，产生闪光时的沥青温度（℃）。

（2）燃点（着火点）

指沥青加热产生的混合气体与火接触能持续燃烧5s以上时的沥青温度（℃）。

闪点、燃点温度一般相差10℃左右。我国规范《公路工程沥青及沥青混合试验规程》（JTJ 052—2000）常用克利夫兰开口杯式闪点仪测定（图4-17）。

6. 溶解度

沥青的溶解度是指沥青在三氯乙烯中溶解的百分率（即有效物质含量）。那些不溶解的物质为有害物质（沥青碳，似碳物），会降低沥青的性能，应加以限制。

7. 含水量

沥青几乎不溶于水，具有良好的防水性能。但沥青材料不是绝对不含水分的，水在纯沥青中的溶解度

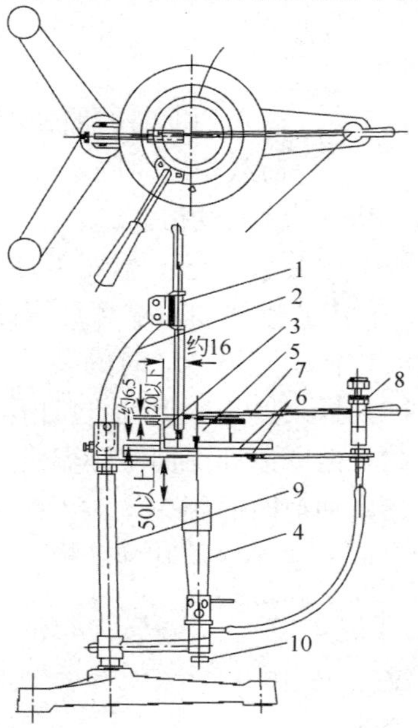

图4-17 克利夫兰开口杯式闪点仪

1-温度计；2-温度计支架；3-金属试验杯；4-加热器具；5-试验标准球；6-加热板；7-试验火焰喷嘴；8-试验火焰调节开关；9-加热板支架；10-加热器调节钮

约在0.001～0.019之间。

如沥青中含有水分，施工中挥发太慢，影响施工速度，所以要求沥青中含水量不宜过多。在加热过程中，如水分过多，易产生“溢锅”现象，引起火灾，使材料损失。所以在熔化沥青时应加快搅拌速度，促进水分蒸发，控制加热温度。

沥青的含水量用沥青含水量测定仪测定。液体沥青可直接抽提；黏稠沥青需加挥发性溶剂（二苯甲等）以助水分蒸发。含水量以抽提出的水分占沥青质量的百分数表示。水分如小于0.025mL（20分刻度的半格）时，则认为是痕迹。

8. 非常规的其他性能

1）劲度模量

劲度模量也称刚度模量，是表示沥青黏性和弹性联合效应的指标。大多数沥青在变形时呈现黏—弹性。在低温瞬时荷载荷载作用下，以弹性形变为主；反之，以黏性形变为主。

范·德·波尔在论述黏—弹性材料（沥青）的抗变形能力时，采用荷载作用时间 t 和温度 T 作为应力 σ 与应变 ε 之比来表示黏弹性沥青抵抗变形的性能。劲度模量 S_b（简称劲度）由式（4-9）表示。

$$S_b = \left(\frac{\sigma}{\varepsilon}\right)_{t,T} \tag{4-9}$$

沥青的劲度 S_b 与温度 T、荷载作用时间 t 和沥青流变类型（针入度指数PI）等参数有关，如式（4-10）。

$$S_b = f(T,t,\mathrm{PI}) \tag{4-10}$$

式中：T——欲求劲度时的路面温度与沥青软化点之差值（℃）；

t——荷载作用时间（s）；

PI——针入度指数。

按上述关系，范·德·波尔等绘制成可以应用于实际工程的劲度模量诺模图，如图4-18，利用此诺模图，求算沥青的劲度模量时，须有四个参数。

（1）针入度为800时的 T_{800}，对于用作沥青混合料的沥青，此时大致取其软化点。

（2）针入度指数PI通过计算法或诺模图来确定。

（3）温度差即路面实际温度与环球法软化点之间的温差。

（4）加荷时间频率，对于路上的交通，有代表性的是0.02s（车速50～60km/h）。

根据上述参数求其劲度模量，可作为实际工程中的参考数值。

【例4-1】 已知沥青软化点为70℃，针入度指数为2，路面温度 T 为-10℃，荷载作用频率为10^{-1}s，求沥青的劲度模量。

解：（1）在 A 线上找到加载时间为10^{-1}s的点 a（见图4-18）。

（2）已知路面温度与软化点之间的温差为80℃，在 B 线上找到80℃的点 b。

（3）在针入度指数的标尺上找到$+2$，作一水平线。

（4）连接 ab 两点，并延长至与针入度指数为$+2$的水平线相交，相交点的劲度曲线顺至顶点，即为劲度模量，即 $S_b=2\times10^8\,\mathrm{N/m^2}=200\mathrm{MPa}$。

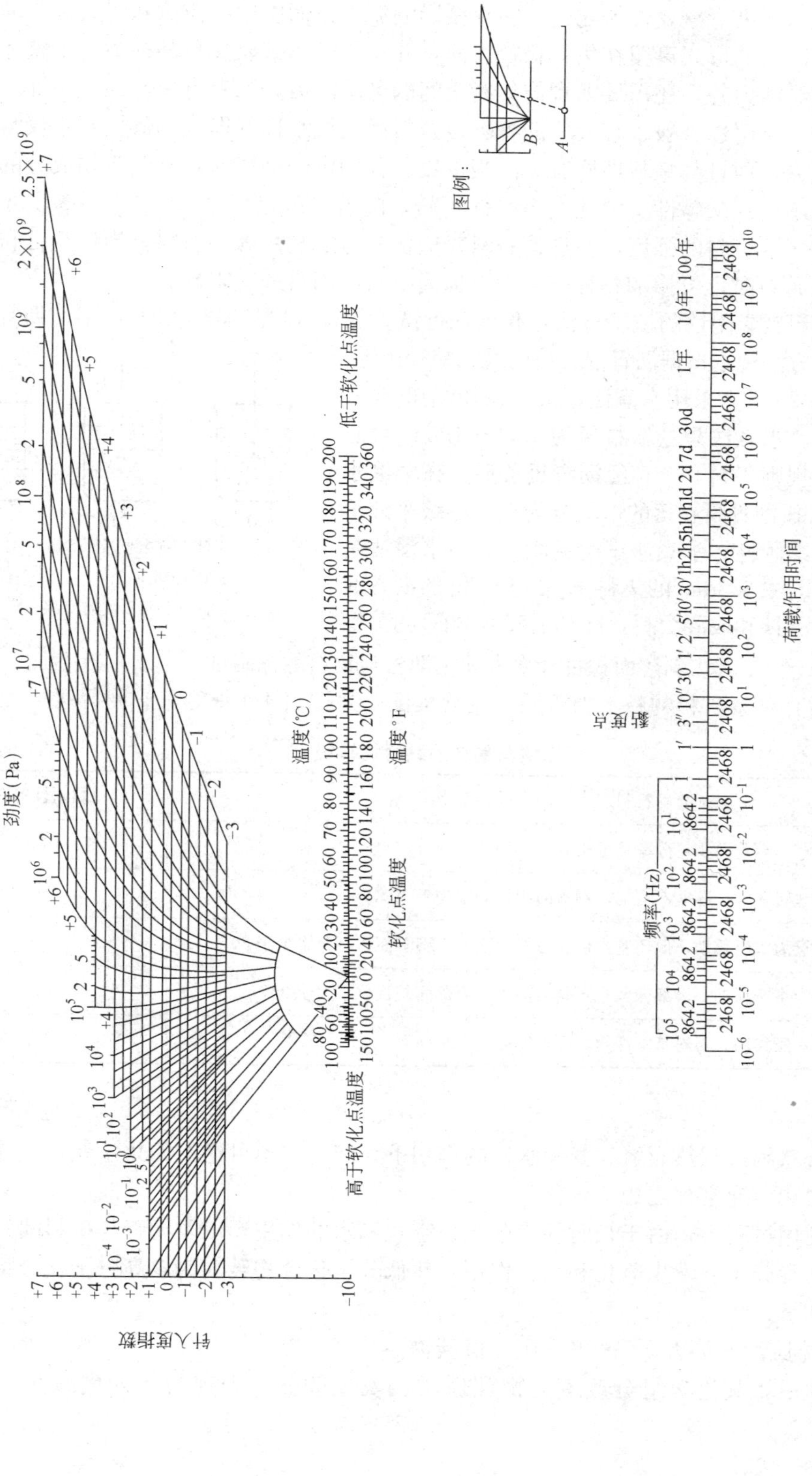

图4-18　沥青劲度模量诺模图

2）黏附性（Adhesiveness）

黏附性是路用沥青重要性能之一，它直接影响沥青路面的使用质量和耐久性。沥青在沥青混合料中以薄膜的形式裹覆在集料颗粒表面，并将松散的矿质集料黏结为一个整体，除了沥青本身的黏结能力外，还需要沥青与集料之间的黏附能力，二者有一定的相关性。黏结能力较强的沥青，黏附性一般也较大。沥青裹覆石料后的抗水性（即抗剥落性）不仅与沥青的性质有密切关系，而且与集料性质有关。当采用一种固定的沥青时，不同矿物成分的石料的剥落度也有所不同。从碱性、中性直至酸性石料，随着 SiO_2 含量的增加，剥落度亦随之增加。为保证沥青混合料的强度，在选择石料时应优先考虑利用碱性石料，当地缺乏碱性石料必须采用酸性石料时，可掺加各种抗剥剂以提高石料与沥青的黏附性。

对沥青与石料黏附性的试验方法，我国现行试验规程（JTJ 052—2000）中，沥青与粗集料黏附性试验方法规定根据沥青混合料的最大粒径决定；最大粒径>13.2mm 者采用水煮法；最大粒径≤13.2mm 者采用水浸法。水煮法是选取粒径为 13.2～19mm 形态接近立方体的规则集料 5 个，经沥青裹覆后，在蒸馏水中沸煮 3min，按沥青膜剥落的情况分为五个等级来评价沥青与集料的黏附性。水煮法试验见图 4-19。水浸法是选取粒径为 9.5～13.2mm 的集料 100g 与 5.5g 的沥青在规定温度条件下拌和成混合料，冷却后浸入 80℃的蒸馏水中保持 30min，然后按剥落面积百分率来评定沥青与集料的黏附性。

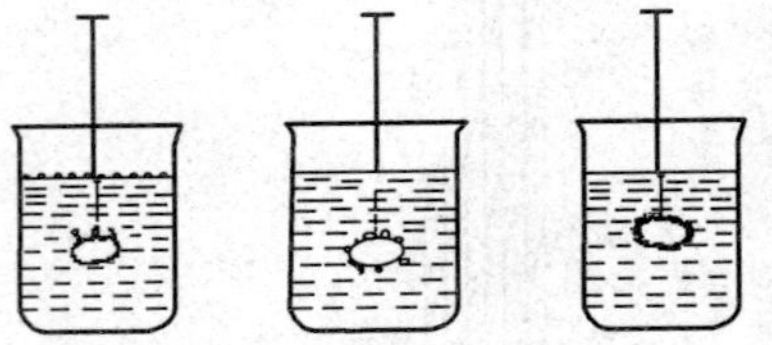

图 4-19　沥青与矿料抗剥性试验（水煮法）黏附等级

a)1 级；b)2 级；c)5 级

浸、煮后，观察矿料颗粒上沥青膜的剥落程度，并按表 4-4 评定其黏附等级。

沥青与集料的黏附性等级　　表 4-4

试验后石料表面上沥青膜剥落情况	黏附性等级
沥青膜完全保存，剥落面积百分率接近于 0	5
沥青膜少部为水所移动，厚度不均匀，剥落面积百分率少于 10%	4
沥青膜局部明显为水所移动，但还基本留在石料表面上，剥落面积百分率少于 30%	3
沥青膜大部分为水所移动，局部保留在石料表面上，剥落面积百分率大于 30%	2
沥青膜完全为水所移动，石料基本裸露，沥青完全浮于水面上	1

3）老化

沥青在自然因素（热、氧、光和水）的作用下，产生“不可逆”的化学变化，导致路用性能的逐渐劣化，通常称之为“老化”。

沥青在使用过程中，由于长时间受阳光、空气和水的作用，以及沥青与矿料间的物理—化学作用，沥青分子会发生氧化和聚合作用，使低分子化合物转变为较高分子化合物。其组分转化大致如下：

油质 → 树脂 → 沥青质 → 沥青碳、似碳物

沥青老化后，其化学组分改变，物理性质也发生改变，表现为针入度减少，延度降

低，软化点升高，绝对黏度提高，脆点降低等。在化学组分含量方面，表现为饱和分变化甚少，芳香分明显转变为胶质（速度较慢）。而胶质又转变沥青质（速度较快）。由于芳香分转变为胶质，不足以补偿胶质转变为沥青质，所以最终是胶质显著减少，而沥青质显著增加。

四、石油沥青的技术要求

1. 道路石油沥青的技术要求

（1）道路石油沥青分级

道路石油沥青分为A级、B级、C级三个等级，各自的适用范围应符合表4-5的规定。

道路石油沥青的适用范围　　表4-5

沥青等级	适用范围
A级沥青	各个等级的公路，适用于任何场合和层次
B级沥青	1. 高速公路、一级公路沥青下面层及以下的层次，二级及二级以下公路的各个层次； 2. 用作改性沥青、乳化沥青、改性乳化沥青、稀释沥青的基质沥青
C级沥青	三级及三级以下公路的各个层次

（2）道路石油沥青标号

道路石油沥青按针入度划分为160号、130号、110号、90号、70号、50号、30号七个标号，同时对各标号沥青的延度、软化点、闪点、含蜡量、薄膜加热试验等技术指标也提出相应的要求。具体要求如表4-6。

2. 道路用液体石油沥青的技术要求

道路用液体石油沥青的技术要求，按液体沥青的凝固速度而分为快凝、中凝、慢凝三个等级，快凝的液体石油沥青又按黏度划分为两个标号，中凝和慢凝液体沥青各划分为六个标号。同时，对蒸馏的馏分及残留物性质、闪点和含水分等提出相应的要求。技术要求见表4-7。

五、改性石油沥青

现代沥青路面的特点是交通密度大，车辆轴载重，荷载作用间歇时间短以及高速和渠化。这些特点要求沥青路面的高温抗车辙能力、低温抗裂能力和抗水损害能力进一步加强。因此，可通过对沥青改性，改善沥青高温抗变形能力，增强沥青路面的抗车辙性能，提高沥青的弹性和增强沥青的抵抗低温和抗疲劳开裂性能。通过沥青改性还可改善沥青与矿料的黏附性，提高沥青的抗老化能力，延长沥青路面的寿命。

（一）改性沥青的分类及其特性

改性沥青是指掺加橡胶、树脂、高分子聚合物、磨细的橡胶粉或其他填料等外掺剂（改性剂），或采用对沥青轻度氧化加工等措施，使沥青的性能得以改善而制成的沥青结合料。

改性剂是指在沥青中加入天然的或人工的有机或无机材料，可熔融、分散在沥青中，改善或提高沥青路面性能（与沥青发生反应或裹覆在集料表面上）的材料。

道路石油沥青技术要求(JTG F40—2003)

表 4-6

指　标	等　级	160 号	130 号	110 号			90 号					70 号[5]					50 号[5]	30 号
适用的气候分区[1]		注[4]	注[4]	2-1	2-2	3-2	1-1	1-2	1-3	2-2	2-3	1-3	1-4	2-2	2-3	2-4	1-4	注[6]
针入度(25℃，100g,5s)(0.1mm)		140～200	120～140	100～120			80～100					60～80					40～60	20～40
针入度指数 PI[2]	A	−1.5～+1.0																
	B	−1.8～+1.0																
软化点 R&B(℃)	A	38	40	43			45			44		46		45			49	55
	B	36	39	42			43			42		44		43			46	53
	C	35	37	41			42					43					45	50
60℃动力黏度[3] (Pa·s) ≥	A	—	60	120			160			140		180		160			200	260
10℃延度[3] (cm) ≥	A	50	50	40			45	30	20	30	20	20	15	25	20	15	15	10
	B	30	30	30			30	20	15	20	15	15	10	20	15	10	20	8
15℃延度(cm) ≥	A、B	100															80	50
	C	80	80	60			50					40					30	20
闪点(COC)(℃) ≥		230					245					260						

续上表

指　　标	等　级	160 号	130 号	110 号	90 号	70 号⑤	50 号⑤	30 号
含蜡量(蒸馏法)(%) ≤	A	2.2						
	B	3.0						
	C	4.5						
溶解度(%) ≥		99.5						
15℃密度(g/cm³)		实测记录						
TFOT(或 RTFOT 后)⑦								
质量变化(%) ≤		±0.8						
残留针入度比(25℃) ≥	A	48	54	55	57	61	63	65
	B	45	50	52	54	58	60	62
	C	40	45	48	50	54	58	60
残留延度(℃)(cm) ≥	A	12	12	10	8	6	4	—
	B	10	10	8	6	4	2	—
残留延度(℃)(cm) ≥	C	40	35	30	20	15	10	—

注：①沥青路面气候分区见相关规范，也可参见表 5-3；

②用于仲裁试验时，求取针入底指数 PI 的 5 个温度与针入度回归关系的相关系数不得小于 0.997；

③经建设单位同意，表中 PI 值、60℃动力黏度及 10℃延度可作为选择性指标，也可不作为施工质量检验指标；

④160 号沥青和 130 号沥青除了寒冷地区可直接用于中低级公路外，通常用作乳化沥青、稀释沥青及改性沥青的基质沥青；

⑤可根据需要要求供应商提供 70 号沥青的针入度范围 50～70 或 80～90 的沥青；或者要求提供针入度范围 40～50 或 50～60 的 50 号沥青；

⑥30 号沥青仅适用于沥青稳定基层；

⑦老化试验以 TFOT 为准，也可以 RTFOT 代替。

表 4-7

道路液体石油沥青技术要求

项目		快凝		中凝						慢凝						试验方法 JTJ 052—2000
		AL(R)-1	AL(R)-2	AL(M)-1	AL(M)-2	AL(M)-3	AL(M)-4	AL(M)-5	AL(M)-6	AL(S)-1	AL(S)-2	AL(S)-3	AL(S)-4	AL(S)-5	AL(S)-6	
粘度(s)	$C_{25.5}$	<20	—	<20	—	—	—	—	—	<20	—	—	—	—	—	T0621
	$C_{60.5}$	—	5～15	—	5～15	16～25	26～40	41～100	101～200	—	5～15	16～25	26～40	41～100	101～200	
蒸馏体积(%)	225℃前	>20	>15	<10	<7	<3	<2	0	0	—	—	—	—	—	—	T0632
	315℃前	>35	>30	<35	<25	<17	<14	<8	<5	—	—	—	—	—	—	
	360℃前	>45	>35	<50	<35	<30	<25	<20	<15	<40	<35	<25	<20	<15	<5	
蒸馏后残留物	针入度(25℃，100g,5s)(0.1mm)	60～200	60～200	100～300	100～300	100～300	100～300	100～300	100～300	—	—	—	—	—	—	T0604
	延度 25℃，(cm)	>60	>60	>60	>60	>60	>60	>60	>60	—	—	—	—	—	—	T0605
	浮漂度(50℃)(s)	—	—	—	—	—	—	—	—	<20	>20	>30	>40	>45	>50	T0631
闪点（TOC）(℃)		>30	>30	>65	>65	>65	>65	>65	>65	>70	>70	>100	>100	>120	>120	T0633
含水量（%），不大于		0.2	0.2	0.2	0.2	0.2	0.2	0.2	0.2	2.0	2.0	2.0	2.0	2.0	2.0	T0612

注：1. 本表引自中华人民共和国行业标准《公路沥青路面施工技术规范》(JTG F40—2004)；

2. 黏度使用道路沥青黏度计测定，$C_{T,d}$的角标第一个数字 T 代表温度（℃），第二个数字 d 代表孔径（mm）；

3. 闪点（TOC）为泰格开口杯（Tag Open Cup）法。

关于改性性沥青的分类，国际上尚无统一的标准。从广义划分，根据不同目的所采取改性沥青可汇总于图 4-20。

- 改性沥青技术
  - 掺加改性剂
    - 改善力学性能（高温稳定性、耐疲劳性、低温抗裂性）—聚合物—
      - 橡胶类：SBR、CR、EPDM
      - 热塑性橡胶类：SBS
      - 热塑性树脂类：PE、EVA
    - 改善黏附性 → 抗剥离剂：金属皂（有机锰等）、有机胺、消石灰等
    - 耐老化性 → 抗老化剂：受阻酚、受阻胺等
  - 物理改性
    - 矿物填料：碳黑、硫磺、石棉、木质纤维等
    - 玻璃纤维格栅、塑料格栅、土工布等
    - 废橡胶粉
  - 调和沥青 → 掺加天然沥青（湖沥青、岩石沥青、海底沥青）
  - 沥青工艺 → 半氧化沥青、泡沫沥青等

图 4-20　改性沥青的分类

从狭义来说，现在所指道路改性沥青一般指聚合物改性沥青（简称 PMA、PMB 或 PmB）。用于改性的聚合物的种类也很多，按照改性剂的不同，一般分为以下几类。

1. 热塑性橡胶类改性沥青

改性剂主要是苯乙烯嵌段共聚物，如苯乙烯—丁二烯—苯乙烯（SBS）、苯乙烯—异戊二烯—苯乙烯（SIS）、苯乙烯—聚乙烯/丁基—聚乙烯（SE/BS）等嵌段共聚物。由于它兼具橡胶和树脂两类改性沥青的结构与性质，故也称为橡胶树脂类。SBS 由于具有良好的弹性（变形的自恢复性及裂缝的自愈性），被广泛用于路面沥青混合料；SIS 主要用于热熔黏结料；SE/BS 则是应用于抗氧化、抗高温变形要求高的道路。目前世界各国用于道路沥青改性使用最多的是 SBS 改性沥青。SBS 按聚合物的结构可分为线形和星形。SBS 的改性效果与 SBS 的品种、分子量密切相关，星形 SBS 对沥青的改性效果优于线形 SBS，SBS 的分子量越大，改性效果越明显，但难以加工为改性沥青，沥青中芳香分含量高则较易加工。各种型号的 SBS 中若苯乙烯含量高则能显著提高改性沥青的黏度、韧度和韧性。

2. 橡胶类改性沥青

通常称为橡胶沥青，其中使用最多的是丁苯橡胶（SBR）和氯丁橡胶（CR）。橡胶类改性沥青不仅是世界上最早出现并广泛应用的改性沥青品种，也是我国较早得到研究和推广的品种，其中 SBR 是世界上应用最广泛的改性沥青之一。SBR 的性能与结构随苯乙烯与丁二烯的比例和聚合工艺而变化，选择沥青改性剂时应通过试验加以确定。目前常用 SBR 胶乳或 SBR 沥青母体作为改性剂。CR 具有极性，常掺入煤沥青中使用，已成为煤沥青的改性剂。

SBR 改性沥青最大的特点是低温性能得到改善，以 5℃低温延度作为主要指标。但其在老化试验后，延度严重降低，所以主要适宜在寒冷气候条件下使用。

3. 热塑性树脂类改性沥青

热塑性树脂是聚烯烃类高分子聚合物，如聚乙烯（PE）、聚丙烯（PP）、聚氯乙烯（PVC）、聚苯乙烯（PS）、乙烯—乙酸乙烯酯共聚物（EVA）、无规聚丙烯（APP）、烯乙基丙烯酸共聚物（EEA）、丙烯腈丁二烯丙乙烯共聚物（NBR）等，均在道路沥青的改性中被应用过。这一类热塑性树脂的共同特点是加热后软化，冷却时变硬。此类改性剂的最大特点是使沥青结合料的常温黏度增大，从而使高温稳定性增加，有利于提高沥青的强度和劲度，

遗憾的是不能使沥青的混合料的弹性增加，且加热后易离析，再次冷却时产生众多的弥散体。不过这些局限性在一定程度上已被接受。

4. 掺加天然沥青的改性沥青

天然沥青是石油经过历史上长期的沉积、变化，在热、压力、氧化、触媒、细菌的综合作用下生成的沥青类物质。通常可掺加天然沥青进行改性，如湖沥青、岩石沥青和海底沥青等。

5. 其他改性沥青

（1）掺多价金属皂化物的改性沥青。多价金属与一元羟酸所形成的盐类称为金属皂。将一定的金属皂溶解在沥青中，可使延度增加，脆点降低，明显提高与集料的黏附性能，增加沥青混合料的强度，提高沥青路面的柔性和疲劳强度。

（2）掺炭黑的改性沥青。炭黑是由石油、天然气等碳氢化合物经高温不完全燃烧而生成的高含碳量粉状物质，在改性好的 SBS 改性沥青中混入炭黑综合改性，可使改性沥青的黏度增大，回弹性能提高。

（3）加玻纤格栅的改性沥青。

6. 沥青改性的初步选择

根据沥青改性的目的和要求在选择改性剂时，可作如下初步选择：

（1）为提高抗永久变形能力，宜使用热塑性橡胶类、热塑性树脂类改性剂。

（2）为提高抗低温开裂能力，宜使用热塑性橡胶类、橡胶类改性剂。

（3）为提高抗疲劳开裂能力，宜使用热塑性橡胶类、橡胶类、热塑性树脂类改性剂。

（4）为提高抗水损害能力，宜使用各类抗剥落剂等外掺剂。

（二）改性沥青标准

我国聚合物改性沥青性能评价方法基本沿用了道路石油沥青质量标准体系，参考国外的有关标准，增加了一些评价聚合物性能的指标，如弹性恢复、黏韧性和离析（软化点差）等技术指标。首先根据聚合物种类将改性沥青分为 I、II、III 三类，每一类有按针入度大小分为若干个标号，I 类、III 类分别分为 A、B、C 和 D 四个标号，II 类分为 A、B 和 C 三个标号，以适应不同的气候条件。同一类型，由 A 到 D 表示改性沥青针入度减小，黏度增加，即高温性能提高，但低温性能降低。聚合物改性沥青的技术要求见表 4-8。对于采用几种不同种类改性剂制备的复合改性沥青，可以根据所掺加各种改性剂的种类和剂量比例，按照工程对改性沥青的使用要求，参照表 4-8，综合确定应该达到的质量要求。

（三）改性沥青的应用和发展

目前，改性沥青可用做排水或吸音磨耗层及其防水层；或在老路面上做应力吸收层，以减少反射裂缝；或在重载交通道路的老路面上加铺薄或超薄的沥青面层，以提高耐久性；或在老路面上或新建一般公路上做表面处置，以恢复路面使用性能或减少养护工作量等。在使用改性沥青时，应当特别注意路基、路面的施工质量，以避免产生路基沉降和其他早期破坏。否则，使用改性沥青就达不到应有的效果。

SBS 改性沥青无论在高温、低温、弹性等方面都优于其他改性剂，所以我国改性沥青的发展方向应该以 SBS 改性沥青作为主要方向。尤其是，SBS 的价格比以前有了大幅度的降低，仅成本这一项，它就可以和 PE、EVA 竞争。明确这一点对于我国发展改性沥青十分重要。

聚合物改性沥青的技术要求 表 4-8

指标	SBS类（I类）				SBR类（II类）			EVA、PE类（III类）			
	I-A	I-B	I-C	I-D	II-A	II-B	II-C	III-A	III-B	III-C	III-D
针入度（25℃，100g，5s）（0.1mm）	>100	80～100	60～80	30～60	100	80～100	60～80	>80	60～80	40～60	30～40
针入度指数PI[①] 不小于	−1.2	−0.8	−0.4	0	−1.0	−0.8	−0.6	−1.0	−0.8	−0.6	−0.4
延度（5℃，5cm/min）不小于（cm）	50	40	30	20	60	50	40	—			
软化点 $T_{R\&B}$ 不小于（℃）	45	50	55	60	45	48	50	48	52	56	60
运动粘度[②]（135℃）不大于（Pa.s）	3										
闪点 不小于（℃）	230				230			230			
溶解度 不小于（%）	99				99			—			
离析[③]，48h软化点差 不大于（℃）	2.5				—			无改性剂明显析出、凝聚			
弹性恢复（25℃）不小于（%）	55	60	65	70	—			—			
粘韧性 不小于（N·m）	—				5			—			
韧性 不小于（N·m）	—				2.5			—			
TFOT（或RTFOT）后残留物[④]											
质量变化 不大于（%）	±1.0										
针入度比（25℃）不小于（%）	50	55	60	65	50	55	60	50	55	58	60
延度（5℃）不小于（cm）	30	25	20	15	30	20	10	—			

注：①针入度指数PI由实测15℃、25℃、30℃等三个不同温度的针入度，按式 $\lg p = AT + k$ 直线回归求得参数 A 后由下式求得，但直线回归相关系数 R 不得低于0.997。

$$PI = \frac{20 - 50A}{1 + 50A}$$

②表中135℃运动黏度由布洛克菲尔德旋转黏度计（Brookfield型）测定，若在不改变改性沥青物理力学性质并符合安全条件的温度下易于泵送和拌和，或经试验证明适当提高泵送和拌和温度时能保证改性沥青的质量，容易施工，可不要求测定。有条件时应用毛细管法测定改性沥青在60℃时的动力黏度。

③当SBS改性沥青在现场制作后，立即使用或储存期间进行不间断搅拌或泵送循环时，对离析试验可不作要求。

④老化试验以旋转薄膜加热试验（RTFOT）方法为准。容许以薄膜加热试验（TFOT）代替，但必须在报告中注明，且不得作为仲裁结果。

⑤对不同类型复合的改性沥青，根据改性剂的类型和剂量比例，按照工程上改性的目的和要求，参照表中指标综合确定应该达到的技术要求。

第二节　煤　沥　青

煤沥青（俗称柏油）是用煤在隔绝空气的条件下干馏，制取焦炭和煤气的副产品煤焦油炼制而成。根据煤干馏的温度不同，而分为高温煤焦油（700℃以上）和低温煤焦油（450～700℃）两类。路用煤沥青主要是由炼焦或制造煤气得到的高温煤焦油加工而得。

一、煤沥青的化学组成和结构特点

1. 煤沥青的化学组成

煤沥青的组成主要是芳香族碳氢化合物及其氧、硫和氮的衍生物的混合物，其元素组成主要为C、H、O、S和N。煤沥青的化学结构极其复杂，有环结构上带有侧链，但侧链很短。

煤沥青化学组分的研究，与石油沥青研究方法相同，也是采用选择溶解等方法将煤沥青划分为几个化学性质相近，且与路用性能有一定联系的组分进行研究。煤沥青可以分离为：油分、软树脂、硬树脂和游离碳等四个组分。我国采用葛氏法，其流程如图4-21所列。煤沥青组分如下：

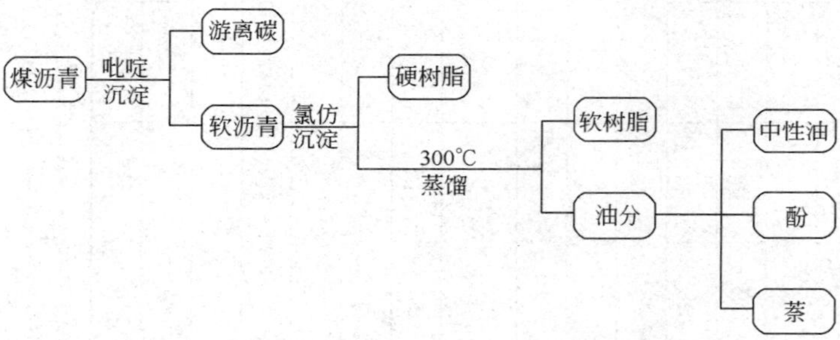

图4-21　B.O. 葛列米尔德的煤沥青化学组分分析

（1）游离碳。又称自由碳，是高分子的有机化合物的固态碳质微粒，不溶于任何有机溶剂，具有足够的稳定性，只有在高温下才能溶解。在煤沥青中含有游离碳能增加沥青的黏滞性，提高其热稳定性，但游离碳超过一定含量时，沥青的低温脆性亦随之增加。煤沥青中游离碳相当于石油沥青中的沥青质，但颗粒比沥青质大得多。

（2）树脂。①硬树脂：固态晶体结构，在沥青中能增加其黏滞性，也类似石油沥青中的沥青质；②软树脂：赤褐色黏塑状物质，溶于氯仿，稳定性较低，能使煤沥青具有塑性，类似于石油沥青中的树脂。

（3）油分。主要由液体未饱和的芳香族碳氢化合物所组成，与石油沥青中的油分类似，使煤沥青具有流动性。在油分中尚包含萘油、蒽油和菲油等。蒽油含量低于15%～25%时，能降低煤沥青的黏滞性，若超过此含量，温度低于10℃时，蒽油结晶，也使煤沥青黏度增加。蒽油有毒，能引起呼吸道黏膜和皮肤发炎、疼痛。萘在常温下易挥发，所以对煤沥青的技术性质有不良的影响。

除了上述的基本组分外，煤沥青中还含有少量碱性物质（吡啶，喹啉等）和酸性物质（主要是酚），酚有毒且易与碱作用生成易溶于水的酚盐，能降低沥青的水稳定性，故酚在煤沥青中的含量愈少愈好。煤沥青中的酸碱物质都属表面活性物质，相当于石油沥青中的沥青酸与沥青酸酐，但其活性物质含量高于石油沥青。所以煤沥青表面活性比石油沥青高，与石料的黏附性较好。

煤沥青各化学组分含量示例，如表 4-9。

煤沥青化学组分示例 表 4-9

煤沥青标号	化学组分（%）					
	游离碳	硬树脂	软树脂	中性油	酚	萘
软煤沥青 T-9	13.32	11.78	38.14	33.71	2.41	0.64

2. 煤沥青的结构

煤沥青和石油沥青相类似，也是复杂的胶体分散系。游离碳和硬树脂组成的胶体微粒为分散相，油分为分散介质，而软树脂为保护物质，它吸附于固态分散胶粒周围，逐渐向外扩散，并溶解于油分中，使分散系形成稳定的胶体物质。

二、煤沥青的技术性质与技术标准

1. 煤沥青的技术性质

（1）黏度。表示煤沥青的稠度。煤沥青组分中油分含量减少、固态树脂及游离碳量增加时，则煤沥青的黏度增高。煤沥青的黏度测定方法与液体沥青相同，亦是用道路沥青标准黏度计测定。

（2）蒸馏试验的馏分含量及残渣性质。煤沥青中含有各沸点的油分，这些油分的蒸发将影响沥青的性质。因而煤沥青的起始黏滞度并不能完全表达其在使用过程中黏结性的特征。为了预估煤沥青在路面中使用过程的性质变化，在测定其起始黏滞度的同时，还必须测定煤沥青在各温度阶段所含馏分及其蒸馏后残留物的性质。

煤沥青蒸馏试验是测定试样受热时，在规定温度范围内蒸出的馏分含量，以质量百分率表示。除非特殊需要，各馏分蒸馏的标准切换温度为 170℃、270℃、300℃。

馏分含量的规定，控制了煤沥青由于蒸发而发生老化，残渣性质试验保证了煤沥青残渣具有适宜的黏结性与温度稳定性。

（3）煤沥青焦油酸含量。煤沥青的焦油酸（亦称酚）主要存在于煤沥青的中油中，故测定煤沥青中酚的含量是通过测定试样总的蒸馏馏分与碱性溶液氢氧化钠作用，使（C_6H_5OH）与氢氧化钠形成水溶性酚盐（C_6H_5ONa），根据酚钠体积求算出煤沥青中酚的含量，以体积百分率表示。

焦油酸溶解于水，易导致路面强度降低，同时它有毒。因此对其在沥青中的含量必须加以限制。

（4）含萘量。煤沥青中的萘在低温时易结晶析出，使煤沥青产生假黏度而失去塑性，同时常温下易升华，并促使“老化”加速，降低煤沥青的技术性质。此外，萘有毒，故对其含量加以限制。煤沥青的萘含量是取酚含量测定后的无酚中油，在低温下使萘结晶，然后与油分离而获得“粗萘”。萘含量即以粗萘占煤沥青的质量百分率表示。

(5) 甲苯不溶物。煤沥青的甲苯不溶物含量，是试样在规定的甲苯溶剂中不溶物（游离碳）的含量，用质量百分率表示。

(6) 含水量。与石油沥青一样，在煤沥青中含有过量的水分会使煤沥青在施工加热时发生许多困难，甚至导致材料质量的劣化和火灾。煤沥青含水量的测定方法与石油沥青相同。

2. 煤沥青的技术标准

根据煤沥青在工程中应用要求的不同，按照稠度可划分为软煤沥青（液体、半固体的）和硬煤沥青（固体的）两大类。道路工程主要应用软煤沥青，用于道路的软煤沥青又按其黏度和有关技术性质分为 9 个标号，其技术要求见表 4-10。

道路用煤沥青技术要求 表 4-10

试验项目		T-1	T-2	T-3	T-4	T-5	T-6	T-7	T-8	T-9	试验方法 JTG F40—2004
黏度 (s)	$C_{30,5}$ $C_{30,10}$ $C_{50,10}$ $C_{60,10}$	5～25	26～70	5～20	21～50	51～120	121～200	10～75	76～200	35～65	T0621
蒸馏试验馏出量 (%)	170℃前不大于	3	3	3	2	1.5	1.5	1.0	1.0	1.0	T0641
	270℃前不大于	20	20	20	15	15	15	10	10	10	
	300℃前不大于	15～35	15～35	30	30	25	25	20	20	15	
300℃蒸馏残渣软化点（环球法）(℃)		30～45	30～45	35～65	35～65	35～65	35～65	40～70	40～70	40～70	T0606
水分（%）不大于		1.0	1.0	1.0	1.0	1.0	0.5	0.5	0.5	0.5	T0612
甲苯不溶物（%）不大于		20	20	20	20	20	20	20	20	20	T0646
含萘量（%）不大于		5	5	5	4	4	3.5	3	2	2	T0645
焦油酸含量（%）不大于		4	4	3	3	2.5	2.5	1.5	1.5	1.5	T0642

注：本表根据中华人民共和国行业标准《公路沥青路面施工技术规范》（JTG F40—2004）制定。

3. 煤沥青在技术性质上与石油沥青的差异

(1) 煤沥青的温度稳定性差。煤沥青是较粗的分散系，同时可溶性树脂含量较多，受热易软化，温度稳定性差。因此加热温度和时间都要严格控制，更不宜反复加热，否则易引起性质急剧恶化。

(2) 煤沥青的大气稳定性差。由于煤沥青中含有较多不饱和碳氢化合物，在热、阳光、氧气等长期综合作用下，使煤沥青的组分变化较大，易老化变脆。

(3) 煤沥青塑性较差。因煤沥青含有较多的游离碳，使塑性降低，所以在使用时易因受力变形而开裂。

(4) 煤沥青与矿质材料表面黏附性能好。煤沥青组分中含酸、碱性物质较多，它们都是极性物质，赋予煤沥青较高的表面活性和较好的黏附力，对酸、碱性石料均能较好地黏附。

(5) 煤沥青防腐性能好。由于煤沥青中含有酚、蒽、萘油等成分，所以防腐性好，故宜用于地下防水层及防腐材料。

(6) 煤沥青含有对人体有害成分较多，臭味较重。

三、煤沥青与石油沥青的鉴别

如前所述，煤沥青的技术性能与石油沥青类似，但各有不同的特性，因而使用要求有一定区别。如煤油沥青加热温度一般应低于石油沥青，加热时间宜短不宜长等。在通常情况下，煤沥青不能与石油沥青混用，否则会因两者在物理化学性质上的差异而导致絮凝结块现象。因此，在储存和加工时必须将这两种沥青严格区分开来。为使在工地条件下区别鉴认这两种沥青，根据两种沥青的某些特性提出煤沥青与石油沥青的简易鉴别方法如表4-11。

石油沥青和煤沥青的简易鉴别方法　　表4-11

鉴别方法	石油沥青	煤沥青
密度	接近1.0	1.25～1.28
燃烧	烟少，无色，有松香味，无毒	烟多，黄色，臭味大，有毒
气味	常温下无刺激性气味	常温下有刺激性臭味
颜色	呈辉亮褐色	浓黑色
溶解试验	可溶于汽油或煤油	难溶于汽油或煤油
锤击	韧性较好，不易碎	韧性差，较脆
大气稳定性	较高	较低
抗腐蚀性	差	强

第三节　乳化沥青

乳化沥青是将黏稠沥青加热至流动状态，再经高速离心、搅拌及剪切等机械作用，使沥青形成细小的微粒（2～5μm左右），且以此状态均匀分散在含有乳化剂和稳定剂的水中，形成水包油（O/W）型沥青乳液。其外观为茶褐色，在常温下具有交好的流动性。

乳化沥青优点如下：

(1) 可冷态施工，节约能源，无毒，无嗅，不燃，减少环境污染；

(2) 采用乳化沥青，扩展了沥青路面的类型，如稀浆封层等；

(3) 常温下具有较好的流动性，能保证洒布的均匀性，可提高路面修筑质量；

(4) 乳化沥青与湿集料拌和仍具有良好的工作性和黏附性，可节约沥青并保证施工质量；

(5) 乳化沥青施工受低温多雨季节影响较少可延长施工季节。

乳化沥青的缺点：

(1) 稳定性差，储存期不超过半年，储存期过长容易引起凝聚分层，储存温度在0℃以上。

(2) 乳化沥青修筑路面成型期较长，最初应控制车辆行驶速度。

基于乳化沥青以上的性质，乳化沥青不仅适用于路面的维修与养护，并可用于铺筑表面处治、贯入式、沥青碎石、乳化沥青混凝土等各种结构形式的路面，还可用于旧沥青路面的冷再生，防尘处理。

一、乳化沥青的组成材料

乳化沥青主要由沥青、乳化剂、稳定剂和水等组成。

1. 沥青

沥青是乳化沥青组成的主要材料，占55%～70%。沥青的性质将直接决定乳化沥青成膜性能和路用性质。在选择乳化用沥青时，首先要考虑它的易乳化性。一般说来，相同油源和工艺的沥青，针入度较大者易于形成乳液。但针入度的选择，应根据乳化沥青在路面工程中的用途来决定。另外，沥青中活性组分的含量对沥青乳化难易性有直接关系，通常认为沥青中沥青酸总量大于1%的沥青，采用通用乳化剂和一般工艺即易于形成乳化沥青。

2. 乳化剂

乳化沥青的性质极大程度上依赖乳化剂的性能，乳化剂是乳化沥青形成的关键材料。沥青乳化剂是一种表面活性剂，从化学结构上考察，它是一种“两亲性”分子，分子的一部分具有亲水作用，而另一部分具有亲油性质，这两个基团具有使互不相溶的沥青与水连接起来的特殊功能。在沥青、水分散体系中，沥青微粒被乳化剂分子的亲油基吸引，此时以沥青微粒为固体核，乳化剂包裹在沥青颗粒表面形成吸附层。乳化剂的另一端与水分子吸引，形成一层水膜，它可机械地阻碍颗粒的聚集。

乳化剂按其亲水基在水中是否电离而分为离子型和非离子型两大类。其分类如下：

- 乳化剂
  - 离子型
    - 阳离子型
    - 阴离子型
    - 两性离子型
  - 非离子型

(1) 阴离子型乳化剂。阴离子型沥青乳化剂是在溶于水中时，能电离为离子或离子胶束，且与亲油基相连的亲水基团带有阴（或负）电荷的乳化剂（图4-22）。这类乳化剂的明显特征是由带长链的有机阴离子与一种碱类（即皂类）作用形成的盐。

阴离子沥青乳化剂最主要的亲水基团有羟酸盐（如—COONa）、硫酸酯盐（如—OSO_3Na）、磺酸盐（如—SO_3Na）等三种。

(2) 阳离子型乳化剂。阳离子型沥青乳化剂是在溶于水中时，能电离为离子或离子胶束、且与亲油基相连接的亲水基团、带有阳（或正）电荷的乳化剂（图4-22）。

阳离子型沥青乳化剂按其化学结构，主要有季胺盐类、烷基胺类、酰胺类、咪唑啉类、环氧乙烷二胺类和胺化木质素类等。

(3) 两性离子型乳化剂。两性离子型沥青乳化剂是在水中溶解时，电离成离子或离子胶束、且与亲油基相连接的亲水基团；既带有阴电荷又带有阳电荷的乳化剂。

两性离子型沥青乳化剂按其两性离子的亲水基团的结构和特性，品种主要有氨基酸型、甜菜型和咪唑啉型等。两性乳化剂可以吸附在带负电荷或正电荷的物质表面上，有良好的乳

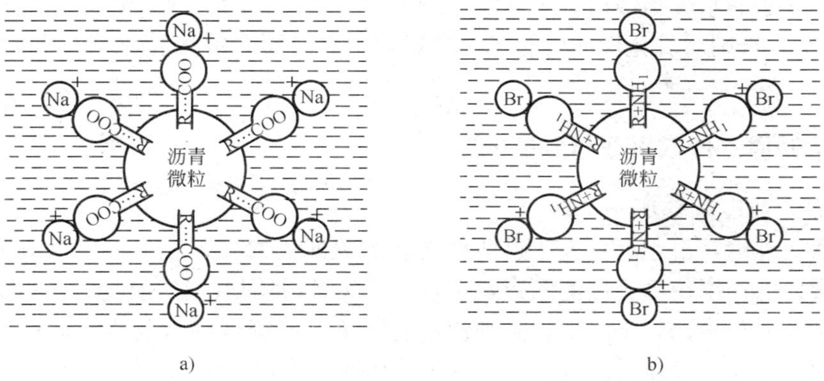

图 4-22 阴离子和阳离子乳液结构示意图
a)阴离子乳液;b)阳离子溶液

化性和分散性，但合成原料来源较困难，价格较高，目前在乳化沥青中应用较少。

(4) 非离子型乳化剂。这类乳化剂是在水中溶解时，不能离解成离子状态，而是依赖分子所含的羟基（—OH）和醚链（—O—）等作为亲水基团的乳化剂。

非离子型乳化剂根据亲水基团的结构可分为醚基类、酯基类、酰胺类和杂环类等，但应用最多的为环氧乙烷缩合物和一元醇或多元醇的缩合物。非离子型表面活性剂在水介质中不会离解成离子，由于无电荷，当形成沥青乳液时与集料的结合力较弱，是靠水分蒸发破乳后，才能使沥青附着在集料表面上。单独作为沥青乳化剂的应用不多，而主要是与阳离子、阴离子乳化剂配合用于制造乳化沥青。

目前我国常用于乳化沥青的乳化剂示例，如表 4-12。

我国各种不同乳化剂类型表 表 4-12

乳化剂类型	乳化剂名称
阴离子型	十二烷磺酸
阳离子型	十六烷基三甲基溴化铵
	十八烷基三甲基氯化铵
	十八叔胺二硝酸季氯盐
	十七烷基二甲基苄基氯化铵
两性离子型	氨基酸型两性乳化剂
非离子型	辛基酚聚氧乙烯醚

3. 稳定剂

主要采用无机盐类和高分子化合物，用以防止已经分散的沥青乳液在贮存期彼此凝聚，以及保证在施工喷洒或拌和的机械作用下有良好的稳定性。稳定剂可分为两类：

(1) 有机稳定剂。常用的有聚乙烯醇、聚丙烯酰胺、羟甲基纤维素钠、糊精、MF 废液等。这类稳定剂可提高乳液的储存稳定性和施工稳定性。

(2) 无机稳定剂。常用的有氯化钙、氯化镁、氯化铵和氯化铬等。这类稳定剂可提高乳液的贮存稳定性。

稳定剂对乳化剂协同作用必须通过试验来确定，并且稳定剂的用量不宜过多，一般为沥青乳液的 0.1%～0.15%为宜。

4. 水

水是乳化沥青的主要组成部分。水在乳化沥青中起着润湿、溶解及化学反应的作用。所以要求乳化沥青中的水应当纯净，不含其他杂质，一般要求用每升水中氧化钙含量不得超过80mg的洁净水，否则对乳化性能将有很大的影响，并且要多消耗乳化剂。水的用量一般为30%～70%。

二、乳化沥青的形成机理与分裂机理

1. 乳化沥青的形成机理

根据乳状液理论，由于沥青与水这两种物质的表面张力相差较大，将沥青分散于水中，则会因表面张力的作用使已分散的沥青颗粒重新聚集结成团块。欲使已分散的沥青能稳定均匀地存在（实际上是悬浮）于水中，必须使用乳化剂，以降低沥青与水之间的表面张力差。沥青能够均匀稳定地分散在乳化剂水溶液中的原因主要有以下几点。

（1）乳化剂降低界面能的作用。由于沥青与水的表面张力相差较大，在一般情况下是不能互溶的。当加入一定量的乳化剂后，乳化剂能规律地定向排列在沥青和水的界面上，由于乳化剂属表面活性物质，具有不对称的分子结构，分子一端是极性基因，是亲水的，另一端是非极性基因，是亲油的。所以当乳化剂加入沥青与水组成的溶液中，乳化剂分子吸附在沥青—水界面上，形成吸附层，从而降低了沥青和水之间的表面张力差。如图4-23所示。

（2）增强界面膜的保护作用。乳化剂分子的亲油基吸附在沥青微滴的表面，在沥青—水界面上形成界面膜，此界面膜具有一定的强度，对沥青微滴起保护作用，使其在相互碰撞时不易聚结。见图4-24。

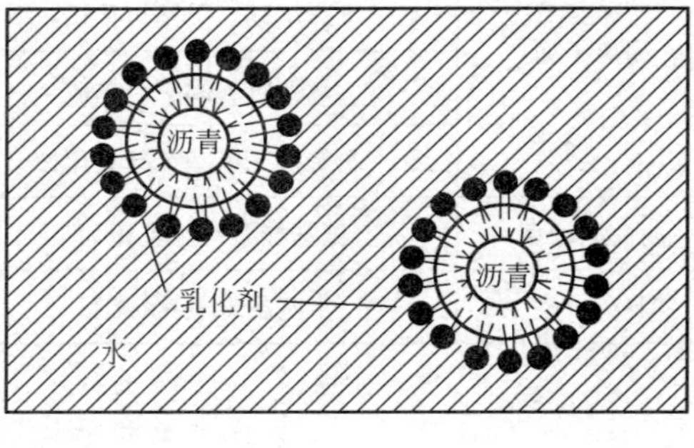

图4-23 乳化剂在沥青微粒表面形成界面膜

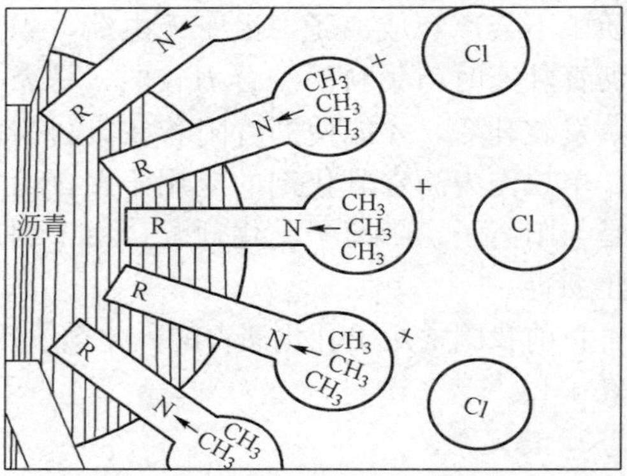

图4-24 阳离子乳化沥青的界面电荷

（3）界面电荷稳定作用。乳化剂溶于水后发生离解，当亲油基吸附于沥青时，使沥青微滴带有电荷（阳离子乳化沥青带正电荷，见图4-24），此时在沥青—水界面上形成扩散双电层。由于每个沥青微滴都带有相同电荷，且有扩散双电层的作用，故水—沥青体系成为稳定体系。

2. 乳化沥青在集料表面的分裂机理

为使沥青发挥其黏结功能，必须使沥青从乳液中分离出来，使沥青微滴相互聚结，在集料表面形成连续的覆盖薄膜。这一过程称为分裂（俗称破乳）。

路用沥青乳液要有足够的稳定性，以保证在运输和洒布过程中不致过早分裂；另一方面，乳液洒布在路面上遇到集料时，则应立即产生分裂。乳液产生分裂的外观特征是它的颜色由棕褐色变成黑色，此时的乳化液还含有水分，需待水分完全蒸发后，才能产生黏结力。

路用沥青乳液的分裂速度，与水的蒸发速度，集料表面性质，以及洒布和碾压作用等因素有关。

（1）蒸发作用。沥青乳液洒于路上，随即产生蒸发作用。蒸发快慢与气温、风速及路面环境等有关。和普通水的蒸发现象一样，在温度较高及有风的条件下，水分蒸发快；通常在开阔的路面比有树荫的路面蒸发快。此外，还与洒布速度和压力有关。一般情况下，当沥青乳液中水分蒸发到沥青乳液的80%～90%时，乳液即开始凝结。碾压应力，也促使了沥青的凝结。

在水分蒸发的初期，乳液的分裂是可逆的，即当遇到雨水时，能使乳液再乳化；遇到大雨时甚至可使乳液从路上冲走。但是在完全分裂后，沥青微粒变成一层沥青膜时，则不再受雨水的影响。

在寒冷潮湿的条件下，分裂不完全的乳液，在行车作用下，则易引起破坏。当乳液完全形成一层黑色的薄膜后，它黏结在集料表面形成一层薄膜，与热拌沥青几乎无差别。

（2）乳液与集料表面的吸附作用。在水分逐渐蒸发，乳液分裂凝聚的同时，沥青与矿料表面还有吸附作用。沥青与矿料的吸附除依靠分子间力产生的物理吸附外，还有二者之间的电性吸附。如前所述，沥青乳液中乳化剂的一端为亲油基与沥青吸附，另一端亲水基则伸入水中。当它与集料相遇时，由于产生离子吸附，使集料表面迅速牢固的形成一层沥青薄膜，其中水分子立即排除（图4-25），而且这一反应过程不受气候、湿度和风速等因素的影响，故能形成高强度路面。

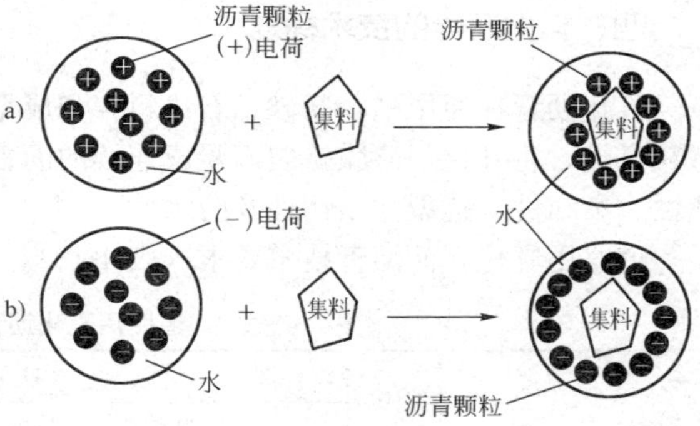

图4-25 沥青乳液的分裂过程示意图

阴离子乳液（沥青微滴带负电荷）与带正电荷碱性集料（石灰石、玄武石等）具有较好的黏结性。阳离子乳液（沥青微滴带正电荷）与带负电荷的酸性集料（花岗岩、石英石等）具有较好的黏结性，同时与碱性集料也有较好的亲和力。

由于乳化沥青的分裂需经一定时间才能彻底完成，路面初期强度不高，因此必须限制车辆行驶速度和行使路线，以保证路面的整体性和强度的形成。

三、乳化沥青的制备

沥青乳液的制备可以采用各种设备，但其主要流程基本相同，如图4-26所示，一般由下列5个主要部分组成。

（1）乳化剂水溶液的调制。在水中加入需要数量的乳化剂和稳定剂，将水温调节至乳化

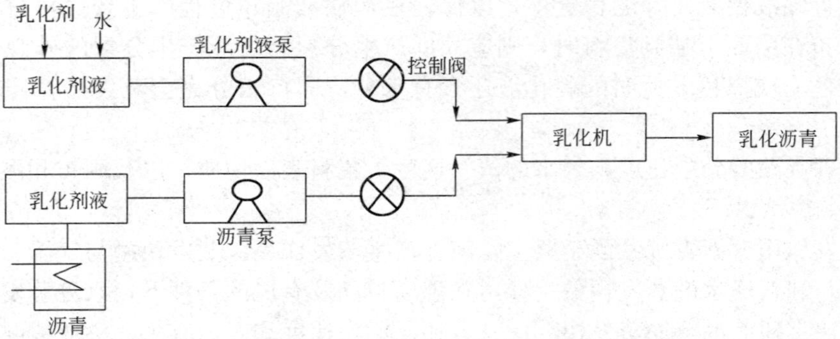

图 4-26　制备乳化沥青的工艺流程示意图

剂和稳定剂溶解所需的温度，使其在水中充分溶解。

（2）沥青加热及储存。

（3）沥青与水比例控制机构。

（4）乳化，常用设备为胶体磨或其他同类设备。

（5）乳化成品储存。

四、乳化沥青的技术标准

乳化沥青在使用中，与砂、石集料拌和成型后，在空气中逐渐脱水，水膜变薄，使沥青微粒靠拢，将乳化剂薄膜挤裂而凝成连续的沥青黏结膜层。成膜后的乳化沥青具有一定的耐热性、黏结性、抗裂性、韧性及防水性。

道路用乳化石油沥青技术要求（表 4-13）。

道路用乳化沥青技术要求　　表 4-13

试验项目	单位	品种及代8号										试验方法
		阳离子				阴离子				非离子		
		喷洒用			拌和用	喷洒用			拌和用	喷洒用	拌和用	
		PC-1	PC-2	PC-3	BC-1	PA-1	PA-2	PA-3	BA-1	PN-2	BN-1	
破乳速度		快裂	慢裂	快裂或中裂	慢裂或中裂	快裂	慢裂	快裂或中裂	慢裂或中裂	慢裂	慢裂	T0658
粒子电荷		阳离子（＋）				阴离子（－）				非离子		T0653
筛上残留物（1.18mm 筛）不大于	%	0.1				0.1				0.1		T0652
黏度　恩格拉黏度计 E_{25}		2～10	1～6	1～6	2～30	2～10	1～6	1～6	2～30	1～6	2～30	T0622
黏度　道路标准黏度计 $C_{25,3}$	s	10～25	8～20	8～20	10～60	10～25	8～20	8～20	10～60	8～20	10～60	T0621

续上表

试验项目		单位	品种及代号										试验方法
			阳离子				阴离子				非离子		
			喷洒用			拌和用	喷洒用			拌和用	喷洒用	拌和用	
			PC-1	PC-2	PC-3	BC-1	PA-1	PA-2	PA-3	BA-1	PN-2	BN-1	
蒸发残留物	残留分含量，不小于	%	50	50	50	55	50	50	50	55	50	55	T0651
	溶解度，不小于	%	97.5				97.5				97.5		T0607
	针入度（25℃）	0.1mm	50～200	50～300	45～150		50～200	50～300	45～150		50～300	60～300	T0604
	延度（15℃），不小于	cm	40				40				40		T0605
与粗集料的黏附性，裹覆面积，不小于			2/3			—	2/3			—	2/3	—	T0654
与粗、细粒式集料拌和试验			—			均匀	—			均匀	—		T0659
水泥拌和试验的筛上剩余，不小于		%	—				—				—	3	T0657
常温储存稳定性 1d，不大于 5d，不大于		%	1 5				1 5				1 5		T0655

注：1. P为喷洒型，B为拌和型，C、A、N分别表示阳离子、阴离子、非离子乳化沥青；

2. 黏度可选用恩格拉黏度计或沥青标准黏度计之一测定；

3. 表中的破乳速度与集料和黏附性、拌和试验的要求、所使用的石料品种有关，质量检验时应采用工程上实际的石料进行试验，仅进行乳化沥青产品质量评定时可不要求此三项指标；

4. 储存稳定性根据施工实际情况选用试验时间，通常采用5d，乳液生产后能在当天使用时也可用1d的稳定性；

5. 当乳化沥青需要在低温冰冻条件下储存或使用时，尚需按T0656进行−5℃低温储存稳定性试验，要求没有粗颗粒、不结块；

6. 如果乳化沥青是将高浓度产品运到现场经稀释后使用时，表中的蒸发残留物等各项指标指稀释前乳化沥青的要求。

本章小结

石油是石油沥青的原料，原油按其基属可分为石蜡基、中间基、环烷基等七类，环烷基石油是生产沥青最好的原料。石油沥青生产工艺有直馏、氧化、半氧化、溶剂和调配等工艺。当原油不适宜生产沥青时，采用半氧化、溶剂脱和调配等工艺，可得到性能较好的路用沥青。

石油沥青的组分、结构及技术性质是本章学习的重点。石油沥青的组分主要是油分、树脂、沥青质，三者特性各不相同，它们的含量不同沥青性质就有差异。在沥青的胶体结构中，以吸附部分树脂的沥青质作为分散相，它分散在溶有树脂的油分的分散介质中成为胶体结构。当沥青胶体结构中，油分、树脂、沥青质的含量有变化时，沥青胶体结构也会有差别，沥青性质也就有差异。因此沥青中各组分含量的多少与沥青的技术性质有着直接的关系。通过学习石油沥青的化学组分和胶体结构类型加深对不同类别石油沥青技术性质和特性的理解。由于组分的化学组成和相对含量不同，可使沥青构成溶胶、溶—凝胶和凝胶等三种胶体结构。沥青的化学组分、化学结构和胶体结构对沥青的性能有密切的相关性。蜡的含量对沥青的高温稳定性、低温抗裂性、与集料的黏附性等都有一定的影响。

石油沥青的技术性质包括黏滞性、塑性、温度稳定性和加热稳定性等，通过学习知道它们的物理意义及测定和表示方法。石油沥青的标号和等级是根据沥青使用的气候分区按针入度划分，并保证相应的延度和软化点，要求能分析这三者之间的相互关系，并根据工程要求选择沥青的标号和等级。应知道影响石油沥青物理化学性能的主要因素，以便通过学习理解石油沥青在使用中应注意的问题。根据黏度曲线（剪应力与剪变力关系）可评价沥青的流变类型。经典的三大指标（针入度、延度和软化点）在现代流变学研究中仍然使用，对高等级路面用沥青应知道其感温性、感时性、劲度的含意及测定方法。

煤沥青与石油沥青成分的不同，它们的性质也有差别。煤沥青的温度稳定性差，大气稳定性较差，在工程中应用较少。但煤沥青的抗腐能力较好，可用于防腐。煤沥青与矿物料的黏结性较好，在石油沥青中可掺入一定量的煤沥青以提高石油沥青的黏结力。但应注意煤沥青的掺入量，若掺入量不恰当，反而破坏了石油沥青的胶体结构而失去黏结力。

乳化沥青的乳化和成膜原理是：水与沥青的表面张力相差大，因此，沥青微粒不可能稳定地、均匀地分散在水中。乳化剂是表面活性物质，它的分子结构是不对称的，有亲水基团和亲油基团，通过乳化剂的“中间桥梁”作用才可能制成水乳型的乳化沥青。乳化沥青与矿料的黏结是归于水分的蒸发，胶团靠拢，挤破乳化薄膜，使沥青颗粒互相团聚而黏结。

由于不同工程所处的环境和使用条件的不同，石油加工厂制造的石油沥青的性质不一定都能满足工程要求。因此可掺入橡胶、树脂、煤焦油及矿物填充料（如石灰石粉、石棉等），以改善石油沥青的性质，使之满足工程要求，这就是改性沥青。

通过本章学习，要求知道沥青的技术标准，熟悉沥青的技术性质；会用石油沥青常规试验方法及主要技术指标评价其路用性能；知道煤沥青和乳化沥青的特点；对改性沥青有基本的了解。

复习思考题

1. 试说明石油沥青的主要组分与技术性质之间的关系？

2. 我国现行的石油沥青化学组分分析方法可将石油沥青分离为哪几个组分？国产石油

沥青在化学组分上有什么特点？

3. 按流变学观点，石油沥青可划分为哪几种胶体结构？各种胶体结构的石油沥青有何特点？

4. 石油沥青的“三大指标”表征沥青哪些特征？

5. 什么是沥青的“老化”？老化后的沥青其性质有哪些变化？

6. 煤沥青在化学组分和性质上有些什么特点？如何用简易方法识别煤沥青和石油沥青？

7. 试述乳化沥青的形成和分裂的机理？

8. 为了改善沥青的路用性质，可以采用一些什么措施？

9. 阳离子乳化沥青的优点。

10. 乳化沥青的分裂速度对使用有何影响

11. 现有A、B、C三种石油沥青，气候分区为2-3区，其性能检测如表4-14，试计算针入度指数PI并确定其标号及等级。

表4-14

性　　能	A	B	C
25℃针入度（1/10mm）	70	95	118
10℃延度	10	23	28
15℃延度	42	60	65
软化点	44	44	41
含蜡量（蒸馏法）%	5.0	2.0	3.0

第五章　沥青混合料

本章提要

本章重点阐述热拌沥青混合料的组成结构、强度形成原理、技术性质、组成材料和设计方法，同时也简要介绍了其他各类沥青混合料。

通过学习，学生必须掌握沥青混合料的组成结构、强度形成原理、技术性质和技术要求，并能按现行方法设计沥青混合料的配合组成，掌握沥青混合料质量的评价方法，同时，对其他各类沥青混合料也应有一般的了解。

第一节　概　　述

沥青混合料是现代沥青路面的主要材料。按照沥青路面的施工工艺要求，沥青与不同组成的矿料可以修建成不同结构的沥青路面。最常用的沥青路面包括：沥青表面处理、沥青贯入式、沥青碎石和沥青混凝土等四种类型。随着高等级沥青路面的发展，沥青玛蹄脂碎石路面的应用也较为广泛。本章重点介绍沥青混凝土混合料和沥青碎石混合料。

按照我国交通行业现行标准《公路沥青路面施工技术规范》（JTG F40—2004）的有关规定，对沥青混合料进行如下定义和分类。

一、沥青混合料的定义

（1）沥青混合料。沥青混合料是由矿料与沥青结合料拌和而成的混合料的总称。最常采用的沥青混合料类型有：沥青混凝土混合料和沥青碎石混合料。

（2）沥青混凝土混合料。沥青混凝土混合料（Asphaltconcretemixture 简称 AC)，是按密级配原理设计组成的各种粒径颗粒的矿料与沥青结合料拌制而成、设计空隙率较小的密实式沥青混凝土混合料。

（3）沥青碎石混合料。沥青稳定碎石混合料的简称，是由矿料和沥青组成的具有一定级配要求的混合料。按空隙率、集料最大粒径、添加矿粉数量的多少，分为密级配沥青碎石混合料（ATB)、开级配沥青碎石混合料（OGFC 表面层及 ATPB 基层）和半开级配沥青碎石混合料（AM)。

（4）沥青玛蹄脂碎石混合料。沥青玛蹄脂碎石混合料（Stone matrix asphalt)，由沥青结合料与少量的纤维稳定剂、细集料以及较多量的填料（矿粉）组成的沥青玛蹄脂，填充于间断级配的粗集料骨架的间隙，而组成一体的沥青混合料，简称 SMA。

二、沥青混合料的分类

1. 按结合料分类

按使用的结合料不同，沥青混合料可分为石油沥青混合料和煤沥青混合料。其中，石油沥青混合料又包括黏稠石油沥青、乳化石油沥青及液体石油沥青混合料。

2. 按矿料的级配类型划分

（1）连续级配沥青混合料。沥青混合料中的矿料是按连续级配原则设计，即从大到小各级粒径都有，按比例相互搭配组成的混合料。

（2）间断级配沥青混合料。连续级配沥青混合料矿料中缺少一个或几个档次粒径的沥青混合料。

3. 按矿料级配组成及空隙率大小划分

（1）密级配沥青混合料。按连续密级配原理设计组成的沥青混合料，按马歇尔试验的技术标准，设计空隙率为3%～6%，对不同交通、气候情况及层位，空隙率可作适当的调整。可分为密级配沥青混凝土混合料（AC）和密级配沥青稳定碎石混合料（ATB）。按关键性筛孔通过率的不同又可分为细型、粗型密级配沥青混合料等（参见表5-14）。沥青玛蹄脂碎石混合料（SMA）也属于密级配沥青混合料，其设计空隙率为3%～4%。

（2）半开级配沥青混合料。由适当比例的粗集料、细集料及少量填料（或不加填料）与沥青结合料拌和而成，经马歇尔标准击实成型的试件剩余空隙率在6%～12%。半开式沥青混合料主要指半开式沥青碎石，以AM表示。

（3）开级配沥青混合料。矿料级配主要由粗集料嵌挤组成、细集料及填料较少、设计空隙率为18%的混合料。如排水式沥青磨耗层（OGFC）及排水式沥青基层（ATPB）。

4. 按矿料公称最大粒径划分

（1）特粗式沥青混合料：集料公称最大粒径等于或大于31.5mm的沥青混合料。

（2）粗粒式沥青混合料：集料公称最大粒径等于或大于26.5mm的沥青混合料。

（3）中粒式沥青混合料：集料公称最大粒径为16mm或19mm的沥青混集料。

（4）细粒式沥青混合料：集料公称最大粒径为9.5mm或13.2mm的沥青混合料。

（5）砂粒式沥青混合料：集料公称最大粒径小于9.5mm的沥青混合料。

5. 按制造工艺划分

（1）热拌热铺沥青混合料。简称热拌沥青混合料，指沥青与矿料在热态拌和、热态铺筑的沥青混合料。

（2）冷拌沥青混合料。是以乳化沥青或稀释沥青与矿料在常温状态下拌制、铺筑的沥青混合料。

（3）再生沥青混合料。指将需翻修或废弃的旧沥青路面，经翻挖、回收、破碎、筛分，与再生剂、新集料、新沥青材料等按一定比例重新拌和，形成具有一定路用性能的再生沥青混合料。可以采用冷再生，也可以采用热再生技术。

第二节　热拌沥青混合料

热拌沥青混合料（Hot mix asphalt，简称HMA），是经人工组配的矿质混合料与黏稠沥青在专门设备中加热拌和而成，用保温运输工具运送至施工现场，并在热态下进行摊铺和压实的混合料，是目前沥青路面主要采用的沥青混合料类型。

一、沥青混合料的组成结构和强度理论

沥青混合料由粗集料、细集料、填料和沥青经配合组成设计混合而成。由于选择的组成材料的质量、矿质混合料的级配类型、选用的沥青用量等因素的影响，沥青混合料可以形成不同的组成结构，并表现出不同的力学性能。

（一）沥青混合料的组成结构

1. 组成结构理论

沥青混合料是由粗集料、细集料、矿粉与沥青以及外加剂所组成的一种复合材料。对于沥青混合料组成结构的研究，目前存在着以下两种相互对立的理论。

（1）表面理论

按传统理解，沥青混合料是由粗集料、细集料和填料组成密实的矿质骨架，沥青结合料分布其表面，从而将它胶结成一个具有强度的整体。该理论较为突出矿质骨料的骨架作用，认为强度的关键是矿质骨料的强度和密实度。

（2）胶浆理论

胶浆理论是近代研究理论，把沥青混合料看作是一种多级空间网状结构的分散系。主要分为三个分散系：

①粗分散系。以粗集料为分散相，分散在沥青砂浆的介质中。

②细分散系。以细集料为分散相，分散在沥青胶浆的介质中。

③微分散系。以矿粉填料为分散相，分散在高稠度的沥青介质中。

该理论认为，三级分散系中以沥青胶浆最为重要，他的组成结构决定沥青混合料的高温稳定性和低温变形能力。目前这一理论较为热门的研究主要为：填料的矿物成分、级配，沥青与矿料内表面的交互作用等因素对沥青混合料性能的影响，以及采用高稠度、大用量沥青和间断级配矿质混合料的研究等等。

2. 沥青混合料的组成结构

沥青混合料的组成结构通常按其矿质混合料的组成分为三种结构类型。

（1）悬浮—密实结构

当采用连续型密级配矿质混合料时，由于细集料较多，粗集料较少，沥青混合料可以获得很大的密实度，但是各级集料均为次级集料所隔开，不能直接靠拢而形成骨架，以悬浮状态存在于次级集料及沥青胶浆之间，形成悬浮—密实结构，其结构组成示意如图 5-1a）。这种结构的沥青混合料虽然密实度较高，并且可以获得较高的黏聚力，但内摩擦角较小，因此高温稳定性较差。按照连续密级配原理设计的 AC 型沥青混凝土是典型的悬浮—密实结构。

（2）骨架—空隙结构

当采用连续型开级配矿质混合料时，由于组成矿质混合料递减系数较大，使粗集料所占的比例较高，细集料则很少，甚至没有。按此组成的沥青混合料，粗集料可以互相靠拢形成骨架，但由于细料数量过少，不能充分填满粗集料之间的空隙，因此形成骨架—空隙结构，如图 5-1b）所示。这种结构的沥青混合料，内摩擦角较高，黏聚力较低，高温稳定性较好。

沥青碎石混合料（AM）及排水式沥青磨耗层混合料（OGFC）是典型的骨架—空隙结构。

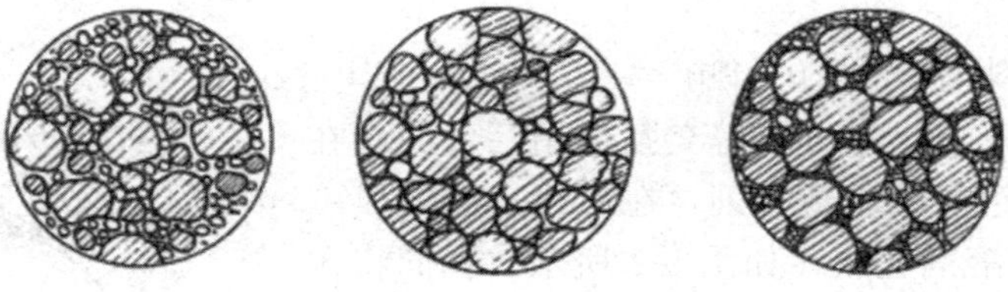

图 5-1 沥青混合料结构组成示意图
a)悬浮—密实结构；b)骨架—空隙结构；c)密实—骨架结构

(3) 密实—骨架结构

当采用间断型密级配矿质混合料时，由于这种矿质混合料断去了中间尺寸粒径的集料，既有较多数量的粗集料可形成空间骨架，同时又有相当数量的细集料可填密骨架的空隙，因此形成密实—骨架结构，如图 5-1c）所示。这种结构的沥青混合料不仅具有较高的密实度、黏聚力和内摩擦角，同时具有较好的高温稳定性。

目前，我国沥青混合料的结构类型主要以悬浮—密实结构为主，这种结构类型的沥青混合料高温易产生车辙，低温易产生裂缝，使用耐久性较差。密实—骨架结构沥青混合料是高等级沥青路面要求的一种发展趋势，目前推广采用的 SMA 沥青玛蹄脂碎石混合料即为密实—骨架型结构。

(二) 沥青混合料的强度理论

沥青路面的主要破坏形式是高温产生车辙和低温出现裂缝。高温破坏的主要原因为，在高温时由于抗剪强度不足或塑性变形过大而产生推挤等现象；低温破坏的主要原因是，由于低温时抗拉强度不足或变形能力较差而产生裂缝现象。目前沥青混合料强度和稳定性理论，主要是要求沥青混合料在高温时必须具有一定的抗剪强度和抵抗变形的能力。

1. 沥青混合料的强度形成原理

通过沥青混合料三轴试验，采用库仑理论分析方法可知：沥青混合料的抗剪强度主要取决于黏聚力和内摩擦角两个参数，即

$$\tau = f(c,\varphi) \tag{5-1}$$

式中：τ——沥青混合料的抗剪强度（MPa）；

c——沥青混合料的黏聚力（MPa）；

φ——沥青混合料的内摩擦角（rad）。

2. 影响沥青混合料抗剪强度的因素

影响沥青混合料抗剪强度的因素有内因和外因两种因素。

1）影响内因

沥青混合料抗剪强度的影响内因主要指其内部组成材料的影响。

(1) 沥青黏度的影响

沥青混合料抗剪强度与沥青的黏度有着密切的关系。在其他因素一定的条件下，沥青混

合料的黏聚力随着沥青黏度的提高而增加，而同时内摩擦角亦稍有提高，因此沥青混合料具有较高的抗剪强度。

(2) 沥青与矿料化学性质的影响

在沥青混合料中，沥青与矿粉交互作用后，沥青在矿粉表面产生化学组分的重新排列，在矿粉表面形成一层厚度为 δ_0 的扩散溶剂化膜，如图 5-2 所示。我们将在此膜厚度以内的沥青称为结构沥青，在此膜厚度以外的沥青称为自由沥青。

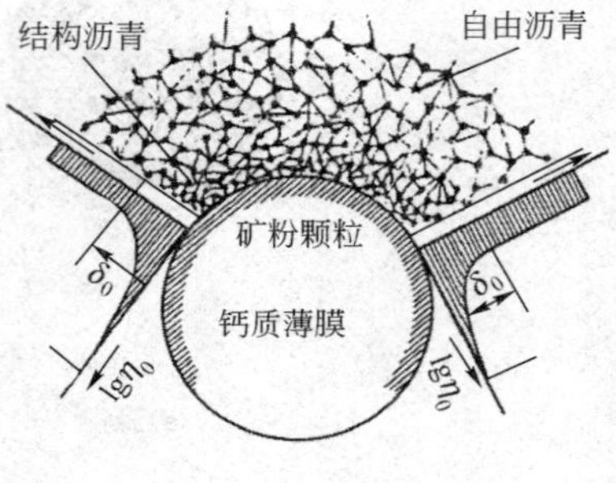

图 5-2　沥青在矿粉表面重排结构示意图

如果矿粉颗粒之间接触处是由结构沥青膜所联结，这样促成沥青具有更高的黏度和更大的扩散溶剂化膜的接触面积，因而可以获得更大的黏聚力。反之，如果颗粒之间接触处是自由沥青所联结，则具有较小的黏聚力。

沥青与矿料相互作用不仅与沥青的化学性质有关，而且与矿料的化学性质也有关。研究认为，石油沥青与碱性石料的黏附性较与酸性石料的黏附性强，是由于在不同性质矿料表面形成不同组成结构和厚度的吸附溶剂化膜。如图 5-3 所示，在石灰石矿粉表面形成较为发育的吸附溶剂化膜，而在石英石矿粉表面则形成发育较差的吸附溶剂化膜。所以在沥青混合料中，当采用石灰石矿粉时，矿粉之间更有可能通过结构沥青来联结，因而具有较高的黏聚力。

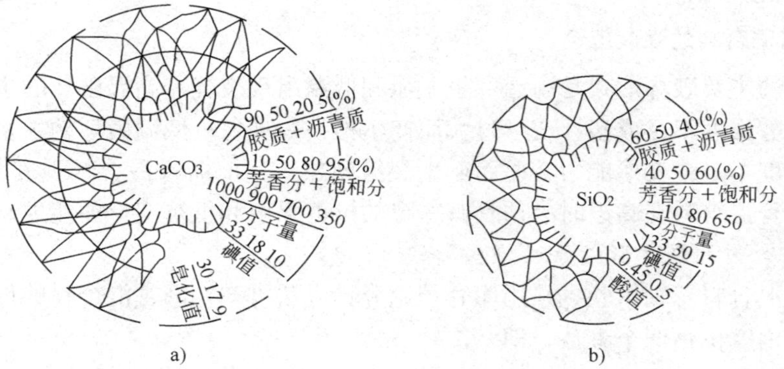

图 5-3　不同矿粉的吸附溶剂化膜结构图

a)石灰石矿粉；b)石英石矿粉

(3) 沥青用量的影响

沥青用量是影响沥青混合料抗剪强度的重要因素，不同沥青用量的沥青混合料结构示意如图 5-4。在沥青用量很少时，不足以形成结构沥青的薄膜来黏结矿料颗粒。随着沥青用量的增加，逐渐形成结构沥青，沥青与矿料间的黏附力随着沥青的用量增加而增加。当沥青用量足以形成薄膜并充分黏附矿粉颗粒表面时，具有最大的黏聚力。随着沥青用量的继续增加，则由于沥青用量过多而形成自由沥青，使沥青胶浆的黏聚力随着自由沥青的增加而降低。沥青用量不仅影响沥青混合料的黏聚力，同时也影响沥青混合料的内摩擦角。

（4）矿料比表面积的影响

在相同的沥青用量条件下，矿料的比表面积愈大，与沥青产生交互作用所形成的沥青膜愈薄，则在沥青中结构沥青所占的比率愈大，因而沥青混合料的黏聚力也愈高。

通常在工程应用中，以单位质量集料的总表面积来表示表面积的大小，称为比表面积（简称比面）。一般沥青混合料中矿粉用量大约只占7%左右，但其表面积却占矿质混合料总表面积的80%以上，所以矿粉的性质和用量对沥青混合料的抗剪强度影响很大，提高矿粉的细度可以增加矿粉比面。选用矿粉，一般<0.075mm粒径的含量不要过少，但是<0.005mm部分的含量不宜过多，否则沥青混合料易结团，不易施工。

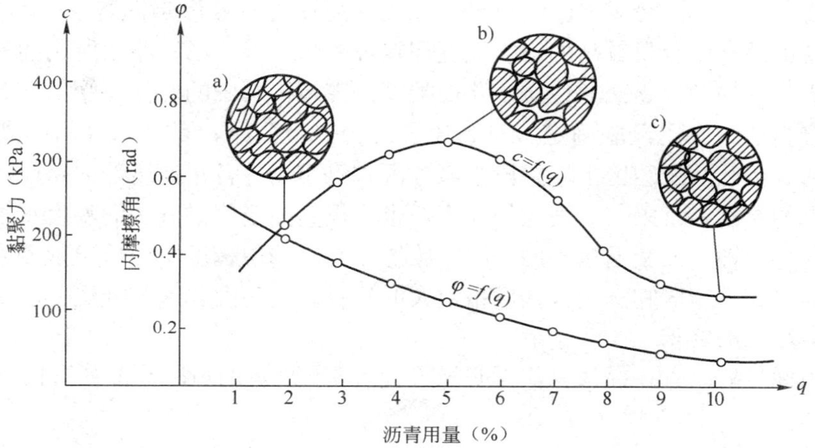

图5-4　不同沥青用量时的沥青混合料结构和c、φ值变化示意图

a)沥青用量不足；b)沥青用量适中；c)沥青用量过量

（5）矿质集料的级配类型、粒度、表面性质的影响

矿质混合料采用密级配、开级配和间断级配等不同级配类型，沥青混合料的抗剪强度亦不相同。在沥青混合料中，矿质集料的粗度、形状和表面粗糙度对沥青混合料的抗剪强度都具有极为明显的影响。

试验证明，要使矿质混合料获得较大的内摩擦角，必须采用粗大、均匀的颗粒。在其他条件一定下，矿质集料颗粒愈粗，所配制成的沥青混合料的内摩擦角愈高。相同粒径组成的集料，卵石的内摩擦角较碎石的低。

2）影响外因

（1）温度的影响

沥青混合料是一种热塑性材料，他的抗剪强度随着温度的升高而降低。在材料参数中，黏聚力值随温度升高而显著降低，但是内摩擦角受温度变化的影响较少。

（2）变形速率的影响

沥青混合料是一种黏—弹性材料，它的抗剪强度与变形速率有密切关系。在其他条件相同的情况下，黏聚力值随变形速率的增加而显著提高，而变形速率对沥青混合料的内摩擦角影响较小。

二、沥青混合料的组成材料

沥青混合料的技术性质决定于组成材料的性质、组成配合的比例和混合料的制备工艺等因素。为保证沥青混合料的技术性质，首先应根据沥青混合料各组成材料的技术要求，正确选择符合质量要求的组成材料。

沥青混合料组成材料的选用和检验是保证沥青混合料配合比设计的关键。沥青路面使用的各种材料运至现场后必须取样进行质量检验，经评定合格后方可使用。

1. 道路石油沥青

沥青是沥青混合料中最重要的组成材料，其性能优劣直接影响沥青混合料的技术性质。通常，为使沥青混合料获得较高的力学强度和较好的耐久性，沥青路面所用的沥青标号，宜按照公路等级、气候条件、交通性质、路面类型、在结构层中的层位及受力特点、施工方法等因素，结合当地的使用经验确定。对高速公路、一级公路，夏季温度高、高温持续时间长、重载交通、山区及丘陵区上坡路段、服务区、停车场等行车速度慢的路段，尤其是汽车荷载剪应力大的层次，宜采用稠度大的沥青，也可提高高温气候分区的温度水平选用沥青等级；对冬季寒冷的地区或交通量小的公路、旅游公路宜选用稠度小、低温延度大的沥青；对日温差、年温差大的地区宜选用针入度指数大的沥青。当高温要求与低温要求发生矛盾时应优先考虑高温性能的要求。

选用适当标号的沥青，经检验质量必须符合表4-6规定的道路石油沥青的各项技术指标的要求。

当缺乏所需标号的沥青时，可采用不同标号沥青掺配的调和沥青，其掺配比例应由试验决定。掺配后的沥青技术指标亦应符合表4-7道路液体石油沥青的技术要求。

道路石油沥青在储存时，必须按品种、标号分开存放。沥青在储罐中的储存温度宜在130℃～170℃的范围内。沥青在储运、使用和存放过程中应有良好的防水措施。

2. 粗集料

沥青混合料用粗集料可选用碎石、破碎砾石、筛选砾石、钢渣、矿渣等，但高速公路和一级公路不得使用筛选砾石和矿渣。

粗集料应该具备一定的力学性质，且洁净、干燥、表面粗糙，质量应符合表5-1的规定。对受热易变质的集料，宜采用经拌和机烘干后的集料并进行检验。

沥青混合料用粗集料质量技术要求　　表5-1

技术指标		单位	高速公路及一级公路		其他等级公路		试验方法
			表面层	其他层次	表面层	其他层次	
石料压碎值	不大于	%	26	28	30		T0316
洛杉矶磨耗损失	不大于	%	28	30	35		T0317
表观相对密度	不小于	—	2.60	2.50	2.45		T0304
吸水率	不大于	%	2.0	3.0	3.0		T0304
坚固性	不大于	%	12	12	—		T0314

续上表

技术指标		单　位	高速公路及一级公路		其他等级公路		试验方法
			表面层	其他层次	表面层	其他层次	
针片状颗粒含量（混合料）	不大于	%	15	18	20		T0312
其中粒径大于 9.5mm	不大于	%	12	15	—		
其中粒径小于 9.5mm	不大于	%	18	20	—		
水洗法＜0.075mm 颗粒含量	不大于	%	1	1	1		T0310
软石含量	不大于	%	3	5	5		T0320
破碎砾石的破碎面　不小于	1 个破碎面	%	100	90	80	70	T0361
	≥2 个破碎面		90	80	60	50	

注：1. 坚固性试验根据需要进行；

2. 用于高速公路、一级公路时，多孔玄武岩的视密度可放宽至 $2.45t/m^3$，吸水率可放宽至 3%，但必须得到建设单位的批准，且不得用于 SMA 路面。

3. 对 S14 即 3～5 规格的粗集料，针片状颗粒含量可不予要求，＜0.075mm 含量可放宽到 3%。

粗集料的粒径规格应符合表 5-2 的规定，当单一规格的集料级配不合格，但不同粒径规格的集料按级配组成的矿质混合料指标能符合规范要求（表 5-15）时，允许使用。

沥青混合料用粗集料规格　　表 5-2

规格名称	公称粒径（mm）	通过下列筛孔（mm）的质量百分率（%）												
		106	75	63	53	37.5	31.5	26.5	19.0	13.2	9.5	4.75	2.36	0.6
S1	40～75	100	90～100	—	—	0～15	—	0～5						
S2	40～60		100	90～100	—	0～15	—	0～5						
S3	30～60		100	90～100	—	—	0～15	—	0～5					
S4	25～50			100	90～100	—	—	0～15	—	0～5				
S5	20～40				100	90～100	—	—	0～15	—	0～5			
S6	15～30					100	90～100	—	—	0～15	—	0～5		
S7	10～30					100	90～100	—	—	—	0～15	0～5		
S8	10～25						100	90～100	—	0～15	—	0～5		
S9	10～20							100	90～100	—	0～15	0～5		
S10	10～15								100	90～100	0～15	0～5		
S11	5～15								100	90～100	40～70	0～15	0～5	
S12	5～10									100	90～100	0～15	0～5	
S13	3～10									100	90～100	40～70	0～20	0～5
S14	3～5										100	90～100	0～15	0～3

高速公路、一级公路沥青路面的表面层（或磨耗层）的粗集料的磨光值应符合表 5-3 的要求。除 SMA、OGFC 路面外，允许在硬质粗集料中掺加部分较小粒径的磨光值达不到要求的粗集料，其最大掺加比例由磨光值试验确定。

粗集料与沥青的黏附性应符合表 5-3 的要求，当使用不符合要求的粗集料时，宜掺加消石灰、水泥或用饱和石灰水处理后使用，必要时可同时在沥青中掺加耐热、耐水、长期性能好的抗剥落剂，也可采用改性沥青的措施，使沥青混合料的水稳定性检验达到要求。

粗集料与沥青的黏附性、磨光值的技术要求 表 5-3

雨量气候区	1（潮湿区）	2（湿润区）	3（半干区）	4（干旱区）	试验方法
年降雨量（mm）	＞1000	1000～500	500～250	＜250	
粗集料的磨光值 PSV 不小于 高速公路、一级公路表面层	42	40	38	36	T0321
粗集料与沥青的黏附性 不小于 高速公路、一级公路表面层 高速公路、一级公路的其他层次及其他等级公路的各个层次	 5 4	 4 4	 4 3	 3 3	 T0616 T0663

3. 细集料

沥青路面选用的细集料，可采用天然砂、机制砂和石屑。细集料应洁净、干燥、无风化、无杂质，并有适当的颗粒级配，其质量应符合表 5-4 的规定。细集料的洁净程度，天然砂以小于 0.075mm 含量的百分数表示；石屑和机制砂以砂当量（适用于 0～4.75mm）或亚甲蓝值（适用于 0～2.36mm 或 0～0.15mm）表示。

沥青混合料用细集料质量要求 表 5-4

项目		单位	高速公路、一级公路	其他等级公路	试验方法
表观相对密度	不小于	—	2.50	2.45	T0328
坚固性（＞0.3mm 部分）	不小于	%	12	—	T0340
含泥量（小于 0.075mm 的含量）	不大于	%	3	5	T0333
砂当量	不小于	%	60	50	T0334
亚甲蓝值	不大于	g/kg	25	—	T0349
棱角性（流动时间）	不小于	s	30	—	T0345

注：坚固性试验可根据需要进行。

天然砂可采用河砂或海砂，通常宜采用粗砂和中砂，其规格应符合表 5-5 的规定。热拌密级配沥青混合料中天然砂的用量通常不宜超过集料总量的 20%，SMA 和 OGFC 混合料不宜使用天然砂。

沥青混合料用天然砂规格 表 5-5

筛孔尺寸（mm）	通过各筛孔的质量百分率（%）		
	粗砂	中砂	细砂
9.5	100	100	100
4.75	90～100	90～100	90～100
2.36	65～95	75～90	85～100
1.18	35～65	50～90	75～100
0.6	15～30	30～60	60～84
0.3	5～20	8～30	15～45
0.15	0～10	0～10	0～10
0.075	0～5	0～5	0～5

石屑是采石场破碎石料时通过 4.75mm 或 2.36mm 的筛下部分，其规格应符合表 5-6 的要求。机制砂是由制砂机生产的细集料，其级配应符合 S16 的要求。高速公路和一级公路的沥青混合料，宜将 S14 与 S16 组合使用，S15 可用于沥青稳定碎石基层或其他等级公路。

沥青混合料用机制砂或石屑规格　　表 5-6

规　格	公称粒径 (mm)	水洗法通过各筛孔的质量百分率（%）							
		9.5	4.75	2.36	1.18	0.6	0.3	0.15	0.075
S15	0～5	100	90～100	60～90	40～75	20～55	7～40	2～20	0～10
S16	0～3	—	100	80～100	50～80	25～60	8～45	0～25	0～15

4. 填料

填料在沥青混合料中的作用非常重要，沥青混合料主要依靠沥青与矿粉的交互作用形成具有较高黏结力的沥青胶浆，将粗细集料结合成一个整体。沥青混合料所用矿粉最好采用石灰岩或岩浆岩中的强基性岩石等憎水性石料经磨细得到的矿粉，原石料中的泥土杂质应除净。矿粉应干燥、洁净，能自由地从矿粉仓流出，其质量应符合表 5-7 的要求。

沥青混合料用矿粉质量技术要求　　表 5-7

指　　标	单　　位	高速公路、一级公路	其他等级公路	试 验 方 法
表观密度　　不小于	t/m^3	2.50	2.45	T0352
含水量　　不大于	%	1	1	T0103 烘干法
粒度范围：<0.6mm <0.15mm <0.075mm	% % %	100 90～100 75～100	100 90～100 70～100	T0351
外观	—	无团粒结块		—
亲水系数	—	<1		T0353
塑性指数	—	<4		T0354
加热安定性	—	实测记录		T0355

拌和机的粉尘也可作为矿粉的一部分回收使用。回收粉尘的用量不得超过填料总量的 25%，掺有粉尘填料的塑性指数不得大于 4%。

粉煤灰作为填料使用时，其用量不得超过填料总量的 50%，烧失量应小于 12%，与矿粉混合后的塑性指数应小于 4%。高速公路、一级公路的沥青面层不宜采用粉煤灰做填料。

三、沥青混合料的技术性质和技术标准

沥青混合料是现代高等级道路应用的主要材料，具有许多其他建筑材料无法比拟的优越性，其特点如下：

(1) 沥青混合料是一种黏弹性材料，具有良好的力学性质，铺筑的路面平整无接缝，振

动小，噪声低，行车舒适。

（2）路面平整且有一定的粗糙度，耐磨性好，无强烈反光，有利于行车安全。

（3）施工方便，不需养护，能及时开放交通。

（4）维修简单，旧沥青混合料可再生利用。

但是，沥青混合料路面目前还存在着易老化、温度稳定性差等缺点。因此，沥青路面在使用中要承受行驶车辆荷载的反复作用，以及环境因素的长期影响，要使沥青路面获得良好的使用性能，沥青混合料首先应具备多方面的技术性质。

（一）沥青混合料的技术性质

1. 高温稳定性

沥青混合料高温稳定性是指沥青混合料在夏季高温（通常为60℃）条件下，经车辆荷载长期重复作用后，不产生车辙和波浪等病害的性能。

评价沥青混合料高温稳定性的方法有多种，目前我国实际工作中，按现行规范要求采用马歇尔稳定度试验和车辙试验方法进行测定和评价。

（1）马歇尔试验

马歇尔稳定度试验方法最早由美国密西西比州公路局布鲁斯·马歇尔（BruceMarshall）提出，迄今已经历了半个多世纪。随着沥青混合料高温稳定性试验方法的不断研究表明，马歇尔试验在评价沥青混合料的性能方面并不完善，但因设备简单、操作方便、经验数据较为成熟，仍被世界上许多国家所采用，也是目前我国评价沥青混合料高温性能的主要试验之一。

马歇尔试验用于测定沥青混合料试件的破坏荷载和抗变形能力，是将沥青混合料制成直径为101.6mm、高为63.5mm的圆柱体试件，在高温（60℃）的条件下，保温30～40min，然后将试件放置于马歇尔稳定度仪上，如图5-5所示，以（50±5）mm/min的形变速度加荷，直至试件破坏，测定稳定度（MS）、流值（FL）两项指标。马歇尔稳定度与流值关系见图5-6。

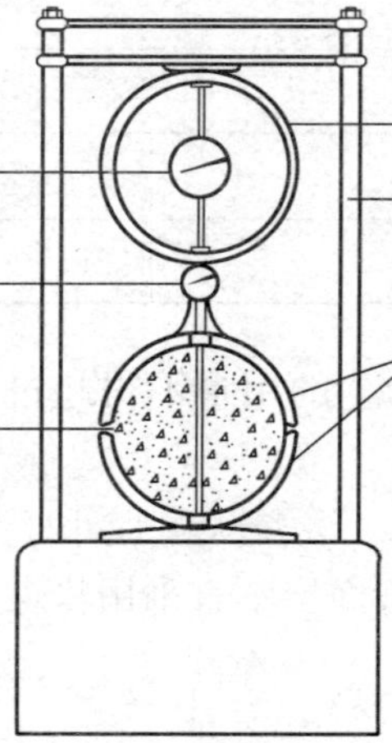

图5-5 马歇尔稳定度仪

1-百分表；2-应力环；3-流值表；4-压力架；5-试件；6-半圆形压头

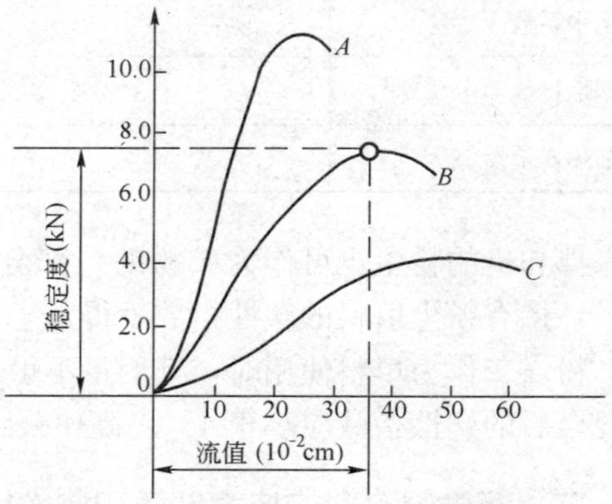

图5-6 马歇尔稳定度与流值关系图

稳定度是指标准尺寸试件在规定温度和加荷速度下，在马歇尔仪上试件破坏是的最大荷载，单位 kN。流值是达到最大破坏荷载时试件的垂直变形，单位 mm。马歇尔模数由稳定度和流值计算得到，为稳定度除以流值的商，单位 kN/mm。

$$T=\frac{\mathrm{MS}}{\mathrm{FL}} \tag{5-2}$$

式中：T——马歇尔模数（kN/mm）；

MS——稳定度（kN）；

FL——流值（mm）。

有学者研究认为：马歇尔模数与车辙深度有一定的相关性，马歇尔模数愈大，车辙深度愈小。因此，马歇尔模数可以间接地反映沥青混合料的抗车辙能力。

（2）车辙试验

目前车辙试验采用标准成型的方法：将沥青混合料制成 300mm×300mm×50mm 的标准试件，在 60℃的温度条件下，以一定荷载的轮子（轮压 0.7MPa），在同一轨迹上作一定时间的反复行走，形成一定的车辙深度，然后计算试件变形 1mm 所需试验车轮行走的次数，即为动稳定度，单位：次/mm。

$$\mathrm{DS}=\frac{(t_2-t_1)\cdot 42}{d_2-d_1}\cdot c_1\cdot c_2 \tag{5-3}$$

式中：DS——沥青混合料动稳定度（次/mm）；

d_1，d_2——时间 t_1 和 t_2 的变形量（一般 $t_1=45\mathrm{min}$、$t_2=60\mathrm{min}$）（mm）；

42——每分钟行走次数（次/min）；

c_1——试验机修正系数，曲柄连杆驱动试件的变速行走方式为 1.0；链驱动试验轮的等速方式为 1.5；

c_2——试验修正系数，试验室制备的宽 300mm 的试件为 1.0；从路面切割的宽 150mm 的试件为 0.8。

影响沥青混合料高温稳定性的主要因素有沥青的用量，沥青的黏度，矿料的级配、尺寸、形状等。沥青用量过大，不仅降低沥青混合料的内摩阻力，而且在夏季容易产生泛油现象，因此，适当减少沥青的用量，可使矿料颗粒更多地以结构沥青的形式相联结，增加混合料的黏聚力和内摩阻力。沥青的高温黏度越大，与集料的黏附性越好，相应的沥青混合料的抗高温变形能力就越强。采用合理级配的矿料，混合料可形成骨架密实结构，使黏聚力和内摩阻力都较大。采用表面粗糙、多棱角、颗粒接近立方体的碎石集料，经压实后集料颗粒间能够形成紧密的嵌锁作用，增大沥青混合料的内摩擦角，有利于增强沥青混合料的高温稳定性。另外，可以使用合适的外加剂，来改善沥青混合料的性能。这些措施，均可提高沥青混合料的抗剪强度和减少塑性变形，从而增强其高温稳定性。

2. 低温抗裂性

沥青混合料不仅应具备高温稳定性，同时还要具有低温抗裂性，以保证路面在冬季低温时不产生裂缝。

一般认为，沥青混合料路面的低温收缩开裂主要有两种形式。一种是由于气温骤降造成材料低温收缩，在有约束的沥青混合料面层内产生的温度应力超过沥青混合料在相应温度下的抗拉强度时造成的开裂。另一种形式是低温收缩疲劳裂缝。这是由于在沥青混合料经受长期多次的温度循环后，沥青混合料的极限拉伸应变变小，应力松弛性能降低，这样，就会在温度应力小于其相应温度原始抗拉强度时产生开裂，即经受长期多次的降温循环后材料的抗拉强度降低，变成温度疲劳强度，在温度应力超过此温度疲劳强度时就会产生开裂。这种裂缝主要发生在温度变化频繁的温和地区。

沥青混合料低温抗裂性目前仍处于研究阶段，目前世界上采用的评价方法主要有：沥青混合料在低温时的纯拉劲度、温度收缩系数、抗拉强度、极限应变等参数作为沥青混合料在低温时的特征参数，用温度应力与抗拉强度对比的方法来预估沥青混合料的断裂温度。

我国现行规范建议采用低温线收缩系数试验、低温弯曲试验及低温劈裂试验评价沥青混合料的低温抗裂性能。根据《公路沥青路面施工技术规范》（JTG F40—2004）规定，沥青混合料配合比设计的低温抗裂性能检验采用的是低温弯曲试验。将轮碾成型后切制的30mm（宽）×35mm（高）×250mm（长）的棱柱体小梁试件（跨径200mm）按50mm/min的加载速度在跨中施加集中荷载至断裂破坏。由破坏时的最大荷载求得试件的抗弯强度，由破坏时的跨中挠度求得沥青混合料的破坏弯拉应变，两者之比值为破坏时的弯曲劲度模量。

沥青混合料低温抗裂性能与其低温劲度模量成反比。而影响沥青混合料低温劲度的最主要因素是沥青的黏度和温度敏感性。试验表明：针入度较大、温度敏感性较低的沥青低温劲度较小，抗裂能力较强。所以在寒冷地区，可采用稠度较低、劲度较低的沥青，或选择松弛性能较好的橡胶类改性沥青来提高沥青混合料的低温抗裂性。

3. 耐久性

沥青混合料路面在使用中由于长期受到自然因素和车辆荷载的反复作用，为保证路面具有较长的使用年限，沥青混合料必须具有良好的耐久性。沥青混合料的耐久性有多方面的含义，其中较为重要的是水稳定性、耐老化性和耐疲劳性。

1）沥青混合料的体积参数

沥青混合料的老化除由施工中对沥青的反复加热引起外，主要是铺筑好的沥青路面长期受到空气中的氧、水和紫外线等因素的作用，使沥青变硬发脆，变形能力下降，最终产生老化，导致路面产生裂纹和裂缝等病害。水稳定性的影响，是由于水的作用促使沥青从矿料表面剥离，而降低沥青混合料的黏结强度，造成沥青混合料松散，当松散粒料被车轮带走后便形成了大小不等的坑槽等水损害现象。在沥青路面的破坏中，往往上述因素综合作用，这样更加剧了沥青路面的破坏，缩短路面的使用寿命。

除沥青的化学性质、矿料的矿物成分等因素的影响外，沥青混合料的空隙率是从混合料组成结构分析的一个重要因素。空隙率的大小取决于矿料的级配、沥青的用量及压实程度等多个方面。从耐久性方面考虑，希望沥青混合料的空隙率尽量减少，以防止水的渗入和日光紫外线等成分介入。但沥青混合料中还必须残留一部分空隙，以备夏季沥青材料的膨胀变形之用。另外，沥青含量的多少也是影响沥青混合料耐久性的重要因素。沥青用量的大小决定了沥青混合料内部沥青膜分布的厚度，特别薄的沥青膜容易老化、变脆，耐老化性较低，同时，还增大了渗水率，造成水损害。

我国现行规范采用空隙率、饱和度和残留稳定度等指标来表征沥青混合料的耐久性。

小贴士

沥青混合料的常用体积参数

（1）沥青混合料试件的毛体积相对密度

沥青混合料试件的毛体积密度是指沥青混合料单位毛体积（等于沥青混合料实体体积、不吸水的闭口孔隙和吸收水分的开口孔隙的体积之和）的干质量。

对吸水率较小（一般为0.5%～2%）的试件，采用表干法测定压实沥青混合料试件的毛体积相对密度，计算公式如（5-4）；毛体积密度的计算如式（5-5），计算结果均取3位小数。

$$\gamma_f = \frac{m_a}{m_f - m_a} \tag{5-4}$$

$$\rho_f = \frac{m_a}{m_f - m_a} \times \rho_w \tag{5-5}$$

式中：γ_f——试件的毛体积相对密度，无量纲；

ρ_f——试件的毛体积密度（g/cm^3）；

m_a——干燥试件的空中质量（g）；

m_f——试件的表干质量（g）。

试件的吸水率是指试件吸水体积占沥青混合料毛体积的百分率，计算公式如下，取1位小数。

$$S_a = \frac{m_f - m_a}{m_f - m_w} \times 100 \tag{5-6}$$

式中：S_a——试件的吸水率（%）；

m_w——试件的水中质量（g）；

其他符号意义同前。

对吸水率大于2%的试件，宜改用蜡封法测定的毛体积相对密度。对吸水率小于0.5%的特别致密的沥青混合料，在施工质量检验时，允许采用水中重法测定的表观相对密度作为标准密度，钻孔试件也采用相同方法，但配合比设计时不得采用水中重法。

（2）沥青混合料的最大理论相对密度

沥青混合料的最大理论密度是指压实沥青混合料试件全部为矿料和沥青所组成，即空隙率为零的最大密度。可以采用真空法测定沥青混合料的最大理论相对密度，也可按下式计算，计算结果取1位小数。

$$\gamma_t = \frac{100 + P_a}{\dfrac{100}{\gamma_{se}} + \dfrac{P_a}{\gamma_b}} \tag{5-7}$$

或

$$\gamma_t = \frac{100}{\dfrac{P_s}{\gamma_{se}} + \dfrac{P_b}{\gamma_b}} \tag{5-8}$$

式中：γ_t——相对于计算油石比 P_a 或沥青用量 P_b 时，沥青混合料的最大理论相对密度，无量纲；

P_s——所计算的沥青混合料的矿料含量，$P_s=100-P_b$（%）；

P_a——预估的最佳油石比（%）；

P_b——预估的最佳沥青用量，$P_b=P_a/(1+P_a)$（%）；

γ_b——沥青的相对密度（25℃），无量纲；

γ_{se}——合成矿料的有效相对密度。

$$\gamma_{se}=\frac{100-P_b}{\frac{100}{\gamma_t}-\frac{P_b}{\gamma_b}} \tag{5-9}$$

式中：γ_t——试验沥青用量条件下实测得到的最大相对密度，无量纲。

(3) 沥青混合料试件的空隙率

沥青混合料试件的空隙率是指压实状态下沥青混合料内矿料与沥青以外的空隙（不包括矿料自身内部的孔隙）的体积占试件总体积的百分率。按式（5-10）计算，计算结果取1位小数。

$$VV=\left(1-\frac{\gamma_f}{\gamma_t}\right)\times 100 \tag{5-10}$$

式中：VV——试件的空隙率（%）；

γ_t，γ_f——意义同前。

(4) 沥青混合料试件的矿料间隙率

矿料间隙率是指压实沥青混合料试件中全部矿料部分以外的体积占试件总体积的百分率，等于试件空隙率与沥青体积百分率之和。计算公式如（5-11），计算结果取1位小数。

$$VMA=\left(1-\frac{\gamma_f}{\gamma_{sb}}\times P_s\right)\times 100 \tag{5-11}$$

式中：VMA——试件的矿料间隙率（%）；

γ_f，P_s——意义同前；

γ_{sb}——矿料混合料的合成毛体积相对密度γ_{sb}，按下式计算。

$$\gamma_{sb}=\frac{100}{\frac{P_1}{\gamma_1}+\frac{P_2}{\gamma_2}+\cdots\cdots+\frac{P_n}{\gamma_n}} \tag{5-12}$$

式中：P_1，P_2，…，P_n——各种矿料成分的配合比，其和为100；

γ_1，γ_2，…，γ_n——各种矿料相应的毛体积相对密度。

(5) 沥青混合料试件的有效沥青饱和度

有效沥青饱和度是指压实沥青混合料试件矿料间隙中，扣除被集料吸收的沥青以外的有效沥青结合料部分的体积在矿料间隙率中所占的百分率。计算公式如（5-13），计算结果取1位小数。

$$VFA=\frac{VMA-VV}{VMA}\times 100 \tag{5-13}$$

式中：VFA——试件的有效沥青饱和度试件的空隙率（%）。

VV、VMA——意义同前。

（6）沥青混合料的残留稳定度

我国现行规范采用浸水马歇尔试验和冻融劈裂试验来检验沥青混合料的水稳定性。残留稳定度是指浸水马歇尔试验通过测定浸水48h马歇尔试件的稳定度与常规测定的马歇尔试件的稳定度的比值，作为评价水稳性的指标。计算公式如（5-14）。

$$MS_0=\frac{MS_1}{MS}\times 100 \tag{5-14}$$

式中：MS_0——试件的残留稳定度（%）；

MS_1——试件浸水48h（或真空饱水后浸水48h）后的稳定度（kN）。

残留稳定度越大，混合料的水稳性越高。冻融劈裂试验是以沥青混合料试件受水冻融循环作用后的劈裂破坏强度与试件受冻前的劈裂破坏强度的比值，称为残留强度比，作为水稳定性的评价指标。其值越大，沥青混合料在水冻融循环作用下的水稳性越高。

2）沥青混合料的耐疲劳性

沥青混合料的疲劳是材料在荷载重复作用下产生不可恢复的强度衰减积累所引起的一种现象。显然，荷载的重复作用次数越多，强度的降低也就越剧烈，它所能承受的应力或应变值就愈小。通常把沥青混合料出现疲劳破坏的重复应力值称作疲劳强度，相应的应力重复作用次数称为疲劳寿命。沥青混合料的耐疲劳性即是混合料在反复荷载作用下抵抗这种疲劳破坏的能力。

沥青混合料疲劳试验方法主要有：实际路面在真实汽车荷载作用下的疲劳破坏试验；足尺路面结构在模拟汽车荷载作用下的疲劳试验研究，包括大型环道试验和加速加载试验；试板试验法；试验室小型试件的疲劳试验研究。前三种试验研究方法耗资大、周期长，因此周期短、费用较少的室内小型疲劳试验（包括简单弯曲试验、间接拉伸试验等）较多采用。

影响沥青混合料疲劳寿命的因素很多，诸如荷载历史、加载速率、施加应力或应变波谱的形式、荷载间歇时间、试验的方法和试件成型、混合料劲度、混合料的沥青用量、混合料的空隙率、集料的表面性状、温度、湿度等等。

在相同荷载数量重复作用下，疲劳强度下降幅度小的沥青混合料，或疲劳强度变化率小的沥青混合料，其耐疲劳性好，从使用寿命看，其路面的耐久性就高。

4. 抗滑性

沥青路面的抗滑性是保证道路交通安全的一个重要因素，特别对于高速公路，保证沥青路面的抗滑性尤为重要。我国现行规范在对沥青混合料的技术要求中没有规定抗滑性指标，但沥青混合料的抗滑性一般通过矿质集料的微表面性质、混合料的级配组成、沥青的质量和用量，以及沥青路面的抗滑性等方面进行控制。

为提高沥青路面的抗滑能力，配料时应选择表面粗糙、坚硬、耐磨、抗冲击性好、耐磨光性高的粗集料。坚硬耐磨的集料多为酸性石料，通常，采用在软质集料中掺加一部分硬质集料和掺加抗剥剂或采用石灰水处理集料表面等措施，提高粗集料的耐磨性，以及与沥青的黏附性。对高速公路、一级公路表面层的粗集料，我国现行规范提出了磨光值的技术要求。

沥青用量对抗滑性的影响非常敏感，若沥青用量超过最佳用量的0.5%，就会使沥青路面的抗滑系数明显降低。含蜡量对沥青混合料的抗滑性也有明显影响，我国现行交通行业标准对道路石油沥青的含蜡量指标做了控制，规定含蜡量为：A级沥青不大于2.2%，B级沥青不大于3.0%，C级沥青不大于4.5%。

5. 施工和易性

沥青混合料应具备良好的施工和易性，保证混合料易于拌和、摊铺和碾压。影响沥青混合料施工和易性的因素很多，诸如沥青混合料组成材料的技术品质、用量比例，以及施工条件等。

从混合料的性质来看，矿料的级配和沥青用量是主要的影响因素。如采用开级配或间断级配的矿料，粗细集料的颗粒尺寸相距过大，或缺乏中间尺寸，沥青混合料容易离析。如细集料太少，沥青层就不容易均匀地分布在粗颗粒表面；细集料过多，则使拌和困难。当沥青用量过少，或矿粉用量过多时，沥青混合料容易产生疏松不易压实；若沥青用量过多，或矿粉质量不好，则容易使混合料粘结成团，不易摊铺。

施工条件是另一项影响沥青混合料和易性的重要因素。如施工温度的控制，当温度过低，沥青混合料则难以拌和均匀，不易达到规定的压实度；但温度过高，则会引起沥青老化，严重影响沥青混合料的使用性能。

目前，尚无成熟的评价沥青混合料施工和易性的方法和指标，生产上大都凭目测鉴定其和易性能，根据经验进行调控。

（二）沥青混合料的技术标准

我国现行交通行业标准《公路沥青路面施工技术规范》（JTG F40—2004）对热拌沥青混合料的主要技术指标规定如下，并且要求应有良好的施工性能。

1. 密级配沥青混凝土混合料马歇尔试验技术标准

密级配沥青混凝土混合料马歇尔试验的技术标准列于表5-8，适用于公称最大粒径不大于26.5mm的密级配沥青混凝土。

密级配沥青混凝土混合料马歇尔试验技术标准

（本表适用于公称最大粒径≤26.5mm的密级配沥青混凝土混合料）　表5-8

<table>
<tr><th colspan="2" rowspan="3">试验指标</th><th rowspan="3">单位</th><th colspan="4">高速公路、一级公路</th><th rowspan="3">其他等级公路</th><th rowspan="3">行人道路</th></tr>
<tr><th colspan="2">夏炎热区（1-1、1-2、1-3、1-4区）</th><th colspan="2">夏热区及夏凉区（2-1、2-2、2-3、2-4、3-2区）</th></tr>
<tr><th>中轻交通</th><th>重载交通</th><th>中轻交通</th><th>重载交通</th></tr>
<tr><td colspan="2">击实次数（双面）</td><td>次</td><td colspan="4">75</td><td>50</td><td>50</td></tr>
<tr><td colspan="2">试件尺寸</td><td>mm</td><td colspan="6">ϕ101.6mm×63.5mm</td></tr>
<tr><td rowspan="2">空隙率 VV</td><td>深约90mm以内</td><td>%</td><td>3～5</td><td>4～6</td><td>2～4</td><td>3～5</td><td>3～6</td><td>2～4</td></tr>
<tr><td>深约90mm以下</td><td>%</td><td colspan="2">3～6</td><td>2～4</td><td>3～6</td><td>3～6</td><td>—</td></tr>
<tr><td colspan="2">稳定度MS不小于</td><td>kN</td><td colspan="4">8</td><td>5</td><td>3</td></tr>
<tr><td colspan="2">流值FL</td><td>mm</td><td>2～4</td><td>1.5～4</td><td>2～4.5</td><td>2～4</td><td>2～4.5</td><td>2～5</td></tr>
</table>

续上表

试验指标		单位	高速公路、一级公路				其他等级公路	行人道路
			夏炎热区（1-1、1-2、1-3、1-4区）		夏热区及夏凉区（2-1、2-2、2-3、2-4、3-2区）			
			中轻交通	重载交通	中轻交通	重载交通		
矿料间隙率VMA不小于	设计空隙率（%）	%	相应于以下公称最大粒径（mm）的最小VMA及VFA技术要求（%）					
			26.5	19	16	13.2	9.5	4.75
	2		10	11	11.5	12	13	15
	3		11	12	12.5	13	14	16
	4		12	13	13.5	14	15	17
	5		13	14	14.5	15	16	18
	6		14	15	15.5	16	17	19
沥青饱和度VFA		%	55～70	65～75			70～85	

注：1. 重载交通是指设计交通量在1000万辆以上的路段，长大坡度的路段按重载交通路段考虑；
2. 对空隙率大于5%的夏炎热区重载交通路段，施工时应至少提高压实度1个百分点；
3. 当设计的空隙率不是整数时，由内插确定要求的VMA最小值。
4. 对改性沥青混合料，马歇尔试验的流值可适当放宽。

2. 沥青混合料高温稳定性车辙试验的技术标准

对用于高速公路和一级公路的公称最大粒径等于或小于19mm的密级配沥青混合料，以及SMA、OGFC混合料，按规定方法进行车辙试验，动稳定度应符合表5-9的要求。二级公路可参照此要求执行。

沥青混合料车辙试验动稳定度技术要求　　表5-9

气候条件与技术指标			相应于下列气候分区所要求的动稳定度（次/mm）								
七月平均最高气温（℃）及气候分区			>30				20～30				<20
			1. 夏炎热区				2. 夏热区				3. 夏凉区
			1-1	1-2	1-3	1-4	2-1	2-2	2-3	2-4	3-2
普通沥青混合料		不小于	800		1000		600	800			600
改性沥青混合料		不小于	2400		2800		2000	2400			1800
SMA混合料	非改性	不小于	1500								
	改性	不小于	3000								
OGFC混合料			1500（一般交通路段）、3000（重交通量路段）								

注：对公称最大粒径等于和大于26.5mm的混合料进行车辙试验，可适当增加试件的厚度，但不宜作为评定合格与否的依据。

3. 沥青混合料水稳定性检验的技术标准

按规定的试验方法进行浸水马歇尔试验和冻融劈裂试验，残留稳定度及残留强度比均必须符合表5-10的规定。达不到要求时必须采取抗剥落措施，调整最佳沥青用量后再次试验。

沥青混合料水稳定性检验技术要求 表 5-10

气候条件与技术指标		相应于下列气候分区的技术要求（%）			
年降雨量（mm）及气候分区		＞1000	500～1000	250～500	＜250
		1. 潮湿区	2. 湿润区	3. 半干区	4. 干旱区
浸水马歇尔试验残留稳定度（%）不小于					
普通沥青混合料		80		75	
改性沥青混合料		85		80	
SMA 混合料	普通沥青	75			
	改性沥青	80			
冻融劈裂试验的残留强度比（%）不小于					
普通沥青混合料		75		70	
改性沥青混合料		80		75	
SMA 混合料	普通沥青	75			
	改性沥青	80			

4. 沥青混合料低温抗裂性能检验技术标准

宜对密级配沥青混合料在温度－10℃、加载速率 50mm/min 的条件下进行弯曲试验，测定破坏强度、破坏应变、破坏劲度模量，并根据应力应变曲线的形状，综合评价沥青混合料的低温抗裂性能。沥青混合料的破坏应变宜不小于表 5-11 的要求。

沥青混合料低温弯曲试验破坏应变（$\mu\varepsilon$）技术要求 表 5-11

气候条件与技术指标		相应于下列气候分区所要求的破坏应变（$\mu\varepsilon$）								
年极端最低气温（℃）及气候分区		＜－37.0		－21.5～－37.0			－9.0～－21.5		＞－9.0	
		1. 冬严寒区		2. 冬寒区			3. 冬冷区		4. 冬温区	
		1-1	2-1	1-2	2-2	3-2	1-3	2-3	1-4	2-4
普通沥青混合料	不小于	2600		2300			2000			
改性沥青混合料	不小于	3000		2800			2500			

5. 沥青混合料渗水系数检验技术标准

利用轮碾机成型的车辙试件进行渗水试验检验的渗水系数宜符合表 5-12 的要求。

沥青混合料试件渗水系数（ml/min）技术要求 表 5-12

级配类型		渗水系数要求（ml/min）
密级配沥青混凝土	不大于	120
SMA 混合料	不大于	80
OGFC 混合料	不小于	实测

四、沥青混合料配合比设计

沥青混合料配合比设计包括：目标配合比、生产配合比设计和生产配合比验证（试验路试铺调整）三个阶段。只有通过三个阶段的配合比设计，才能真正提出工程上实际使用的沥青混合料组成配合比。由于后两个设计阶段是在目标配合比的基础上进行的，因此，这里着重介绍目标配合比设计。

（一）试验室配合比设计

目标配合比设计采用马歇尔试验，分为矿质混合料配合比设计和最佳沥青用量确定两部分完成。

密级配沥青混合料的目标配合比，采用马歇尔试验配合比设计方法的设计流程如图 5-7 所示。

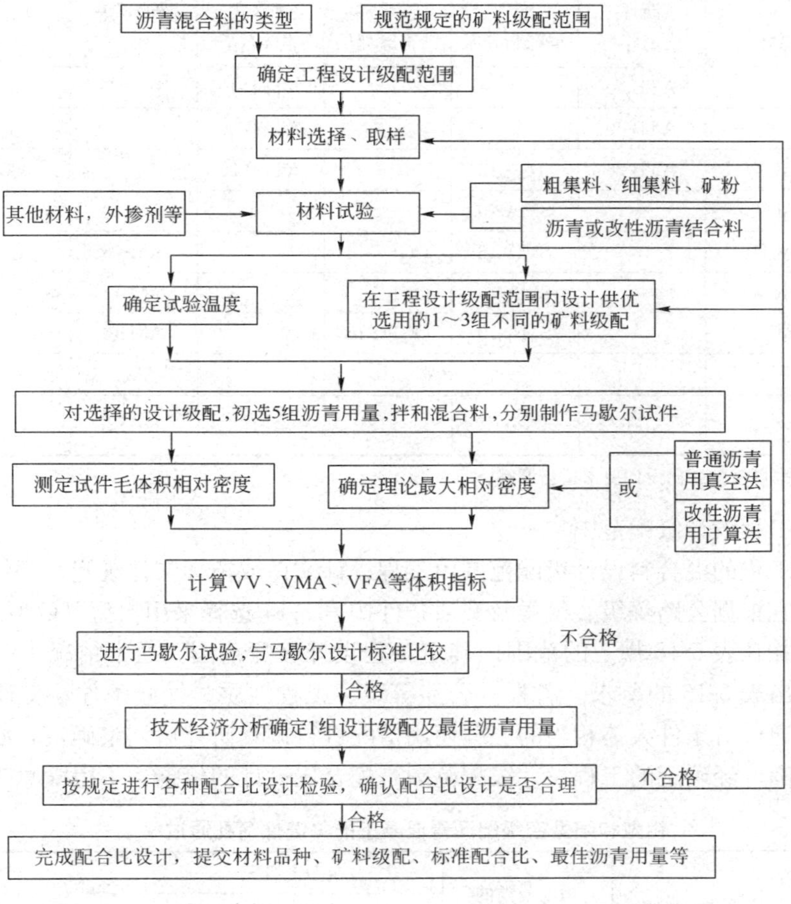

图 5-7　密级配沥青混合料的目标配合比设计流程图

1. *矿质混合料配合组成设计*

（1）选择热拌沥青混合料种类

热拌沥青混合料适用于各种等级公路的沥青路面。其种类应考虑集料公称最大粒径、矿料级配、空隙率等因素选择，分类见表 5-13。

各层沥青混合料应满足所在层位的功能性要求，便于施工，不容易离析。各层应连续施工并连结成为一个整体。当发现混合料结构组合及级配类型的设计不合理时，应进行修改、调整，以确保沥青路面的使用性能。

沥青面层粗集料最大粒径的确定宜遵照从上至下逐渐增大，并应与压实层厚度相匹配的原则。对热拌密级配沥青混合料，沥青层一层的压实厚度不宜小于集料公称最大粒径的2.5～3倍，对SMA和OGFC等嵌挤型混合料不宜小于公称最大粒径的2～2.5倍，以减少离析，便于压实。

热拌沥青混合料种类　　表5-13

混合料类型	密级配			开级配		半开级配	公称最大粒径(mm)	最大粒径(mm)
	连续级配		间断级配	间断级配				
	沥青混凝土	沥青稳定碎石	沥青玛蹄脂碎石	排水式沥青磨耗层	排水式沥青碎石基层	沥青碎石		
特粗式	—	ATB-40	—	—	ATPB-40	—	37.5	53.0
粗粒式	—	ATB-30	—	—	ATPB-30	—	31.5	37.5
	AC-25	ATB-25	—	—	ATPB-25	—	26.5	31.5
中粒式	AC-20	—	SMA-20	—	—	AM-20	19.0	26.5
	AC-16	—	SMA-16	OGFC-16	—	AM-16	16.0	19.0
细粒式	AC-13	—	SMA-13	OGFC-13	—	AM-13	13.2	16.0
	AC-10	—	SMA-10	OGFC-10	—	AM-10	9.5	13.2
砂粒式	AC-5	—	—	—	—	AM-5	4.75	9.5
设计空隙率(%)	3～5	3～6	3～4	>18	>18	6～12	—	—

注：设计空隙率可按配合比设计要求适当调整。

(2) 确定工程设计级配范围

沥青路面工程的混合料设计级配范围由工程设计文件或招标文件规定，密级配沥青混合料的设计级配宜根据公路等级、气候及交通条件按表5-14选择采用粗型（C型）或细型（F型）混合料，并在表5-15规定的范围内确定工程设计级配范围。通常情况下，工程设计级配范围不宜超出表5-15的要求。若根据公路等级、工程性质、气候条件、交通条件、材料品种等因素，通过对条件大体相当的工程使用情况进行调查研究后调整确定，必要时允许超出规范级配范围。经确定的工程设计级配范围是配合比设计的依据，不得随意变更。

粗型和细型密级配沥青混凝土的关键性筛孔通过率　　表5-14

混合料类型	公称最大粒径(mm)	用以分类的关键性筛孔(mm)	粗型密级配		细型密级配	
			名称	关键性筛孔通过率(%)	名称	关键性筛孔通过率(%)
AC-25	26.5	4.75	AC-25C	<40	AC-25F	>40
AC-20	19.0	4.75	AC-20C	<45	AC-20F	>45
AC-16	16.0	2.36	AC-16C	<38	AC-16F	>38
AC-13	13.2	2.36	AC-13C	<40	AC-13F	>40
AC-10	9.5	2.36	AC-10C	<45	AC-10F	>45

密级配沥青混凝土混合料矿料级配范围　　表 5-15

级配类型		通过下列筛孔（mm）的质量百分率（%）												
		31.5	26.5	19	16	13.2	9.5	4.75	2.36	1.18	0.6	0.3	0.15	0.075
粗粒式	AC-25	100	90～100	75～90	65～83	57～76	45～65	24～52	16～42	12～33	8～24	5～17	4～13	3～7
中粒式	AC-20		100	90～100	78～92	62～80	50～72	26～56	16～44	12～33	8～24	5～17	4～13	3～7
	AC-16			100	90～100	76～92	60～80	34～62	20～48	13～36	9～26	7～18	5～14	4～8
细粒式	AC-13				100	90～100	68～85	38～68	24～50	15～38	10～28	7～20	5～15	4～8
	AC-10					100	90～100	45～75	30～58	20～44	13～32	9～23	6～16	4～8
砂粒式	AC-5						100	90～100	55～75	35～55	20～40	12～28	7～18	5～10

调整工程设计级配范围宜遵循下列原则：

①首先按表 5-14 确定采用粗型（C 型）或细型（F 型）的混合料。对夏季温度高、高温持续时间长及重载交通多的路段，宜选用粗型密级配沥青混合料（AC-C 型），并取较高的设计空隙率。对冬季温度低，且低温持续时间长的地区，或者重载交通较少的路段，宜选用细型密级配沥青混合料（AC-F 型），并取较低的设计空隙率。

②为确保高温抗车辙能力，同时兼顾低温抗裂性能的需要，配合比设计时宜适当减少公称最大粒径附近的粗集料用量，减少 0.6mm 以下部分细粉的用量，使中等粒径集料较多，形成 S 型级配曲线，并取中等或偏高水平的设计空隙率。

③确定各层的工程设计级配范围时应考虑不同层位的功能需要，经组合设计的沥青路面应能满足耐久、稳定、密实、抗滑等要求。

④根据公路等级和施工设备的控制水平，确定的工程设计级配范围应比规范级配范围窄，其中 4.75mm 和 2.36mm 通过率的上下限差值宜小于 12%。

⑤沥青混合料的配合比设计应充分考虑施工性能，使沥青混合料容易摊铺和压实，避免造成严重的离析。

（3）矿质混合料配合比设计计算

①材料选择与准备。配合比设计的各种矿料必须按我国交通行业现行《公路工程集料试验规程》（JTGE42—2005）规定的方法，从工程实际使用的材料中取代表性样品。各种材料必须符合气候和交通条件的需要，经检验质量应符合规范规定的技术要求。记录各种材料的筛分试验结果，以供配合比设计计算使用。

②矿料配合比设计。高速公路和一级公路沥青路面矿料配合比设计宜借助电子计算机的电子表格，用试配法或电算软件（图解法）进行。

③对高速公路和一级公路，宜在工程设计级配范围内计算 1～3 组粗细不同的配合比，绘制设计级配曲线，分别位于工程设计级配范围的上方、中值及下方。设计合成级配不得有太多的锯齿形交错，且在 0.3～0.6mm 范围内不出现“驼峰”。当反复调整不能满意时，宜更换材料设计。

2. 确定最佳沥青用量

现行规范采用马歇尔试验确定沥青混合料的最佳沥青用量，以 OAC 表示。

沥青掺量可以采用油石比或沥青用量两种表达方式。油石比指沥青占矿料总量的百分比；沥青用量指沥青占沥青混合料总量的百分比。

确定最佳沥青用量，首先应根据当地的实践经验选择适宜的沥青用量，分别制作几组级配的马歇尔试件，测定 VMA，初选一组满足或接近设计要求的级配作为设计级配。初选确定设计级配，再进行马歇尔试验确定最佳沥青用量。

（1）制备马歇尔试件

①预估油石比或沥青用量

制备马歇尔试件，首先应根据矿质混合料的合成毛体积相对密度和合成表观密度等物理常数，预估沥青混合料适宜的沥青掺加量。

$$P_a = \frac{P_{a1} \times \gamma_{sb1}}{\gamma_{sb}} \tag{5-15}$$

$$P_b = \frac{P_a}{100 + \gamma_{sb}} \times 100 \tag{5-16}$$

式中：P_a——预估的最佳油石比（%）；

P_b——预估的最佳沥青用量，$P_b = P_a/(1+P_a)$（%）；

P_{a1}——已建类似工程沥青混合料的标准油石比（%）；

γ_{sb}——集料的合成毛体积相对密度；

γ_{sb1}——已建类似工程集料的合成毛体积相对密度。

以预估的油石比为中值，按一定间隔（对密级配沥青混合料通常为 0.5%，对沥青碎石混合料可适当缩小间隔为 0.3%～0.4%）等间距的向两侧扩展，取 5 个或 5 个以上不同的油石比分别成型马歇尔试件。每一组试件的个数按现行试验规程的要求确定（通常为 4～6 块试件/组），对粒径较大的沥青混合料，宜增加试件数量。当缺少可参考的预估沥青用量时，可以考虑以 5.0%的油石比作为基准。

②按已确定的矿质混合料的配合比计算，并称取各组马歇尔试件的矿料用量。

③按马歇尔试验规定的击实方法成型试件。

（2）测定计算物理指标

通过试验测定沥青混合料试件的最大理论相对密度和毛体积相对密度，并计算沥青混合料试件的空隙率、矿料间隙率、有效沥青饱和度等体积指标。

（3）测定力学指标

采用马歇尔试验仪，测定马歇尔稳定度及流值，计算马歇尔模数。

（4）确定最佳沥青用量（或油石比）

①绘制沥青用量（或油石比）与物理—力学指标关系图

按图 5-8 的方法，以油石比或沥青用量为横坐标，以马歇尔试验的各项指标为纵坐标，将试验结果绘制成顺滑的曲线。确定各项指标均符合热拌沥青混合料技术标准要求的沥青用量范围 OAC_{min}～OAC_{max}。选择的沥青用量范围必须涵盖设计空隙率的全部范围，并尽可能涵盖沥青饱和度的要求范围，并使密度及稳定度曲线出现峰值。如果没有涵盖设计空隙率的全部范围，试验必须扩大沥青用量范围重新进行。

②根据试验曲线，确定沥青混合料的最佳沥青用量 OAC_1

在关系曲线图 5-8 上求取相应于密度最大值、稳定度最大值、目标空隙率（或范围中

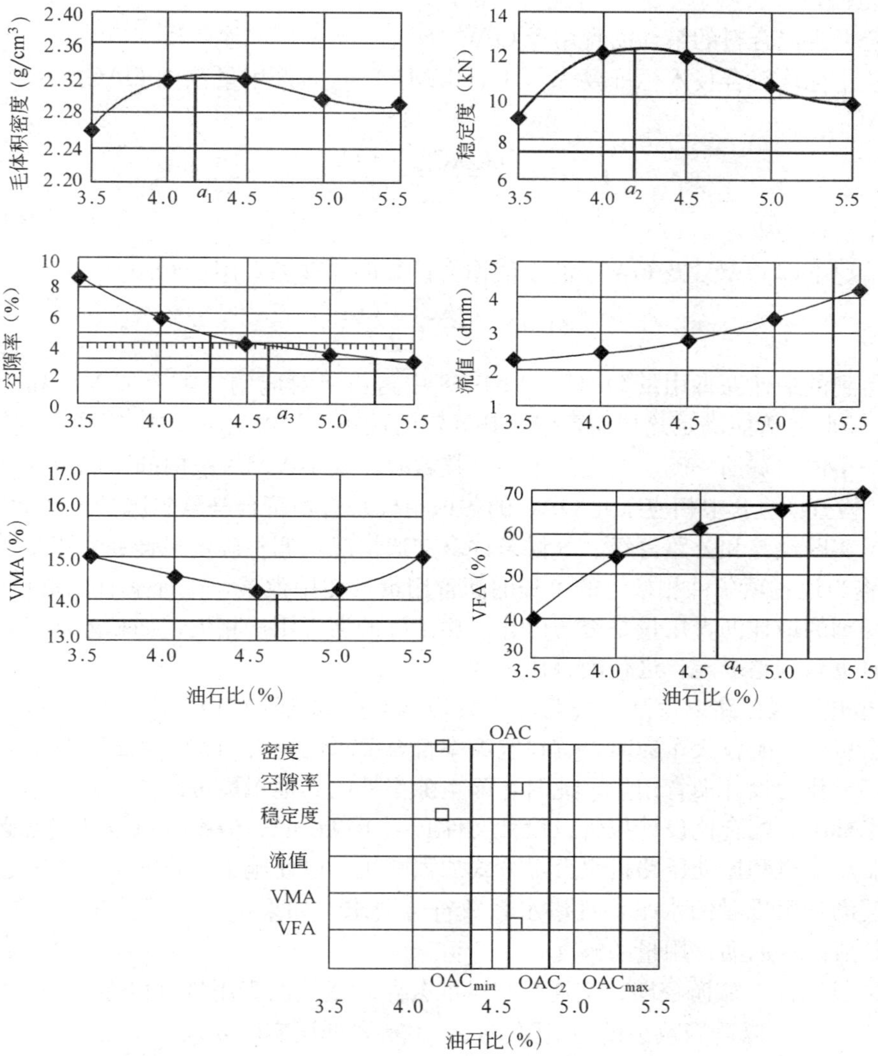

图 5-8　油石比—马歇尔试验物理、力学指标关系曲线图

值）、沥青饱和度范围中值的沥青用量 a_1、a_2、a_3、a_4，按式（5-17）取平均值作为 OAC_1。

$$OAC_1 = \frac{a_1 + a_2 + a_3 + a_4}{4} \tag{5-17}$$

如果在所选择的沥青用量范围未能涵盖沥青饱和度的要求范围，则按式（5-18）求取其他三项的平均值作为 OAC_1。

$$OAC_1 = \frac{a_1 + a_2 + a_3}{3} \tag{5-18}$$

对所选择试验的沥青用量范围，密度或稳定度没有出现峰值（最大值经常在曲线的两端）时，可直接以目标空隙率所对应的沥青用量作为 OAC_1，但 OAC_1 必须介于 OAC_{min}～

OAC_{max}的范围内，否则应重新进行配合比设计。

③确定沥青混合料的最佳沥青用量OAC_2

以各项指标均符合技术标准要求（不含VMA）的沥青用量范围OAC_{min}～OAC_{max}的中值作为OAC_2。

$$OAC_2=\frac{(OAC_{min}+OAC_{max})}{2} \tag{5-19}$$

④确定最佳沥青用量OAC

通常情况下取OAC_1及OAC_2的中值作为计算的最佳沥青用量OAC。

$$OAC=\frac{OAC_1+OAC_2}{2} \tag{5-20}$$

计算得到的最佳沥青用量OAC，从图5-8中得出所对应的空隙率值VV和矿料间隙率VMA值，检验是否能满足热拌沥青混合料规定的最小VMA值的要求，OAC宜位于VMA凹形曲线最小值的贫油一侧。当空隙率不是整数时，最小VMA按内插法确定，并将其画入图5-8中。检查图5-8中相应于此OAC的各项指标是否均符合马歇尔试验技术标准。

⑤根据实践经验和公路等级、气候条件、交通情况，调整确定最佳沥青用量OAC。

a. 调查当地各项条件相接近的工程的沥青用量及使用效果，论证适宜的最佳沥青用量。检查计算得到的最佳沥青用量是否与已建成功工程的沥青用量相近，如相差甚远，应查明原因，必要时重新调整级配，进行配合比设计。

b. 对炎热地区公路以及高速公路、一级公路的重载交通路段，山区公路的长大坡度路段，预计有可能产生较大车辙时，宜在空隙率符合要求的范围内将计算的最佳沥青用量减小0.1%～0.5%作为设计沥青用量。此时，除空隙率外的其他指标可能会超出马歇尔试验配合比设计技术标准，配合比设计报告或设计文件必须予以说明。但配合比设计报告必须要求采用重型轮胎压路机和振动压路机组合等方式加强碾压，以使施工后路面的空隙率达到未调整前的原最佳沥青用量时的水平，且渗水系数符合要求。如果试验段试拌试铺达不到此要求时，宜调整所减小的沥青用量的幅度。

c. 对寒区公路、旅游公路、交通量很少的公路，最佳沥青用量可以在OAC的基础上增加0.1%～0.3%，以适当减小设计空隙率，但不得降低压实度要求。

（5）检验最佳沥青用量时的粉胶比和有效沥青膜厚度

①计算沥青结合料被集料吸收的比例及有效沥青含量

沥青结合料被集料吸收的比例及有效沥青含量按式（5-21）、（5-22）计算。

$$P_{ba}=\frac{\gamma_{se}-\gamma_b}{\gamma_{se}\times\gamma_{sb}}\times\gamma_b\times100 \tag{5-21}$$

$$P_{be}=P_b-\frac{P_{ba}}{100}\times P_s \tag{5-22}$$

式中：P_{ba}——沥青混合料中被集料吸收的沥青结合料比例（%）；

P_{be}——沥青混合料中的有效沥青用量（%）；

其他符号意义同前。

②计算最佳沥青用量时的粉胶比和有效沥青膜厚度

沥青混合料的粉胶比是指沥青混合料的矿料中0.075mm通过率与有效沥青含量的比

值。按式（5-23）计算。沥青混合料的粉胶比宜符合 0.6～1.6 的要求。对常用的公称最大粒径为 13.2～19mm 的密级配沥青混合料，粉胶比宜控制在 0.8～1.2 的范围内。

$$FB = \frac{P_{0.075}}{P_{be}} \tag{5-23}$$

式中：FB——粉胶比，无量纲；

$P_{0.075}$——矿料级配中 0.075mm 的通过率（水洗法）（%）；

P_{be}——有效沥青用量（%）。

集料的比表面的计算和沥青混合料的沥青膜有效厚度的估算分别按式（5-24）和（5-25）计算。各种集料粒径的表面积系数按表 5-16 采用。

$$SA = \sum (P_i \times FA_i) \tag{5-24}$$

$$DA = \frac{P_{be}}{\gamma_b \times SA} \times 10 \tag{5-25}$$

式中：SA——集料的比表面积（m^2/kg）；

P_i——各种粒径的通过百分率（%）；

FA_i——相应于各种粒径的集料的表面积系数，如表 5-16 所列；

DA——沥青膜有效厚度（μm）；

其他符号意义同前。

集料的表面积系数计算示例　　表 5-16

筛孔尺寸（mm）	19	16	13.2	9.5	4.75	2.36	1.18	0.6	0.3	0.15	0.075	集料比表面总和 SA（m^2/kg）
表面积系数 FA_i	0.0041	—	—	—	0.0041	0.0082	0.0164	0.0287	0.0614	0.1229	0.3277	
通过百分率 P_i（%）	100	92	85	76	60	42	32	23	16	12	6	
比表面 $FA_i \times P_i$（m^2/kg）	0.41	—	—	—	0.25	0.34	0.52	0.66	0.98	1.47	1.97	6.60

各种公称最大粒径混合料中大于 4.75mm 尺寸集料的表面积系数 FAi 均取 0.0041，且只计算一次，4.75mm 以下部分的 FAi 如表 5-16 所示。

（6）配合比设计检验

对用于高速公路和一级公路的密级配沥青混合料，需按现行规范要求对已确定的最佳沥青用量 OAC 进行各种使用性能的检验，不符合要求的沥青混合料，必须更换材料或重新进行配合比设计。

配合比检验项目包括：

①高温稳定性检验：按规定方法进行车辙试验，动稳定度应符合表 5-9 的要求。

②水稳定性检验：按规定的试验方法进行浸水马歇尔试验和冻融劈裂试验，残留稳定度及残留强度比应符合表 5-10 的规定。

③低温抗裂性能检验：按规定方法进行低温弯曲试验，其破坏应变宜符合表 5-11 的要求。

④渗水系数检验：利用轮碾机成型的车辙试件进行渗水试验检验的渗水系数宜符合表 5-12 的要求。

（二）生产配合比设计阶段

目标配合比确定之后，则应进入第二个设计阶段——生产配合比设计阶段。需结合实际施工拌和机进行，以确定施工配合比。在试验前，应首先根据级配类型选择振动筛筛号，使几个热料仓的材料不致相差太多，最大筛孔应保证使超粒径粒料排出，各级筛孔的通过量要符合设计级配范围要求。试验时，按目标配合比设计的冷料比例上料、烘干、筛分，然后从各热料仓的材料取样进行筛分，与试验室配合比设计一样进行矿料级配计算，得出不同料仓及矿粉用量比例，并按该比例进行马歇尔试验。现行规范规定试验油石比可取目标配合比得出的最佳油石比及其±0.3%共3个油石比进行试验，通过室内试验及从拌和机取样试验综合确定生产配合比的最佳油石比，供试拌试铺使用。由此确定的最佳油石比与目标配合比油石比的差值不宜大于±2%。

（三）生产配合比验证阶段

生产配合比验证阶段，即试拌试铺阶段。按照生产配合比进行试拌、观察，在试验段上试铺，观察摊铺、碾压过程和成型混合料的表面状况，判断混合料的级配和油石比。如不满意应适当调整，重新试拌试铺，直至满意为止。同时，试验室要密切配合现场，在拌和厂或摊铺现场采集沥青混合料试样进行马歇尔试验，检验是否符合标准要求。同时还应进行车辙试验及浸水马歇尔试验，进行高温稳定性及水稳定性验证。在试铺试验时，试验室还应在现场取样进行抽提试验，再次检验实际级配和油石比是否合格，并且在试验路上钻取芯样测定实际空隙率，由此确定生产用的标准配合比，进入正常生产阶段。

标准配合比应作为生产上控制的依据和质量检验的标准，在施工过程中不得随意变更。生产过程中应加强跟踪检测，严格控制进场材料的质量，如遇材料发生变化并经检测沥青混合料的矿料级配、马歇尔技术指标不符合要求时，应及时调整配合比，使沥青混合料的质量符合要求并保持相对稳定，必要时应重新进行配合比设计。

【设计实例5-1】 试设计某高速公路沥青混凝土路面用沥青混合料的配合组成。

【原始资料】

1. 道路等级：高速公路。
2. 路面类型：沥青混凝土。
3. 结构层位：三层式沥青混凝土的上面层。
4. 气候条件：最低月平均气温−8℃；
5. 材料性能

（1）沥青材料：可供应A级70号和90号两种道路石油沥青。经检验各项技术性能均符合要求。

（2）矿质材料

①碎石和石屑：石灰石轧制碎石，饱水抗压强度120MPa，洛杉矶磨耗率12%，黏附性（水煮法）V级，视密度2.70g/cm^3。

②砂：黄砂，细度模数属中砂，含泥量及泥块含量均小于1%，视密度2.65g/cm^3。

③矿粉：石灰石磨细石粉，粒度范围符合技术要求，无团粒结块，视密度2.58g/cm^3。

【设计要求】

1. 根据道路等级、路面类型和结构层位，确定沥青混凝土类型，并选择矿质混合料的级配范围。根据现有各种矿质材料的筛析结果，采用图解法确定各种矿料的配合比，并依据题意对高速公路要求组配的矿质混合料的级配进行调整。

2. 通过马歇尔试验，确定最佳沥青用量。

3. 最佳沥青用量按水稳定性检验和抗车辙能力校核。

【设计步骤】

（一）矿质混合料配合组成设计

1. 确定沥青混合料类型

由题意，为使上面层具有较好的抗滑性，选用细粒式 AC-13C 型沥青混凝土混合料，关键性筛孔 2.36mm 的通过率应控制小于 40%。

2. 确定矿质混合料级配范围

按表 5-15 查出细粒式 AC-13 型沥青混凝土的矿质混合料级配范围，经调整后的工程级配范围如表 5-17。

矿质混合料要求级配范围（%） 表 5-17

级配类型		筛孔尺寸（mm）									
		16.0	13.2	9.5	4.75	2.36	1.18	0.6	0.3	0.15	0.075
AC-13 沥青混凝土工程级配范围	下限	100	90	68	38	24	15	10	7	5	4
	上限	100	100	85	68	50	38	28	20	15	8

3. 矿质混合料配合比设计

（1）矿质集料筛分试验

现场取样进行筛分试验，10～15mm、5～10mm、3～5mm 碎石、石屑、黄砂和矿粉六种矿质集料的筛析结果列于表 5-18。

组成矿料筛析试验结果 表 5-18

材料名称		筛孔尺寸（mm）									
		16.0	13.2	9.5	4.75	2.36	1.18	0.6	0.3	0.15	0.075
		通过百分率（%）									
碎石	10～15mm	100	88.6	16.6	0.4	0					
	5～10mm	100	100	99.7	8.7	0.7	0				
	3～5mm	100	100	100	94.7	3.7	0.5	0.5	0		
石屑		100	100	100	100	97.2	67.8	40.5	30.2	20.6	4.2
黄砂		100	100	100	100	87.9	62.2	46.4	3.7	3.1	1.9
矿粉		100	100	100	100	100	100	100	99.8	96.2	84.7

(2) 组成材料配合比设计计算

采用图解法计算组成材料配合比，如图 5-9 所示。由图解法确定各种材料用量为 10～15mm 碎石。5～10mm 碎石：3～5mm 碎石：石屑：黄砂：矿粉＝34.5%：24%：10.5%：11.5%：13%：6.5%。

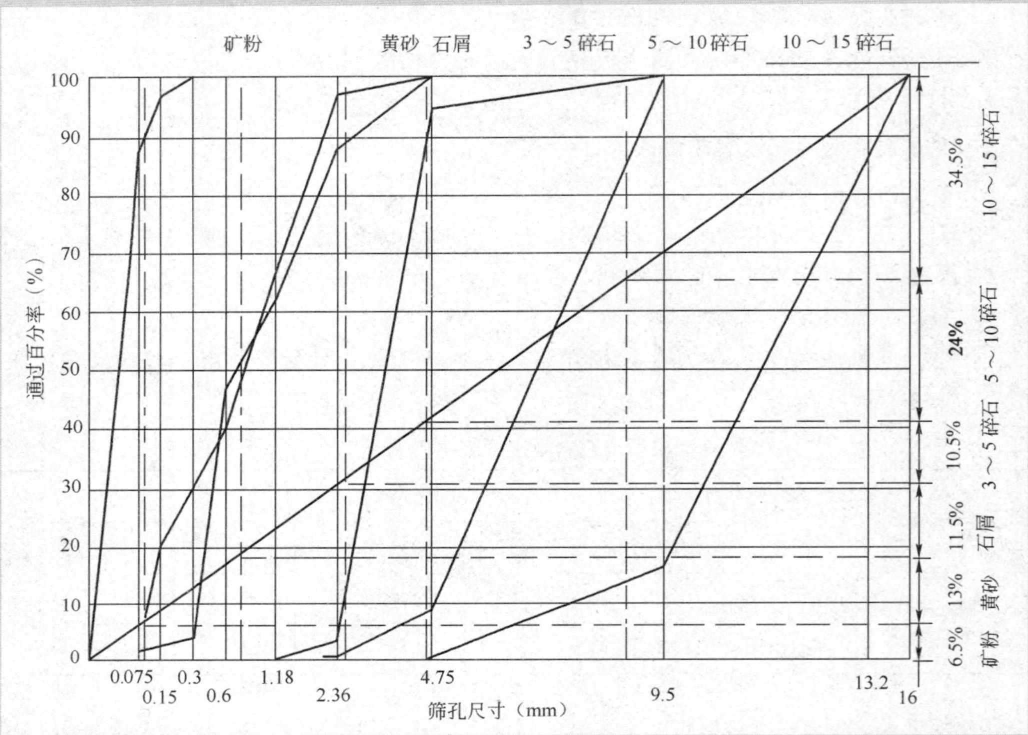

图 5-9　矿质混合料配合比计算图

(3) 调整配合比

从图 5-10 可以看出，计算的合成级配曲线接近级配范围中值。由于高速公路交通量大、轴载重，为使沥青混合料具有较高的高温稳定性，为此，将合成级配曲线调至偏向级配曲线范围的下限。

经调整，各种材料用量为 10～15mm 碎石：5～10mm 碎石：3～5mm 碎石：石屑：黄砂：矿粉＝27%：35%：14%：9%：10%：5%。按此结果重新计算合成级配，计算结果如绘于图 5-10 中，可见调整后的合成级配曲线光滑、平顺，且接近级配曲线的下限。

(二) 马歇尔试验结果分析

1. 绘制沥青用量与物理、力学指标关系图

根据表 5-19 马歇尔试验结果汇总表，绘制沥青用量与毛体积密度、空隙率、饱和度、矿料间隙率、稳定度、流值的关系图，如图 5-11。

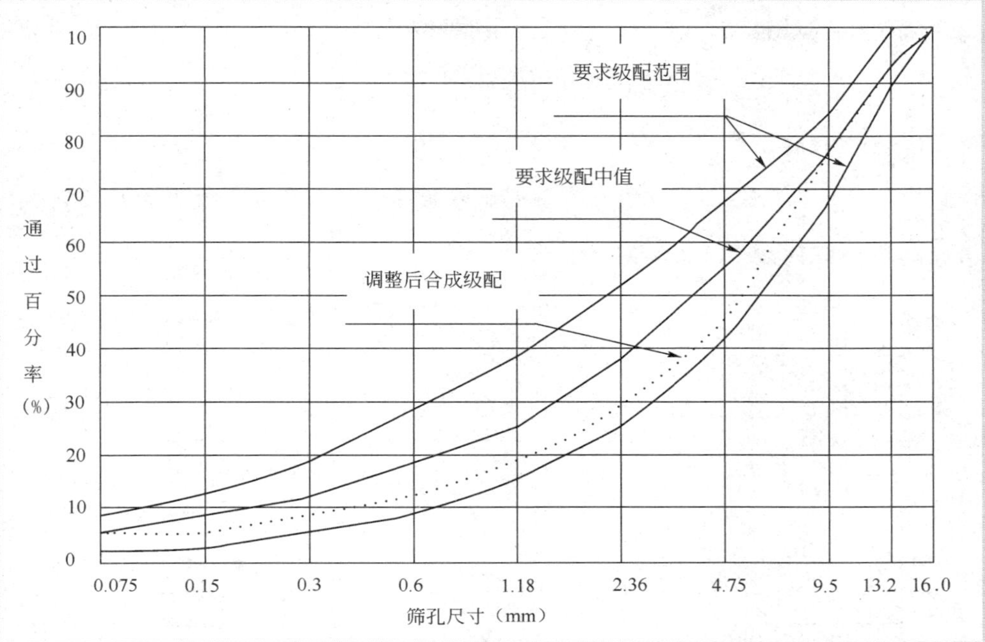

图 5-10　矿质混合料级配曲线图

马歇尔试验结果汇总表　　表 5-19

试件组号	油石比（%）	技术指标					
		毛体积密度 ρ_f（g/cm^3）	空隙率 VV（%）	矿料间隙率 VMA（%）	沥青饱和度 VFA（%）	稳定性 MS（kN）	流值 FL（mm）
1	4.0	2.328	5.8	17.9	62.5	8.7	2.1
2	4.5	2.346	4.7	17.6	69.8	9.7	2.3
3	5.0	2.354	3.6	17.4	77.5	10.3	2.5
4	5.5	2.353	2.9	17.7	80.2	10.2	2.8
5	6.0	2.348	2.5	18.4	83.5	9.8	3.7
标术标准		—	3～6	不小于 13	65～75	≥8	1.5～4

2. 确定最佳沥青用量初始值（OAC_1）

从图 5-11 得出：相应于密度最大值的油石比 a_1＝5.15%，相应于稳定度最大值的油石比 a_2＝5.10%，相应于目标空隙率（4%）的油石比 a_3＝4.75%，相应于规定饱和度范围中值的油石比 a_4＝4.45%。

$$OAC_1=\frac{5.15\%+5.10\%+4.75\%+4.45\%}{4}=4.86\%$$

3. 确定最佳沥青用量初始值（OAC_2）

由图 5-11 可知，各项指标均符合沥青混合料技术指标要求的油石比范围：OAC_{min}～OAC_{max}＝4.20％～4.80％，则

$$OAC_2=\frac{4.20\%+4.80}{2}\%=4.50\%$$

4. 综合确定最佳沥青用量（OAC）

$OAC=\frac{OAC_1+OAC_2}{2}=4.7\%$，按沥青最佳用量初始值 OAC＝4.7％检查 VMA 及其他各项指标均符合要求，取 OAC＝4.7％。

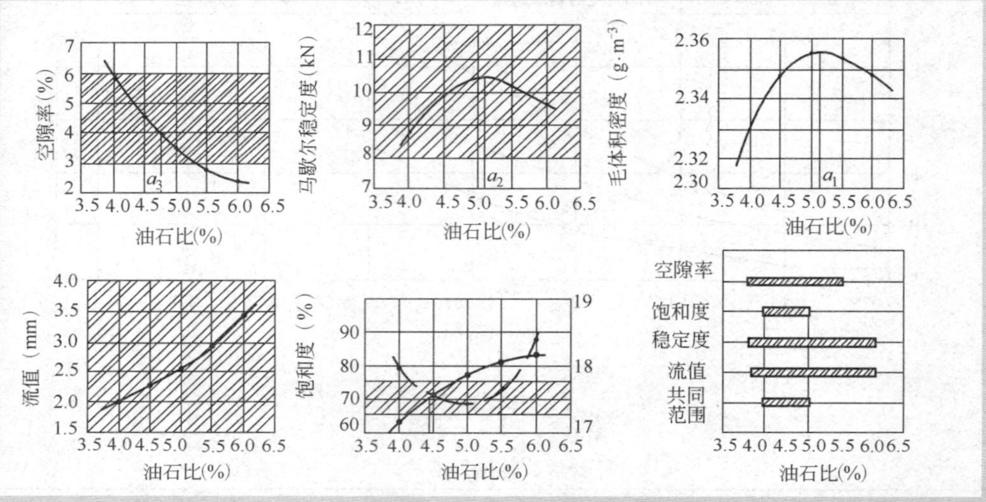

图 5-11　油石比-马歇尔试验各项指标关系曲线图

（三）最佳沥青用量时的粉胶比分析

最佳沥青用量时粉胶比的计算如表 5-20，经计算粉胶比 FB＝1.1，符合 0.8～1.2 的控制范围要求。

粉胶比结果分析表　　表 5-20

油石比（%）	沥青用量（%）	矿料合成毛体积相对密度 γ_{sb}	矿料有效相对密度 γ_{se}	集料吸收的沥青用量 P_{ba}（%）	有效沥青用量 P_{be}（%）	$P_{0.075}$（%）	FB
4.7	4.5	2.682	2.722	0.24	4.37	4.8	1.1

（四）最佳沥青用量（OAC）检验

1. 水稳定性检验

采用油石比为 4.7％制备马歇尔试件，测定标准马歇尔稳定度及在浸水 48h 后的马歇尔稳定度，试验结果如表 5-21。

沥青混合料水稳定性试验结果　　表 5-21

油石比 OAC（%）	马歇尔稳定度（kN）	浸水马歇尔稳定度（kN）	浸水残留稳定度（%）	规范规定残留稳定度（%）
4.7	8.3	7.6	92	75

从表 5-21 试验结果可知：OAC=4.7%符合标准要求。

2. 抗车辙能力检验

以油石比为 4.7%制备沥青混合料标准试件，进行抗车辙试验，试验结果如表 5-22。

沥青混合料抗车辙试验结果　　表 5-22

油石比 OAC (%)	试验温度 T (℃)	试验轮压 (MPa)	试验条件	动稳定度 (次/mm)	规范规定动稳定度 (次/mm)
4.7	60	0.7	不浸水	1112	1000

从表 5-22 试验结果可知：OAC=4.7%的沥青混合料动稳定度大于 1000 次/mm，符合高速公路抗车辙能力的规定。

根据以上试验结果，参考以往工程实践经验，结合考虑经济因素，综合决定采用最佳油石比为 4.7%。

第三节　其他沥青混合料

一、冷拌沥青混合料

冷拌沥青混合料的结合料可以采用液体沥青、乳化沥青或改性乳化沥青，与矿质混合料在常温状态下拌和、铺筑的沥青混合料，又称作常温沥青混合料。具有施工方便、节约能源、保护环境等优点。我国常以乳化沥青作为结合料，拌制乳化沥青混合料和沥青稀浆封层混合料。

（一）乳化沥青混合料

乳化沥青混合料按矿料的级配类型分为乳化沥青混凝土混合料和乳化沥青碎石混合料。目前我国经常采用的常温沥青混合料，以乳化沥青碎石混合料为主。

1. 强度的形成过程

乳化沥青混合料的成型过程与热拌沥青混合料明显不同，由于乳液是沥青与水的混合物，其中的沥青必须经过乳液与集料的黏附、分解破乳、排水、蒸干等过程才能完全恢复其原有的黏结性能。最初摊铺和碾压的乳化沥青混合料，由于分散在混合料中的水分不能立即排净，水的“润滑”作用大大降低了集料间的内摩阻力，使沥青混合料的强度和稳定性下降。因此，要成型并达到一定的强度，所需时间要比热拌沥青混合料长得多。随着行车压实，混合料中的水分继续分离蒸发，粗、细集料的位置进一步调整，密实度逐步增加，强度也将不断增长。

2. 乳化沥青碎石混合料的类型选择

乳化沥青混合料的类型，按其结构层位决定，宜采用密级配乳化沥青混合料，半开级配的乳化沥青碎石混合料应铺筑上封层。通常路面的面层采用双层式结构时，粗粒式乳化沥青碎石 ATB-30 或特粗式乳化沥青碎石 ATB-40 宜用于下面层；细粒式乳化沥青碎石 AM-10、AM-13 或中粒式乳化沥青碎石 AM-16 宜用于上面层。

3. 乳化沥青碎石混合料的配合组成设计

(1) 材料组成

乳化沥青混合料可采用的乳化沥青类型主要有：拌和型阳离子乳化沥青 BC-1、阴离子乳化沥青 BA-1 和非离子乳化沥青 BN-1 等。矿料的选择、要求和级配组成设计与热拌沥青混合料的基本相同。

(2) 沥青用量

乳化沥青碎石混合料的乳液用量，应根据当地实践经验以及交通量、气候、集料情况、沥青标号、施工机械等条件确定，也可按热拌沥青混合料的沥青用量折算，乳液的沥青残留物数量可较同规格的热拌沥青混合料的沥青用量减少 10%～20%。

4. 施工工艺

(1) 拌和

乳化沥青混合料的拌和应在乳液破乳前结束，在保证乳液与集料拌和均匀的前提下，拌和时间宜短不宜长。最佳拌和时间应根据施工现场使用的集料级配情况、拌和机械性能、施工时的气候等条件通过试拌确定。此外，当采用阳离子乳化沥青拌和时，宜先用水使集料湿润，以便乳液能均布其表面，若仍拌和困难，可采用破乳速度更慢的乳液，或用 1%～3% 浓度的氯化钙水溶液代替水润湿集料表面，以保持良好的施工和易性。

(2) 摊铺、压实

由于乳化沥青混合料有一个乳液破乳、水分蒸发过程，故摊铺必须在破乳前完成，而压实则不能在水分蒸发前完成，开始必须用轻碾碾压，使其初步压实，待水分蒸发后再做复碾。在完全压实之前，不能开放交通。

5. 乳化沥青混合料的应用

乳化沥青混合料适用于三级及三级以下公路的沥青面层、二级公路的罩面层，各级公路沥青路面的基层、联接层或整平层，以及沥青路面的坑槽冷补。

(二) 沥青稀浆封层混合料

沥青稀浆封层混合料是由适当级配的石屑或砂、填料（水泥、石灰、粉煤灰、石粉等）与乳化沥青、外掺剂和水，按一定比例拌和而成的具有流动状态的沥青混合料，简称稀浆封层混合料。将其均匀地摊铺在路面上形成的沥青封层，称为稀浆封层。当采用聚合物改性乳化沥青作为结合料时，沥青稀浆封层混合料形成的沥青封层，则称为微表处。

1. 沥青稀浆封层的作用

(1) 防水作用

稀浆封层混合料的集料粒径较小，具有一定的级配，铺筑成型后，能与原路面牢固地黏附在一起，可形成一层密实的表层，防止雨水或雪水通过裂缝渗入路面基层，保持基层和土基的稳定。

(2) 防滑作用

稀浆封层混合料摊铺厚度薄，沥青在粗、细集料中分布均匀，沥青用量适当，无多余沥青，路面不产生泛油现象，且具有良好的粗糙度，使路面的摩擦系数明显增加，抗滑性能显著提高。

(3) 填充作用

稀浆封层混合料中有较多的水分，拌和后成稀浆状态，具有良好的流动性，可封闭沥青路面上的细微裂缝，填补原路面由于松散脱粒或机械性破坏等原因造成的不平整，改善路面的平整度。

（4）耐磨作用

乳化沥青对酸、碱性矿料都有着较好的黏附力，所以稀浆混合料可选用坚硬的优质抗磨矿料，以铺筑具有很强耐磨性能的沥青路面面层，延长路面的使用寿命。

（5）恢复路面外观形象

对使用年久，表面磨损发白、老化干涩，或经养护修补，表面状态很不一致的旧沥青路面，可用稀浆混合料进行罩面，遮盖破损与修补部位，形成一个新的沥青面层，使旧沥青路面外观焕然一新。

值得注意的是，稀浆封层具有一定的使用局限性，它只能作为表面保护层和磨耗层使用，而不起承重性的结构作用，不具备结构补强能力。

2. 材料组成

（1）乳化沥青

常采用阳离子慢凝乳液，为提高稀浆封层的效果，可采用聚合物改性乳化沥青，如丁苯橡胶改性沥青、氯丁胶乳改性沥青等。

（2）集料

采用级配石屑或砂组成矿质混合料，集料应坚硬、粗糙、耐磨、洁净，各项性能应符合热拌沥青混合料的集料技术要求。其中，通过 4.75mm 筛的合成矿料的砂当量要求不得低于：稀浆封层为 50%、微表处为 65%。细集料宜采用碱性石料生产的机制砂或洁净的石屑，集料中的超粒径颗粒必须筛除。

矿料级配应根据铺筑厚度、处治目的、公路等级等条件，按照表 5-23 选用。

（3）填料

为提高集料的密实度，需掺加水泥、石灰、粉煤灰、石粉等填料。掺入的填料应干燥、无结团、不含杂质。

（4）水

为湿润集料，使稀浆混合料具有要求的流动度，需掺加适量的水。水应采用饮用水，一般可采用自来水。

（5）外掺剂

为调节稀浆混合料的和易性和凝结时间，需添加各种助剂，如氯化铵、氯化钠、硫酸铝等。

稀浆封层和微表处的矿料级配 表 5-23

筛孔尺寸（mm）	不同类型通过各筛孔的百分率（%）				
	微 表 处		稀 浆 封 层		
	MS-2 型	MS-3 型	ES-1 型	ES-2 型	ES-3 型
9.5	100	100	—	100	100
4.75	95～100	70～90	100	95～100	70～90

续上表

筛孔尺寸（mm）	不同类型通过各筛孔的百分率（%）				
	微表处		稀浆封层		
	MS-2型	MS-3型	ES-1型	ES-2型	ES-3型
2.36	65～90	45～70	90～100	65～90	45～70
1.18	45～70	28～50	60～90	45～70	28～50
0.6	30～50	19～34	40～65	30～50	19～34
0.3	18～30	12～25	25～42	18～30	12～25
0.15	10～21	7～18	15～30	10～21	7～18
0.075	5～15	5～15	10～20	5～15	5～15
一层的适宜厚度（mm）	4～7	8～10	2.5～3	4～7	8～10

3. *沥青稀浆封层混合料的配合比设计*

（1）根据选择的级配类型，按表5-23确定矿料的级配范围，计算矿料的配合比例。

（2）根据以往的经验初选乳化沥青、填料、水和外加剂的用量，进行拌和试验和黏聚力试验。

（3）根据试验结果和稀浆混合料的外观状态，选择1～3个认为合理的混合料配方，按表5-24规定试验稀浆混合料的性能，如不符合要求，适当调整各种材料的配合比再试验，直至符合要求为止。

稀浆封层和微表处混合料技术要求 表5-24

项目	单位	微表处	稀浆封层	试验方法
可拌和时间	s		>120	手工拌和
稠度	cm	—	2～3	T0751
黏聚力试验： 30min（初凝时间） 60min（开放交通时间）	 N·m N·m	 ≥1.2 ≥2.0	（仅适用于快开放交通的稀浆封层） ≥1.2 ≥2.0	T0754
负荷轮碾压试验（LWT）： 黏附砂量 轮迹宽度变化率	 g/m^2 %	 <450 <5	（仅适用于重交通道路表层时） <450 —	T0755
湿轮磨耗试验的磨耗值（WTAT）： 浸水1h 浸水6d	 g/m^2 g/m^2	 <540 <800	 <800 —	T0752

注：负荷轮碾压试验（LWT）的宽度变化率适用于需要修补车辙的情况。

（4）当经验不足时，可将初选的1～3个混合料配方分别变化不同的沥青用量（沥青用量一般在6.0%～8.5%之间），按照表5-24的要求重复试验，并分别将不同沥青用量的1h湿轮磨耗值及砂的黏附量绘制成图5-12的关系曲线。以磨耗值接近表5-24要求的沥青用量作为最小沥青用量 P_{bmin}，砂黏附量接近表5-24要求的沥青用量作为最大沥青用量 P_{bmax}，得出沥青用量的可选择范围 $P_{bmin} \sim P_{bmax}$。

（5）根据经验在沥青用量的可选范围内选择适宜的沥青用量。对微表处混合料，以所选择的沥青用量检验混合料的浸水6d的湿轮磨耗指标，用于车辙填充的增加检验负荷车轮试验的宽度变化率指标，不符合要求时调整沥青用量重新试验，直至符合要求为止。

（6）根据以往经验和配合比设计试验结果，在充分考虑气候及交通特点的基础上综合确定混合料配方。

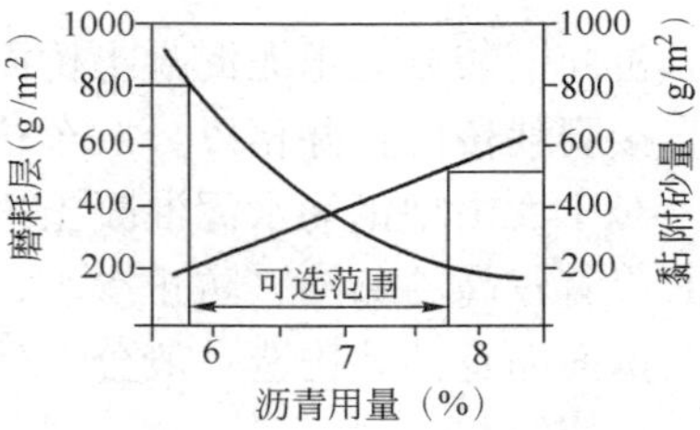

图5-12　确定稀浆封层混合料最佳沥青用量曲线

4. 沥青稀浆封层混合料的类型及应用

稀浆封层一般用于二级及二级以下公路的预防性养护，也适用于新建公路的下封层。微表处主要用于高速公路、一级公路的预防性养护以及填补轻度车辙，也适用于新建公路的抗滑磨耗层。

沥青稀浆封层混合料按其用途和适应性分为以下三种类型：

（1）ES-1型：为细粒式封层混合料，沥青用量较高（一般为8%），具有较好渗透性，有利于治愈裂缝。适用于大裂缝的封缝，或中轻交通的一般道路薄层处理。

（2）ES-2型（MS-2型）：为中粒式封层（微表处）混合料，是最常用级配，可形成中等粗糙度，用于一般道路路面的磨耗层，也适用于旧高等级路面的修复罩面。

（3）ES-3型（MS-2型）：为粗粒式封层（微表处）混合料，表面粗糙，适用作抗滑层；亦可作二次抗滑处理，可用于高等级路面。

沥青稀浆封层混合料可以用于旧路面的养护维修，亦可作为路面加铺抗滑层、磨耗层。由于这种混合料施工方便，投资费用少，对路况有明显改观，所以得到广泛应用。

二、煤沥青混合料

煤沥青混合料是以煤沥青为胶结材料的沥青混合料。与石油沥青相比，煤沥青虽然高温稳定性和耐候性较差，但与矿料的黏附性及防水性较好，且具有一定的防腐性。因此，在道路工程中可以用于透层和表面处治或贯入式沥青路面。

道路选用煤沥青的标号应根据气候条件、施工温度及使用目的选用。对于各种等级公路的各种基层上的透层，宜采用T-1或T-2级煤沥青，其他等级不符合喷洒要求时可适当稀释使用；对于三级及三级以下公路铺筑表面处治或贯入式沥青路面，宜采用T-5、T-6或T-7级煤沥青。煤沥青在使用中可以与道路石油沥青或乳化沥青按一定的比例混合使用，以改善其渗透性，同时，组配后的混合沥青的黏性、温度稳定性和塑性均有明显地改善。

煤沥青含有萘、酚等有毒的化学成分，因此，使用时应采用措施防止工作人员吸入煤沥青或避免皮肤直接接触煤沥青造成身体伤害。煤沥青受温度稳定性差的影响，在道路工程中，煤沥青严禁用于热拌热铺的沥青混合料，作其他用途时的储存温度宜为70～90℃，且不得长时间储存。

由于上述原因，煤沥青混合料的用途和用量受到了一定的限制。

三、桥面铺装材料

桥面铺装分为水泥混凝土桥面铺装和钢桥面铺装，其作用是保护桥面板，防止车轮或履带直接磨耗桥面，并藉以分散车轮的集中荷载。

对于大中型钢筋水泥混凝土桥面常采用沥青混凝土铺装，要求沥青铺装层与水泥混凝土桥面应有较高的黏结、防止渗水、抗滑，以及抵抗振动变形的能力。

桥面沥青铺装构造一般分下列层次：

1. 垫层

为使桥面横坡能形成路拱的形状，先用贫混凝土（C15 或 C20）作三角垫拱和整平层（厚度不小于 6cm）。在做垫层前应将桥面整平并喷洒透层油，以防止水渗入桥面，并加强桥面与垫层黏结。

2. 防水层

对立交桥、防水要求较高或桥面板位于结构受拉区而可能出现裂缝的桥面上，为了提高桥面的使用年限、减少维修养护，应在桥面上铺设防水层。桥面防水层一般厚度约 1.0～1.5mm，类型有沥青涂胶类防水层、高聚物涂胶类防水层及沥青卷材防水层等。

3. 保护层

为了保护防水层免遭损坏，在它上面应加铺保护层。一般采用 AC-10 或 AC-5 型沥青混凝土（或沥青石屑、单层表面处治），厚度约 1.0cm。

4. 面层

面层分承重层和抗滑层。承重层宜采用高温稳定性好的 AC-16 或 AC-20 型中粒式热拌沥青混凝土，厚度 4～6cm。抗滑层，宜采用抗滑表层结构，厚度 2.0～2.5cm。为提高桥面铺装的高温稳定性，承重层和抗滑层宜采用改性沥青。

钢桥面铺装主要采用沥青混凝土、环氧沥青混凝土及沥青玛蹄脂碎石混合料（SMA），要求铺装层与钢板紧密结合为整体，变形协调一致，且具有足够的抗水平剪切重复荷载及蠕变变形的能力；防水性能良好，防止钢桥面生锈；具有足够的耐久性和较小的温度敏感性，以满足使用条件下的高温抗流动变形能力、低温抗裂能力、水稳定性、抗疲劳性和表面抗滑性的要求。

钢桥面铺装结构通常由防锈层、防水黏结层、沥青面层等组成。防水黏结层必须紧跟防锈层后涂刷，防水黏结层宜采用高黏度的改性沥青、环氧沥青、防水卷材等。当采用浇注式沥青混凝土铺装时，可不设防水黏结层。钢桥面铺装过程必须保持桥面整洁，且应在干燥状态下施工。

四、水泥混凝土路面接缝材料——沥青胶黏剂

水泥混凝土路面，必须修筑纵向和横向的接缝，以防受温度的影响使路面破坏。为了使路表水不致渗入接缝而降低路面基层的稳定性，就必须在这些缝的上部或全部用防水性材料——沥青胶黏剂充填。

1. 沥青胶的特性

（1）沥青胶具有足够的弹性、柔韧性和黏结力。

（2）沥青胶在低温条件下，受交通的作用不产生脆裂。

（3）沥青胶具有较高的软化点（60～85℃）。在高温条件下，沥青胶不因软化膨胀而挤出，以适应混凝土路面接缝间距离的变化。

2. 沥青胶的配合组成

水泥混凝土填缝用沥青胶黏剂可由沥青、石粉、石棉屑和橡胶屑配制而成，其组成各材料的比例详见表5-25。

沥青胶组成各材料比例 表5-25

编 号	材 料 组 成	软化点（℃）
1	油-100，沥青60%，石粉（石灰石）20%，7级石棉屑20%	70～85
2	油-100，沥青60%，石粉（石灰石）20%，石棉屑15%，橡胶屑5%	60～70
3	油-60甲，沥青60%，石粉（石灰石）25%，7级石棉屑15%	60～65

3. 沥青胶黏剂的制备

（1）首先将沥青脱水加热至140～160℃。

（2）称取各材料用量拌和均匀。

（3）掺有橡胶屑或橡胶粉的胶黏剂，应先将橡胶预先溶于有机溶剂中或与少量沥青溶解，然后拌和。

（4）填缝用沥青胶黏剂亦可制成预制条，在水泥混凝土摊铺切割温度缝后进行安装，然后将胶黏剂烫平。

五、多孔隙沥青混凝土表面层（PAWC）

多孔隙沥青混凝土表面层或多孔隙沥青混凝土磨耗层（PAWC）在一些国家又称开级配磨耗层（OGFC），或称排水沥青混凝土磨耗层，或透水沥青混凝土磨耗层。多孔隙沥青混凝土经压实后其空隙率在15%～30%之间，从而在层内形成一个水道网。

1. 技术性能

（1）降低噪声。PAWC有降低噪声水平的性能，主要是由于：①层内孔隙吸音；②消除了轮胎与路面接触面的吸气；③有良好的平整度。

（2）改善抗滑能力。多孔隙沥青混凝土主要优点在于改善潮湿气候（即降雨时）条件下和高速行驶时的抗滑能力。

（3）减少行车引起的水雾。多孔隙沥青路面可以在相当程度上减少由交通引起的水雾现象，40mm厚的多孔隙沥青路面足以吸收8mm的雨量才使内部空隙趋于饱和状态。

（4）耐久性较差。多孔隙沥青混凝土的缺点是易剥落，如掺加改性剂改善沥青性质则可以延长寿命。

（5）多孔隙沥青混凝土沥青含量允许范围较小。如果沥青含量过低则集料裹覆不够或是沥青膜太薄而很快地被氧化导致路面提早破坏，沥青含量过多又会导致沥青从集料中析出，摊铺时材料中沥青含量不均匀。

2. 混合料组成和设计

多孔隙沥青混合料组成设计目标：保证混合料压实后具有较大空隙率；结合料不被氧

化，具有较高耐久性；易于拌和、摊铺和压实；与普通沥青混凝土同样要求强度、稳定性、表面抗滑性等指标。

（1）组成材料的选择。应采用坚固、耐久、高强度（集料压碎值不大于20%）、低扁平指数和高磨光值的碎石。结合料应具有耐久性，与填料和细料混合后有足够的黏度，以防施工中流失。采用聚合物、废橡胶粉或纤维可加强耐久性，改善抗形变和抗疲劳能力和预防沥青流失。填料用熟石灰比用石灰石粉更好。

（2）合适级配的选择。选定的矿料级配应使用混合料的孔隙率大于20%。通常采用在2.36mm到9.5mm之间的间断级配的矿料，断的量值取决于所用结合料和设计的空气率。为达到目标空气率，级配中应含高比例的粗集料，大于4.75mm的矿料含量宜超过75%，填料含量为2%～5%，并取决于所用结合料。

3. 应用

由于PAWC既有利于环境，又有利于交通安全，所以从20世纪70年代末以来，在国外高等级公路上得到较多的应用，如要求低噪声的高速公路，都尽可能地使用PAWC。

六、多碎石沥青混凝土（SAC）

4.75mm以上碎石含量占主要部分的密级配沥青混凝土称多碎石沥青混凝土。当前使用的多碎石沥青混凝土矿料组成中过4.75mm以上的方孔筛的碎石含量为60%（范围中值）。

为了保持大量车辆在高速公路上能安全舒适地高速通行，沥青面层必须有良好抗滑性能。面层不但要有较高的摩擦系数，而且要有较深的表面构造深度和较小的透水性。表面构造深度达不到要求是I型沥青混凝土的明显缺点。

II型沥青混凝土的碎石含量大，按级配范围的中值达60%，但其中细料和填料的含量也少，因此，混合料的空隙率大，透水性也就大。II型沥青混凝土的优点是表面构造深度深，能达到规定要求，而且抗变形能力较强。透水性和耐久性差是II型沥青混凝土的最大缺点。

多碎石沥青混凝土既具有I型沥青混凝土的优点，又具有II型沥青混凝土的优点，同时它以又避免了两种传统沥青混凝土各自的缺点，因而使用在高速公路的表面层。

七、再生沥青混合料

1. 概述

再生沥青路面就是利用已破坏的旧沥青路面材料，通过添加再生剂、新沥青和新集料，合理设计配合比，重新铺筑的沥青路面。再生沥青混合料有表面处治型再生混合料、再生沥青碎石以及再生沥青混凝土三种形式，按集料最大粒径的尺寸，可以分成粗粒式、中粒式和细粒式三种。按施工温度分成热拌再生混合料和冷拌再生混合料两种，热拌由于在热态下拌和，新旧沥青处于熔融状态，经过机械搅拌，能够充分地混合，再生效果较好，而冷拌再生沥青混合料再生效果较差，成型期较长，通常限于低交通量的道路上。

2. 组成材料

再生沥青混合料由再生沥青和集料组成。再生沥青由旧沥青、添加剂以及新沥青材料组成，集料包括旧集料和新集料组成。

从化学角度讲，沥青再生就是老化的逆过程。沥青老化就是沥青中化学组分含量比值失去平衡，胶体结构产生变化，可以采用再生剂调节沥青（旧油）化学组分，使其达到平衡。再生剂的作用在于：

（1）调节旧油的黏度，使旧油过高的黏度降低，使过于脆硬的旧沥青混合料软化，以便于机械拌和，并同新的沥青、新的集料均匀混合。

（2）使老化的旧油中凝聚的沥青质重新分解，调节沥青的胶体结构，从而达到改善沥青流变性质的目的。

3. 技术性能

（1）再生沥青混合料必须具有足够的强度和热稳定性；

（2）再生沥青混合料具有良好的低温抗裂性，低温下表现为较低的线收缩系数、较高的抗弯强度和较低的弯拉模量；

（3）再生沥青路面有足够的抗滑性和防渗性；

（4）再生沥青路面具有良好的耐久性；

（5）尽可能地使用旧路面材料，最大限度节约沥青和砂石材料。

4. 再生沥青混合料配合比设计

（1）确定旧路面材料掺配比例；

（2）选择再生剂和新沥青材料并确定其用量；

（3）选择砂石集料，确定新旧集料的配合比例；

（4）检验再生沥青品质，并确定再生混合料最佳油石化；

（5）根据路用要求，检验再生混合料的物理力学性质。

八、其他新型沥青混合料简介

1. 法国的薄沥青面层（Ruflex）

法国是国际上采用薄沥青面层的代表性国家。10 多年前，薄沥青面层开始被用作磨耗层的养护，然后很快就推广应用到新路面。随后很薄沥青混凝土和超薄沥青混凝土也相继被推广使用。

由于基层沥青混凝土的模量高，超薄沥青混凝土的使用日益增多。超薄面层可以很好地解决粗糙度问题，材料的高模量保证了结构的稳定。

薄沥青混凝土标准要求 15℃和 10Hz 下的劲度模量要大于或等于 5400MPa。

2. 高模量沥青混凝土

在法国，传统的沥青胶结基层材料是最大粒径 14mm 或 20mm 的级配好的碎石集料，与 4.5%针入度 50～70 或 35～50 的沥青拌制而成。1980 年一个沥青混凝土承包商设计了一种沥青胶结基层材料，沥青用量 5.7%～6.0%（如同磨耗层所用），但沥青很硬（针入度 10～20），以很硬的沥青产生了很好的抗永久形变能力和很高的劲度模量，使基层底面的拉应变较小。此外高沥青含量产生了较高的容许疲劳应变，对于一给定的疲劳寿命基层厚度减少 30%。另外，高模量沥青混凝土的辙槽深度（仅由沥青混合料的塑性形变产生）较小。

目前这种混合料被作为高速公路路面的加强层，用于对抗辙槽性能要求较高路段，以及在城镇需要减薄厚度的路段位置。

3. 超薄热拌沥青混合料面层

法国的超薄热拌沥青混合料面层厚25mm，用砂含量少的断级配以改善宏观表面构造，高结合料含量和聚合物改性沥青或添加纤维以改善宏观表面构造的耐久性。由于超薄沥青混凝土的宏观构造深度好，因此它保障了行车安全条件。这种混合料与SMA相似，但砂含量较多，结合料含量较少，因此稳定度较好。

1998年在法国铺筑了超薄沥青混凝土面层试验段。超薄沥青混凝土使用了聚合物改性沥青纤维，累计重车交通量在100万到500万之间。其抗滑性能优于传统的沥青混合料，但主要在高速情况下。

后来，又开发了15mm厚的热拌沥青混合料面层。此沥青混合料铺在厚黏层上（沥青乳液），其沥青用量介于传统黏层和表面处治沥青层之间。

4. 粗骨架高结合料混合料CMHB

美国得克萨斯州运输局开发一种新型的粗骨架高结合料含量（CMHB）混合料设计方法，它不需要添加剂或填料。在CMHB混合料中，集料级配设计成允许粗碎石互相接触，这样行车荷载由粗集料承担并传递到下层路面。由于粗碎石是混合料中主要的承担荷载的组成部分，所以这种混合料有很好的抗辙槽能力，并且不会离析，其优良性能主要表现在以下几方面：

（1）耐久性较好。CMHB混合料中粗集料高度集中使得可以使用较多的沥青。较高的沥青含量和矿料上较厚的沥青膜将改善混合料的耐久性。

（2）增加沥青膜厚度。当粗集料含量增加时，沥青膜的厚度也增加，同时细集料和中等尺寸集料减少，使混合料较易压实，更加致密。

（3）无辙槽。混合料表现好且很均匀，摊铺混合料过程中没有产生离析也没有产生可见辙槽。

5. 水泥—乳化沥青复合结合料

水泥—乳化沥青复合结合料是在沥青中掺入水泥、石灰或采用沥青、水泥分层包裹集料的方法，选用乳化沥青和水泥分别为基本的有机和无机结合料，最好能基于冷拌冷铺工艺进行。

乳化沥青用量增加，油灰比增大，胶砂试件的变形能力增加，脆度系数减少。另外，相同结合料用量条件下，混凝土配合比将会影响混凝土韧性大小；降低水灰比，混凝土孔隙率减少，试件强度应有所提高。但水灰比的变化对复合结合料混凝土的性质影响不能简单确定，应综合考虑其他因素，如密实度、成型拌和工艺等。

通过试验表明：沥青同矿料之间以及沥青同水泥之间相互作用的加强及沥青分散程度的提高，能够有效地提高混凝土抗折强度、降低脆度系数，从而增加其韧性，降低面层材料的刚度。但是对于水泥——乳化沥青复合材料，还要从成型工艺上深化研究，例如采用上压、下振的成型工艺等，这样才能更好地发挥其作用。

复习思考题

1. 试述沥青混合料的定义。沥青混凝土混合料与沥青碎石混合料有何区别？

2. 简述沥青混合料的分类及其作用。

3. 沥青混合料的结构类型有哪几种？各种结构类型的沥青混合料各有什么特点？

4. 配制沥青混合料时，各种原材料的选用要求是什么？

5. 试述沥青混合料强度形成原理，并分析其影响因素。

6. 试述沥青混合料应具备的主要技术性质，以及主要的评定方法。

7. 简述我国热拌沥青混合料马歇尔试验的技术标准，并说明各项指标的含义。

8. 论述目前采用马歇尔试验法确定沥青最佳用量的优缺点。

9. 试述我国热拌沥青混合料配合组成的设计方法。矿质混合料的配合组成和最佳沥青用量是如何确定的？

10. 矿质混合料合成级配的调整要求是什么？

11. 高速公路沥青混合料配合比设计时，确定最佳沥青用量应该考虑哪些因素？

12. 采用马歇尔试验法设计沥青混凝土配合比，为什么需要进行浸水稳定度试验和车辙试验？

13. 简述冷拌沥青混合料的定义、种类及其应用。

习　题

1. 试设计高速公路沥青路面面层用细粒式沥青混凝土的配合组成。

【设计资料】

（1）道路等级：一级公路。

（2）路面类型：沥青混凝土。

（3）结构层次：三层式沥青混凝土的上面层。

（4）气候条件：最低月平均气温：−5℃。

（5）材料性能：

①沥青材料：可供应A级50号和70号沥青，经检验各项指标符合要求。

②碎石和石屑：I级石灰岩轧制的碎石，饱水抗压强度150MPa，洛杉矶磨耗率10%，黏附性（水煮法）V级，视密度2.72t/m³。

③细集料：洁净河砂，粗度属中砂，含泥量小于1%，视密度2.68t/m³。

④矿粉：石灰石粉，粒度范围符合要求，无团粒结块，视密度2.58t/m³。

矿质集料的筛分试验结果如表5-26。

各种组成材料筛分结果　　表5-26

材料名称	筛孔尺寸（mm）									
	16	13.2	9.5	4.75	2.36	1.18	0.6	0.3	0.15	0.075
	通过百分率（%）									
碎石	100	96	20	2	0	0	0	0	0	0
石屑	100	100	100	80	45	18	3	0	0	0
砂	100	100	100	100	91	80	71	36	18	2
矿粉	100	100	100	100	100	100	100	100	100	85

【设计要求】

（1）根据道路等级、路面类型和结构层次，确定沥青混凝土的类型和矿质混合料的级配范围。

(2) 根据现有各种矿质材料的筛析结果，用图解法确定各种矿质混合料的配合比。并根据一级公路路面对沥青混合料的要求，对矿质混合料的级配进行调整。

(3) 根据预估最佳油石比选择3.8%～5.8%的掺量范围，通过马歇尔试验的物理和力学指标，确定最佳沥青用量。

马歇尔试验结果汇总如下表5-27，供分析确定最佳沥青用量使用。

马歇尔试验结果汇总表 表5-27

试件组号	油石比(%)	技术指标					
		毛体积密度 ρ_f (g/cm³)	空隙率 VV (%)	矿料间隙率 VMA (%)	沥青饱和度 VFA (%)	稳定性 MS (kN)	流值 FL (mm)
1	3.8	2.362	6.1	17.4	66.7	9.3	2.0
2	4.3	2.379	4.6	17.1	75.4	10.8	2.3
3	48	2.394	3.5	16.9	81.2	10.6	2.8
4	5.3	2.380	2.8	17.3	84.3	8.9	3.6
5	5.8	2.378	2.4	17.9	85.7	7.3	4.5

第六章　高分子合成材料

本章提要

本章介绍高分子合成材料的基本概念、主要品种、特性及其在道桥工程结构中的应用。通过学习，学生应掌握塑料、合成橡胶和高聚物合金的组成和特性，了解它们在路桥工程中的应用。

第一节　概　　述

高分子化合物是指由分子量很大的大分子所组成的有机高分子聚合物，又称高聚物或聚合物。是生产塑料、合成橡胶、合成纤维、胶黏剂和涂料的基础材料。随着道路新材料的发展，高分子合成材料不仅可以代替传统材料，还可以作为基本组成材料或改性剂生产各种复合材料，用于改善和提高道路和桥梁等多种工程的性能。

一、基本概念

（一）聚合物组成的基本术语

1. 单体

高分子聚合物的一个大分子中含有成千上万个原子，分子量一般都在数千以上，甚至可达数万、数百万。其分子量虽大，但其化学组成却存在着一定的规律性，一般是由一种或几种简单的低分子化合物通过合成反应，以重复的方式相连而得，因此，它的化学组成并不复杂。例如，聚乙烯是通过乙烯分子的重复连接得到的，其反应过程如式（6-1）所示。

$$n\,[CH_2=CH_2] \xrightarrow{\text{聚合反应}} -[-CH_2-CH_2-]_{-n} \qquad (6\text{-}1)$$

凡是可以形成聚合物大分子链的低分子化合物称为聚合物的单体。如乙烯（$CH_2=CH_2$），是生产聚乙烯（$-[-CH_2-CH_2-]_{-n}$）的重要单体原料。

2. 链节

聚合物大分子链中的重复结构单元称为链节。例如上式中，$-[-CH_2-CH_2-]-$可看作聚乙烯大分子链中的重复结构单元，则$-[-CH_2-CH_2-]-$即为聚乙烯分子链的链节。

3. 聚合度

聚合物大分子链中链节的重复次数称为聚合度。如式（6-1），聚乙烯$-[-CH_2-CH_2-]_{-n}$中n表示聚合度。

聚合度很大（在10^3以上）、链节数很多、分子链很长的聚合物可称为高聚物。

4. 分子量

按照以上高聚物的结构组成，高聚物的分子量 M 可由式（6-2）计算：

$$M=m\cdot n \tag{6-2}$$

式中：m——单体分子量；

n——聚合度。

其实，在同一聚合物中，各个分子的大小并不相同，因此其分子量也不相同。因此，聚合物的分子量实际上是大量大分子链分子量的统计平均值。

（二）聚合物材料的命名

1. 习惯命名法

习惯命名法是按聚合物中的单体命名，在单体名称之前加“聚”字。如乙烯的聚合物称为“聚乙烯”，氯乙烯的聚合物称为“聚氯乙烯”等。对有些缩聚物可以取其单体的简称，后面加上“树脂”二字来命名。如苯酚与甲醛的反应物称为“酚醛树脂”等。

2. 系统命名法

将聚合物的重复结构单元按照有机化合物系统命名法命名，再在前面加以“聚”字。如聚乙烯称为“聚 1，2-亚乙基”，聚氯乙烯称为“聚 1-氯代乙烯”等。

这类命名遵照国际理论化学与应用化学联合会命名法，虽然严谨，但较繁琐，一般只在正规科技文献中采用。

3. 商品名称法及英文缩写符号命名法

许多聚合物由生产厂家或研制单位来命名，没有统一规律。如聚酰胺的商品名称为尼龙，聚甲基丙烯酸甲酯的商品名称为有机玻璃。

聚合物也常以其英文名称的缩写符号表示，如聚乙烯的英文名称为 Polyethylene，缩写为 PE，聚苯乙烯 Polystyrene 缩写为 PS 等。

（三）聚合物的特征

1. 聚合物的结构特征

聚合物按其链节在空间排列的几何形状，可分为线型结构和体型结构。

线型聚合物分子的主链原子常排列成长链状（如图 6-1a)），或带有支链（如图 6-1b)），其特点是具有柔顺性，链可以卷曲、缠绕在一起，在外力的作用下，可以拉长，失去外力后，又会恢复原来的卷曲形状，使得线型聚合物具有良好的弹韧性。聚乙烯、聚氯乙烯、聚苯乙烯等属于这类结构。这种聚合物可以溶解在一定的溶剂中，可以软化。

体型聚合物的分子长链被许多横跨支链交联成网状，形成二维或三维的空间网状结构（如图 6-1c)）。由于分子间彼此固定而失去变形能力，因此这类聚合物热稳定性较高，加热不能使分子间形成相对滑移，但温度过高，分子间的联结将断裂破坏。酚醛树脂、环氧树脂、脲醛树脂、不饱和聚酯等属于这类结构。这种聚合物制备成型后再加热时不软化，也不流动。

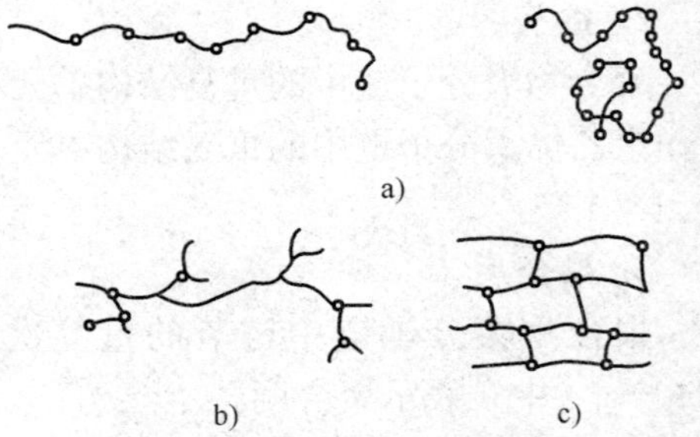

图 6-1　聚合物分子结构示意图

2. 聚合物的性能特征

(1) 优良的可加工性。聚合物原料丰富，一般可以采用比较简便的方法加工成多种形状的产品。

(2) 轻质、比强度高。大多数聚合物具有质轻的特点，其密度一般在0.8～2.2之间；比强度高，聚合物的强度与表观密度之比接近甚至超过钢材，因此，高分子合成材料是一种有发展前途的工程新材料。

(3) 化学稳定性较好。聚合物的耐酸、耐碱等抗腐蚀性能优于金属和无机材料。

(4) 导热系数小、吸水透水性低。聚合物一般都能用作消音、吸震、绝缘、透明、绝热、密封、防水等材料。

(5) 易老化，耐热性低。聚合物在加工、储存和使用过程中，易受热、光和氧气等因素的作用变成脆硬性物质，产生裂纹，力学性能降低，使用性能逐渐变坏。

(6) 可燃性及毒性。聚合物一般属于可燃材料，但可燃性受其组成和结构的影响有很大的差别。部分聚合物材料在燃烧时发烟，产生有毒气体。虽然可以通过一定的工艺加以改进，但防火性仍然比不上无机材料，因此，在工程应用中应予以注意。

二、人工合成方法

合成高分子化合物是由不饱和的低分子单体在热、光或催化剂作用下聚合而成，常用的聚合方法可分为加聚反应和缩聚反应两种。

1. 加聚反应

加聚反应是由一种或一种以上的低分子单体化合物经加成聚合反应生成大分子链的过程，如(6-1)式所示的反应过程。

按参加加聚反应的单体的种类，加聚反应可分为均聚反应和共聚反应两种。

同一种单体进行的加聚反应称为均聚反应，得到的聚合物称为均聚物，其分子链结构一般为线型的。如聚乙烯、聚氯乙烯、聚苯乙烯等。

两种或两种以上的单体进行的加聚反应称为共聚反应，得到的聚合物称为共聚物。共聚物的性能取决于形成共聚物大分子链的两种（或多种）单体的性质、相对数量及其排列方式。聚合物的性质常常可通过引入另一个单体形成共聚物得到改善。如氯乙烯-乙烯乙酸酯无规共聚物、顺丁烯二酸酐-1，2-二苯乙烯交替共聚物、苯乙烯-丁二烯嵌段共聚物（SBS）、天然橡胶接枝苯乙烯共聚物等。

2. 缩聚反应

缩聚反应是指具有两个或两个以上的活性官能团的单体，通过缩合聚合反应，常缩去低分子物质（如 H_2O、HCl、ROH 等），生成的聚合物称为缩聚物。缩聚反应生成物的组成与原始单体完全不同，得到的聚合物可以是线型的或体型的。例如，聚对苯二甲酸乙二酯（涤纶）和聚酰胺（尼龙）为线型聚合物，酚醛树脂和醇酸树脂为体型聚合物。

与加聚反应相似，缩聚反应也可以按照参与反应的单体种类和数量进行分类。通常，可以将同一种单体（含两种或两种以上官能团）之间、两种不同单体之间、或是两种以上含官能团单体之间的缩聚反应，分别称为均缩反应、混缩反应和共缩反应。

三、高聚物的分类

高分子材料种类繁多，通常按照其组成、性能和用途，可将聚合物分为塑料、合成橡胶、合成纤维、高聚物合金、涂料、胶黏剂等等。本章重点介绍道路与桥梁工程中常用的塑料、合成橡胶和高聚物合金的组成、性能和应用。

第二节 塑 料

一、塑料的组成

塑料是一大类高分子合成材料的总称，它是以合成树脂为基本成分，加上适量的添加剂（填充剂、增塑剂、颜料、润滑剂等），在一定的温度和压力下可塑制成型的合成材料。

（一）合成树脂

合成树脂即合成高分子聚合物，因外观与天然树脂相似而得名。它是塑料中最主要的成分，约占塑料质量的40%～100%，在塑料中起黏结作用。合成树脂的种类、性质及用量不同，塑料的物理力学性能不同，其使用范围也不同。塑料中常用合成树脂的特性和用途列于表6-1。

塑料中常用合成树脂的特性和用途 表6-1

合成树脂名称		英文缩写	特性和用途
热塑性树脂	聚乙烯	PE	强度高，延伸率较大，耐寒性好，电绝缘，但耐热性差；用于制造薄膜、结构材料，配制涂料、油漆等；与沥青的相容性好，是较好的沥青改性剂，可制得优良的改性沥青
	聚丙烯	PP	性能与聚乙烯相近，密度低，强度、耐热性比聚乙烯好，延伸率高，耐寒性好；主要用于生产薄膜、纤维、管道；无规聚炳烯可用作道路和防水沥青的改性剂
	聚氯乙烯	PVC	力学性能较高，化学稳定性好，但变形能力低，耐寒性差；用于制造建筑配件、管道、防水材料及各种日用品等
	聚苯乙烯	PS	质轻，耐水，耐腐蚀，不耐冲击，性脆；用于制作板材和泡沫塑料，一般用于工程的隔热、隔音材料
	聚乙烯-乙酸乙烯酯	EVA	具有优良的韧性、弹性和柔软性，并具有一定的刚度、耐磨性和抗冲击性；用于黏结剂、涂料等，为较常采用的沥青改性剂
	聚甲基丙烯酸甲酯	PMMA	透明度高，低温时具有较高的冲击强度，坚韧，有弹性，但耐磨性差。主要用作生产有机玻璃
热固性树脂	酚醛树脂	PF	耐热，耐化学腐蚀，电绝缘，较脆；对纤维的胶合能力强；可配制涂料、油漆等，但不能单独作为塑料使用
	环氧树脂	EP	具有更优良的强度、耐热性、耐化学腐蚀性，黏结力相当强；常用作黏结剂、制备树脂混凝土和改性沥青混合料，也常用于桥面铺装防水层和桥梁混凝土的修补
	有机硅树脂	SI	耐高温，耐寒，耐腐蚀，电绝缘性好，耐水性好；用于制作高级绝缘材料、防水材料等

合成树脂除作为生产塑料的主要成分之外，还可以与固化剂、填料等成分一起生产各种胶黏剂。热塑性树脂胶黏剂，如最常使用的聚酯酸乙烯胶黏剂，俗称白乳胶，使用方便，价格便宜，是一种应用广泛的非结构胶。其黏附力较高，但耐热性、对溶剂的稳定性及耐水性较差。热固性树脂胶黏剂分为不饱和聚酯树脂胶黏剂和环氧树脂胶黏剂。不饱和聚酯树脂胶黏剂的黏结强度高，抗老化性和耐久性好，可常温下使用，但必须加入填料或玻璃纤维以减小固化时的收缩性，广泛用于黏结陶瓷、玻璃、木材、混凝土和金属等结构构件。环氧树脂胶黏剂具有耐酸、碱腐蚀性好，使用温度范围大（可在常温、低温、高温等条件下固化），黏附力很高的优点，因此使用范围极广，尤其对混凝土的黏结性能，远远超过其他胶黏剂，广泛用于混凝土结构裂缝的修补和混凝土结构的补强和加固。

（二）添加剂

塑料添加剂是指为了改善塑料的某些性质而加入的物质。常用的添加剂有填充剂、增塑剂、稳定剂等。

1. 填充剂

填充剂又称填料，是塑料中的另一种重要组分，约占塑料质量的 20%～50%。常用填充料一般为粉状或纤维状的无机化合物，如木粉、木屑、滑石粉、硅藻土、石灰石粉、炭黑、铝粉、石棉、玻璃纤维、棉纤维、人造丝料浆、尼龙、云母等。加入填充剂可以增加塑料的强度、硬度、耐热性和耐磨性等，还可以减少聚合物用量以降低塑料的成本，但可能会同时降低塑料的冲击强度和抗拉强度。

2. 增塑剂

在塑料中加入增塑剂是为了提高塑料加工时的可塑性，使其能在较低的温度和压力下成型。掺加增塑剂不仅使塑料成型方便，易于加工，还可以调节其机械性能，具有要求的强度、韧性和柔软性。

增塑剂必须具有相容性和稳定性，以保证与树脂能够均匀融合，并且在光、热和大气的作用下，不产生破坏、褪色和气味，受水作用时也不发胀和收缩。常用的增塑剂有邻苯二甲酸二丁酯、樟脑、二苯甲酮、氯化石蜡、甘油等。

3. 稳定剂

为了阻止聚合物在加工过程及使用过程中受到的热、光和氧气的作用，加入稳定剂能够抑制和削弱热氧化和光氧化反应的发生，提高塑料质量，延长使用寿命。常用的稳定剂有硬脂酸盐、铅化合物和环氧树脂等。常用的光稳定剂有炭黑、二氧化钛、氧化锌、水杨酸酯类等，能够防止聚合物受紫外光照射性能变坏。

4. 其他添加剂

固化剂使塑料在加工时具有热固性，常用固化剂有胺类、酸酐类、过氧化物等化合物。用于装饰的塑料制品常加入着色剂。着色剂不仅能够满足着色要求，而且具有增强附着力和分散性，不与塑料的其他组成成分发生反应的特点。常用的着色剂为无机或有机颜料。其他添加剂还有抑制燃烧反应的阻燃剂、改善表面性能及加工性能的润滑剂、产生泡沫的发泡剂等等。

二、塑料的分类

1. 通用塑料

根据塑料的用途、产量和性能，可将其分为通用塑料和工程塑料。通用塑料常指用途广、产量大、价格低的塑料品种，如聚乙烯、聚丙烯、聚氯乙烯、聚苯乙烯、酚醛塑料等。其产量约占全部塑料产量的3/4以上。

2. 工程塑料

工程塑料是指机械强度高、刚性较大、耐磨、耐腐蚀，且具有良好的尺寸稳定性，可以代替金属材料用于制造机械零件和工程结构的塑料。这类塑料主要有聚酰胺、聚甲酯、聚碳酸酯、丙烯酸类塑料、ABS塑料、聚甲基丙烯酸甲酯、有机硅及聚四氟乙烯等等。

三、合成树脂在道路工程中的应用

随着复合材料的发展，树脂在混凝土中的应用日趋广泛，如聚合物混凝土、聚合物浸渍混凝土、聚合物改性混凝土和沥青混凝土。主要用于公路和桥梁混凝土的工程构件、构件修复、高等级沥青路面和桥面防水等工程。

1. 聚合物混凝土

聚合物混凝土（Polymer concrete，简称PC）是以聚合物为唯一胶结材料的混凝土，我国也常称之为树脂混凝土或塑料混凝土。常用的聚合物有丙烯酸酯、甲基丙烯酸酯、环氧树脂、呋喃树脂、不饱和聚酯、乙烯基树脂等。

水泥混凝土由于在水化过程中毛细孔的存在，使其成为一种典型的强而脆的材料。与普通混凝土不同，在聚合物混凝土中，聚合物最终全部参与固化反应，因而聚合物混凝土中没有连通的毛细孔，提高了混凝土的抗渗性、耐冻性、耐蚀性等，从而有效地改善了混凝土的耐久性。此外，聚合物混凝土的强度发展也较普通混凝土快得多，一般，24h的强度可达最终强度的80%，且抗压、抗折、抗拉强度都很高，是一种强而韧的材料。

聚合物混凝土可用于制造人造大理石、PC铁路枕轨、桥面和停车场罩面、建筑结构及道路的修补。

2. 聚合物浸渍混凝土

聚合物浸渍混凝土（Polymer impregnated concrete，简称PIC）是用将硬化干燥的混凝土作为基材浸泡于某种聚合的单体浸渍液中，然后用加热、辐射或化学法使浸入混凝土孔隙内的单体进行聚合反应，所得到的一种复合材料。一般说，凡能被混凝土基材吸收，并能在其中聚合成固体的液体原料，都可以用于浸渍混凝土。常用的聚合物单体有甲基丙烯酸甲酯、丙烯酸甲酯、苯乙烯、不饱和聚酯树脂和环氧树脂等。

聚合物浸渍混凝土中，由于聚合物充满了混凝土的毛细孔和微孔隙，使混凝土物理力学性能得到显著地改善。其主要特点是：强度提高，如抗压强度提高2～3倍、抗拉强度提高3倍、抗折强度提高2～3倍；混凝土的抗渗性、抗冻性、耐腐蚀性等也有很大改善。但其耐热性较差，高温时聚合物易分解。

聚合物可作为涂层或封闭剂用于混凝土结构的保护和提高其抗渗性。由于聚合物浸渍混凝土的制备工艺比较，成本较高，因此至今尚无很好的商业化应用。

3. 聚合物改性混凝土

聚合物改性混凝土（Polymer-modified concrete，简称 PMC）是以聚合物乳液拌和水泥，再掺入骨料和砂配制而成的混凝土，过去也叫聚合物水泥混凝土（简称 PCC）。聚合物改性砂浆（Polymer-modified motar），简称 PMM。聚合物改性混凝土的生产工艺与普通混凝土相似，便于现场操作。

聚合物改性混凝土中的聚合物多呈水分散体形式，可以采用水溶性聚合物，如聚乙烯醇、呋喃苯胺树脂等；可以采用聚合物乳液，如聚丙烯酸酯乳液、乙烯-乙酸乙烯酯共聚乳液、环氧树脂乳液等。

由于聚合物在混凝土中形成膜状物，填充水泥水化物及骨料间的空隙，增强同骨料的黏结作用，因此，聚合物改性混凝土的强度发展迅速，抗拉强度、抗折强度高，冲击韧性好，耐磨性、防水性、耐久性好，干缩性小。

聚合物改性混凝土在船泊、桥面、路面、地面、防腐和黏结等方面获得了很好的应用。目前主要用于防水或防蚀的混凝土结构物、工业厂房地面、混凝土结构（包括海上和水下工程）的修补及灌浆工程，也可用于快速修复混凝土路面、停车场、机场道面及桥面铺装层等。

4. 树脂类改性沥青

用作沥青改性的树脂主要有热塑性树脂，聚乙烯、聚丙烯、聚乙烯-乙酸乙烯酯最常采用。热塑性树脂改性沥青，主要可以提高沥青的黏度、韧性、改善高温抗流动性，但对低温性能的改善有时并不明显。

热固性树脂（如环氧树脂）改性沥青，具有优良的高温稳定性和抗疲劳性能，但造价太高及其他一些原因，很少采用。目前主要用于改善沥青性能的聚合物为橡胶类和热塑性弹性体等。

第三节　合 成 橡 胶

橡胶是指在外力作用下可以发生较大的变形，当除去外力后能够迅速恢复原有形状的高聚物。其最大特点是具有高弹性，使用的温度范围很大。橡胶分为天然橡胶和合成橡胶。合成橡胶用量大，其化学结构和性能与天然橡胶基本相似，但性能更好。

一、合成橡胶的基本原料

合成橡胶又称人造橡胶，从石油、天然气、煤、石灰石及某些农副产品中可以获得合成橡胶的基本原料。生产时先将基本原料制成单体，再将单体合成为橡胶。

炼制石油和天然气可以得到的基本原料有：甲烷、丙烷、丁烷、乙烯、丙烯、丁烯、戊烯、苯及甲苯等化合物。用焦炭和石灰石制成电石，电石再加水生成乙炔，可作为合橡胶的基本原料。粮食经发酵或木材经水解可制得乙醇，也可以作为合成橡胶的基本原料。这些有机化合物再进一步制成合成橡胶的单体原料。

为了改善合成橡胶的物理、力学和耐久性能，在生产过程中，还需要进行硫化处理或加入填充剂；为提高抗老化性能，可加入一些防老化剂。

二、合成橡胶的品种

合成橡胶按其性质及用途可分为通用橡胶和特种橡胶两类。丁苯橡胶、顺丁橡胶、氯丁橡胶、丁腈橡胶、丁基橡胶和聚氨酯橡胶等均属通用橡胶，特种橡胶主要有硅橡胶、氟橡胶和聚硫橡胶等。常用合成橡胶及其主要特性列于表 6-2。

常用合成橡胶的特性　　表 6-2

橡胶名称	英文缩写	特　　性
丁苯橡胶	SBR	综合性能较好，延伸率大，耐磨、耐寒性较好
顺丁橡胶	BR	弹性是橡胶中最好的，耐寒、耐磨性好，但抗拉强度低，黏结性能较差
氯丁橡胶	CR	耐油，耐氧化，耐老化，耐燃烧，耐腐蚀等，但耐寒，绝缘性差，储存稳定性差
丁腈橡胶	NBR	耐磨，耐热，耐腐蚀，耐老化，但耐寒性，绝缘性差，塑性低，成本高
丁基橡胶	IIR	抗拉强度高，延伸性大，耐化学腐蚀，耐老化，耐热，耐寒，不透气，绝缘性最好
乙丙橡胶	EPDR	质轻，耐光、耐热、耐氧及臭氧、耐酸碱、耐磨性好等
硅橡胶	SI	耐候性强，能在－70～300℃温度范围中使用，具有良好的抗老化和绝缘性能，但强度低，耐磨性差，性脆，加工困难，成本高
氟橡胶	FPM	耐高温，耐腐蚀，绝缘性好
聚硫橡胶	TR	耐油，耐溶剂

三、合成橡胶在道路工程中的应用

橡胶是沥青的重要改性材料，常用的橡胶类沥青改性剂有丁苯橡胶（SBR）、氯丁橡胶（CR）、丁腈橡胶（NBR）、乙丙橡胶（EPDR）及废旧橡胶等。其中，改性效果较好的是丁苯橡胶，改性后的沥青，针入度降低，黏度增加，软化点提高，低温（5℃）延度明显增加，韧性显著提高，与石料的黏附性有所提高。

橡胶在改善沥青高温稳定性的同时，对沥青的低温柔软性也有明显改善。对沥青性能的改善程度主要取决于橡胶的品种、掺量，以及沥青的性能。虽然橡胶类改性沥青具有优良的性能，但制备工艺较为复杂。

橡胶除能作为沥青的重要改性剂外，天然橡胶乳液和合成橡胶乳液还可以直接用于拌制聚合物改性混凝土，也可以与乳化沥青共混制成改性沥青乳液，用于道路路面和桥梁的防水层。

第四节　高聚物合金

一、高聚物合金的组成

随着聚合物工业的发展，不论就其成分还是形状，橡胶与塑料的区别已不是很明显了，它们越来越重叠交叉，性能优化，这就是目前高聚物合金的发展趋势。

高聚物合金是指多组分和多相同时并存于某一共混物体系中的聚合物，通常称作热塑性弹性体。

二、高聚物合金的品种和应用

1. ABS 工程塑料

ABS 塑料是改性聚苯乙烯塑料，是以丙烯腈（A）、丁二烯（B）和苯乙烯（S）三元接枝共聚物。ABS 塑料通过共聚兼具了三组分的优点，具有聚丙烯腈的高化学稳定性和硬度、聚丁二烯的高韧性和弹性、聚苯乙烯良好的工艺性质，但主要缺点是耐热性较差，在光、氧作用下容易老化。为了克服这一缺点，将氯化乙烯与苯乙烯和丙烯腈接枝，可制得耐候性的 ACS 树脂。

ABS 塑料为不透明塑料，具有综合机械性能，优级 ABS 抗拉强度可达 40MPa，弯曲强度可达 66MPa。目前，可以制作管材和装饰板材使用，也可开发应用于桥梁结构中代替钢材、木材等结构材料。

2. SBS 嵌段共聚物

SBS 是当前最常使用的热塑性弹性体，为苯乙烯（S）、丁二烯（B）的嵌段共聚物，简称 SBS。他兼具了树脂和橡胶的特性，对沥青的改性优于树脂或橡胶类聚合物，因此，SBS 用作改性沥青混合料路面材料和改性沥青防水材料，是近年来采用较为广泛、效果较好的沥青改性剂。

SBS 具有弹性好、抗拉强度高、低温变形能力强等优点，因此，SBS 改性沥青具有较高的高温使用黏度和高温稳定性，良好的低温变形能力和耐久性。作为高等级路面材料，SBS 改性沥青混合料的高温和低温性能均能显著改善，具有较高的高温抗车辙能力和低温抗裂能力。作为防水材料，SBS 改性沥青防水卷材和 SBS 橡胶沥青涂料具有低温柔性好，冷热地区均适用的特点，可用于道路工程、地下工程和桥梁工程的防水结构。

复习思考题

1. 试解释下列基本概念：单体、链节、聚合度、高聚物。
2. 简述聚合物材料的基本特性。
3. 写出以下代号所表示的聚合物品种：PE、PVC、PS、EVA、EP、SBR、SBS。
4. 何谓合成树脂？请简述合成树脂的种类、性质和用途？
5. 塑料的主要组成材料有哪些？他们在塑料中各起什么作用？
6. 合成橡胶的主要品种有哪些？请简述他们的主要特性。
7. 聚合物水泥混凝土、聚合物浸渍混凝土、聚合物改性混凝土在组成和工艺上有什么不同？请简述他们在道路和桥梁工程中的应用。
8. 请简述高聚物合金的概念及其特性。
9. 常用于改性沥青的聚合物有哪几类？他们在沥青性能的改善方面有什么特点？
10. 试述 SBR 和 SBS 改性沥青及其混合料在高等级沥青路面的应用现状。

第七章 建筑钢材

本章提要

建筑钢材是指在建筑工程中使用的各种钢材，主要包括钢结构所用的各种型材（如圆钢、角钢、工字钢、槽钢、钢管）和板材，以及混凝土结构所用的钢筋、钢丝和钢绞线等，是土建工程中应用最广泛的金属材料。在钢结构和钢筋混凝土结构中，都要应用钢材。在学习钢桥设计和钢筋混凝土桥设计之前，必须掌握常用钢材的规格、性能和应用等材料方面的基础知识。

本章着重阐述路桥工程常见钢材的技术性质和技术标准。通过本章学习，要求知道工程中常用钢材的主要技术性能和技术标准，并能按设计要求选用相应规格的钢材。

一、钢材的分类及技术性能

（一）钢材的分类

钢的分类方法很多，较常用的有下列分类方法。

1. 按冶炼方法分类

（1）按生产的炉型分类

①转炉钢。以熔融的铁水为原料，在转炉中倒入铁水后，在炉的底部或侧面吹入空气或纯氧气进行冶炼。

②平炉钢。以固体或液体的生铁、铁矿石或废钢为原料，以煤气、煤油或重油为燃料。

③电炉钢。以废钢及生铁为原料，用电热进行高温冶炼。

（2）按脱氧程度分类

①沸腾钢。是脱氧不充分的钢。钢液中含氧量较高，在浇铸及钢液冷却时，有大量的一氧化碳气体逸出，钢液呈激烈沸腾状。这种钢的塑性较好，有利于冲压，但钢中杂质分布不均匀，偏析较严重，使钢的冲击韧性及可焊性较差。由于成本较低、产量较高，可以用于一般的建筑结构中。

②镇静钢。脱氧充分，钢水较纯净，浇铸钢锭时钢水平静。镇静钢材质致密均匀，可焊性好，抗蚀性强，质量高于沸腾钢，但成本较高，可用于承受冲击荷载或其他重要的结构。

③半镇静钢。脱氧程度及钢水质量介于上述两者之间，是建筑工程中应用最广泛的一种钢材。

④特殊钢。是一种比镇静钢脱氧还要充分彻底的钢，所以其质量最好，适用于特别重要

的结构工程。

2. 按化学成分分类

按化学成分的不同可分为：

（1）碳素钢

亦称“碳钢”，是含碳量低于2.00%的铁碳合金。除铁、碳外，常含有如锰、硅、硫、磷、氧、氮等杂质。碳素钢按含碳量可分为：

①低碳钢。含碳量小于0.25%；

②中碳钢。含碳量为0.25%～0.60%；

③高碳钢。含碳量大于0.60%。

（2）合金钢

为改善钢的性能，在钢中特意加入某些合金元素（如锰、硅、钒、钛等），使钢材具有特殊的力学性质。合金钢按合金元素含量可分为：

①低合金钢。合金元素总含量小于5%；

②中合金钢。合金元素总含量为5%～10%；

③高合金钢。合金元素总含量大于10%。

3. 按质量分类

碳素钢按供应的钢材化学成分中有害杂质（硫和磷）的含量不同，又可划分为：

①普通钢。钢中磷含量不大于0.045%，硫含量不大于0.050%；

②优质钢。钢中磷含量不大于0.035%，硫含量不大于0.035%；

③高级优质钢。钢中磷含量不大于0.025%，硫的含量不大于0.025%；

④特级优质钢。钢中磷含量不大于0.025%，硫的含量不大于0.015%。

4. 按用途分类

钢材按用途的不同可分为：

①结构钢。用于建筑结构、机械制造等，一般为低、中碳钢；

②工具钢。用于各种工具、量具及模具，一般为高碳钢；

③特殊钢。具有各种特殊物理化学性能的钢材，如不锈钢、磁性钢等，一般为合金钢。

5. 按成型方法分类

分为铸造钢、锻造钢、轧压钢和冷拔钢。

（二）建筑钢材的技术性质

桥梁建筑用钢和钢筋混凝土用钢筋的基本技术性质包括：屈服强度、抗拉强度、伸长率、冲击韧性、冷弯和硬度等。

1. 强度

钢材在承受抗拉试验时，可绘出拉伸图（拉力—变形关系），根据拉伸图改换坐标可作出应力—应变曲线。现举碳素结构钢为例，其应力—应变图如图7-1所示。图中的曲线可明显地划分为四个阶

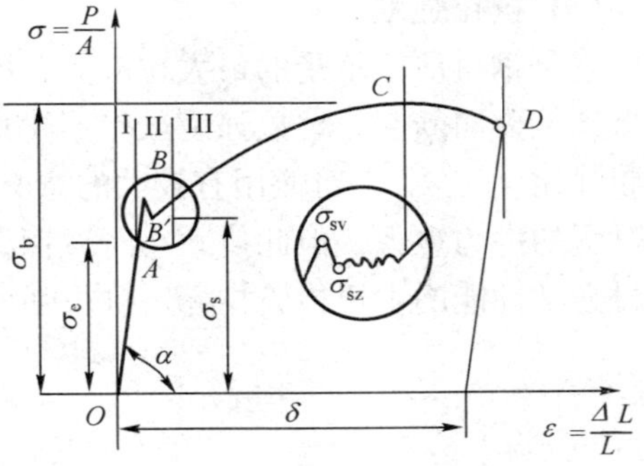

图7-1　碳素结构钢的应力—应变图

段：弹性阶段（$O \rightarrow A$）、屈服阶段（$B \rightarrow B'$）、强化阶段（$B \rightarrow C$）和缩颈阶段（$C \rightarrow D$）。OA 是一直线，在 OA 范围内如卸去荷载，试件变形恢复原状，即呈弹性变形。与 A 点对应的应力称为弹性极限，用 σ_e 表示。A 点以后是钢材开始丧失对变形的抵抗能力，并开始产生大量塑性变形时所对应的应力。从图中可了解到碳素结构钢下列特征性能指标。

（1）屈服强度

它是钢材开始丧失对变形的抵抗能力，并开始产生大量塑性变形时所对应的应力。在屈服阶段，锯齿形的最高点所对应的应力称为上屈服点（σ_{sv}）；锯齿形的最低点所对应的应力称为下屈服点（σ_{sz}）。因为上屈服点与试验过程中的许多因素有关，而下屈服点较为稳定，所以我国现行规范规定以下屈服点的应力作为钢材的屈服极限。屈服强度以 σ_s 表示，并按式（7-1）计算：

$$\sigma_s = \frac{F_s}{A_0} \tag{7-1}$$

式中：σ_s——屈服强度（MPa）；

F_s——相当于所求应力的荷载（N）；

A_0——试件的原横截面积（mm^2）。

中碳钢和高碳钢没有明显的屈服点，通常以残余变形 0.2%的应力作为屈服强度，表示为 $\sigma_{s(0.2)}$，并按（7-1′）计算：

$$\sigma_{s(0.2)} = \frac{F_{0.2}}{A_0} \tag{7-1′}$$

式中：$\sigma_{s(0.2)}$——屈服强度（MPa）；

$F_{0.2}$——相当于所求应力的荷载（N）；

A_0——试件的原横截面积（mm^2）。

屈服强度对钢材使用有重要的意义，当构件的实际应力超过屈服点时，将产生不可恢复的永久变形；另一方面，当应力超过屈服点时，受力较高的部位应力不再提高，而自动将荷载重新分配给某些应力较低的部分。因此，屈服强度是确定钢结构容许应力的主要依据。

（2）抗拉强度

它是钢材所能承受的最大拉应力，即当拉应力达到强度极限时，钢材完全丧失了对变形的抵抗能力而断裂。抗拉强度虽然不能直接作为计算依据，但屈服强度和抗拉强度的比值，即屈强比（σ_s/σ_b），对使用有较大的意义。此值越小，则结构的可靠性越高，即延缓结构损坏过程的潜力愈大，但此值太小时，钢材强度的有效利用率低。所以屈服强度和抗拉强度是钢材力学性能的主要检验指标。抗拉强度以 σ_b 表示，并按式（7-2）计算：

$$\sigma_b = \frac{F_b}{A_0} \tag{7-2}$$

式中：σ_b——抗拉强度（MPa）；

F_b——试件拉断前的最大荷载（N）；

A_0——试件的原横截面积（mm^2）。

2. 塑性

钢材在受力破坏前可以经受永久变形的性能，称为塑性。在工程应用中钢材的塑性指标通常用伸长率和断面收缩率表示。

（1）伸长率

伸长率是钢材发生断裂时所能承受的永久变形的能力。试件拉断后标距长度的增量与原标距长度之比的百分率即为伸长率。伸长率以 δ_n 表示，并按式（7-3）计算：

$$\delta_n = \frac{L_1 - L_0}{L_0} \times 100 \tag{7-3}$$

式中：δ_n——伸长率（%）；

L_1——试件拉断后标距部分的长度（mm）；

L_0——试件的原标距长度（mm）；

n——试件长度与试件直径之比（如试件直径为 10mm，标距长度为 50mm 时，$n=5$；若标距长度为 100mm 时，$n=10$）。

（2）断面收缩率

收缩率是试件拉断后缩颈处横断面积的最大缩减量占横截面积的百分率。断面收缩率以 ψ 表示，并按式（7-4）计算：

$$\psi = \frac{A_0 - A_1}{A_0} \times 100 \tag{7-4}$$

式中：ψ——断面收缩率（%）；

A_1——试件裂断（缩颈）处的横截面积（mm^2）；

A_0——试件的原横截面积（mm^2）。

3. 硬度

硬度表示局部抵抗塑性变形的能力，钢材硬度值愈高，金属产生塑性变形越困难。硬度不是一个单纯的物理量，它与强度指标（σ_s，σ_b）和塑性指标（δ，ψ）有一定的相关性。

我国现行国家标准测定金属硬度的方法有：布氏硬度、洛氏硬度和维氏硬度等 3 种，最常用的为布氏硬度和洛氏硬度。

（1）布氏硬度

布氏硬度测定方法是将一个标准的淬火的钢球，用力压入试件，经一定时间后，卸去荷载，试件表面留有球的压痕如图 7-2 所示。计算压痕单位表面积所承受的荷载值即为布氏硬度。当压头用淬火钢球时，用 HBS 表示；压头用硬质合金钢时，用 HBW 表示，按式（7-5）计算：

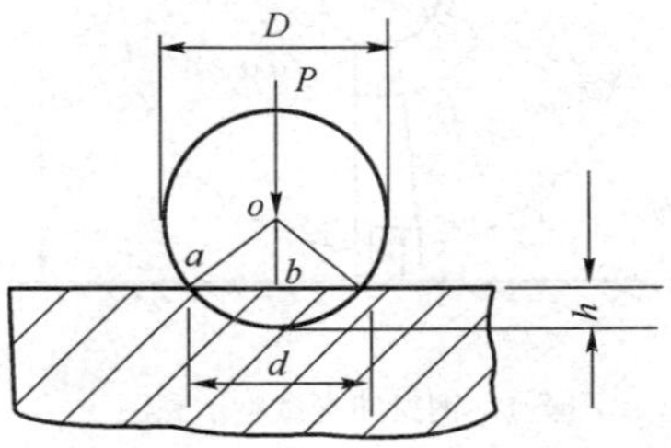

图 7-2　布氏硬度试验原理示意图

$$\text{HBS} = 0.102 \times \frac{2F}{\pi D^2 \left[1 - \sqrt{1 - (d^2/D^2)}\right]} \tag{7-5}$$

式中：HBS——布氏硬度；

F——施加荷载（N）；

D——钢球直径（mm）；

d——压痕直径（mm）。

（2）洛氏硬度

洛氏硬度测定方法是用金刚石圆锥体或钢球做压头，在初始试验力（F_0）和总试验力 F（F=初始试验力 F_0＋主试验力 F_1）的先后作用下，将压头压入试件。洛氏硬度值是以卸除主试验力 F_1 而保留初始试验力 F_0 时，压入试件的深度 h_1 与在初始试验力作用下的压入深度 h_0 之差（h_1-h_0）计算的，如图 7-3 所示。（h_1-h_0）的数值愈大，表示试样愈软；反之，表示试样愈硬。这和习惯概念正好相反，故改用一常数 K 减去（h_1-h_0）之差来表示硬度的高低，并规定每压入 0.002mm 为一硬度单位，以 HR 表示，按(7-6)计算：

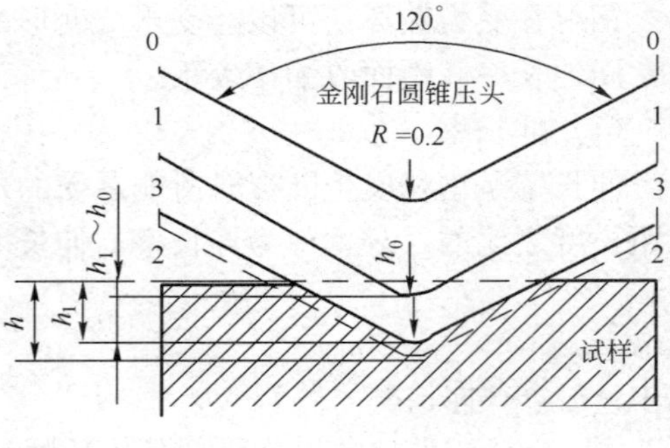

图 7-3　洛氏硬度原理示意图

$$HR=\frac{K-(h_1-h_0)}{0.002} \tag{7-6}$$

式中：HR——洛氏硬度值；

h_C——在初始试验力作用下，压头压入试件的深度（mm）；

h_1——在卸除主试验力而保留初始试验力时，压头压入试件的深度（mm）；

K——常数。

布氏硬度测定结果准确性较高，但压痕较大，不宜用作测定已成构件。而用洛氏硬度测定法时，压痕微小，测后不影响构件的使用。

4. 冲击韧性

冲击韧性是钢材在瞬间动荷载作用下，抵抗破坏的能力。钢构件在工作过程中常受到冲击荷载，因此对钢材的抗冲击力也有一定的要求。按我国国家标准试验方法的摆冲法，横梁式为标准方法。如图 7-4 所示按规定制成有槽口的标准试件，以横梁式放在冲击试验机的支座上，然后将试验机的摆锤升至规定高度，突然松开，摆锤自由下落，冲断试件。试验表盘上指示出冲断试样时所消耗的功能，按式（7-7）计算：

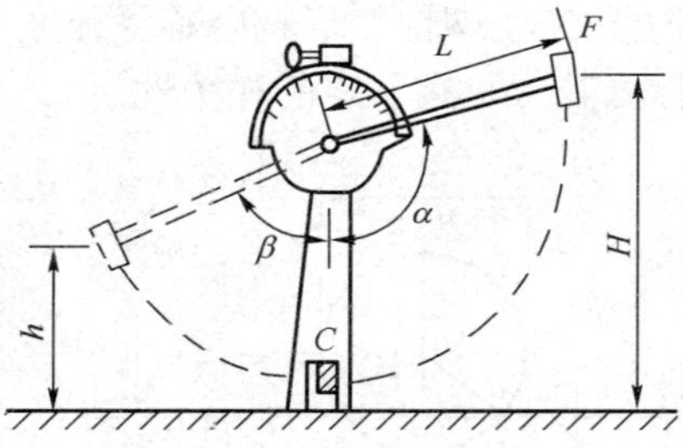

图 7-4　钢材冲击试验示意图

$$a_k=\frac{A_k}{A} \tag{7-7}$$

式中：a_k——钢材的冲击韧性；

A_k——摆锤冲断试件所做的功，（kJ）；

A——试样断口的截面积（mm^2）。

a_k 值低的钢材在断裂前没有显著的塑性变形，属脆性材料，不宜用作承担冲击荷载的构件，如连杆、桥梁轨道等。

5．冷弯性能

冷弯性能是钢材在常温条件下承受规定弯曲程度的弯曲变形的能力，并且是显示缺陷的一种工艺性能。

钢材的冷弯性能是以规定尺寸的试件，在常温条件下进行弯曲试验。弯曲的指标与试件被弯曲的角度、弯心的直径与试件的厚度（或直径）的比值有关。弯曲角度愈大，弯心直径与试件厚度比愈小，则表示弯曲性能的要求愈高。按我国现行国家标准有下列三种类型：①达到某规定的角度的弯曲；②绕着弯心弯到两面平行；③弯到两面接触的重合弯曲。按规定试件弯曲处不产生裂纹、断裂和起层等现象即认为合格。

二、化学成分对钢材技术性能的影响

1．碳的影响

碳是钢中除铁之外含量最多的元素。建筑碳钢里的含碳量不大于0.8%，在此范围内，随着含碳量的增加，钢的硬度和抗拉强度随之升高，而塑性指标伸长率、断面收缩率和冲击韧度显著降低。碳还可显著降低钢材的焊接性，增加钢的冷脆性和时效敏感性，降低抗大气腐蚀性。

2．硫的影响

硫是钢中的有害物质，是在炼钢时由矿石与燃料带到钢中的杂质。硫几乎不溶于铁，而与铁化合成硫化铁。在950℃时硫化铁与铁形成共晶体，这些低熔点共晶体在结晶时，总是分布在晶界处，在钢材加热至1000℃以上时，由于共晶体已经熔化，而导致钢材加工时产生裂缝，这种现象称为热脆性。通常为消除硫的有害影响，可增加锰含量使形成硫化锰，硫化锰的熔点（1620℃）比钢材热加工温度高，因而可消除热脆性。硫化锰分布在晶界上，在高温时虽具有一定的塑性，但轧制时它易轧成条状的夹杂物分布在钢中，使钢材纵横向性能不同，降低横向冲击韧性。因此，硫在钢中是很有害的杂质。

3．磷的影响

磷也是由矿石带到钢中来的，即使只有千分之几的磷存在，也会在组织中析出脆性很大的磷化铁化合物，而使室温下屈服点和屈强比显著提高，而塑性和冲击韧性显著降低，特别是在低温时，对塑性和韧性的影响更大。故磷在碳钢中亦为很有害物质。

4．锰的影响

锰是炼钢时用锰脱氧、硫时而残留在钢中的元素。锰具有很强的脱氧、硫能力，因此能够消除钢中的氧、硫，大大改善钢的热加工性能。在普通碳钢中一般含有0.25%～0.80%的锰。锰不仅能消除或减轻碳钢中氧、硫所引起的热脆性，同时锰在铁中对钢有一定的强化作用。故锰对碳钢的性能有良好的影响，是一个有益的元素。

5．硅的影响

硅也是作为脱氧剂而存在于钢中的。硅的脱氧能力比锰还要强，能与氧化铁形成$FeO-SiO_2$，消除氧化铁杂质的影响。当硅含量很低时，能显著地提高钢材的强度，但不明显地降低塑性和韧性。

6．氧的影响

氧是由于炼钢氧气化过程而存在于钢中的。氧在钢中少部分能溶于铁素体中，而大部分

以 FeO_2、MnO、Mn_3O_4、SiO_2、Al_2O_3 等形成夹杂物而存在。随着含氧量的增加，钢材力学强度可以提高，但会使塑性和疲劳强度显著降低。钢中 FeO_2 与其他夹杂物形成低熔点的复合化合物而聚在晶界面上时，会造成钢材的热脆性。总之，钢中的氧为有害元素。

7. 氮的影响

氮对碳钢的影响，与碳、磷相似，可使钢材强度增高，塑性、冲击韧性显著降低。

三、桥梁结构钢的技术要求

用于桥梁建筑的钢材，根据工程使用条件和特点，这类钢材应具有下列技术要求。

（1）良好的综合力学性能。桥梁结构在使用中承受复杂的交通荷载，同时在无遮盖的条件下还要经受大气条件的严酷环境考验，为此必须具有良好的综合力学性能，即除具有较高的屈服点与抗拉强度外，还应具有良好的塑性、冷弯性能、冲击韧性和抵抗振动应力的疲劳强度，以及低温（−40℃）时的冲击韧性。

（2）良好的焊接性。由于近代焊接技术的发展，桥梁钢结构趋向于采用焊接结构代替铆接结构，以加快施工速度和节约钢材。桥梁在焊接后不易整体热处理，因此要求钢材具有良好的焊接性，亦即焊接的连接部分应强而韧，并应不低于或略低于焊件本身，以防止产生硬化脆裂和内应力过大等现象。

（3）良好的抗蚀性。桥梁长期暴露于大气中，所以要求桥梁用钢具有良好的抵抗大气因素腐蚀的性能。

桥梁结构钢的牌号与化学成分要求见表 7-1，桥梁结构钢的力学性能与工艺性能要求见表 7-2。

桥梁结构钢的牌号与化学成分要求 表 7-1

牌号	质量等级	化学成分（%）					
		C	Si	Mn	P	S	Als
					不大于		
Q235q	C	≤0.02	≤0.30	0.40～0.70	0.035	0.035	
	D	≤0.18	≤0.30	0.50～0.80	0.025	0.025	≥0.015
Q345q	C	≤0.02	≤0.60	1.00～1.60	0.035	0.035	
	D	≤0.18	≤0.60	1.00～1.60	0.025	0.025	≥0.015
	E	≤0.17	≤0.50	1.20～1.60	0.020	0.015	≥0.015
Q370q	C	≤0.18	≤0.50	1.20～1.60	0.035	0.035	
	D	≤0.17	≤0.50	1.20～1.60	0.025	0.025	≥0.015
	E	≤0.17	≤0.50	1.20～1.60	0.020	0.015	≥0.015
Q420q	C	≤0.18	≤0.50	1.20～1.60	0.035	0.035	
	D	≤0.17	≤0.60	1.20～1.70	0.025	0.025	≥0.015
	E	≤0.17	≤0.60	1.20～1.70	0.020	0.015	≥0.015

注：表中的酸溶铝（Als）可以用测定总含铝量代替，此时铝含量应不小于 0.020%。

桥梁结构钢的力学性能与工艺性能要求　　表 7-2

牌号	质量等级	板厚（mm）	屈服点 σ_s（MPa）	抗拉强度 σ_b（MPa）	伸长率 δ_5（%）	V 型冲击功能（纵向）			180°弯曲试验钢材厚度（mm）	
						温度（℃）	J	时效（J）		
			不小于						≤16	>16
Q235q	C	≤16	235	390	26	0	27		$d=1.5a$	$d=2.5a$
		>16～35	225	380						
		>35～50	215	375						
		>50～100	205	375						
	D	≤16	235	390	26	−20		27		
		>16～35	225	380						
		>35～50	215	375						
		>50～100	205	375						
Q345q	C	≤16	345	510	21	0	34		$d=2a$	$d=3a$
		>16～35	325	490	20					
		>35～50	315	470	20					
		>50～100	305	470	20					
	D	≤16	345	510	21	−20		34		
		>16～35	325	490	20					
		>35～50	315	470	20					
		>50～100	305	470	20					
	E	≤16	345	510	21	−40				
		>16～35	325	490	20					
		>35～50	315	470	20					
		>50～100	305	470	20					
Q370q	C	≤16	370	530	21	0	41		$d=2a$	$d=3a$
		>16～35	355	510	20					
		>35～50	330	490	20					
		>50～100	330	490	20					
	D	≤16	370	530	21	−20		41		
		>16～35	355	510	20					
		>35～50	330	490	20					
		>50～100	330	490	20					
	E	≤16	370	530	21	−40				
		>16～35	355	510	20					
		>35～50	330	490	20					
		>50～100	330	490	20					
Q420q	C	≤16	420	570	20	0	47		$d=2a$	$d=3a$
		>16～35	410	550	19					
		>35～50	400	540	19					
		>50～100	390	530	19					
	D	≤16	420	570	20	−20		47		
		>16～35	410	550	19					
		>35～50	400	540	19					
		>50～100	390	530	19					
	E	≤16	420	570	20	−40				
		>16～35	410	550	19					
		>35～50	400	540	19					
		>50～100	390	530	19					

四、桥梁结构用钢材

桥梁建筑用主要钢材有碳素结构钢、优质碳素结构钢、低合金结构钢、钢筋混凝土和预应力混凝土用钢筋和钢丝等。

(一) 碳素结构钢

碳素结构钢在供应时，其化学成分和力学性能均需保证。

1. 碳素结构钢的牌号

碳素结构钢按化学成分和力学性能（屈服点）分为Q195、Q215、Q235、Q255和Q275五个牌号。

牌号表示方法按国家标准（GB/T 700—1988）规定，碳素结构钢按屈服点的数值(MPa）分为195、215、235、255和275五个强度级；按硫、磷杂质的含量分为A、B、C和D四个质量等级；按脱氧程度分为特殊镇静钢、镇静钢、半镇静钢和沸腾钢。碳素结构钢的牌号由代表屈服点的屈字汉语拼音首母“Q”、屈服点数值（以16mm厚度钢材为准)、质量等级和脱氧程度四部分组成。例如Q215AF表示屈服点为215MPa的A级沸腾钢。

2. 碳素结构钢的性能

碳素结构钢的性能应符合我国现行国标《碳素结构钢》(GB 700—1988）的要求，其化学组成和力学性能见表7-3、表7-4和表7-5。

碳素结构钢的化学成分　　表7-3

钢　号	等　级	化　学　成　分　(%)					脱氧方法
		C	Mn	Si	S	P	
				不大于			
Q195	—	0.16～0.12	0.25～0.50	0.30	0.050	0.045	F，b，Z
Q215	A	0.09～0.15	0.25～0.55	0.30	0.050	0.045	F，b，Z
	B				0.045		
Q235	A	0.14～0.22	0.30～0.65	0.30	0.050	0.045	F，b，Z
	B	0.12～0.20	0.30～0.70		0.045		
	C	≤0.18	0.35～0.80		0.040	0.040	Z
	D	≤0.17			0.035	0.035	TZ
Q255	A	0.18～0.28	0.40～0.70	0.30	0.050	0.045	Z
	B				0.045		
Q275	—	0.28～0.38	0.50～0.80	0.35	0.050	0.045	Z

注：牌号Q235的A和B级沸腾钢（F）的锰含量上限为0.60%。

碳素结构钢的拉伸与冲击性能　　表 7-4

牌号	等级	拉伸试验													冲击试验	
		屈服强度 σ_y（MPa）						抗拉强度 σ_b（MPa）	伸长率（%）						温度（℃）	V形冲击功（纵向）（J）
		钢材厚度（直径）（mm）							钢材厚度（直径）（mm）							
		≤16	>16～40	>40～60	>60～100	>100～150	>150		≤16	>16～40	>40～60	>60～100	>100～150	>150		
		不小于							不小于							不小于
Q195	—	(195)	(185)	—	—	—	—	315～430	33	32	—	—	—	—	—	—
Q215	A	215	205	195	185	175	165	335～450	31	30	29	28	27	26	—	—
	B														20	27
Q235	A	235	225	215	205	195	185	375～500	26	25	24	23	22	21	—	27
	B														20	
	C														0	
	D														−20	
Q255	A	255	245	235	225	215	205	410～550	24	23	22	21	20	19	—	—
	B														20	27
Q275	—	275	265	255	245	235	225	490～630	20	19	18	17	16	15	—	—

碳素结构钢的冷弯性能　　表 7-5

牌　　号	试 样 方 向	冷弯试验（弯曲角度 180℃）		
		钢材厚度 a（或直径）（mm），试件宽度 $B=2a$		
		≤60	>60～100	>100～200
		弯心直径 d		
Q195	纵 横	0 0.5a	—	—
Q215	纵 横	0.5a a	1.5a 2a	2a 2.5a
Q235	纵 横	a 1.5a	2a 2.5a	2.5a 3a
Q255		2a	3a	3.5a
Q275		3a	4a	4.5a

从表 7-3、表 7-4 可以看出，自 Q195～Q275，牌号愈大，其含碳量和含锰量愈高。同时可以看出，随着牌号增大（即碳锰含量的提高），屈服点和抗拉强度随之提高，但伸长率随之降低。

3. 碳素结构钢的应用

由于五个牌号的性能不同，其用途也不同。

（1）Q195、Q215 号钢塑性高，易于冷弯和焊接，但强度较低，故多用于受荷载较小及焊接构件。

（2）Q235 号钢具有较高的强度和良好的塑性、韧性，易于焊接，且经焊接及气割后力学性能亦仍稳定，有利于冷热加工，故广泛地用于桥梁构件及钢筋混凝土结构中的钢筋等，是目前应用最广泛的钢种。

（3）Q235、Q275 号钢的屈服强度较高，但塑性、韧性和焊接性较差，可用于钢筋混凝土结构中配筋及钢结构的构件和螺栓。

（二）优质碳素结构钢

优质碳素结构钢简称优质碳素钢。这类钢与碳素结构钢相比，由于允许的硫、磷含量比碳素钢要低，所以综合力学性能比普通碳素结构钢好。

1. 钢号表示方法

按国家标准优质碳素结构钢（GB/T 699—1999）规定，优质碳素结构钢根据含碳量划分钢号，并按锰含量不同划分普通含锰量钢和较高含锰量钢两组，共分为 31 个钢号。钢号用平均含碳量的在万分数的近似值表示，如系较高含锰量钢，在钢号后面加“锰”字（或代号 Mn）。例如 20 锰，表示含碳量为 0.20%的高含锰量钢。

优质碳素结构钢的化学成分中，对硫、磷含量要求较为严格，规定硫含量不大于 0.040%、磷含量不大于 0.035%。

2. 优质碳素结构钢的性能

优质结构钢有 31 个牌号，现摘要其常用的几个牌号的化学成分和力学性能列于表 7-6。

优质碳素结构钢的化学成分和力学性能 表 7-6

序号	牌号	化学成分（%）								力学性能				
		C	Si	Mn	P	S	Ni	Cr	Cu	σ_b (MPa)	σ_s (MPa)	δ_s (%)	ψ (%)	A_{kuz} (J)
					不大于					不小于				
9	30	0.27～0.34	0.17～0.37	0.50～0.80	0.035	0.035	0.30	0.25	0.25	490	295	21	50	63
10	35	0.32～0.39	0.17～0.37	0.50～0.80	0.035	0.035	0.25	0.25	0.25	530	315	20	45	55
11	40	0.37～0.44	0.17～0.37	0.50～0.80	0.035	0.035	0.25	0.25	0.25	570	335	19	45	47
12	45	0.42～0.50	0.17～0.37	0.50～0.80	0.035	0.035	0.25	0.25	0.25	600	355	16	40	39
29	60	0.57～0.65	0.17～0.37	0.70～1.00	0.035	0.035	0.25	0.25	0.25	695	410	11	35	—
30	65	0.62～0.70	0.17～0.37	0.90～1.20	0.033	0.035	0.25	0.25	0.25	735	430	9	30	—

3. 工程应用

优质碳素结构钢适于热处理后使用，但也可不经过热处理而直接使用。这种钢在建筑上应用不太多。一般常用 30、35、40 和 45 钢做高强螺栓，45 钢用作预应力钢筋的锚具，65、70、75 和 80 钢可用于生产预应力混凝土用的碳素钢丝、刻痕钢丝和钢绞线。

(三) 低合金结构钢

1. 钢号表示方法

现行国标《低合金高强度结构钢》（GB/T 1591—1994）共分为 Q295、Q345、Q390、Q420、Q460 五个牌号，其命名方法由代表屈服点的汉语拼音字母（Q）、屈服点数值、质量等级符号（A、B、C、D、E）三个部分按顺序排列。例如：Q345B 中 Q 为钢材屈服点的汉语拼音的首位字母；345 表示屈服点的数值，单位 MPa；B 为质量等级。

2. 低合金结构钢的性能

低合金高强度结构钢的含碳量较低（例如 Q295 的碳含量到 0.18%也可交货）是为了使钢材具有良好的加工性能（如焊接性等），强度的提高主要由添加合金元素解决。表 7-7 列出了低合金结构钢力学性能指标。

低合金高强度结构钢的力学和工艺性能 表 7-7

牌号	质量等级	屈服强度 σ_s（MPa）				抗拉强度 σ_b（MPa）	伸长率 δ_s（%）	冲击功（纵向）（J）				180°弯曲试验 d-弯心直径 a-试样厚度（直径）	
		厚度（直径，边长）（mm）						20℃	0℃	−20℃	−40℃	钢材厚度（直径）（mm）	
		≤16	>16～35	>35～50	>50～100							≤16	>16～100
		不小于					不小于						
Q295	A	295	275	255	235	390～570	23					$d=2a$	$d=3a$
	B						23	34					
Q345	A	345	325	295	275	470～630	21					$d=2a$	$d=3a$
	B						21	34					
	C						22		34				
	D						22			34			
	E						22				27		
Q390	A	390	370	350	330	490～650	19					$d=2a$	$d=3a$
	B						19	34					
	C						20		34				
	D						20			34			
	E						20				27		

续上表

牌号	质量等级	屈服强度 σ_s（MPa）				抗拉强度 σ_b（MPa）	伸长率 δ_s（%）	冲击功（纵向）（J）				180°弯曲试验 d-弯心直径 a-试样厚度（直径）	
		厚度（直径，边长）（mm）						20℃	0℃	−20℃	−40℃	钢材厚度（直径）（mm）	
		≤16	>16~35	>35~50	>50~100							≤16	>16~100
		不小于					不小于						
Q420	A	420	400	380	360	520~680	18					d=2a	d=3a
	B						18	34					
	C						19		34				
	D						19			34			
	E						19				27		
Q460	C	460	440	420	400	550~720	17		34			d=2a	d=3a
	D						17			34			
	E						17				34		

根据使用要求，对桥梁建筑用钢的三个标准合并修订为《桥梁结构钢》（GB/T 714—2000），该标准规定了桥梁结构钢的尺寸、外形、质量和允许偏差、技术要求、试验方法、检测规则及质量证明书等。桥梁用钢的牌号由代表屈服点的汉语拼音字母、屈服点数值、桥梁钢的汉语拼音字母、质量等级符号 4 个部分组成，如 Q345qc，其中 Q 表示屈服点；345 代表屈服点数值，单位 MPa；q 为桥梁用钢的桥字汉语拼音首位字母；c 为质量等级为 C 级。

为了改善钢材性能，可以加入钒、铌、钛、氮等微量元素，其含量应符合表 7-8 的规定，并应在质量说明书中注明。钢的牌号与化学成分（熔炼分析）力学性能与工艺性能应符合表 7-7 和表 7-8 的规定。

桥梁结构钢中微量元素含量限定值 表 7-8

V	Nb	Ti	N
≤0.80	≤0.015	≤0.02	≤0.018

（四）钢筋混凝土和预应力混凝土用钢筋和钢丝

1. 热轧钢筋

热轧钢筋主要应用于钢筋混凝土结构中，分为热轧光圆钢筋和热轧带肋钢筋。

根据现行国家标准《钢筋混凝土用热轧光圆钢筋》（GB 13013—1991）的规定，光圆钢筋是指横截面通常为圆形，表面光滑的钢筋混凝土配筋用钢材。热轧光圆钢筋是指经热轧成型并自然冷却后的成品光圆直条钢筋。钢筋的长度一般为 3.5～12m，公称直径为 8、10、12、16、20mm 等几种。钢筋的化学成分、力学和工艺性能应符合表 7-9 的规定。

光圆钢筋的化学成分、力学及工艺性能　　表 7-9

表面形状	光圆	钢筋级别	I	强度代号 R235
牌号	Q235	公称直径	8～20mm	
化学成分	C			0.14～0.22
	Si			0.12～0.30
	Mn			0.30～0.65
	P		不大于	0.045
	S			0.050
力学性能	屈服点 σ_s（MPa）		不小于	235
	抗拉强度 σ_b（MPa）			370
	伸长率 δ_s（%）			25
工艺性能	冷弯（d-弯芯直径；a-钢筋公称直径）			180°　$d=a$

此外，钢筋混凝土中还经常使用低碳钢热轧圆盘条，其相应的国家标准为（GB/T 701—1997）。盘条按用途可分为供拉丝用盘条（符号为 L）和供建筑用以及其他一般用途用盘条（符号为 J）。其中供建筑用盘条的力学性能和工艺性能的要求见表 7-10。

盘条的力学性能和工艺性能　　表 7-10

牌号	力学性能			冷弯试验 180°（d-弯芯直径；a-试样直径）
	屈服点 σ_s（MPa）	抗拉强度 σ_b（MPa）	伸长率 δ_{10}（%）	
	不小于			
Q215	215	375	27	$d=0$
Q235	235	410	23	$d=0.5a$

热轧带肋钢筋是钢筋混凝土结构中使用的主要钢筋类型，由低合金钢轧制而成。横截面为圆形，外表带肋，长度方向有两条纵肋及均匀分布的月牙状横肋，其几何形状如图 7-5。

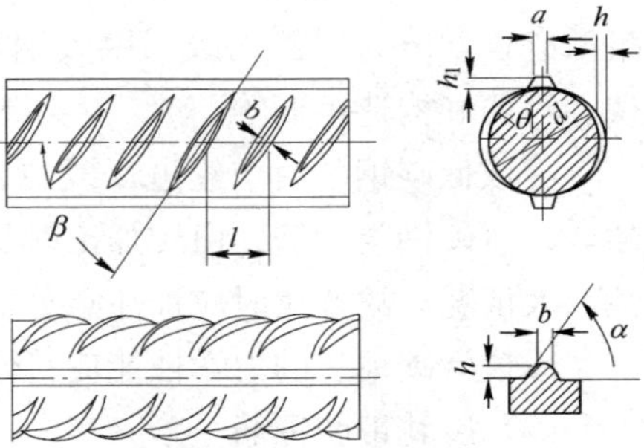

图 7-5　月牙肋钢筋

根据国家标准《钢筋混凝土用热轧带肋钢筋》（GB 1499—1998）的规定，热轧钢筋按力学性能划分为 HRB335、HRB400、HRB500 三个牌号。各种牌号钢筋的化学成分和力学性能见表 7-11。

热轧带肋钢筋的力学性能 表 7-11

表面形状	牌号	公称直径（mm）	化学成分（%），不大于						屈服点 σ_s（或 $\sigma_{p0.2}$）（MPa）	抗拉屈服强度 σ_b（MPa）	伸长率 δ_5（%）	弯曲试验弯心直径
			C	Si	Mn	P	S	C_{eq}	不小于			
月牙肋	HRB335	6～25	0.25	0.80	1.60	0.045	0.045	0.52	335	490	16	$3a$
		28～50										$4a$
	HRB400	6～25	0.25	0.80	1.60	0.045	0.045	0.54	400	570	14	$4a$
		28～50										$5a$
	HRB500	6～25	0.25	0.80	1.60	0.045	0.045	0.55	500	630	12	$6a$
		28～50										$7a$

钢筋混凝土结构对热轧钢筋的要求是：力学强度较高，具有一定的塑性、韧性、冷弯性能和焊接性。光圆钢筋的强度较低，但塑性及焊接性好，便于冷加工，广泛用作普通钢筋混凝土中的非预应力钢筋；热轧带肋钢筋的强度较高，塑性及焊接性也较好，广泛用作大、中型钢筋混凝土结构的受力钢筋以及预应力钢筋。

2. 冷加工钢筋

（1）冷拉钢筋

为了提高强度以节约钢筋，工程中常按施工规程对钢筋进行冷拉。

由于冷拉钢筋的塑性、韧性较差，易于发生脆断，因此，冷拉钢筋不宜用于负温及受冲击或重复荷载作用的结构。

冷拉Ⅰ级钢筋适用作非预应力受拉钢筋。冷拉热带肋钢筋强度较高，可用作预应力混凝土结构的预应力盘筋。

（2）冷拔低碳钢丝

冷拔低碳丝是用 6～8mm 的碳素结构 Q235 或 Q215 盘条，通过拔丝机进行多次强力拉拔而成。根据《冷拔钢丝预应力混凝土构件设计与施工规程》（JGJ 19—1992）的规定，冷拔低碳钢丝分为甲乙两级。甲级钢丝，主要用作预应力筋。乙级钢丝用于焊接网、焊接骨架、箍筋和构造钢筋等。

冷拔低碳钢丝由于经过反复拉拔强化、强度大为提高，但塑性显著降低，脆性随之增加，已属硬钢类钢筋。由于加工时受到原材料质量和工艺的影响较大，常有强度和塑性离散性较大情况，故使用时应加注意分析。

冷拔低碳钢丝的力学性能应符合表 7-12 的规定。

（3）冷轧带肋钢筋

将热轧圆盘条经冷轧和冷拔减径后在其表面冷轧形成三面有月牙肋的钢筋即形成冷轧钢筋。

冷拔低碳钢丝的力学性能 表 7-12

钢丝级别	直径 (mm)	抗拉强度 (MPa)		伸长率 δ_{100} (%)	180°反复弯曲（次数）
		Ⅰ组	Ⅱ组		
		不小于			
甲级	5	650	660	3.0	≥4
	4	700	650	2.5	≥4
乙级	3～5	550		2.0	≥4

注：预应力冷拔低碳钢丝经机械调直后，抗拉强度标准值应降低 50MPa。

冷轧钢筋强度高、焊接性好，广泛用于中、小预应力混凝土结构构件和普通钢筋混凝土结构构件中，也适用于上述构件的制造和用冷轧带肋钢筋或冷轧光圆钢筋焊接而成的钢筋网。

冷轧带肋钢筋的牌号由 CRB 和钢筋的抗拉强度最小值构成。C、R、B 分别为冷轧（Cold rolled）、带肋（Ribbed）、钢筋（Bar）三个词的英文首位字母。冷轧带肋钢筋分为 CRB550、CRB650、CRB800、CRB970、CRB1170 五个牌号。CRB500 为普通钢筋混凝土用钢筋，其他牌号为预应力混凝土用钢筋。根据现行国标《冷轧带肋钢筋》（GB 13788—2000）的规定，冷轧带肋钢筋的力学性能和工艺性能见表 7-13。

冷轧带肋钢筋力学性能和工艺性能 表 7-13

牌号	σ_b (MPa) 不小于	伸长率 (%) 不小于		弯曲试验 (180°)	反复弯曲次数	松弛率 初始应力 $\sigma_{con}=0.7\sigma_b$	
		δ_{10}	δ_{100}			1000h (%) 不大于	10h (%) 不大于
CRB550	550	8.0	—	$D=3d$	—	—	—
CRB650	650	—	4.0	—	3	8	5
CRB800	800	—	4.0	—	3	8	5
CRB970	970	—	4.0	—	3	8	5
CRB1170	1170	—	4.0	—	3	8	5

注：表中 D 为弯心直径，d 为钢筋公称直径。

3. 钢丝

钢丝和钢绞线均由优质碳素结构钢经过冷加工、热处理、冷轧、绞捻等过程制得。它们的特点是强度高、安全可靠、便于施工，一般用于预应力混凝土结构中。

按照《预应力混凝土用钢丝》（GB/T 5223—2002）的规定，钢丝主要有适应于预应力混凝土的冷拉或消除应力的光圆、螺旋肋和刻痕钢丝，消除应力钢丝包括低松弛和普通松弛两种。冷拉钢丝代号 WCD（Cold Draw Wire）；低松弛钢丝代号 WLR（Lower Relaxation Wire）；普通松弛钢丝代号 WNR（Normal Relaration Wire）。钢丝按外形分为光圆钢丝、螺旋肋钢丝和刻痕钢丝，代号分别为 P、H、I。冷拉钢丝力学性能见表 7-14；消除应力光圆及螺旋肋钢丝的力学性能见表 7-15；消除应力刻痕钢丝的力学性能见表 7-16。

冷拉钢丝的力学性能　　表 7-14

<table>
<tr><th>公称直径
d_n
(mm)</th><th>抗拉强度
σ_b
(MPa)
不小于</th><th>规定非比例伸长应力
$\sigma_{p0.2}$
(MPa)
不小于</th><th>最大力下总伸长率
(L_0=200mm)
δ_{gt}
(%)
不小于</th><th>弯曲次数
(次/180°)
不小于</th><th>弯曲半径
R
(mm)</th><th>断面收缩率
ψ
(%)
不小于</th><th>每 210mm 扭距的扭转次数
n
不小于</th><th>初始应力相当于 70% 公称抗拉强度时，1000h 后应力松弛率
r
(%)
不大于</th></tr>
<tr><td>3.00</td><td rowspan="3">1470
1570
1670
1770</td><td rowspan="3">1100
1180
1250
1330</td><td rowspan="6">1.5</td><td>4</td><td>7.5</td><td>—</td><td>—</td><td rowspan="6">8</td></tr>
<tr><td>4.00</td><td>4</td><td>10</td><td rowspan="2">35</td><td>8</td></tr>
<tr><td>5.00</td><td>4</td><td>15</td><td>8</td></tr>
<tr><td>6.00</td><td rowspan="3">1470
1570
1670
1770</td><td rowspan="3">1100
1180
1250
1330</td><td>5</td><td>15</td><td rowspan="3">30</td><td>7</td></tr>
<tr><td>7.00</td><td>5</td><td>20</td><td>6</td></tr>
<tr><td>8.00</td><td>5</td><td>20</td><td>5</td></tr>
</table>

消除应力光圆及螺旋肋钢丝的力学性能　　表 7-15

<table>
<tr><th rowspan="3">公称直径
d_n
(mm)</th><th rowspan="3">抗拉强度
σ_b
(MPa)
不小于</th><th colspan="2" rowspan="2">规定非比例伸长应力
$\sigma_{p0.2}$
(MPa)
不小于</th><th rowspan="3">最大力下总伸长率
(L_0=200mm)
δ_{gt} (%)
不小于</th><th rowspan="3">弯曲次数
(次/180°)
不小于</th><th rowspan="3">弯曲半径
R
(mm)</th><th colspan="3">应力松弛性能</th></tr>
<tr><th rowspan="2">初始应力相当于公称抗拉强度的百分数
(%)</th><th colspan="2">1000h 后应力松弛率 r
(%)
不大于</th></tr>
<tr><th>WLR</th><th>WNR</th><th>WLR</th><th>WNR</th></tr>
<tr><td></td><td></td><td></td><td></td><td></td><td></td><td></td><td colspan="3">对所有规格</td></tr>
<tr><td>4.00</td><td rowspan="3">1470
1570
1670
1770
1860</td><td rowspan="3">1290
1380
1470
1560
1640</td><td rowspan="3">1250
1330
1410
1500
1580</td><td rowspan="11">3.5</td><td>3</td><td>10</td><td rowspan="11">60
70
80</td><td rowspan="11">1.0
2.5
4.5</td><td rowspan="11">4.5
8
12</td></tr>
<tr><td>4.80</td><td rowspan="2">4</td><td rowspan="2">15</td></tr>
<tr><td>5.00</td></tr>
<tr><td>6.00</td><td rowspan="3">1470
1570
1670
1770</td><td rowspan="3">1290
1380
1470
1560</td><td rowspan="3">1250
1330
1410
1500</td><td>4</td><td>15</td></tr>
<tr><td>6.25</td><td>4</td><td>20</td></tr>
<tr><td>7.00</td><td>4</td><td>20</td></tr>
<tr><td>8.00</td><td rowspan="2">1470
1570</td><td rowspan="2">1290
1380</td><td rowspan="2">1250
1330</td><td>4</td><td>20</td></tr>
<tr><td>9.00</td><td>4</td><td>25</td></tr>
<tr><td>10.00</td><td rowspan="2">1470</td><td rowspan="2">1290</td><td rowspan="2">1250</td><td>4</td><td>25</td></tr>
<tr><td>12.00</td><td>4</td><td>30</td></tr>
</table>

消除应力的刻痕钢丝的力学性能　　表 7-16

公称直径 d_n (mm)	抗拉强度 σ_b (MPa) 不小于	规定非比例伸长应力 $\sigma_{p0.2}$ (MPa) 不小于		最大力下总伸长率 (L_0=200mm) δ_{gt} (%) 不小于	弯曲次数 (次/180°) 不小于	弯曲半径 R (mm)	应力松弛性能		
							初始应力相当于公称抗拉强度的百分数 (%)	1000h 后应力松弛率 r (%) 不大于	
		WLR	WNR				对所有规格	WLR	WNR
≤5.0	1470	1290	1250	3.5	3	15	60	1.5	4.5
	1570	1380	1330				70	2.5	8
	1670	1470	1410				80	4.5	12
	1770	1560	1500						
	1860	1640	1580						
>5.0	1470	1290	1250			20			
	1570	1380	1330						
	1670	1470	1410						
	1770	1560	1500						

4. 钢绞线

预应力钢绞线按捻制结构分别用 2 根、3 根和 7 根圆形断面的高强度钢丝捻制而成，按其结构分为 5 类，其代号如下：

用 2 根钢丝捻制的钢绞线：1×2

用 3 根钢丝捻制的钢绞线：1×3

用 3 根刻痕钢丝捻制的钢绞线：1×3I

用 7 根钢丝捻制的标准型钢绞线：1×7

用 7 根钢丝捻制又经模拔的钢绞线：(1×7) C

钢绞线按盘卷供应，盘重一般不小于 1000kg，盘卷内径不小于 750mm，盘卷宽度为 750mm 或 650mm。

按现行国标《预应力混凝土用钢绞线》(GB/T 5224—2003) 的规定，1×2 结构钢绞线力学性能见表 7-17，1×3 结构钢绞线力学性能见表 7-18，1×7 结构钢绞线力学性能见表 7-19。

预应力钢绞线主要用于大跨度、大负荷的桥梁、电杆、轨枕、屋架、大跨度吊车梁等，安全可靠，节约钢材，且不需冷拉、焊接接头等加工，因此在土木工程中得到广泛应用。

1×2 结构钢绞线力学性能 表 7-17

钢绞线结构	钢绞线公称直径 D_n（mm）	抗拉强度 R_m（MPa）不小于	整根钢绞线的最大力 F_m（kN）不小于	规定非比例延伸力 $F_{P0.2}$（kN）不小于	最大力总伸长率（$L_0 \geqslant 400$mm）A_{gt}（%）不小于	应力松弛性能	
						初始负荷相当于公称最大力的百分数（%）	1000h 后应力松弛率 r（%）不大于
1×2	5.00	1570	15.4	13.9	对所有规格	对所有规格	对所有规格
		1720	16.9	15.2			
		1860	18.3	16.5			
		1960	19.2	17.3			
	5.80	1570	20.7	18.6		60	1.0
		1720	22.7	20.4			
		1860	24.6	22.1			
		1960	25.9	23.3	3.5	70	2.5
	8.00	1470	36.9	33.2			
		1570	39.4	35.5			
		1720	43.2	38.9		80	4.5
		1860	46.7	42.0			
		1960	49.2	44.3			
	10.00	1470	57.8	52.0			
		1570	61.7	55.5			
		1720	67.6	60.8			
		1860	73.1	65.8			
		1960	77.0	69.3			
	12.00	1470	83.1	74.8			
		1570	88.7	79.8			
		1720	97.2	87.5			
		1860	105	94.5			

注：规定非比例延伸力 $F_{P0.2}$ 值不小于整根钢绞线公称最大力 F_m 的 90%。

1×3 结构钢绞线力学性能

表 7-18

钢绞线结构	钢绞线公称直径 D_n（mm）	抗拉强度 R_m（MPa）不小于	整根钢绞线的最大力 F_m（kN）不小于	规定非比例延伸力 $F_{P0.2}$（kN）不小于	最大力总伸长率（L_0≥400mm）A_{gt}（%）不小于	应力松弛性能：初始负荷相当于公称最大力的百分数（%）	应力松弛性能：1000h 后应力松弛率 r（%）不大于
1×3	6.20	1570	31.1	28.0	对所有规格	对所有规格	对所有规格
		1720	34.1	30.7			
		1860	36.8	33.1			
		1960	38.8	34.9			
	6.50	1570	33.3	30.0			
		1720	36.5	32.9		60	1.0
		1860	39.4	35.5			
		1960	41.6	37.4			
	8.60	1470	55.4	49.9			
		1570	59.2	53.3			
		1720	64.8	58.3	3.5	70	2.5
		1860	70.1	63.1			
		1960	73.9	66.5			
	8.74	1570	60.6	54.5			
		1670	64.5	58.1		80	4.5
		1860	71.8	64.6			
	10.80	1470	86.6	77.9			
		1570	92.5	83.3			
		1720	101	90.9			
		1860	110	99.0			
		1960	115	104			
	12.90	1470	125	113			
		1570	133	120			
		1720	146	131			
		1860	158	142			
		1960	166	149			
1×3I	8.74	1570	60.6	54.5			
		1670	64.5	58.1			
		1860	71.8	64.6			

注：规定非比例延伸力 $F_{P0.2}$ 值不小于整根钢绞线公称最大力 F_m 的 90%。

1×7 结构钢绞线力学性能 表 7-19

钢绞线结构	钢绞线公称直径 D_n（mm）	抗拉强度 R_m（MPa）不小于	整根钢绞线的最大力 F_m（kN）不小于	规定非比例延伸力 $F_{P0.2}$（kN）不小于	最大力总伸长率（$L_0 \geqslant 500$mm）A_{gt}（%）不小于	应力松弛性能	
						初始负荷相当于公称最大力的百分数（%）	1000h 后应力松弛率 r（%）不大于
1×7	9.50	1720	94.3	84.9	对所有规格	对所有规格	对所有规格
		1860	102	91.8			
		1960	107	96.3			
	11.10	1720	128	115		60	1.0
		1860	138	124			
		1960	145	131			
	12.70	1720	170	153			
		1860	184	166	3.5	70	2.5
		1960	193	174			
	15.20	1470	206	185			
		1570	220	198			
		1670	234	211			
		1720	241	217		80	4.5
		1860	260	234			
		1960	274	247			
	15.70	1770	266	239			
		1860	279	251			
	17.80	1720	327	294			
		1860	353	318			
(1×7)C	12.70	1860	208	187			
	15.20	1820	300	270			
	18.00	1720	384	346			

注：规定非比例延伸力 $F_{P0.2}$ 值不小于整根钢绞线公称最大力 F_m 的 90%。

本章小结

建筑钢材最主要的技术性质是：强度、塑性、硬度、冲击韧性和冷弯性能。钢材的强度等级主要根据这些指标确定。

桥梁建筑用钢材包括：桥梁结构用钢和混凝土结构用钢筋。最常用的桥梁结构用钢有：碳素结构钢、优质碳素结构钢和低合金结构钢。钢筋混凝土和预应力钢筋混凝土用钢筋有：热轧钢筋、冷拉钢筋、冷拔钢丝、冷轧带肋钢筋和优质钢丝、钢绞线等。其中热轧钢筋是最主要的品种。

复习思考题

1. 低碳钢在拉伸过程中可分为几个阶段？各阶段的特点如何？

2. 评价建筑用钢的技术性质应根据哪些主要指标？

3. 在低碳钢拉伸试验的应力—应变图中，标出弹性极限强度σ_e、屈服强度σ_s和抗拉强度σ_b的位置，并说明屈服点和抗拉强度的实用意义。

4. 试在同一坐标图上，分别画出软钢在未经冷拉、冷拉后、冷拉时效后的f—ε曲线，并解释它们的不同点。

5. 伸长率表示钢材的什么性质？伸长率的大小对钢材的使用有何影响？

6. 什么叫屈强比？钢材屈强比的大小说明什么问题？

7. 含碳量对建筑碳钢的力学性能有那些规律性的影响？硫、磷元素对钢材技术性能有什么影响？

8. 桥梁建筑用钢有哪些技术要求？

9. 说明下列钢材牌号含义：Q235A、16Mn、15MnVq、45Si2Cr。

10. 低合金结构钢的出现对桥梁建筑的发展有什么实际意义？试述低合金结构钢的编号原则，并以桥梁建筑常用的低合金结构钢为例加以说明。

11. 钢筋混凝土用热轧钢筋按我国现行国标分为哪几个级别？它们的表面形状有什么区别？

12. 预应力混凝土用钢丝和钢绞线应检验哪些力学性能项目？

13. 某混凝土构件预制厂，为一个寒冷地区工程预制钢筋骨架（商品钢筋），该钢筋用于新建的一座露天堆料车间的吊车梁配筋。该厂在加工中，为节约钢材，采取先将钢筋进行冷拉，然后下料，对长度不够者，则进行对焊接长后使用。你认为该厂这种做法是否合理？说明理由。

14. 某寒冷地区一钢结构厂房，于某日突然发生倒塌，当时气温为零下22℃，事后经调查认为，与钢材性质有很大关系。你能从钢材材性方面来分析事故发生的可能原因吗？

习　题

1. 今有一批ϕ16mm 3号钢光面钢筋，抽样截取一根试件进行抗拉试验，这根试件的力学性能为：屈服荷载51.5kN；极限荷载78.8kN；原标距长度160mm，拉断后的标距尺寸如图7-6所示：

试估计此批钢筋能否合格？

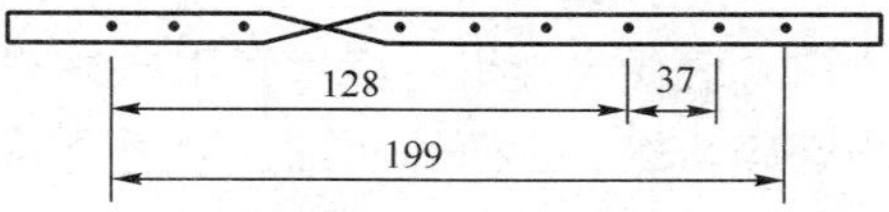

图7-6　习题1图（尺寸单位：mm）

2. 从工地刚到的一批20锰硅人字纹钢筋中，随机抽取一根钢筋，截取一根试件做拉力试验，以后又抽一根做试件，两根试件的试验结果如下表所示：

指　标	试　件　1	试　件　2	指　标	试　件　1	试　件　2
试件长度	260mm	260mm	极限荷载	101kN	108kN
试件质量	408.2g	408.1g	原标距长	80mm	80mm
屈服荷载	70.3kN	72.3kN	拉断后标距长	93.6mm	92mm

试问这批钢筋验收能否通过？

下篇　道路建筑材料试验

第八章　砂石材料试验

一、岩石的密度试验、毛体积密度试验

（一）岩石的密度试验

1. 试验目的

本试验是测定含有水溶性矿物成分岩石在规定温度下烘干至恒重时，岩石矿质单位体积（不含开口与闭口孔隙）的质量，并为计算岩石孔隙率提供依据。岩石的密度是选择建筑材料、研究岩石风化、评价地基基础工程岩体稳定性及确定围岩压力等必需的计算指标。

2. 试验仪器

（1）密度瓶：短径量瓶，容积 100mL。

（2）天平：感量 0.001g。

（3）轧石机、球磨机、瓷研钵、玛瑙研钵、磁铁块和孔径为 0.315mm（0.3mm）的筛孔。

（4）砂浴、恒温水槽（灵敏度±1℃）及真空抽气设备。

（5）烘箱：能使温度控制在 105～110℃。

（6）干燥器：内装氯化钙或硅胶等干燥剂。

（7）锥形玻璃漏斗和瓷皿、滴管、牛骨匙和温度计等。

3. 试验步骤

（1）取代表性岩石试样在小型轧石机上初碎（或手工用钢锤捣碎），再置于球磨机中进一步磨碎，然后用研钵研细，使之全部粉碎成能通过 0.315mm 筛孔的岩粉。

（2）将制备好的岩粉放在瓷皿中，置于温度为 105～110℃的烘箱中烘至恒量，烘干时间一般为 6～12h，然后再置于干燥器中冷却至室温（20℃±2℃）备用。

（3）用四分法取两份岩粉，从每份试样中称取 15g（m_1），精确至 0.001g（本试验称量精度皆同），用漏斗灌入洗净烘干的密度瓶中，并注入试液至瓶的一半处，摇动密度瓶使岩粉分散。

（4）使用洁净水作试液时，可采用沸煮法或真空抽气法排除气体；使用煤油作试液时，应采用真空抽气法排除气体。采用沸煮法排除气体时，沸煮时间自悬液沸腾时算起不得少于 1h；采用真空抽气法排除气体时，真空压力表读数宜为 100kPa，抽气时间维持 1～2h，直至无气泡溢出为止。

（5）将经过排除气体的密度瓶取出擦干，冷却至室温，再向密度瓶中注入排除气体且同温条件的试液，使接近满瓶，然后置于恒温水槽（20℃±2℃）内。待密度瓶内温度稳定，上部悬液澄清后，塞好瓶塞，使多余试液溢出。从恒温水槽内取出密度瓶，擦干瓶外水分，立即称其质量（m_3）。

（6）倾出悬液，洗净密度瓶，注入经排除气体并与试验同温度的试液至密度瓶，再置于恒温水槽内。待瓶内试液的温度稳定后，塞好瓶塞，将溢出瓶外试液擦干，立即称其质量（m_2）。

4. 试验结果与数据整理

按下式计算岩石的密度值（精确至0.01g/cm³）：

$$\rho_t=\frac{m_1}{m_1+m_2-m_3}\times\rho_{wt} \tag{8-1}$$

式中：ρ_t——岩石的密度（g/cm³）；

m_1——岩粉的质量（g）；

m_2——密度瓶与试液的合质量（g）；

m_3——密度瓶、试液与岩粉的总质量（g）；

ρ_{wt}——与试验同温度试液的密度（g/cm³）。

以两次试验结果的算术平均值作为测定值，如两次试验结果只差大于0.02 g/cm³ 时，应重新取样进行试验。

5. 记录表格（表8-1）

密度试验记录表　　表8-1

试样编号			石料产地		
岩石名称			用途		
试验次数	岩粉的质量 m_1 (g)	密度瓶与试液的合质量 m_2 (g)	密度瓶、试液与岩粉的总质量 m_3 (g)	与试验同温度试液的密度 (g/cm³)	密度 ρ_t $\frac{m_1}{m_1+m_2-m_3}\times\rho_{wt}$ (g/cm³)	平均
①	②	③	④	⑤	⑥	⑦
1						
2						

试验者　　　　计算者　　　　校核者　　　　试验日期　　　　年　　月　　日

6. 试验中注意的问题

（1）试样烘干至恒量是指相邻两次称量间隔时间不大于3h的情况下，前后两次称量之差小于该项试验所要求的称量精度（下同）。

（2）用牛骨匙向密度瓶中通过漏斗装入石粉时，注意石粉损失，每次加入少量石粉避免漏斗颈堵塞。试验完毕应当排气和保持恒温。

（二）岩石毛体积密度试验（静水称量法）

1. 试验目的

岩石的毛体积密度是间接反映岩石致密程度、孔隙发育程度的参数，也是评价工程岩体稳定性及确定围岩压力等必需的计算指标。毛体积密度的试验方法有量积法、水中称量法和蜡封法。能制备成规则试件的各类岩石，可采用量积法；除遇水崩解、溶解和干缩湿胀外的其他各类岩石，可用水中称量法测定；遇水崩解、湿胀、含水溶性成分的松软岩石及不能用量积法进行试验的岩石，宜用封蜡法测定其毛体积密度。

2. 试验仪器

（1）岩石加工设备：切石机、钻石机、磨平机及小锤等。

（2）工业天平：称量大于500g，感量0.01g。

（3）烘箱：温度应控制在105～110℃范围内。

（4）静水力学天平、平衡盘、吊钩、吊网、盛水容器、游标卡尺等。

3. 试验步骤

（1）水中称量法试件制备：可采用规则或不规则形状，试件尺寸应大于组成岩石最大颗粒粒径的10倍，每个试件质量不宜小于150g。规则形状的制作是把从料场取来的岩石试样锤打成粒径约50mm的不规则形状试件至少3块。或者将岩石试样在切石机上锯成大致50mm的立方体试件（或用钻石机和切石机制成直径与高均为50mm的圆柱体试件）3个，然后用磨平机将试件磨平，冲洗干净，对试件编号后备用。

（2）测天然密度时，应取有代表性的岩石制备试件并称量；测干密度时，将试件放入烘箱，在105～110℃下烘至恒量，烘干时间一般为12～24h。取出试件置于干燥器内冷却至室温后，称干试件质量。

（3）将干试件浸入水中按规定方法进行饱和，饱和方法可依岩石性质选用煮沸法或真空抽气法。

（4）取出饱和浸水试件，用湿纱布擦去试件表面水分，立即称其质量。

（5）将试样放在水中称量装置的丝网上，称取试样在水中的质量（丝网在水中的质量可事先用砝码平衡）。在称量过程中，称量装置的液面应始终保持同一高度，并记下水温。

（6）称量精确至0.01g。

4. 试验结果整理

水中称量法岩石毛体积密度的计算公式为：

$$\rho_0=\frac{m_0}{m_s-m_w}\times\rho_w \tag{8-2}$$

$$\rho_s=\frac{m_s}{m_s-m_w}\times\rho_w \tag{8-3}$$

$$\rho_d=\frac{m_d}{m_s-m_w}\times\rho_w \tag{8-4}$$

式中：ρ_0——天然密度（g/cm^3）；

ρ_s——饱和密度（g/cm^3）；

ρ_d——干密度（g/cm^3）；

m_0——试件烘干前的质量（g）；

m_s——试件强制饱和后的质量（g）；

m_w——试件强制饱和后在洁净水中的质量（g）；

ρ_w——洁净水的密度（g/cm^3）。

组织均匀的岩石，其密度试验结果应为 3 个试件测得结果的平均值，组织不均匀的岩石，密度应记录最大与最小值。计算结果精确至 0.01 g/cm³。

岩石毛体积密度的计算公式为：

$$\rho'_{ts}=\frac{m}{V} \tag{8-5}$$

式中：ρ'_{ts}——岩石毛体积密度（g/cm³）；

m——烘干至恒量时试件的质量（g）；

V——岩石体积（cm³）。

注：对于规则几何形状的试件，可以采用测量试件几何尺寸的方法确定其体积密度。例如立方体试件，用游标卡尺准确测量试件的长、宽、高，在每个面上的上、中、下 3 个部位进行测量，以 3 次测量的算术平均值作为测量结果，精确至 0.1mm。对于圆柱体试件，从上、中、下 3 个截面沿互相垂直经的方向量直径 6 次，再在互相垂直的直径与圆周交点处测量高度 4 次，按照以上量得的直径和高度的算术平均值计算圆柱体试件体积，测量结果精确至 0.1mm。称量烘干后试件的质量再除以其相应体积，即得试件密度。

5. 记录表格（表 8-2）

岩石毛体积密度试验记录表（静水称量法）　　　　表 8-2

试样编号				石料产地			
岩石名称				用途			
试验次数	试件烘干前的质量 m_0 (g)	试件强制饱和后的质量 m_s (g)	试件强制饱和后在洁净水中的质量 m_w (g)	天然密度 (g/cm³)	饱和密度 (g/cm³)	干密度 (g/cm³)	平均
①	②	③	④	⑤	⑥	⑦	⑧
1 2 3							

试验者　　　　计算者　　　　校核者　　　　试验日期　　　　年　　月　　日

6. 试验中注意的问题

（1）先对试件编号，以避免试验中出现数据混淆。

（2）试件吸水饱和过程应按照试验规程规定进行。

（3）用量积法测量试件体积时正确使用游标卡尺，应当用刀口卡住试件。

（4）准确计算试件的密度值并记录最大值和最小值。

二、岩石单轴抗压强度试验

1. 目的和适用范围

单轴抗压强度试验是测定规则形状岩石试样单轴抗压强度的方法，主要用于岩石的强度分级和岩性描述。

本法采用饱和状态下的岩石立方体（或圆柱体）试件的抗压强度来评定岩石强度（包括碎石或卵石的原始岩石强度）。

在某些情况下，试件含水状态还可根据需要选择天然状态、烘干状态或冻融循环后状态。试件的含水状态要在试验报告中注明。

2. 仪器设备

（1）压力试验机或万能试验机。

（2）钻石机、切石机、磨石机等岩石试件加工设备。

（3）烘箱、干燥箱、游标卡尺、角尺及水池等。

3. 试样准备

（1）建筑地基的岩石试验，采用圆柱体作为标准试件，直径为50mm±2mm、高径比为2∶1。每组试件共6个。

（2）桥梁工程用的石料试验，采用立方体试件，边长为70mm±2mm。每组试件共6个。

（3）路面工程用的石料试验，采用圆柱体或立方体试件，其直径或边长和高均为50mm±2mm。每组试件共6个。

有显著层理的岩石，分别沿平行和垂直层理方向各取试件6个。试件上、下端面应平行和磨平，试件端面的平面度公差应小于0.05mm，端面对于试件轴线垂直度偏差不应超过0.25°。对于非标准圆柱体试件，试验后抗压强度试验值可按公式进行换算。

4. 试验步骤

（1）用游标卡尺量取试件尺寸（精确至0.1mm），对立方体试件在顶面和底面上各量取其边长，以各个面上相互平行的两个边长的算术平均值计算其承压面积；对于圆柱体试件在顶面和底面分别测量两个相互正交的直径，并以其各自的算术平均值分别计算底面和顶面的面积，取其顶面和底面面积的算术平均值作为计算抗压强度所用的截面积。

（2）试件的含水状态可根据需要选择烘干状态、天然状态、饱和状态、冻融循环后状态。试件烘干和饱和状态、试件冻融循环后状态应符合相关条款的规定。

（3）按岩石强度性质，选定合适的压力机。将试件置于压力机的承压板中央，对正上、下承压板，不得偏心。

（4）以0.5～1.0MPa/s的速率进行加荷直到破坏，记录破坏荷载及加载过程中出现的现象。抗压试件试验的最大荷载记录以N为单位，精度1%。

5. 结果整理

（1）岩石的抗压强度和软化系数分别按式（8-6）、式（8-7）计算。

$$R = \frac{P}{A} \tag{8-6}$$

式中：R——岩石的抗压强度（MPa）；

P——试件破坏时的荷载（N）；

A——试件的截面积（mm^2）。

$$K_p = \frac{R_W}{R_d} \tag{8-7}$$

式中：K_p——软化系数；

R_w——岩石饱和状态下的单轴抗压强度（MPa）；

R_d——岩石烘干状态下的单轴抗压强度（MPa）。

（2）单轴抗压强度试验结果应同时列出每个试件的试验值及同组岩石单轴抗压强度的平均值；有显著层理的岩石，分别报告垂直与平行层理方向的试件强度的平均值。计算值精确至0.1MPa。

软化系数计算值精确至0.01，3个试件平行测定，取算术平均值；3个值中最大与最小之差不应超过平均值的20%，否则，应另取第4个试件，并在1个试件中取最接近的3个值的平均值作为试验结果，同时在报告中将4个值全部给出。

（3）试验记录

单轴抗压强度试验记录应包括岩石名称、试验编号、试件编号、试件描述、试件尺寸、破坏荷载、破坏状态。

6. 记录表格（表8-3）

抗压强度试验记录表　　表8-3

工程项目				岩石产地				
岩石名称				用途				
试样编号	试件处理情况	试件尺寸（mm）		试件截面积 A（mm^2）	极限荷载 P（N）	抗压强度（MPa）$R=\frac{P}{A}$	平均抗压强度（MPa）	备注
		直径	高					
①	②	③	④	⑤	⑥	⑦	⑧	⑨
1								
2								
3								
4								
5								
6								

试验者　　　　计算者　　　　校核者　　　　试验日期　　　　年　月　日

7. 试验中注意的问题

（1）标准试件为50mm×50mm×50mm正立方体或直径和高度均为50mm的圆柱体，应满足试件平面度公差和端面与试件轴线垂直度偏差的要求。

（2）先对试件进行编号后再量取试件的尺寸，以免试件混淆。

（3）按吸水状态下的抗压强度划分岩石的强度等级。若采用天然含水量时，试样保管期不应超过30d，并在试验报告中注明。

（4）压力机吨位选择应为大于试件破坏荷载的30%、小于其80%，试件破坏时的加荷速率保持在0.5～1.0MPa/s的限度内。

（5）岩石抗压强度试验结果评定满足规定要求。

三、粗集料及集料混合料筛分试验

1. 试验目的与适用范围

（1）测定粗集料（碎石、砾石、矿渣等）的颗粒组成。对水泥混凝土用粗集料可采用干筛法筛分，对沥青混合料及基层用粗集料必须采用水洗法试验。

（2）本方法也适用于同时含有粗集料、细集料、矿粉的集料混合料筛分试验，如未筛碎石、级配碎石、天然砂砾、级配砂砾、无机结合料稳定基层材料、沥青拌和楼的冷料混合料、热料仓材料、沥青混合料经溶剂抽提后的矿料等筛分试验。

2. 仪器设备

（1）试验筛：根据需要选用规定的标准筛。

（2）摇筛机。

（3）天平或台秤：感量不大于试样质量的 0.1%。

（4）其他：盘子、铲子、毛刷等。

3. 试验准备

按规定将来料用分料器或四分法缩分至表 8-4 要求的试样所需量，风干后备用。根据需要可按要求的集料最大粒径的筛孔尺寸过筛，除去超粒径部分颗粒后，再进行筛分。

筛分用的试样质量 表 8-4

公称最大粒径（mm）	75	63	37.5	31.5	26.5	19	16	9.5	4.75
试样质量不少于（kg）	10	8	5	4	2.5	2	1	1	0.5

4. 试验步骤

1）水泥混凝土用粗集料干筛法试验步骤

（1）取试样一份置 105℃±5℃烘箱中烘干至恒重，称取干燥集料试样的总质量（m_0），准确至 0.1%。

（2）用搪瓷盘作筛分容器，按筛孔大小排列顺序逐个将集料过筛，人工筛分时，需使集料在筛面上同时有水平方向及上下方向的不停顿的运动，使小于筛孔的集料通过筛孔，直到 1min 内通过筛孔的质量小于筛上残余量的 0.1%为止。当采用摇筛机筛分时，应在摇筛机筛分后再逐个由人工补筛。将筛出通过的颗粒并入下一号筛，和下一号筛中的试样一起过筛，顺序进行，直至各号筛全部筛完为止，以确认 1min 内通过筛孔的质量确实小于筛上残余量的 1%。

注：由于 0.075mm 筛干筛几乎不能把沾在粗集料表面的小于 0.075mm 部分的石粉筛过去，而且对水泥混凝土用粗集料而言，0.075mm 通过率的意义不大，所以也可以不筛，且把通过 0.15mm 筛的筛下部分作为 0.075mm 的分计筛余，将粗集料的 0.075mm 通过率假设为 0。

（3）如果某个筛上的集料过多，影响筛分作业时，可以分两次筛分。当筛余颗粒的粒径大于 19mm 时，筛分过程中允许用手指轻轻拨动颗粒，但不得逐颗塞过筛孔。

（4）称取每个筛上的筛余量，准确至总质量的 0.1%，各筛分计筛余量及筛底存量的总和与筛分前试样的干燥总质量 m_0 相比，其相差不得超过 0.5%。

2）沥青混合料及基层用粗集料水洗法试验步骤

（1）取一份试样，将试样置于 105℃±5℃烘箱中烘干至恒重，称取干燥集料试样的总质量（m_3），准确至 0.1%。

（2）将试样置一洁净容器中，加入足够数量的洁净水，将集料全部盖没，但不得使用任何洗涤剂、分散剂、表面活性剂。

（3）用搅棒充分搅动集料，使集料表面洗涤干净，使细粉悬浮在水中，但不得破碎集料或有集料从水中溅出。

（4）根据集料粒径大小选择组成一组套筛，其底部为 0.075mm 标准筛，上部为 2.36mm 或 4.75mm 筛。仔细将容器中混有细粉的悬浮液倒出，经过套筛流入另一容器中，尽量不致将粗集料倒出，损坏标准筛筛面。

（5）重复（2）～（4）步骤，直至倒出的水洁净为止，必要时可采用水流缓慢冲洗。

（6）将套筛的每个筛子上的集料及容器中的集料全部回收在一个搪瓷盘中，容器上不得有沾附的集料颗粒。

注：沾在 0.075mm 筛面上的细粉很难回收扣入搪瓷盘中，此时需将筛子倒扣在搪瓷盘上用少量的水并助以毛刷将细粉刷落入搪瓷盘中，并注意不要散失。

（7）在确保细粉不散失的前提下，小心泌去搪瓷盘中的积水，将搪瓷盘连同集料一起置 105℃±5℃烘箱中烘干至恒重，称取干燥集料试样的总质量（m_4），准确至 0.1%。以 m_3 与 m_4 之差作为 0.075mm 的筛下部分。

（8）将回收的干燥集料按干筛方法筛分出 0.075mm 筛以上各筛的筛余量，此时 0.075mm 筛下部分应为 0，如果尚能筛出，则应将其并入水洗得到的 0.075mm 的筛下部分，且表示水洗得不干净。

5. 结果整理

1）干筛法筛分结果的计算

（1）计算各筛分计筛余量及筛底存量的总和与筛分前试样的干燥总质量 m_0 之差，作为筛分时的损耗。若大于 0.3%，应重新进行试验。

$$m_5 = m_0 - \left(\sum m_i + m_{底}\right) \tag{8-8}$$

式中：m_5——由于筛分造成的损耗（g）；

m_0——用于干筛的干燥集料总质量（g）；

m_i——各号筛上的分计筛余（g）；

i——依次为 0.075mm、0.15mm……至集料最大粒径的排序；

$m_{底}$——筛底（0.075mm 以下部分）集料总质量（g）。

（2）干筛分计筛余百分率。干筛后各号筛上的分计筛余百分率按式（8-9）计算，准确至 0.1%。

$$P'_i = m_i/(m_0 - m_5) \tag{8-9}$$

式中：P'_i——各号筛上的分计筛余百分率（%）；

m_5、m_0、m_i、i——意义同前。

（3）干筛累计筛余百分率。各号筛的累计筛余百分率为该号筛以上各号筛的分计筛余百分率之和，准确至 0.1%。

（4）干筛各筛的质量通过百分率。各筛的质量通过百分率 P_i 等于 100 减去该号筛累计筛余百分率，准确至 0.1%。

（5）由筛底存量除以扣除损耗后的干燥集料总质量计算 0.075mm 筛的通过率。

（6）试验结果以两次试验的平均值表示，准确至 0.1%。当两次试验结果 $P_{0.075}$ 的差值超过1%时，试验应重新进行。

2）水筛法筛分结果的计算

（1）按式（8-10）、（8-11）计算粗集料中0.075mm筛下部分质量$m_{0.075}$和含量$P_{0.075}$，准确至0.1%。当两次试验结果$P_{0.075}$的差值超过1%时，试验应重新进行。

$$m_{0.075}=m_3-m_4 \tag{8-10}$$

$$P_{0.075}=\frac{m_{0.075}}{m_3}=\frac{m_3-m_4}{m_3}\times 100 \tag{8-11}$$

式中：$P_{0.075}$——粗集料中小于0.075mm的含量（通过率）（%）；

$m_{0.075}$——粗集料中水洗得到的小于0.075mm部分的质量（g）；

m_3——用于水洗的干燥粗集料总质量（g）；

m_4——水洗后的干燥粗集料总质量（g）。

（2）计算各筛分计筛余量及筛底存量的总和与筛分前试样的干燥总质量m_4之差，作为筛分时的损耗。若损耗率大于0.3%，应重新进行试验。

$$m_5=m_3-(\sum m_i+m_{0.075}) \tag{8-12}$$

式中：m_5——由于筛分造成的损耗（g）；

m_3——用于水筛筛分的干燥集料总质量（g）；

m_i——各号筛上的分计筛余（g）；

i——依次为0.075mm、0.15mm……至集料最大粒径的排序；

$m_{0.075}$——水洗后得到的0.075mm以下部分质量，即m_3-m_4（g）。

（3）计算其它各筛的分计筛余百分率、累计筛余百分率、质量通过百分率，计算方法与干筛法相同。当干筛时筛分有损耗时，应按干筛法从总质量中扣除损耗部分。

试验结果以两次试验的平均值表示。

四、粗集料密度及吸水率试验（网篮法）

1. 试验目的与适用范围

本方法适用于测定各种粗集料的表观相对密度、表干相对密度、毛体积相对密度、表观密度、表干密度、毛体积密度，以及粗集料的吸水率。

2. 仪器设备

（1）天平或浸水天平：可悬挂吊篮测定集料的水中质量，称量应满足试样数量称量要求，感量不大于最大称量的0.05%。

（2）吊篮：耐锈蚀材料制成，直径和高度为150mm左右，四周及底部用1～2mm的筛网编制或具有密集的孔眼。

（3）溢流水槽：在称量水中质量时能保持水面高度一定。

（4）烘箱：能控温在105℃±5℃。

（5）温度计。

（6）标准筛。

（7）其他：盛水容器（如搪瓷盘）、刷子、毛巾等。

3. 试验准备

（1）将试样用标准筛过筛除去其中的细集料，对较粗的粗集料可用 4.75mm 筛过筛，对 2.36～4.75mm 集料，或者混在 4.75mm 以下石屑中的粗集料，则用 2.36mm 标准筛过筛，用四分法或分料器法缩分至要求的质量，分两份备用。对沥青路面用粗集料，应对不同规格的集料分别测定，不得混杂，所取的每一份集料试样应基本上保持原有的级配。在测定 2.36～4.75mm 的粗集料时，试验过程上应特别小心，不得丢失集料。

（2）经缩分后供测定密度和吸水率的粗集料质量应符合表 8-5 的规定。

（3）将每一份集料试样浸泡在水中，并适当搅动，仔细洗去附在集料表面的尘土和石粉，经多次漂洗干净至水完全清澈为止。清洗过程上不得散失集料颗粒。

测定密度所需要的试样最小质量　　表 8-5

公称最大粒径（mm）	4.75	9.5	16	19	26.5	31.5	37.5	63	75
每一份试样的最小质量（kg）	0.8	1	1	1	1.5	1.5	2	3	3

4. 试验步骤

（1）取试样一份装入干净的搪瓷盘中，注入洁净的水，水面至少应高出试样 20mm，轻轻搅动石料，使附着石料上的气泡完全逸出。在室温下保持浸水 24h。

（2）将吊篮挂在天平的吊钩上，浸入溢流水槽中，向溢流水槽中注水，水面高度至水槽的溢流孔为止，将天平调零。吊篮的筛网应保证集料不会通过筛孔流失，对 2.36～4.75mm 粗集料应更换小孔筛网，或在网篮中加放入一个浅盘。

（3）调节水温在 15～25℃范围内，将试样移入吊篮中。溢流水槽中的水面高度由水槽的溢流孔控制，维持不变，称取集料的水中质量（m_w）。

（4）提起吊篮，稍稍滴水后，较粗的粗集料可以直接倒在拧干的湿毛巾上。将较细的粗集料（2.36～4.75mm）将试样连同浅盘一起取出，稍稍倾斜搪瓷盘，仔细倒出余水，将粗集料倒在拧干的湿毛巾上，用毛巾吸走从集料中漏出的自由水。注意不得有颗粒丢失，或有小颗粒附在吊篮上。再用拧干的湿毛巾轻轻擦干集料颗粒的表面水，至表面看不到发亮的水迹，即为饱和面干状态。当粗集料尺寸较大时，宜逐颗擦干。注意对较粗的粗集料，拧湿毛巾时防止拧得太干，对较细的含水较多的粗集料，毛巾可拧得稍干些。擦颗粒的表面水时，既要将表面水擦掉，又千万不能将颗粒内部的水吸出。整个过程中不得有集料丢失，且已擦干的集料不得继续在空气中放置，以防止集料干燥。

注：对 2.36～4.75mm 集料，用毛巾擦拭时容易沾附细颗粒集料造成损失，此时宜改用洁净的纯棉汗衫布擦拭至表干状态。

（5）立即在保持表干状态下，称取集料的表干质量（m_f）。

（6）将集料置于浅盘中，放入 105℃±5℃的烘箱中烘干至恒重。取出浅盘，放在带盖的容器中冷却至室温，称取集料的烘干质量（m_a）。

（7）对同一规格的集料应平行试验两次，取平均值作为试验结果。

5. 结果整理

（1）表观相对密度 γ_a、表干相对密度 γ_s、毛体积相对密度 γ_b 按式（8-13）、（8-14）、(8-15)计算至小数点后 3 位。

$$\gamma_a = \frac{m_a}{m_a - m_w} \tag{8-13}$$

$$\gamma_s = \frac{m_f}{m_f - m_W} \tag{8-14}$$

$$\gamma_b = \frac{m_a}{m_f - m_W} \tag{8-15}$$

式中：γ_a——集料的表观相对密度，无量纲；

γ_s——集料的表干相对密度，无量纲；

γ_b——集料的毛体积相对密度，无量纲；

m_a——集料的烘干质量（g）；

m_f——集料的表干质量（g）；

m_W——集料的水中质量（g）；

（2）集料的吸水率以烘干试样为基准，按式（8-16）计算，准确至0.01%。

$$W_X = \frac{m_f - m_a}{m_a} \times 100 \tag{8-16}$$

式中：W_X——粗集料的吸水率（%）。

（3）粗集料的表观密度（视密度）ρ_a、表干密度 ρ_s、毛体积密度 ρ_b，按（8-17）、（8-18）、（8-19）计算，准确至小数点后3位。不同水温条件下测量的粗集料表观密度需进行水温修正，不同试验温度下水的密度 ρ_T 及水的温度修正系数 α_T 按表8-6选用。

不同水温时水的密度 ρ_T 及水温修正系数 α_T 表8-6

水温（℃）	15	16	17	18	19	20
水的密度 ρ_T（g/cm^3）	0.99913	0.99897	0.99880	0.99862	0.99843	0.99822
水温修正系数 α_T	0.002	0.003	0.003	0.004	0.004	0.005
水温（℃）	21	22	23	24	25	—
水的密度 ρ_T（g/cm^3）	0.99802	0.99779	0.99756	0.99733	0.99702	—
水温修正系数 α_T	0.005	0.006	0.006	0.007	0.007	—

$$\rho_a = \gamma_a \times \rho_T \text{ 或 } \rho_a = (\gamma_a - \alpha_T) \times \rho_w \tag{8-17}$$

$$\rho_s = \gamma_s \times \rho_T \text{ 或 } \rho_s = (\gamma_s - \alpha_T) \times \rho_w \tag{8-18}$$

$$\rho_b = \gamma_b \times \rho_T \text{ 或 } \rho_b = (\gamma_b - \alpha_T) \times \rho_w \tag{8-19}$$

重复试验的精密度，对表观相对密度、表干相对密度、毛体积相对密度，两次结果相差不得超过0.02，对吸水率不得超过0.2%。

五、粗集料堆积密度及空隙率试验

1. 试验目的与适用范围

测定粗集料的堆积密度，包括自然堆积状态、振实状态、捣实状态下的堆积密度，以及堆积状态下的空隙率。

2. 仪器设备

（1）天平或台秤：感量不大于称量的0.1%。

（2）容量筒：适用于粗集料堆积密度测定的容量筒应符合表8-7的要求。

容量筒的规格要求 表8-7

粗集料公称最大粒径（mm）	容量筒容积（L）	容量筒规格（mm）			筒壁厚度（mm）
		内径	净高	底厚	
≤4.75	3	155±2	160±2	5.0	2.5
9.5～26.5	10	205±2	305±2	5.0	2.5
31.5～37.5	15	255±5	295±5	5.0	3.0
≥53	20	355±5	305±5	5.0	3.0

（3）平头铁锹。

（4）烘箱：能控温105℃±5℃。

（5）振动台：频率为3000次/min±200次/min，负荷下的振幅为0.35mm，空载时的振幅为0.5mm。

（6）捣棒：直径16mm，长600mm，一端为圆头的钢棒。

3. 试验准备

按规定方法取样、缩分，质量应满足试验要求，在105℃±5℃的烘箱中烘干，也可以摊在清洁的地面上风干，拌匀后分成两份备用。

4. 试验步骤

（1）自然堆积密度

取试样1份，置于平整干净的水泥地（或铁板）上，用平头铁秋铲起试样，使石子自由落入容量筒内。此时，从铁锹的齐口至容量筒上口的距离应保持为50mm左右，装满容量筒并除去凸出筒口表面的颗粒，并以合适的颗粒填入凹陷处空隙，使表面积稍凸起部分和凹隐部分的体积大致相等，称取试样和容量筒总质量（m_2）。

（2）振实密度

按堆积密度试验步骤，将装满试样的容量筒放在振动台上，振动3min，或者将试样分三层装入容量筒：装完一层后，在筒底垫放一根直径为25mm的圆钢筋，将筒按住，左右交替颠击地面各25下；然后装入第二层，用同样的方法颠实（但筒底所垫钢筋的方向应与第一层放置方向垂直）；然后再装入第三层，如法颠实。待三层试样装填完毕后，加料填到试样超出容量筒口，用钢筋沿筒口边缘滚转，刮下高出筒口的颗粒，用合适的颗粒填平凹处，使表面稍凸起部分和凹陷部分的体积大致相等，称取试样和容量筒总质量（m_2）。

（3）捣实密度

根据沥青混合料的类型和公称最大粒径，确定起骨架作用的关键性筛孔（通常为4.75mm或2.36mm等）。将矿料混合料中此筛孔以上颗粒筛出，作为试样装入符合要求规格的容器中达1/3的高度，由边至中用捣棒均匀捣实25次。再向容器中装入1/3高度的试样，用捣棒均匀地捣实25次，捣实深度约至下层的表面。然后重复上一步骤，加最后一层，捣实25次，使集料与容器口齐平。用合适的集料填充表面的大空隙，用直尺大体刮平，目测估计表面凸起的部分与凹陷的部分的容积大致相等，称取容量筒与试样的总质量（m_2）。

（4）容量筒容积的标定

用水装满容量筒，测量水温、擦干筒外壁的水分，称取容量筒与水的总质量（m_w），并按水的密度对容量筒的容积作校正。

5. 结果整理

（1）容量筒的容积按式（8-20）计算。

$$V=\frac{m_w-m_1}{\rho_T} \tag{8-20}$$

式中：V——容量筒的容积（L）；

m_1——容量筒的质量（kg）；

m_w——容量筒与水的总质量（kg）；

ρ_T——试验温度 T 时水的密度（g/cm^3），按表 8-6 选用。

（2）堆积密度（包括自然堆积状态、振实状态、捣实状态下的堆积密度）按式（8-21）计算，至小数点后 2 位。

$$\rho=\frac{m_2-m_1}{V} \tag{8-21}$$

式中：ρ——与各种状态相对应的堆积密度（t/m^3）；

m_1——容量筒的质量（kg）；

m_2——容量筒与试样的总质量（kg）；

V——容量筒的容积（L）。

（3）水泥混凝土用粗集料振实状态下的空隙率按式（8-22）计算。

$$V_c=\left(1-\frac{\rho}{\rho_a}\right)\times 100 \tag{8-22}$$

式中：V_c——水泥混凝土用粗集料的空隙率（%）；

ρ_a——粗集料的表观密度（t/m^3）；

ρ——按振实法测定的粗集料的堆积密度（t/m^3）。

（4）沥青混合料用粗集料骨架捣实状态的间隙率按式（8-23）计算。

$$VCA_{DRC}=\left(1-\frac{\rho}{\rho_b}\right)\times 100 \tag{8-23}$$

式中：VCA_{DRC}——捣实状态下粗集料骨架间隙率（%）；

ρ_b——按网篮法测定的粗集料的毛体积密度（t/m^3）；

ρ——按振实法测定的粗集料的自然堆积密度（t/m^3）。

以两次平行试验结果的平均值为测定值。

六、粗集料压碎值试验

1. 试验目的与适用范围

集料压碎值用于衡量石料在逐渐增加的荷载下抵抗压碎的能力，是衡量石料力学性质的指标，以评定其在公路工程中的适用性。

2. 仪器设备

（1）石料压碎值试验仪：由内径 150mm、两端开口的钢制圆形试筒、压柱和底板组成，其形状和尺寸见图 8-1。试筒内壁、压柱的底面及底板的上表面等与石料接触的表面都应进行热处理，使表面硬化，达到维氏硬度 65°，并保持光滑状态。

（2）金属棒：直径 10mm，长 450～600mm，一端加工成半球形。

（3）天平：称量 2～3kg，感量不大于 1g。

（4）标准筛：筛孔尺寸 13.2mm、9.5mm、2.36mm 筛各一个。

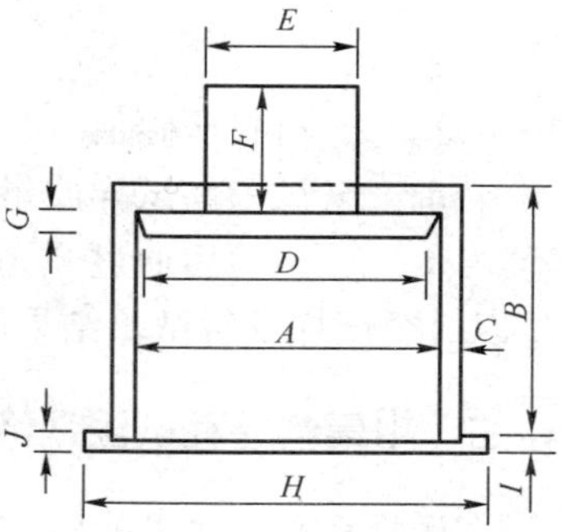

图 8-1　压碎指标值测定仪
（尺寸单位：mm）

（5）压力机：500kN，应能在 10min 内达到 400kN。

（6）金属筒：圆柱形，内径 112mm，高 179.4mm，容积 1767cm^3。

3. 试验准备

（1）采用风干石料用 13.2mm 和 9.5mm 标准筛过筛，取 9.5～13.2mm 的试样 3 组各 3000g，供试验用。如试样过于潮湿需加热烘干时，烘箱温度不得超过 100℃，烘干时间不超过 4h。试验前，石料应冷却至室温。

（2）每次试验的石料数量应满足按下述方法夯击后石料在试筒内的深度为 100mm。

将试样分 3 次（每次数量大体相同）均匀装入试模中，每次均将试样表面整平，用金属棒的半球面端从石料表面上均匀捣实 25 次。最后用金属棒作为直刮刀将表面仔细整平。称取量筒中试样质量（m_0），以相同质量的试样进行压碎值的平行试验。

4. 试验步骤

（1）将试筒安在底板上。

（2）将要求质量的试样分 3 次（每次数量大体相同）均匀放入试模中，每次均将试样表面整平，用金属棒的半球面端从石料表面上均匀捣实 25 次。最后用金属棒作为直刮刀将表面仔细整平。

（3）将装有试样的试模放到压力机上，同时加压头放入试筒内石料面上，注意使压头摆平，勿楔挤试模侧壁。

（4）开动压力机，均匀地施加荷载，在 10min 左右的时间内达到总荷载 400kN，稳压 5s，然后卸荷。

（5）将试模从压力机上取下，取出试样。

（6）用 2.36mm 标准筛筛分经压碎的全部试样，可分几次筛分，均需筛到在 1min 内无明显的筛出物为止。

（7）称取通过 2.36mm 筛孔的全部细料质量（m_1），准确至 1g。

5. 结果整理

石料压碎值按式（8-24）计算，准确至 0.1%。

$$Q'_a = \frac{m_1}{m_0} \times 100 \tag{8-24}$$

式中：Q'_a——石料压碎值（%）；

m_0——试验前试样质量（g）；

m_1——试验后通过 2.36mm 筛孔的细料质量（g）。

以 3 个试样平行试验结果的算术平均值作为压碎值的测定值。

七、粗集料磨耗试验（洛杉矶法）

1. 试验目的与适用范围

测定标准条件下粗集料抵抗摩擦、撞击的能力，以磨耗损失（%）表示。本方法适用于各种等级规格集料的磨耗试验。

2. 仪器设备

（1）洛杉矶磨耗试验机：圆筒内径 710mm±5mm，内侧长 5510mm±5mm，两端封闭，投料口的钢盖通过紧固螺栓和橡胶垫与钢筒紧闭密封。钢筒的回转速率为 30～33r/min。

（2）钢球：直径约 46.8mm，质量为 390～445g，大小稍有不同，以便按要求组合成符合要求的总质量。

（3）台秤：感量 5g。

（4）标准筛：符合要求的标准筛系列，以及筛孔为 1.7mm 的方孔筛一个。

（5）烘箱：能使温度控制在 105℃±5℃范围内。

（6）容器：搪瓷盘等。

3. 试验步骤

（1）将不同规格的集料用水冲洗干净，置烘箱中烘干至恒重。

（2）对所使用的集料，根据实际情况按表 8-8 选择最接近的粒级类别，确定相应的试验条件，按规定的粒级组成备料、筛分。其中水泥混凝土用集料宜采用 A 级粒度；沥青路面及各种基层、底基层的粗集料，表中的 16mm 筛孔也可用 13.2mm 筛孔代替。对非规格材料，应根据材料的实际粒度，从表 8-8 中选择最接近的粒级类别及试验条件。

粗集料洛杉矶试验条件 表 8-8

粒度类别	粒级组成（mm）	试样质量（g）	试样总质量（g）	钢球数量（个）	钢球总质量（g）	转动次数（转）	适用的粗集料	
							规格	公称粒径（mm）
A	26.5～37.5 19.0～26.5 16.0～19.0 9.5～16.0	1250±25 1250±25 1250±10 1250±10	5000±10	12	5000±25	500		
B	19.0～26.5 16.0～19.0	2500±10 5000±10	5000±10	11	4850±25	500	S6 S7 S8	15～30 10～30 10～25

续上表

粒度类别	粒级组成(mm)	试样质量(g)	试样总质量(g)	钢球数量(个)	钢球总质量(g)	转动次数(转)	适用的粗集料	
							规格	公称粒径(mm)
C	9.5～16.0 4.75～9.5	2500±10 2500±10	5000±10	8	3330±20	500	S9 S10 S11 S12	10～20 10～15 5～15 5～10
D	2.36～4.75	5000±10	5000±10	6	2500±15	500	S13 S14	3～10 3～5
E	63～75 53～63 37.5～53	2500±50 2500±50 5000±50	10000±100	12	5000±25	1000	S1 S2	40～75 40～60
F	37.5～53 26.5～37.5	5000±50 5000±25	10000±75	12	5000±25	1000	S3 S4	30～60 25～50
G	26.5～37.5 19.0～26.5	5000±25 5000±25	10000±50	12	5000±25	1000	S5	20～40

注：1. 表中16mm筛孔也可用13.2mm筛孔代替。
2. A级适用于未筛碎石混合料及水泥混凝土用集料。
3. C级中S12可全部采用4.75～9.5mm颗粒5000g；S9及S10可全部采用9.5～16mm颗粒5000g。
4. E级中S2中缺63～75mm颗粒可用53～63mm颗粒代替。

(3) 分级称量（准确至5g），称取总质量（m_1），装入磨耗机圆筒中。

(4) 选择钢球，使钢球的数量及总质量符合表8-8中规定。将钢球加入钢筒中，盖好筒盖，紧固密封。

(5) 将计数器调整到零位，设定要求的回转次数，对水泥混凝土集料，回转次数为500转，对沥青混合料集料，回转次数应符合表8-8的要求。开动磨耗机，以30～33r/min转速转动至要求的回转次数为止。

(6) 取出钢球，将经过磨耗后的试样从投料口倒入接受容器（搪瓷盘）中。

(7) 将试样用1.7mm的方孔筛过筛，筛去试样中被撞击磨碎的细屑。

(8) 用水冲干净留在筛上的碎石，置105℃±5℃烘箱中烘干至恒重（通常不小于4h），准确称量（m_2）。

4. 结果整理

按式(8-25)计算粗集料洛杉矶磨耗损失，精确至0.1%。

$$Q=\frac{m_1-m_2}{m_1}\times 100 \tag{8-25}$$

式中：Q——洛杉矶磨耗损失（%）；

m_1——装入圆筒中试样质量（g）；

m_2——试验后在1.7mm筛上洗净烘干的试样质量（g）。

5. 试验应注意的问题

(1) 试验报告应记录所使用的粒级类别和试验条件。

（2）粗集料的磨耗损失取两次平行试验结果的算术平均值为测定值，两次试验的差值应不大于2%，否则须重做试验。

八、细集料筛分试验

1. 试验目的与适用范围

测定细集料（天然砂、人工砂、石屑）的颗粒级配及粗细程度。对水泥混凝土用细集料可采用干筛法，如果需要也可采用水洗法筛分。对沥青混合料及基层用细集料必须用水洗法筛分。

注：当细集料中含有粗集料时，可参照此方法用水洗法筛分，但需特别注意保护标准筛筛面不遭损坏。

2. 仪器设备

（1）标准筛

（2）天平：称量1000g，感量不大于0.5g。

（3）摇筛机。

（4）烘箱：能控温在105℃±5℃。

（5）其他：浅盘和硬、软毛刷等。

3. 试验准备

根据样品中最大粒径的大小，选用适宜的标准筛，通常为9.5mm筛（水泥混凝土用天然砂）或4.75mm筛（沥青路面及基层用的天然砂、石屑、机制砂等）筛除其中的超粒径材料。然后在潮湿状态下将样品充分拌匀，用分料器法或四分法缩分至每份不少于550g的试样两份，在105℃±5℃的烘箱中烘干至恒重，冷却至室温后备用。

注：恒重系指相邻两次称量间隔时间大于3h（通常不少于6h）的情况下，前后两次称量之差小于该项试验所要求的称量精密度。

4. 试验步骤

1）干筛法试验步骤

（1）准确称取烘干试样约500g（m_1），准确至0.5g。置于套筛的最上面一只筛，即4.75mm筛上，将套筛将入摇筛机，摇筛约10min，然后取出套筛，再按筛孔大小顺序，从最大的筛号开始，在清洁的浅盘上逐个进行手筛，直到每分钟的筛出量不超过筛上剩余量的0.1%时为止。将筛出通过的颗粒并入下一号筛，和下一号筛中的试样一起过筛，以此顺序进行至各号筛全部筛完为止。

注：①试样如为特细砂时，试样质量可减少到100g；

②如试样含泥量超过5%，不宜采用干筛法；

③无摇筛机时，可直接用手筛。

（2）称量各筛筛余试样的质量，精确至0.5g。所有各筛的分计筛余量和底盘中剩余量的总量与筛分前的试样总量，相差不得超过后者的1%。

2）水洗法试验步骤

（1）准确称取烘干试样约500g（m_1）准确至0.5g。

（2）将试样置一洁净容器中，加入足够数量的洁净水，将集料全部盖没。

（3）用搅棒充分搅动集料，使集料表面洗涤干净，使细粉悬浮在水中，但不得有集料从水中溅出。

(4) 用 1.18mm 筛及 0.075mm 筛组成套筛。仔细将容器中混有细粉的悬浮液徐徐倒出，经过套筛流入另一容器，但不得将集料倒出。

注：不可直接倒至 0.075mm 筛上，以免集料掉出损坏筛面。

(5) 重复 (2) ～ (4) 步骤，直至倒出的水洁净且将小于 0.075mm 的颗粒全部倒出。

(6) 将容器中的集料倒入搪瓷盘中，用少量水冲洗，使容器上沾附的集料颗粒全部进入搪瓷盘中。将筛子反扣过来，用少量的水将筛上的集料冲洗入搪瓷盘中。操作过程中不得有集料散失。

(7) 将搪瓷盘连同集料一起置于 105℃±5℃的烘箱中烘干至恒重，称取干燥集料试样的总质量 (m_2)，准确至 0.1%。m_1 与 m_2 之差即为通过 0.075mm 筛部分。

(8) 将全部要求筛孔组成套筛（但不需 0.075mm 筛），将已经洗去小于 0.075mm 部分的干燥集料置于套筛上（通常为 4.75mm 筛），将套筛装入摇筛机，摇筛约 10min，然后取出套筛，再按筛孔大小顺序，从最大的筛号开始，在清洁的浅盘上逐个进行手筛，直至每分钟的筛出量不超过筛上剩余量的 1%时为止。将筛出通过的颗粒并入下一号筛，和下一号筛中的试样一起过筛，这样顺序进行，直至各号筛全部筛完为止。

注：如为含有粗集料的集料混合料，套筛筛孔根据需要选择。

(9) 称量各筛筛余试样的质量，精确至 0.5g。所有各筛的分计筛余量和底盘中剩余量的总质量与筛分前后试样总量 m_2 的差值不超过后者的 1%。

5. 结果整理

(1) 计算分计筛余百分率

各号筛的分计筛余百分率为各号筛上的筛余量除以试样总量 (m_1) 的百分率，准确至 0.1%。对沥青路面细集料而言，0.15mm 筛下部分即为 0.075mm 的分计筛余，由步骤 (7) 测得的 m_1 与 m_2 之差即为小于 0.075mm 的筛底部分。

(2) 计算累计筛余百分率

各号筛的累计筛余百分率为该号筛及大于该号筛的各号筛的分计筛余百分率之和，准确至 0.1%。

(3) 计算质量通过百分率

各号筛的质量通过百分率等于 100 减去该号筛的累计筛余百分率，准确至 0.1%。

(4) 根据各筛的累计筛余百分率或通过百分率，绘制级配曲线。

(5) 天然砂的细度模数按式 (8-26) 计算，准确至 0.01。

$$M_X = \frac{(A_{0.15} + A_{0.3} + A_{0.6} + A_{1.18} + A_{2.36}) - 5A_{4.75}}{100 - A_{4.75}} \tag{8-26}$$

式中：M_X——砂的细度模数；

$A_{0.15}$，$A_{0.3}$，…，$A_{4.75}$——分别为 0.15mm、0.3mm、…4.75mm 各筛上的累计筛余百分率 (%)。

(6) 应进行两次平行试验，以试验结果的算术平均值作为测定值。如两次试验所得的细度模数之差大于 0.2，应重新进行试验。

6. 记录表格（表 8-9）

细集料筛分试验记录表　　表 8-9

试样编号				试样来源			
试样名称				试样用途			
筛孔编号	筛孔尺寸（mm）	各筛存留质量（g）			分计筛余（%）	累计筛余（%）	通过量（%）
		1	2	平均			
①	②	③	④	⑤	⑥	⑦	⑧
1	4.75						
2	2.36						
3	1.18						
4	0.60						
5	0.30						
6	0.15						
7	<0.15						

试验者　　计算者　　审核者　　试验日期　　年　月　日

7. 试验中注意的问题

（1）试样为特细砂时，在筛分时增加 0.075mm 的方孔筛一只。

（2）如试样含泥量超过 5%时，则应先用水洗，然后烘干至恒重，再进行筛分。

（3）无摇筛机时，可改用手筛。

（4）用两次试验结果的平均值计算各种参数，将试验结果与规范对照，评定细集料是否满足级配要求。

九、细集料表观密度试验（容量瓶法）

1. 试验目的与适用范围

用容量法测定细集料（天然砂、石屑、机制砂）在 23℃时对水的表观相对密度和表观密度。本方法适用于含有少量大于 2.36mm 部分的细集料。

2. 仪器设备

（1）天平：称量 1kg，感量不大于 1g。

（2）容量瓶：500mL。

（3）烘箱：能控温在 105℃±5℃。

（4）烧杯：500mL

（5）其他：干燥器、浅盘、铝制料勺、温度计、洁净水等。

3. 试验准备

将缩分至 650g 左右的试样在温度为 105℃±5℃的烘箱中烘干至恒重，并在干燥器内冷却至室温，分成两份备用。

4. 试验步骤

（1）称取烘干的试样约 300g（m_0），装入盛有半瓶洁净水的容量瓶中。

（2）摇转容量瓶，使试样在已保温至23℃±1.7℃的水中充分搅动以排除气泡，塞紧瓶塞，在恒温条件下静置24h左右，然后用滴管添水，使水面与瓶颈刻度线平齐，再塞紧瓶塞，擦干瓶外水分，称其总质量（m_2）。

（3）倒出瓶中的水和试样，将瓶的内外表面洗净，再向瓶内注入同样温度的洁净水（温差不超过2℃）至瓶颈刻度线，塞紧瓶塞，擦干瓶外水分，称其总质量（m_1）。

注：在砂的表观密度试验过程中应测量并控制水的温度，试验期间的温度不得超过1℃。

5. 结果整理

（1）细集料的表观相对密度按式（8-27）计算至小数点后3位。

$$\gamma_a = \frac{m_0}{m_0 + m_1 - m_2} \tag{8-27}$$

式中：γ_a——细集料的表观相对密度，无量纲；

m_0——试样的烘干质量（g）；

m_1——水及容量瓶总质量（g）；

m_2——试样、水及容量瓶总质量（g）。

（2）表观密度 ρ_a 按式（8-28）计算，准确至小数点后3位。

$$\rho_a = \gamma_a \times \rho_T \text{ 或 } \rho_a = (\gamma_a - \alpha_T) \times \rho_w \tag{8-28}$$

式中：ρ_a——细集料的表观密度（g/cm^3）；

ρ_w——水在4℃时的密度（$1000kg/m^3$）；

α_T——试验时的水温对水的密度影响的修正系数，按试表8-6取用；

ρ_T——试验温度 T 时水的密度，按试表8-6取用（g/cm^3）。

以两次平行试验结果的算术平均值作为测定值，如两次结果之差值大于 $0.01g/cm^3$ 时，应重新取样进行试验。

6. 记录表格（表8-10）

细集料表观密度试验记录表　　表8-10

试样编号		试样来源	
试样名称		试样用途	

试验次数	烘干试样质量 m_0（g）	水及容量瓶的质量 m_1（g）	试样、水加容量瓶的质量 m_2（g）	表观密度 ρ_a（g/cm^3）		备注
				个别	平均	
①	②	③	④	⑤	⑥	⑦
1						
2						

试验者　　　　计算者　　　　校核者　　　　试验日期　　　　年　月　日

7. 试验中注意的问题

（1）缩分后的试样应当具有代表性。

（2）试验用水应为纯净水，水的温度应控制在规定范围内。

（3）滴管添水至瓶颈零刻度线应当以弯液面为准。

十、细集料堆积密度及紧装密度试验

1. 试验目的与适用范围

测定砂自然状态下堆积密度、紧装密度及空隙率。

2. 仪器设备

(1) 台秤：称量 5kg，感量 5g。

(2) 容量筒：金属制，圆筒形，内径 108mm，净高 109mm，筒壁厚 5mm，容积为 1L。

(3) 标准漏斗（图 8-2）。

(4) 烘箱：能使温度控制在 105℃±5℃。

(5) 小勺、直尺、浅盘等。

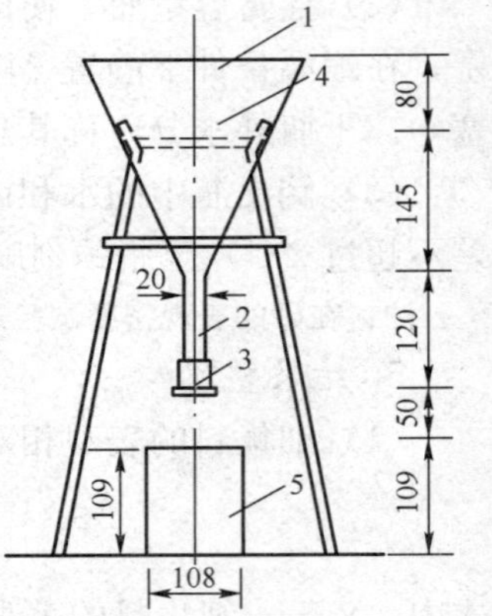

图 8-2 标准漏斗（尺寸单位：mm）

1-漏斗；2-ϕ20mm 管子；3-活动门；4-筛；5-金属量筒

3. 试验准备

(1) 用浅盘装来样约 5kg，在温度为 105℃±5℃的烘箱中烘干至恒量，取出并冷却至室温，分成大致相等的两份备用。

(2) 容量筒容积的校正方法：以温度以 20℃±5℃的洁净水装满容量筒，用玻璃板沿筒口滑移，使其紧贴水面并擦干筒外壁水分，然后称量，用下式计算筒的容积 V（mL）：

$$V = m'_2 - m'_1 \tag{8-29}$$

式中：m'_1——容量筒和玻璃板总质量（g）；

m'_2——容量筒、玻璃板和水总质量（g）。

注：试样烘干后如有结块，应在试验前先予捏碎。

4. 试验步骤

(1) 堆积密度：将试样装入漏斗中，打开底部的活动门，将砂流入容量筒中，也可直接用小勺向容量筒中装试样，但漏斗出料口或料勺距容量筒筒口均应为 500mm 左右。试样装满并超出容量筒筒口后，用直尺将多余的试样沿筒口中心线向两个相反方向刮平，称取质量（m_1）。

(2) 紧装密度：取试样 1 份，分两层装入容量筒。装完一层后，在筒底垫放一根直径为 10mm 的钢筋，将筒按住，左右交替颠击地面各 25 下，然后再装入第二层。第二层装满后用同样方法颠实（但筒底垫钢筋的方向应与第一层放置方向垂直），两层装完并颠实后，填加试样超出容量筒筒口，然后用直尺将多余的试样沿筒口中心线向两个相反方向刮平，称其质量（m_2）。

5. 结果整理

(1) 堆积密度 ρ 及紧装密度 ρ' 分别按下式计算，计算至小数点后 3 位。

$$\rho = \frac{m_1 - m_0}{V} \tag{8-30}$$

$$\rho' = \frac{m_2 - m_0}{V} \tag{8-31}$$

式中：m_0——容量筒的质量（g）；

m_1——容量筒和堆积密度砂的总质量（g）；

m_2——容量筒和紧装密度砂的总质量（g）；

V——容量筒容积（mL）。

以两次试验结果的算术平均值作为测定值。

（2）空隙率按下式计算。

$$n=\left(1-\frac{\rho}{\rho_a}\right)\times 100 \tag{8-32}$$

式中：n——砂的空隙率（%）；

ρ——砂的堆积或紧装密度（g/cm^3）；

ρ_a——砂的表观密度（g/cm^3）。

以两次试验结果的算术平均值作为测定值。

6. 记录表格（表 8-11）

细集料堆积密度试验记录表　　表 8-11

试样编号		试样来源	
试样名称		试样用途	

试验次数	容量筒容积 V (mL)	容量筒质量 m_0 (g)	容量筒和砂质量 m_1 (g)	砂质量 m_1-m_0 (g)	堆积密度 ρ (g/cm^3)		备注
					个别	平均	
①	②	③	④	⑤	⑥	⑦	⑧
1							
2							

试验者　　计算者　　校核者　　试验日期　　年　月　日

7. 试验中注意的问题

（1）堆积密度试验，试样通过漏斗装入容量筒时，漏斗的出料口距容量筒筒口最大高度不超过 50mm，从装料起到开始称量前应避免碰容量筒，以避免影响粒料的紧密程度。

（2）紧装密度试验，分两层装料并按照要求使之达到规定的紧密程度。

（3）容量筒校正时，水温应控制在 20℃±5℃范围内，并应考虑水温对水相对密度影响的修正系数。

十一、细集料压碎值指标试验

1. 试验目的与适用范围

细集料压碎指标用于衡量细集料在逐渐增加的荷载下抵抗压碎的能力，以评定其在公路工程中的适用性。

2. 仪器设备与材料

（1）压力机：量程 50～1000kN，示值相当误差 2%，应能保持 1kN/s 的加荷速率。

（2）天平：感量不大于 1g。

（3）标准筛。

（4）细集料压碎指标试模：由两端开口的钢制圆形试筒、加压块和底板组成，其形状和尺寸见图 8-3，压头直径 75mm，金属筒试模内径 77mm，试模深 70mm。试筒内壁、加压头的底面及底板的上表面等与石料接触的表面都应进行热处理（硬化），并保持光滑状态。

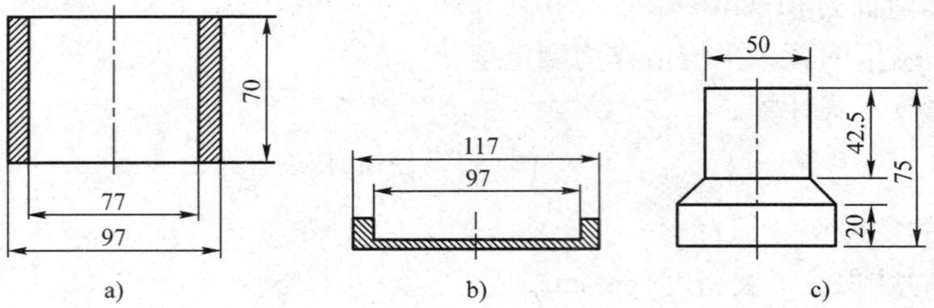

图 8-3　细集料压碎指标试模（尺寸单位：mm）
a)圆筒；b)底盘；c)加压头

（5）金属捣棒：直径 10mm，长 500mm，一端加工成半球形。

3. 试验准备

（1）采用风干的细集料样品，置烘箱中于 105℃±5℃条件下烘干至恒重，通常不超过 4h，取出冷却至室温。后用 4.75mm、2.36mm 至 0.3mm 各档标准筛过筛，去除大于 4.75mm 部分，分成 4.75～2.36mm、2.36～1.18mm、1.18～0.6mm、0.6～0.3mm 4 组试样，各组取 1000g 备用。

（2）称取单粒级试样 330g，准确至 1g。将试样倒入已组装成的试样钢模中，使试样距底盘面的高度约为 50mm。整平钢模内试样表面，将加压头放入钢模内，转动 1 周，使其与试样均匀接触。

4. 试验步骤

（1）将装有试样的试模放到压力机上，注意使压头摆平，对中压板中心。

（2）开动压力机，均匀地施加荷载，以 500N/s 的速率加压至 25kN，稳压 5s，以同样的速率卸荷。

（3）将试模从压力机上取下，取出试样，以该粒组的下限筛孔过筛（如对 4.75mm～2.36mm 以 2.36mm 标准筛过筛）。称取试样的筛余量（m_1）和通过量（m_2），准确至 1g。

5. 结果整理

按式（8-33）计算各组粒级细集料的压碎指标，精确至 1%。

$$Y_i = \frac{m_1}{m_1 + m_2} \times 100 \tag{8-33}$$

式中：Y_i——第 i 粒级细集料的压碎指标值（%）；

m_1——试样的筛余量（g）；

m_2——试样的通过量（g）。

每组粒级的压碎指标值以 3 次试验结果的平均值表示，精确至 1%。

十二、细集料泥块含量、有机质含量、云母含量试验

（一）细集料泥块含量试验

1. 试验目的

测定水泥混凝土用砂中小于 0.075mm 颗粒含量及颗粒大于 1.25mm 的泥块含量。

2. 试验仪器

（1）天平：称量 2kg，感量不大于 2g。

（2）烘箱：能控温在 105℃±5℃。

（3）方孔筛：孔径 0.60mm 及 1.18mm。

（4）其他：洗砂用的筒及烘干用的浅盘等。

3. 试验步骤

（1）将试样用四分法缩分至每份约 2500g，放入温度为 105℃±5℃的烘箱中烘干至恒重，冷却到室温后，用 1.25mm（或 1.18mm）的筛筛分，取筛上的砂约 400g 分两份备用。

（2）取使用 1 份 200g（m_1）放入容器中后注入洁净的水，使水面超出砂面约 200mm，充分搅拌均匀后浸泡 24h，用手在水中捻碎泥块，然后把试样放在 0.6mm（或 0.63mm）筛上，用水淘洗至清澈为止。

（3）把筛余下来的砂样小心地从筛里取出，放入 105℃±5℃的烘箱中烘干至恒量冷却至室温后称量（m_2）。

4. 试验结果整理

砂中泥块含量按式（8-34）计算，精确至 0.1%。

$$Q_k = \frac{m_1 - m_2}{m_1} \times 100\% \tag{8-34}$$

式中：Q_k—— 砂中大于 1.18mm 的泥块含量（%）；

m_1——试验前存留于 1.18mm 筛上试样的烘干质量（g）；

m_2——试验后的烘干试样质量（g）。

取两次试验结果的算术平均值作为测定值，若两侧结果的差值超过 0.4%应重新取样进行试验。

5. 记录表格（表 8-12）

砂的含泥量试验记录　　表 8-12

<table>
<tr><td>试样编号</td><td colspan="2"></td><td>试样来源</td><td colspan="2"></td></tr>
<tr><td>试样名称</td><td colspan="2"></td><td>试样用途</td><td colspan="2"></td></tr>
<tr><td rowspan="2">试验次数</td><td rowspan="2">试验前试样的质量
m_1
(g)</td><td rowspan="2">试验后试样的质量
m_2
(g)</td><td colspan="2">泥块含量（%）</td><td rowspan="2">备注</td></tr>
<tr><td>个别</td><td>平均</td></tr>
<tr><td>①</td><td>②</td><td>③</td><td>④</td><td>⑤</td><td>⑥</td></tr>
<tr><td>1</td><td></td><td></td><td></td><td rowspan="2"></td><td rowspan="2"></td></tr>
<tr><td>2</td><td></td><td></td><td></td></tr>
</table>

试验者　　　　计算者　　　　校核者　　　　试验日期　　　　年　月　日

（二）细集料的有机质含量试验

1. 试验目的

测定天然砂中的有机质含量是否超出规范规定。

2. 试验仪器

（1）天平：不大于称量的0.01％；

（2）量筒：250mL、100mL和10mL。

（3）氢氧化钠溶液：氢氧化钠与蒸馏水的质量比为3∶97；

（4）鞣酸、酒精等；

（5）其他：烧杯、玻璃棒和孔径为4.75mm的方孔筛。

3. 试验步骤

（1）筛去试样中4.75mm以上颗粒，用四分法缩分至500g，风干备用。

（2）标准溶液的配制方法是取2g鞣酸溶解于98 mL的10％酒精溶液中得到所需的鞣酸溶液，取该溶液2.5 mL注入97.5 mL浓度为3％的氢氧化钠溶液中，加塞后剧烈摇动，静置24h即得标准溶液。

（3）向250 mL量筒中倒入试样至103 mL刻度处，再注入浓度为3％的氢氧化钠溶液至200 mL刻度处，剧烈摇动后静置24h。

（4）比较试样上部溶液和新配制标准溶液的颜色，盛装标准溶液和盛装试样的量筒规格应一致。

4. 试验结果评定

若试样上部溶液颜色浅于标准溶液颜色，则试样的有机质含量鉴定合格；如两种溶液的颜色接近，则应将该试样（包括上部溶液）倒入烧杯中放在温度为60～70℃的水槽锅中加热2～3h，然后再于标准溶液比色。

如溶液的颜色深于标准色，则应按下法作进一步试验：

取试样1份，用3％氢氧化钠溶液洗除有机杂质，再用清水淘洗干净，至试样用比色法试验时溶液的颜色浅于标准色，然后用经洗除有机质和未洗除有机质的试样分别以相同的配合比配成流动性基本相同的两种水泥砂浆，测定其7d和28d的抗压强度。如未经水洗砂的砂浆强度不低于经洗除有机质后的砂的砂浆强度的95％时，则此砂可以采用。

（三）砂的云母含量试验

1. 试验目的

测定砂中云母的近似含量。

2. 试验仪器

（1）放大镜（5倍左右）；

（2）钢针；

（3）天平：称量100g，感量不大于0.01g。

3. 试验步骤

称取经缩分的试样50g，在温度为105℃±5℃的烘箱中烘干至恒量，冷却至室温后，先筛去大于 4.75mm 和小于 0.30mm 的颗粒，然后根据砂的粗细不同称取试样 10～20g（m_0），放在放大镜下观察，用钢针将砂中所有云母全部挑出，称量所挑出的云母质量（m_1）。

4. 试验结果整理

砂中云母含量按式（8-35）计算：

$$Q_e = \frac{m_1}{m_0} \times 100\% \tag{8-35}$$

式中：Q_e——砂中云母含量（%）；

m_1——烘干的试样质量（g）；

m_0——挑出的云母质量（g）。

第九章　石灰与水泥试验

一、有效氧化钙的测定

1. 试验目的

石灰的质量主要取决于有效氧化钙和氧化镁的含量，它们的含量愈高，则石灰黏结力愈好。

注：石灰中的有效氧化钙是指游离的氧化钙，它不同于总钙量，因为有效氧化钙不包括碳酸钙、硅酸钙以及其它钙盐中的钙 。石灰中氧化钙的含量，以能溶解于蔗糖溶液中，并能与盐酸作用生成蔗糖钙的钙含量占石灰原试样的重量的百分率表示。

2. 仪器及试剂

（1）筛子：筛孔 2 mm 和 0.15mm 各一个；

（2）烘箱：50～250℃；

（3）干燥器：ϕ25cm；

（4）称量瓶：ϕ30cm×ϕ50cm；

（5）分析天平：万分之一；

（6）架盘天平：感量 0.1g；

（7）玻璃珠：ϕ3mm，一袋（0.25g）；

（8）具塞三角瓶：250mL 一个；

（9）量筒：50mL 一个；

（10）酸滴定管：50mL 一支；

（11）滴定架；

（12）蔗糖（分析纯）；

（13）酚酞指示剂：称取 0.5g 酚酞溶于 50mL95％乙醇中；

（14）0.5mol/L 盐酸标准溶液：将 42mL 浓盐酸（相对密度 1.19）稀释至 1L，经标定后备用。

3. 试样

（1）生石灰试样。将生石灰样品打碎，使颗粒不大于 2mm，拌和均匀后用四分法缩减至 200g 左右，放入瓷研钵中研细，再经四分法缩减几次剩下 20g 左右，研磨所得石灰样品，使通过 0.15mm 筛。从细样中均匀挑取 10 余克，置于称量瓶中在 100℃烘干 1h，储于干燥器中供试验用。

（2）消石灰试样。将消石灰样品用四分法缩减至 10g 左右，如有大颗粒，在瓷研钵中磨细至无不均匀颗粒存在为止。置于称量瓶中在 105～110℃烘干 1h，储存于干燥器中，供试验用。

4. 试验步骤

（1）用称量瓶按减量法称取试样约 0.5g（准确至 0.0005g），置于干燥的 250mL 具塞三角瓶中，取5g蔗糖覆盖在试样表面，投入干玻璃珠15粒。迅速加入新煮沸并已冷却的蒸馏水50mL，立即加塞振荡15min（如有试样结块或黏于瓶壁现象，则应重新取样）。

（2）打开瓶塞，加入2～3滴酚酞指示剂，溶液即呈现粉红色，然后置于滴定架上，用0.5mol/L盐酸标准溶液滴定。

（3）滴定时应先读出滴定管初读数，然后以2～3滴/s的速度滴定，至溶液的粉红色显著消失并在30s内不再复现即为终点。

（4）读出中和后盐酸消耗的滴定管读数，减去初读数，即为实际消耗的盐酸数量（mL）。

5. 计算方法

有效氧化钙的百分含量按下式计算：

$$\mathrm{CaO}=\frac{V\times C\times 0.028}{G}\times 100\% \tag{9-1}$$

式中：V ——滴定时消耗盐酸标准溶液的体积（mL）；

C ——盐酸标准溶液物质的当量浓度（mol/L）；

G ——试样质量（g）。

对同一石灰样品应取两个试样分别进行测定，并取两次结果的平均值代表最终结果。

6. 试验记录（表9-1）

有效 CaO 含量试验记录　　表9-1

试验次数	称量瓶号	空瓶质量（g）	瓶＋试样质量（g）	试样质量（g）	盐酸物质的量浓度（mol/L）	消耗盐酸数量（mL）	石灰中有效CaO含量（%）	
1								平均
2								

试验者　　　　计算者　　　　校核者　　　　试验日期　　　　年　月　日

【附】　盐酸浓度标定

（1）称取约0.800～1.000g（准确至0.0002g）已在180℃烘干2h的碳酸钠，置于250mL三角瓶中，加入100mL水使其完全溶解。

（2）加入2～3滴0.1%甲基橙指示剂，用待标定的盐酸标准溶液滴定，至碳酸钠溶液由黄色变为橙红色。将溶液加热至沸，并保持微沸3min，然后放在冷水中冷却至室温，如此时橙红色变为黄色，则再用盐酸标准溶液滴定，直至溶液出现稳定橙红色时为止，记录盐酸耗量（mL）。

盐酸标准溶液当量浓度按下式计算。

$$C=\frac{Q}{V\times 0.053} \tag{9-2}$$

式中：C ——盐酸标准溶液的当量浓度（mol/L）；

Q ——称取碳酸钠的质量（g）；

V ——滴定时消耗盐酸标准溶液的体积（mL）。

二、石灰氧化镁的测定

1. 试验目的

石灰中有效氧化钙和氧化镁含量愈高，石灰黏结力愈好。按氧化镁含量可将石灰划分为钙质石灰或镁质石灰。

2. 仪器设备

(1) 电炉：1500W；

(2) 石棉网：20cm×20cm；

(3) 三角瓶：300mL、250mL 各 2 个；

(4) 容量瓶：250mL、1000mL 各 1 个；

(5) 量筒：200mL、100mL、5ml 各 1 个；

(6) 试剂瓶：250mL、1000mL 若干个；

(7) 烧杯：250mL；

(8) 棕色广口瓶：60mL 若干个；

(9) 大肚移液管：25mL、50mL 各 2 支；

(10) 表面器：直径 7cm；

(11) 吸耳球：大、小各 1 个；

(12) 玻璃棒：吸水管数支，试剂勺若干个；

(13) 其余同有效氧化钙的测定所用仪器。

3. 试剂

(1) 1∶10 盐酸：将 1 体积盐酸（相对密度 1.9）以 10 体积蒸馏水稀释。

(2) 氨水—氯化铵缓冲溶液（pH＝10）：将 67.5g 氧化铵溶于 300mL 无二氧化碳蒸馏水中，加浓氨水（相对密度为 0.90）570mL，然后用水稀释至 1000mL。

(3) 酸性铬蓝 K—萘酚绿 B（1∶2.5）混合剂：称取 0.3g 酸性铬蓝 K 和 0.75g 萘酚绿与 50g 已在 105℃烘干的硝酸钾混合研细，保存于棕色广口瓶中。

(4) EDTA 二钠标准溶液：将 10gEDTA 二钠溶于温热蒸馏水中，待全部溶解并冷却到室温后，用水稀释至 1000mL。

(5) 氧化钙标准溶液：精确称取 1.7848g 在 105℃烘干（2h）的碳酸钙（优质纯），置于 250mL 烧杯中，盖上表面器，从杯嘴缓慢滴入 1∶10 盐酸 100mL，加热溶解，待溶液冷却后，移入 1000mL 的容量瓶中，用新煮沸冷却后的蒸馏水稀释至刻度摇匀。此溶液每毫升相当于一毫克氧化钙。

(6) 20％氢氧化钠溶液：将 20g 氢氧化钠溶于 80mL 蒸馏水中。

(7) 钙指示剂：将 0.2g 钙试剂羟酸钠和 20g 已在 105℃烘干的硫酸钾混合研细，保存于棕色广口瓶中。

(8) 10％酒石酸钾钠溶液：将 10g 酒石酸钾钠溶于 90mL 蒸馏水稀释摇匀。

(9) 三乙醇胺（1∶2）溶液：将 1 体积三乙醇胺以 2 体积蒸馏水稀释摇匀。

4. EDTA标准溶液与氧化钙和氧化镁关系的标定

（1）精确吸取50mL氢氧化钙标准溶液放入300mL三角瓶中，用水稀释至100mL左右，然后加入钙指示剂约0.1g，以20%氢氧化钠溶液调整溶液碱度至出现酒红色，再过量加3～4mL。

（2）以EDTA二钠标准液滴定，直至溶液由酒红色变为纯蓝色为止，记录EDTA二钠耗量。

EDTA二钠标准溶液对氧化钙的滴定度T_{CaO}即1mL EDTA二钠标准溶液相当于氧化钙的毫克数按下式计算：

$$T_{CaO}=C\times\frac{V_1}{V_2} \tag{9-3}$$

式中：C——1mL氧化钙标准溶液含有氧化钙的毫克数，等于1；

V_1——吸取氧化钙标准溶液体积（mL）；

V_2——消耗EDTA标准溶液体积（mL）。

EDTA二钠标准溶液对氧化镁的滴定度T_{MgO}即1mL EDTA二钠标准溶液相当于氧化钙的毫克数，按下式计算：

$$T_{MgO}=\frac{T_{CaO}\times 40.31}{56.08}=0.72T_{CaO} \tag{9-4}$$

5. 试验步骤

（1）采用与有效氧化钙测定相同的方法，用称量瓶称取约0.5g（准确至0.0005g）试样，放入250mL烧杯中，用蒸馏水湿润，加1：10盐酸30mL，用表面器盖住烧杯，在电炉加热近沸并保持微沸8～10min，用吸管吸取蒸馏水洗净表面器，洗液冲入烧杯中。冷却后把烧杯内的沉淀及溶液移入250mL容量瓶中，加水到刻度，仔细摇匀静置。

（2）待溶液沉淀后，用移液管吸取25mL溶液，放入250mL三角瓶中，加50mL蒸馏水稀释，然后顺序加酒石酸钾钠溶液1mL、三乙醇胺溶液5mL，加入氨水—氯化铵缓冲溶液10mL、酸性铬蓝K—萘酚绿B指标剂约0.1g此时溶液呈酒红色。

（3）用EDTA二钠标准溶液滴定至溶液由酒红色变为纯蓝色即为滴定终点，记录EDTA标准溶液耗用体积V_1。

（4）再从前述同一容量瓶中，用移液管吸取25mL溶液，置于300mL三角瓶中，加150mL蒸馏水稀释。然后依次加入三乙醇胺溶液5mL、20%氢氧化钠溶液5mL，放入约0.1g钙指示剂。此时溶液呈酒红色。

（5）用EDTA二钠标准溶液滴定，直至溶液由酒红色变为纯蓝色即为滴定终点，记录耗用EDTA二钠标准溶液体积V_2。

6. 计算方法

氧化镁的百分含量按下式计算：

$$MgO=\frac{T_{MgO}\times(V_1-V_2)}{G\times 1000}\times 100\% \tag{9-5}$$

式中：T_{MgO}——EDTA 二钠标准溶液对氧化镁的滴定度；

V_1——滴定钙、镁含量消耗 EDTA 二钠标准溶液体积（mL）；

V_2——滴定钙消耗 EDTA 二钠标准溶液体积（mL）；

G——试样质量（g）。

7. 试验记录（表 9-2）

表 9-2

试验次数	称量瓶号	空瓶质量（g）	瓶与石灰试样的质量（g）	EDTA 对氧化钙滴定度	EDTA 对氧化镁滴定度	EDTA 耗量		石灰中氧化镁含量（%）	
						滴定钙镁合量（mL）	滴定钙（mL）		
									平均

试验者　　计算者　　校核者　　试验日期　　年　　月　　日

三、水泥细度检验方法（80μm 筛筛析法）

1. 试验目的与适用范围

本方法规定了用 80μm 筛检验水泥细度的测试方法。适用于硅酸盐水泥、普通水泥、矿渣水泥、火山灰水泥、粉煤灰水泥、复合硅酸盐水泥、道路硅酸盐水泥以及指定采用本标准的其他品种水泥。

2. 仪器设备

（1）水筛：由圆形筛框和筛网组成，结构尺寸见图 9-1。

（2）负压筛：由圆形框和筛网组成，见图 9-2。负压筛应附有透明筛盖，筛盖与筛上口应有良好的密封性。

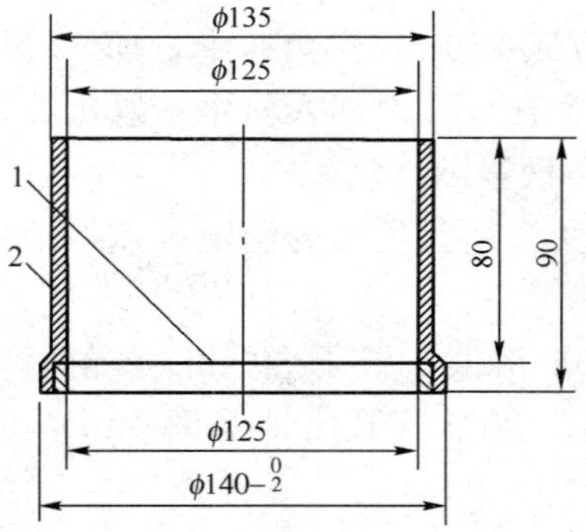

图 9-1　水筛（尺寸单位：mm）
1-筛网；2-筛框

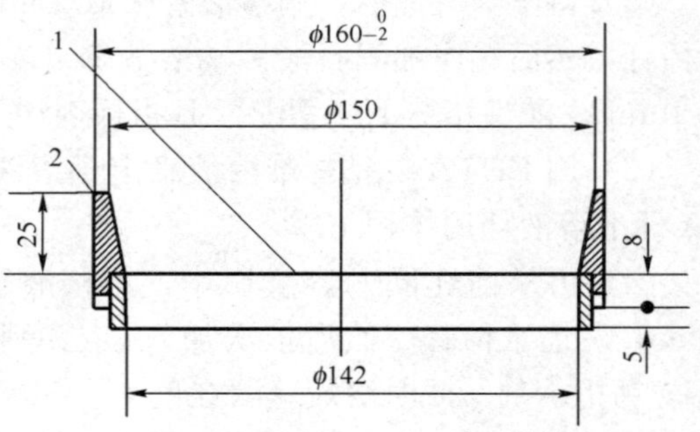

图 9-2　负压筛（尺寸单位：mm）
1-筛网；2-筛框

（3）负压筛析仪：由筛座、负压筛、负压源及收尘器组成。

（4）水筛架：用于支撑筛子，并带动筛子转动，转速约 50r/min。

（5）喷头：直径 55mm，面上均匀分布 90 个孔，孔径为 0.5～0.7mm。

（6）天平：最大称量为100g，分度值不大于0.05g。

3. 试验步骤

1）负压筛法

（1）筛析试验前，应把负压筛放在筛座上，盖上筛盖，接通电源，检查控制系统，调节负压至4000～6000Pa范围内。

（2）称取试样25g，置于洁净的负压筛中，盖上筛盖，放在筛座上，开动筛析仪连续筛析2min。筛毕，用天平称取筛余物。

（3）当工作负压小于4000Pa时，应清理吸尘器内水泥，使负压恢复正常。

2）水筛法

（1）筛析试验前，应检查水中无泥、砂，调整好水压及水筛架的位置，使其能正常运转。

（2）称取试样50g，置于洁净的水筛中，立即用淡水冲洗至大部分细粉通过后，用水压为0.05MPa±0.02MPa的喷头连续冲洗3min。筛毕，用少量水把筛余物冲至蒸发皿中，等水泥颗粒全部沉淀后，小心倒出清水，烘干并用天平称量筛余物。

3）试验筛的清洗

试验筛必须保持洁净，筛孔通畅。如筛孔被水泥堵塞影响筛余量时，可用弱酸浸泡，用毛刷轻轻地刷洗，用淡水冲净，晾干。

4. 结果整理

水泥试样筛余百分数按下式计算：

$$F = \frac{R_s}{m} \times 100 \tag{9-6}$$

式中：F——水泥试样的筛余百分数（g）；

R_s——水泥筛余物的质量（g）；

m——水泥试样的质量（g）。

计算结果精确至0.1％。

注：负压筛法与水筛法测定的结果发生争议时，以负压筛法为准。

四、水泥标准稠度用水量、凝结时间、安定性检验方法

1. 试验目的与适用范围

本方法规定了水泥标准稠度用水量、凝结时间和体积安定性的检验方法。

本方法适用于硅酸盐水泥、普通硅酸盐水泥、矿渣硅酸盐水泥、粉煤灰硅酸盐水泥、火山灰硅酸盐水泥、复合硅酸盐水泥、道路硅酸盐水泥及指定采用本方法的其他品种水泥。

2. 仪器设备

（1）水泥净浆搅拌机：符合《水泥物理检验仪器水泥净浆搅拌机》（JC/T 729）的要求。

（2）标准法维卡仪。如图9-3所示，滑动部分的总质量为300g±1g，与试杆、试针联结的滑动杆表面应光滑，能靠重力自由下落，不得有紧涩和旷动现象。

盛装水泥净浆的试模（见图9-3a)），深40mm±0.2mm、顶内径ϕ65mm±0.5mm、底内径ϕ75mm±0.5mm的截顶圆锥体。每只试模应配备一个大于试模、厚度≥2.5mm的平板

玻璃底板。

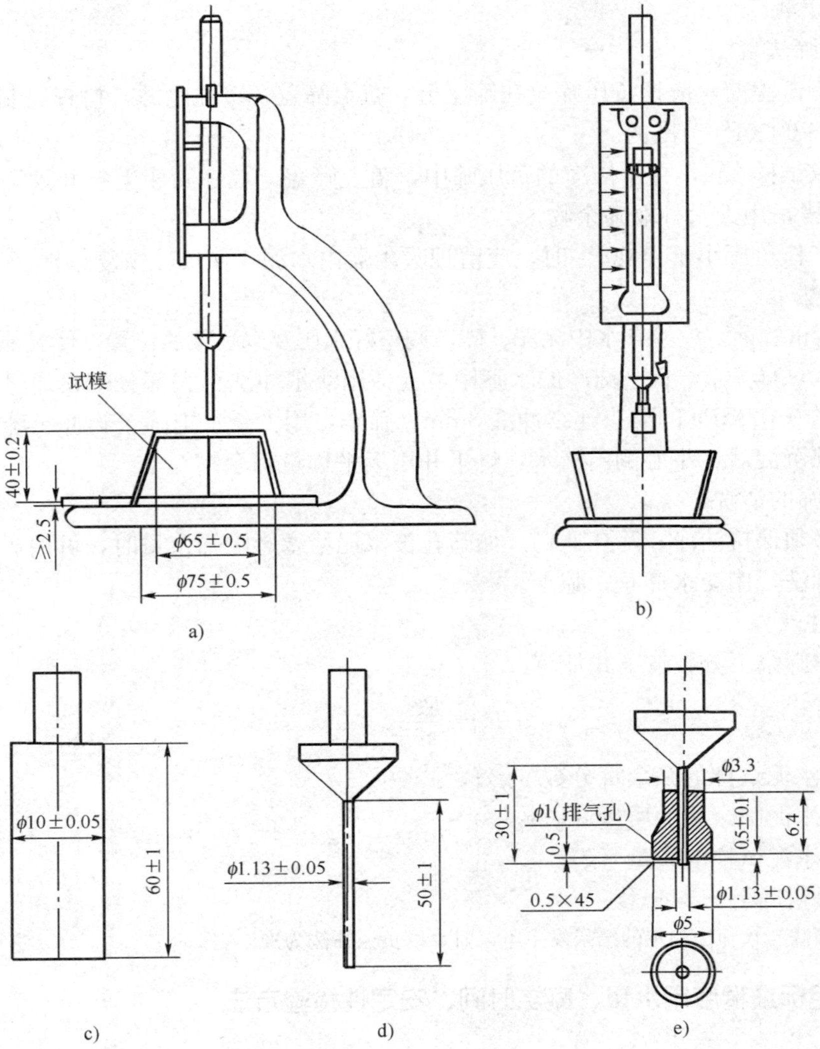

图 9-3　测定水泥标准稠度和凝结时间用的维卡仪

标准稠度测定用试杆（见图 9-3c)）有效长度为 50mm±1mm，由直径为 φ10mm±0.05mm 的圆柱形耐腐蚀金属制成。测定凝结时间时取下试杆，用试针（见图 9-3d)、e)）代替试杆。试针由钢制成，其有效长度初凝针为 50mm±1mm，终凝针为 30mm±1mm，直径为 φ1.13mm±0.05mm 的圆柱体。

（3）沸煮箱。有效容积约为 410mm×240m×310mm，篦板与加热器之间的距离大于 50mm。箱的内层由不易锈蚀的金属材料制成，能在 30min±5min 内将箱内的试验用水由室温升至沸腾并可保持沸腾状态 3h 以上，整个过程中不需补充水量。

（4）雷氏夹。由铜质材料制成，其结构如图 9-4 所示。当一根指针的根部先悬挂在一根金属丝或尼龙丝上，另一根指针的根部再挂上 300g 质量的砝码时，两根指针的针尖距离增加应在17.5mm±2.5mm范围之内，即$2x$=17.5mm±2.5mm（见图9-5），当去掉砝码后针尖的距离能恢复至挂砝码前的状态。

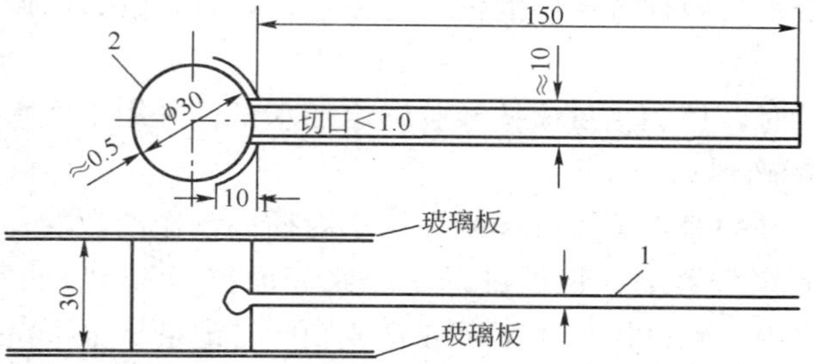

图9-4　雷氏夹（尺寸单位：mm）
1-指针；2-环模

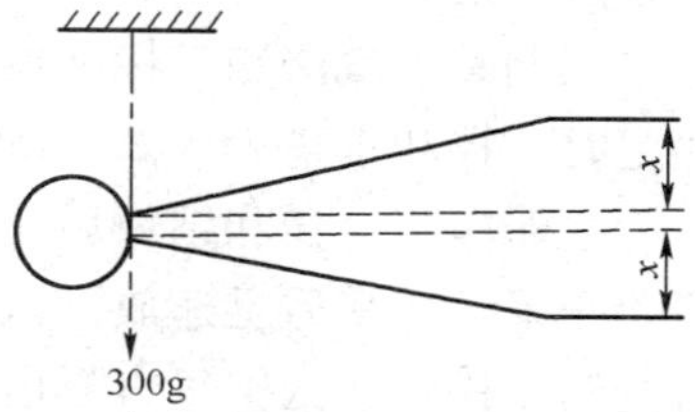

图9-5　雷氏夹受力示意图

（5）雷氏夹膨胀值测定仪

如图9-6所示，标尺最小刻度为0.5mm。

（6）量水器

最小刻度0.1mL，精度1%。

（7）天平

最大称量不小于1000g，分度值不大于1g。

3. 试验步骤

水泥试样应充分拌匀，通过0.9mm方孔筛并记录筛余物情况，但要防止过筛混进其他水泥。

实验室的温度为20℃±2℃，相对温度大于50%。

1）标准稠度用水量试验

（1）水泥净浆拌制

水泥净浆用水泥净浆搅拌机搅拌，搅拌锅和搅拌叶片先用湿棉布擦过，将拌和水倒入搅拌锅内，然后在5～10s内小心将称好的500g水泥加入水中；拌和时，先将锅放在搅拌机的锅座上，升至搅拌位置，启动搅拌机，低速搅拌120s，停拌15s，同时将叶片和锅壁上的水泥浆刮入锅中间，接着高速搅拌120s停机。

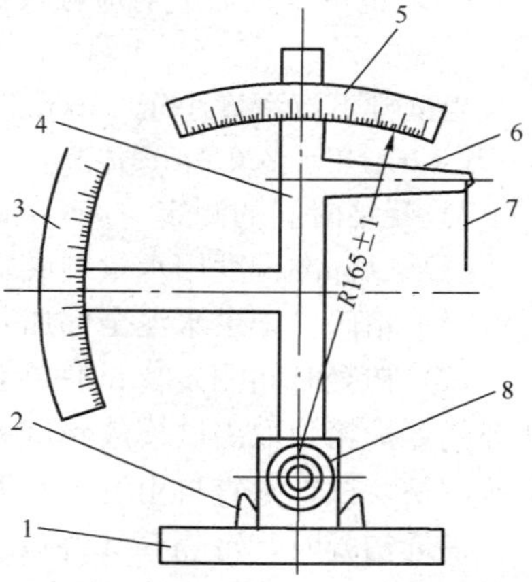

图9-6　雷氏夹膨胀值测定仪
1-底座；2-模子座；3-测弹性标尺；4-立柱；5-测膨胀值标尺；6-悬臂；7-悬丝；8-弹簧顶扭

（2）标准稠度用水量的测定——标准法

拌和结束后，立即将拌好的水泥净浆装入已置于玻璃板上的试模内，用小刀插捣，振动数次，刮去多余净浆，抹平后迅速将试模和底板移到维卡仪上，将其中心定在试杆下，降低试杆直至与水泥净浆表面接触，拧紧螺丝1～2s后突然放松，使试杆垂直自由地沉入水泥净浆中。在试杆停止沉入或释放试杆30s时，记录试杆距底板之间的距离。提起试杆后，立刻擦净。整个操作应在搅拌后1.5min内完成。以试杆沉入净浆并距底板6mm±1mm的水泥净浆为标准稠度净浆，其拌和水量为该水泥的标准稠度用水量（P），按水泥质量的百分比计。

当试杆距玻璃板小于5mm时，应适当减水，重复水泥浆的拌制和上述过程；若距离大于 7mm 时，则应适当加水，并重复水泥浆的拌制和上述过程。

（3）标准稠度用水量的测定——代用法

标准稠度用水量可用调整水量和不变水量两种方法中的任一种测定，如有争议时以调整水量方法为准。

采用调整水量法测定标准稠度用水量时，拌和水量应按经验确定加水量；采用不变水量法测定时，拌和水量为 142.5mL，水量精确到 0.5mL。

①水泥净浆。拌和结束后，立即将拌好的净浆装入锥模内，用小刀插捣，振动数次，刮去多余净浆，抹平后迅速放到试锥下面固定位置上，将试锥降至净浆表面拧紧螺丝 1～2s，然后突然放松，让试锥垂直自由沉入净浆中，到试锥停止下沉或释放 30s 时记录试锥下沉深度。整个操作应在搅拌后 1.5min 内完成。

②调整水量法。以试锥下沉深度 28mm±2mm 时的净浆为标准稠度净浆。其拌和水量为该水泥的标准稠度用水量（P），按水泥质量的百分比计。如下沉深度超出范围需另称试样，调整水量，重新试验，直到达到 28mm±2mm 时为止。

③不变水量法。根据测得的试锥下沉深度 S（mm）按式（9-7）计算标准稠度用水量 P（%），也可从仪器上对应标尺读出。

$$P = 33.4 - 0.185S \tag{9-7}$$

当试锥下沉深度小于 13mm 时，应改用调整水量法测定。

注：试验用水必须是洁净的淡水，如有争议时，也可用蒸馏水。

2）凝结时间的测定

（1）以标准稠度用水量制成。标准稠度净浆一次装满试模，振动数次后刮平，立即放入湿汽养护箱内。记录水泥全部加入水中的时间作为凝结时间的起始时间。

（2）初凝时间测定。试件在湿气养护箱中养护至加水后 30min 时，进行第一次测定。从湿气养护箱中取出试模放到试针下，降低试针与水泥净浆表面接触，拧紧螺丝，1～2s 后突然放松，试针垂直自由沉入水泥净浆，观察试针停止下沉或释放试针 30s 时指针读数。

临近初凝时，每隔 5mm 测定一次。当试针沉至距底板 4mm±1mm 时，为水泥达到初凝状态；以水泥全部加入水中至初凝状态的时间为水泥的初凝时间，用“min”表示。

（3）终凝时间测定。为了准确观测试针沉入的状况，在终凝针上安装了一个环形附件（见图 9-3e））。在完成初凝时间测定后，立即将试模连同浆体以平移的方式从玻璃板取下，翻转 180°，直径大端向上，小端向下放在玻璃板上，再放入湿气养护箱中继续养护。

临近终凝时间每隔 15min 测定一次，当试针沉入试体 0.5mm 时，即环形附件开始不能在试体上留下痕迹时，为水泥达到终凝状态，以水泥全部加入水中至终凝状态的时间为水泥的终凝时间，用“min”表示。

（4）临近初凝时，每隔 5min 测定一次，临近终凝时每隔 15min 测定一次，到达初凝和终凝状态时应立即重复测一次，当两次结论相同时才能定为到达初凝和终凝状态。

注：可以使用能得出与标准中规定方法相同结果的凝结时间自动测定仪，使用时不必翻转试体。

3）安定性的测定

（1）标准法（雷氏法）

①雷氏夹试件的成型。将预先准备好的雷氏夹放在已稍擦油的玻璃上，并立即将已制好

的标准稠度净浆一次装满雷氏夹。装浆时一只手轻轻扶持雷氏夹，另一只手用宽约 10mm 的小刀插捣 15 次左右，然后抹平，盖上稍涂油的玻璃板，接着立刻将试件移至湿气养护箱内养护 24h±2h。

②沸煮。调整好沸煮箱内的水位，使之在整个沸煮过程中都能没过试件，不需中途添补试验用水，同时保证水在 30min±5min 内能沸腾。

脱去玻璃板取下试件，先测量试件指针尖端间的距离（A），精确到 0.5mm，接着将试件放入沸煮箱水中的试件架上，指针朝上，试件之间互不交叉，然后在 30min±5min 内加热水至沸腾，并恒沸 3h±5min。

③结果判别。沸煮结束后，取出试件进行判别。测量试件指针尖端间的距离（C），精确至 0.5mm，当两个试件沸煮后增加距离（$C-A$）的平均值不大于 5.0mm 时，即认为该水泥安全性合格；当两个试件的（$C-A$）值相差超过 4.0mm 时，应用同一样品立即重做一次试验。

（2）代用法（试饼法）

①试饼成型方法。将制好的净浆取出一部分，分成两等份，使之呈球形，放在预先准备好的玻璃板上，轻轻振动玻璃板并用湿布擦净的小刀由边缘向中央抹动，做成直径 70～80mm、中心厚约 10mm、边缘渐薄、表面光滑的试饼，接着将试饼放入湿气养护箱内养护 24h±2h。

②沸煮。从玻璃板取下试饼，在试饼无缺陷的情况下，将试饼放在沸煮箱的水中篦板上，然后在 30min±5min 内加热至水沸腾，并恒沸 3h±5min。

③结果评定。沸煮结束后，取出试件进行判别。目测试饼未发现裂缝，用钢直尺检查也没有弯曲（使钢直尺和试饼底部紧靠，以两者间不透光为不弯曲）的试饼为安定性合格；反之为不合格。当两个试饼判别结果有矛盾时，该水泥的安定性为不合格。

五、水泥胶砂强度检验方法（ISO 法）

1. 试验目的与适用范围

本方法适用于硅酸盐水泥、普通硅酸盐水泥、矿渣硅酸盐水泥、火山灰硅酸盐水泥、粉煤灰硅酸盐水泥和复合硅酸盐水泥、道路硅酸盐水泥以及石灰石硅酸盐水泥的抗压强度和抗折强度的检验。

2. 仪器设备

（1）胶砂搅拌机（见图 9-7）。由胶砂搅拌锅和搅拌叶片及相应的机构组成，搅拌锅和搅拌叶片作相反运动。

（2）胶砂振实台（见 9-8）。由可以跳动的台盘和凸轮等组成。台盘上有固定试模用的卡具，与模套连成一体。

（3）试模及下料漏斗。胶砂试模为同时可成型三条 40mm×40mm×160mm 棱柱体的可拆卸试模，由隔板、端板、底座、紧固装置及定位销组成。下料漏斗由漏斗和模套两部分组成。

（4）抗折试验机和抗折夹具。抗折机一般采用双杠杆的，也可采用性能符合要求的其他试验机。抗折夹具应符合（JC/T 724—1996）的要求。

（5）抗压试验机和抗压夹具。抗压试验机的吨位以 200～300kN 为宜，误差不得超过

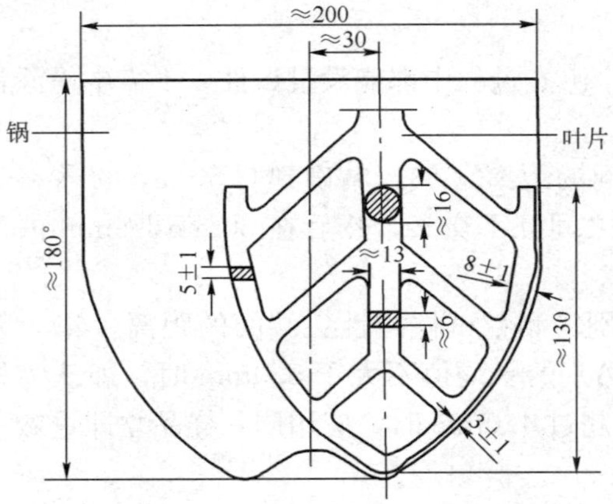

图 9-7 搅拌机（尺寸单位：mm）

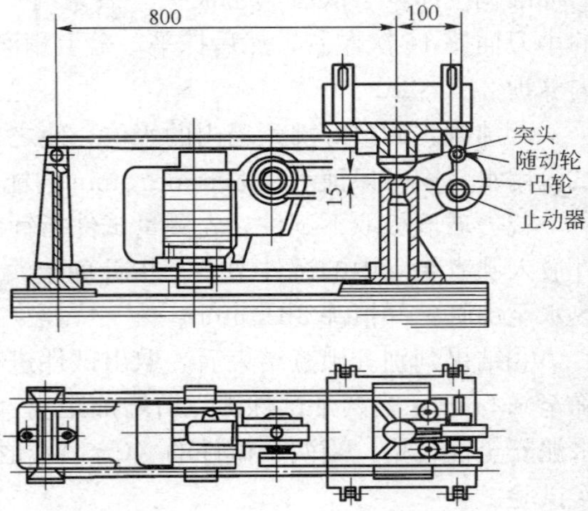

图 9-8 典型的振实台（尺寸单位：mm）

±2.1%，具有按 2400kN/s±200N/s 速率加荷的能力。抗压夹具由硬质钢材制成，上、下压板长度 40mm±0.1mm，面积为 40mm×40mm。

（6）天平：感量为 1g。

3. 试验步骤

1）试件成型

（1）成型前将试模擦净，四周的模板与底座的接触面上应涂黄油，紧密装配，防止漏浆，内壁均匀地刷一薄层机油。

（2）水泥与 ISO 砂的质量比为 1∶3，水灰比为 0.5。每成型三条试件需称量的材料及用量为：水泥 450g±2g；ISO 砂 1350g±5g；水 225mL±1mL。

（3）搅拌。把水加入锅里，再加入水泥，把锅放在固定架上，上升至固定位置，立即开动机器，低速搅拌 30s 后，在第二个 30s 开始的同时均匀的将砂子加入。当砂是分级装时，从最粗粒级开始，依次加入，把机器转至高速再拌 30s。停拌 90s，在停拌中的第一个 15s 内用一胶皮刮具将叶片和锅壁上的胶砂刮入锅中间。再高速下继续搅拌 60s。各个搅拌阶段时间偏差在±1s 以内。

（4）用振实台成型。胶砂制备后立即进行成型，将空试模和模套固定在振实台上，用一个适当勺子直接从搅拌锅里将胶砂分两层装入试模，装第一层时，每个槽里约放 300g 胶砂，用大播料器垂直架在模套顶部沿每个模槽来回一次将料层播平，接着振实 60 次。再装入第二层胶砂，用小播料器播平，再振实 60 次，移走模套，从振实台上取下试模，用一金属直尺以近似 90°的角度架在试模顶的一端，然后沿试模长度方向以横向锯割动作慢慢向另一端移动，一次将超过试模部分的胶砂刮去，并用同一直尺以近乎水平的状态下将试体表面抹平。

在试模上作标记或加字条标明试件编号和试件相对于振实台的位置。

2）养护

（1）脱模。对于 24h 龄期的应在破型试验前 20min 内脱模，对于 24h 以上龄期的，应在成型后 20～24h 之间脱模。

（2）水中养护。将做好标记的试件立即水平或竖直放在 20℃±1℃水中养护，水平放置时刮平面应朝上。试件放在不易腐烂的篦子上，并彼此间保持一定距离，让水与试件的六个面接触，养护期间试件之间间隔或试体上表面的水深不得小于 5mm。

每个养护池只养护同类型的水泥试件。最初用自来水装满养护池，随后随时加水，保持适当的恒定水位，不允许在养护期间全部换水。

3）强度试验

试体龄期是从水泥加水搅拌开始试验时算起，不同龄期强度试验在下列时间里进行。

龄期	时间
24h	24h±15min
48h	48h±30min
72h	72h±45min
7d	7d±2h
28d	28d±8d

试体从水中取出后，在强度试验前应用湿布覆盖。

（1）抗折强度试验

①将试件成型侧面朝上放入抗折试验机内，试件放入后调整夹具，使杠杆在试件折断时尽可能地接近水平位置。

②抗折试验加荷速度为 50N/s±10N/s 的速度均匀地将荷载垂直地加在棱柱体相对侧面上，直至折断，保持两个半截棱柱体处于潮湿状态直至抗压试验。

③抗折强度按下式计算：

$$R_f = \frac{1.5F_f L}{b^3} \tag{9-8}$$

式中：R_f——抗折强度（MPa）；

F_f——破坏荷载（N）；

L——支撑圆柱之间的距离（mm）；

b——棱柱体正方形截面的边长（mm）。

④抗折强度的评定。以一组三个棱柱体抗折强度结果的平均值作为试验结果。当三个强度值中有超出平均值±10%时，应剔除后再取平均值作为抗折强度试验结果。

（2）抗压强度试验

①抗折试验后的两个断块应立即进行抗压试验，抗压试验必须用抗压夹具进行，试验体受压面为试件成型时的两个侧面，面积为 40mm×40mm。试验时以半截棱柱体的侧面作为受压面，试体的底面靠近夹具定位销，并使夹具对准压力机压板中心。

②压力机加荷速度应控制在 2400N/s±200N/s 的速度均匀地加荷直至破坏。

③抗压强度按下式计算

$$R_c = \frac{F_c}{A} \tag{9-9}$$

式中：R_c——抗压强度（MPa）；

F_c——破坏时的最大荷载（N）；

A——受压部分面积（mm^2）。

④抗压强度的评定：以一组三个棱柱体上得到的六个抗压强度测定值的算术平均值作为试验结果。

如六个测定值中有一个超出六个平均值的±10%，就应剔除这个结果，而以剩下五个的平均数为结果，如果五个测定值中再有超过它们平均数±10%的，则此值结果作废。

4．试验记录（表 9-3）

水泥胶砂强度检验记录表 表 9-3

试件编号	试件龄期	抗折强度						抗压强度				水泥强度
		破坏荷载 F_f（N）	支撑圆柱间的距离 L（mm）	精柱体正方形截面边长 b（mm）		抗折强度 R_f（MPa）		破坏荷载 F_c（N）	受压面积 A（mm^2）	抗压强度 R_c（MPa）		
							平均				平均	

试验者　　　　计算者　　　　校核者　　　　试验日期　　　　年　　　　月　　　　日

第十章　水泥混凝土和建筑砂浆试验

一、水泥混凝土拌和物的拌和与现场取样方法

1. 目的和适用范围

本方法规定了在常湿环境中室内水泥混凝土拌和物的拌和与现场取样方法。

轻质水泥混凝土、防水水泥混凝土、碾压水泥混凝土等其他特种水泥混凝土的拌和与现场取样方法，可以参照本方法进行，但因其特殊性所引起的对试验设备及方法的特殊要求，均应遵照对这些水泥混凝土的有关技术规定进行。

2. 仪器设备

（1）搅拌机：自由式或强制式。

（2）振动台：标准振动台，符合《混凝土试验用振动台》的要求。

（3）磅秤：感量满足称量总量1%的磅秤。

（4）天平：感量满足称量总量0.5%的天平。

（5）其他：铁板、铁铲等。

3. 试验准备

（1）所有材料均应符合有关要求，拌和前材料应放置于温度20℃±5℃环境中。

（2）为防止粗集料的离析，可将集料按不同粒径分开，使用时再按一定比例混合。试样从抽取至试验完毕过程中，不要风吹日晒，必要时应采取保护措施。

4. 试验步骤

1）水泥混凝土拌和物的拌和

（1）拌和时保持室温20℃±5℃。

（2）拌和物的总量至少应比所需量高20%以上。拌制混凝土的材料用量应以质量计，称量的精确度：集料为±1%；水、水泥、掺合料和外加剂为±0.5%。

（3）粗集料、细集料均以干燥状态为基准，计算用水量时应扣除粗集料、细集料的含水量。

注：干燥状态是指含水率小于0.5%的细集料和含水率小于0.2%的粗集料。

（4）外加剂的加入

对于不溶于水或难溶于水且不含潮解型盐类，应先和一部分水泥拌和，以保证充分分散。对于不溶于水或难溶于水但含潮解型盐类，应先和细集料拌和。对于水溶性或液体，应先加水拌和。其他特殊外加剂，应遵守有关规定。

（5）拌制混凝土所用各种用具，如铁板、铁铲、抹刀应预先用水润湿，使用完后必须清洗干净。

（6）使用搅拌机前，应先用少量砂浆进行涮膛，再刮出涮膛砂浆，以避免正式拌和混凝土时水泥砂浆黏附筒壁的损失。涮膛砂浆的水灰比及砂灰比，应与正式的混凝土配合比相同。

（7）用搅拌机拌和时，拌和量宜为搅拌机公称容量1/4～3/4之间。

（8）搅拌机搅拌。按规定称好原材料，往搅拌机内顺序加入粗集料、细集料、水泥。开动搅拌机，将材料拌和均匀，在拌和过程中徐徐加水，全部加料时间不宜超过 2min。水全部加入后，继续拌和约 2min，而后将拌和物倾出在铁板上，再经人工翻拌 1～2min，务必使拌和物均匀一致。

（9）人工拌和。先用湿布将铁板、铁铲润湿，再将称好的砂和水泥在铁板上拌匀，加入粗集料，再混合搅拌均匀。而后将此拌和物堆成长堆，中心扒成长槽，将称好的水倒入约一半，将其与拌和物仔细拌匀，再将材料堆成长堆，扒成长槽，倒入剩余的水，继续进行拌和，来回翻拌至少 6 遍。

（10）从试样制备完毕到开始做各项性能试验不宜超过 5min（不包括成型试件）。

2）现场取样

（1）新混凝土现场取样。凡由搅拌机、料斗、运输小车以及浇制的构件中采取新拌混凝土代表性样品时，均须从三处以上的不同部位抽取大致相同分量的代表性样品（不要抽取已经离析的混凝土），集中用铁铲翻拌均匀，而后立即进行拌和物的试验。拌和物取样量应多于试验所需数量的 1.5 倍，其体积不小于 20L。

（2）为使取样具有代表性，宜采用多次采样的方法，最后集中用铁铲翻拌均匀。

（3）从第一次取样到最后一次取样不宜超过 15min。取回的混凝土拌和物应经过人工再次翻拌均匀，而后进行试验。

二、水泥混凝土拌和物稠度试验（坍落度仪法）

1. 试验目的与适用范围

坍落度是表示混凝土拌和物稠度的一种指标，本试验适用于坍落度大于 10mm，集料公称最大粒径不大于 31.5mm 的混凝土。

2. 仪器设备

（1）坍落筒：如图 10-1 所示，坍落筒为铁板制成的截头圆锥筒，坍落筒尺寸见表 10-1 所示。

坍 落 筒 尺 寸 表　　表 10-1

集料公称最大粒径（mm）	筒 的 名 称	筒的内部尺寸（mm）		
		底 面 直 径	顶 面 直 径	高　度
＜31.5	标准坍落筒	200±2	100±2	300±2

（2）捣棒：为直径 16mm，长约 650mm 并具有半球形端头的钢质圆棒。

（3）其他：小铲、木尺、小钢尺、镘刀和钢平板等。

3. 试验步骤

（1）试验前将坍落筒内外洗净，放在经水润湿过的平板上（平板吸水时应垫以塑料布），踏紧踏脚板。

（2）将代表样分三层装入筒内，每层装入高度稍大于筒高的 1/3，用捣棒在每一层的横截面上均匀插捣 25 次。插捣在全部面积上进行，沿螺旋线边缘至中心，插捣底层时插至底部，插捣其他两层时，应插透本层并插入下层约 20～30mm，插捣须垂直压下（边缘部分除外），不得冲击。

在插捣顶层时，装入的混凝土应高出坍落筒，随插捣过程随时添加拌和物，当顶层插捣完毕后，将捣棒用锯和滚的动作，以清除掉多余的混凝土，用镘刀抹平筒口，刮净筒底周围的拌和物，而后立即垂直地提起坍落筒，提筒在 5～10s 内完成，并使混凝土不受横向及扭力作用。

从开始装筒至提起坍落筒的全过程，应在 150s 内完成。

（3）将坍落筒放在锥体混凝土试样一旁，筒顶平放木尺，用小钢尺量出木尺底面至试样顶面最高点的垂直距离，即为该混凝土拌和物的坍落度，精确至 1mm，如图 10-2 所示。

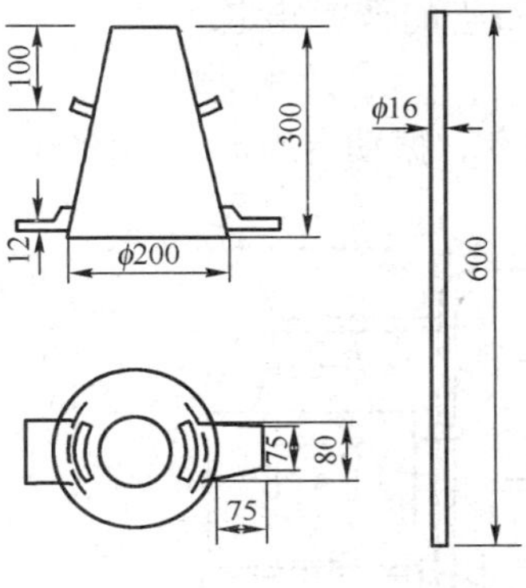

图 10-1 坍落筒及捣棒（尺寸单位：mm）

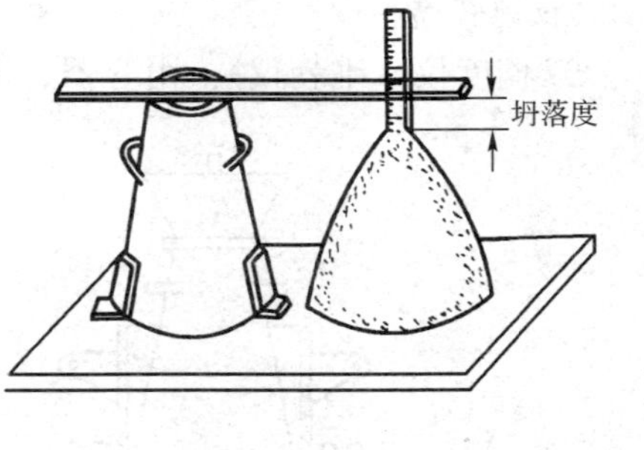

图 10-2 坍落度测定

（4）当混凝土试件的一侧发生崩坍或一边剪切破坏，则应重新取样另测。如果第二次仍发生上述情况，则表示该混凝土和易性不好，应记录。

（5）当混凝土拌和物的坍落度大于 220mm 时，用钢尺测量混凝土扩展后最终的最大直径和最小直径，在这两个直径之差小于 50mm 的条件下，用其算术平均值作为坍落扩展度值；否则，此次试验无效。

（6）坍落度试验同时，可用目测方法评定混凝土拌和物的下列性质，并记在记录上。

①棍度。按插捣混凝土拌和物时难易程度评定，分“上”、“中”、“下”三级：

“上”：表示插捣容易；

“中”：表示插捣时稍有石子阻滞的感觉；

“下”：表示很难插捣。

②含砂情况。按拌和物外观含砂多少而评定，分“多”、“中”、“少”三级：

“多”：表示用镘刀抹拌和物表面时，一两次即可使拌和物表面平整无蜂窝；

“中”：表示抹五、六次才可使表面平整无蜂窝；

“少”：表示抹面困难，不易抹平，有空隙及石子外露等现象。

③黏聚性。观测拌和物各组成成分相互黏聚情况，评定方法用捣棒在已坍落的混凝土锥体一侧轻打，如锥体在轻打后渐渐下沉，表示黏聚性良好；如锥体突然倒坍，部分崩裂或发生石子离析现象，即表示黏聚性不好。

④保水性。指水分从拌和物中析出情况，分“多量”、“少量”、“无”三级评定：

“多量”：表示提起坍落筒后，有较多水分从底部析出；

“少量”：表示提起坍落筒后，有少量水分从底部析出；

"无"：表示提起坍落筒后，没有水分从底部析出。

4. 结果整理

混凝土拌和物坍落度和坍落扩展度值以 mm 为单位，测量精确至 1mm，结果修约至最接近的 5mm。

三、水泥混凝土拌和物稠度试验（维勃仪法）

1. 试验目的与适用范围

本试验用维勃时间来测定混凝土拌和物的稠度，适用于集料公称最大粒径不大于 31.5mm 的混凝土及维勃时间在 5～30s 之间的干硬性混凝土的稠度测定。

2. 仪器设备

(1) 稠度仪（维勃仪）：由容器、坍落度筒、透时圆盘、振动台组成。如图 10-3 所示。

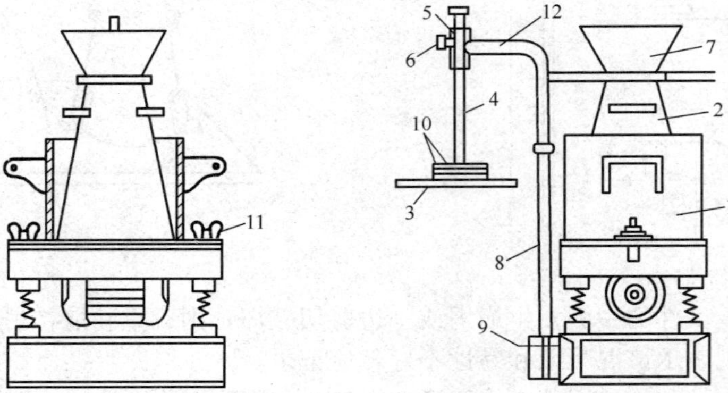

图 10-3　稠度计（维勃仪）

1-容器；2-坍落度筒；3-圆盘；4-滑杆；5-套筒；6-螺钉；7-漏斗；8-支柱；9-定位螺丝；10-荷重块；11-元宝螺母；12-旋转架

(2) 捣棒、秒表、镘刀等。

3. 试验步骤

(1) 将容器 1 用螺母固定在振动台上，放入坍落度筒 2，把漏斗 7 转动坍落筒上口，拧紧螺丝 9，使漏斗不偏离开坍落筒口。

(2) 按坍落度试验步骤，分三层装拌和物，每层捣 25 次，捣毕第三层混凝土后，拧松螺丝 6，把漏斗转回原先位置并将筒模上混凝土刮平轻轻提起筒模。

(3) 拧紧螺丝 7，使圆盘可定向地向下滑动，开动振动台并按动秒表，通过观察透明圆盘混凝土的振实情况，当圆盘底面刚为水泥浆布满时，迅速按停秒表和关闭振动台，记下秒表所记时间。

(4) 仪器每测试一次后，必须将容器、筒模及透明圆盘洗净擦干，并在滑棒等处涂薄层黄油，以备下次使用。

4. 结果整理

秒表所表示时间即为混凝土拌和物稠度的维勃时间，精确到 1s，以两次试验结果平均值为结果。

四、水泥混凝土立方体抗压强度试验

1. 试验目的与适用范围

本试验规定了测定混凝土抗压极限强度的方法，以确定混凝土的强度等级。本试验适用于各类混凝土的立方体试件。

2. 仪器设备

（1）拌和机：自由式或强制式。

（2）振动器：标准振动台。

（3）压力机或万能试验机；可以均匀地连续加荷卸荷，保持固定荷载，能够满足试件破型吨位要求。

（4）球座：钢质坚硬，凸面朝上，当试件均匀受力后，一般不宜再敲动球座。

（5）试模：由铸铁或钢制成，试件尺寸（试模内部尺寸）见表 10-2。

立方体抗压强度试件尺寸　　表 10-2

集料公称量大粒径（mm）	试件尺寸（mm）	备注	集料公称量大粒径（mm）	试件尺寸（mm）	备注
31.5	150×150×150	标准尺寸	53	200×200×200	非标准尺寸
26.5	100×100×100	非标准尺寸			

3. 试验准备

（1）混凝土抗压强度试件以边长 150mm 的正立方体为标准试件，其集料公称最大粒径为 31.5mm。

（2）混凝土抗压强度采用非标准试件时，其集料粒径应符合表 10-2 规定。

（3）混凝土抗压强度试件同龄期者应为一组，每组为 3 个同条件制作和养护的混凝土试块。

4. 试验步骤

（1）取出试件，先检查其尺寸及形状，相对两面应平行，表面倾斜偏差不得超过 0.5mm。量出棱边长度，精确至 1mm。试件受力截面积按其与压力机上下接触面的平均值计算。在破型前，保持试件原有湿度，在试验时擦干试件。

（2）以成型时侧面为上下受压面，试件要放在球座上，球座置于压力机中心，几何对中（指试件或球座偏离机台中心在 5mm 以内，下同）。强度等级小于 C30 的混凝土取 0.3～0.5MPa/s 的加荷速度；强度等级大于 C30 且小于 C60 时则取 0.5～0.8MPa/s 的加荷速度；强度等级大于 C60 时则取 0.8～1.0MPa/s 的加荷速度。当试件接近破坏而开始迅速变形时，应停止调整试验机油门，直至试件破坏，记下坡坏极限荷载 F（N）。

5. 结果整理

（1）混凝土立方体试件抗压强度按下式计算：

$$f_{cu} = \frac{F}{A} \tag{10-1}$$

式中：f_{cu}——混凝土抗压强度（MPa）；

F——试件破坏荷载（N）；

A——受压面积（mm^2）。

（2）以三个试件测值的算术平均值为测定值。三个测值中的最大值和最小值中如有一个与中间值的差值超过中间值的15%时，则把最大值和最小值一并舍除，取中间值为结果；如最大值和最小值与中间值的差值均超过中间值的15%，则该组试验结果无效。

混凝土强度等级小于C60时，非标准试件的抗压强度应乘以尺寸换算系数（表10-3），并应在报告中注明。当混凝土强度大于等于C60时，宜用标准试件。使用非标准试件，换算系数由试验确定。

立方体抗压强度尺寸换算系数表　　表10-3

试件尺寸（mm）	尺寸换算系数（mm）	试件尺寸（mm）	尺寸换算系数（mm）
100×100×100	0.95	200×200×200	1.05

计算结果精解至0.1MPa。

五、水泥混凝土抗弯拉强度试验

1. 试验目的与适用范围

本方法规定了测定水泥混凝土抗弯拉极限强度的方法，以提供设计参数，检查水泥混凝土施工品质和确定抗弯拉弹性模量试验加荷标准。

本方法适用于各类水泥混凝土棱柱体试件。

2. 仪器设备

(1) 压力机或万能试验机：应符合相应的规定。

(2) 抗弯拉试验装置（即三分点处双点加荷和三点自由支承式混凝土抗弯拉强度与抗弯拉弹性模量试验装置）：如图10-4所示。

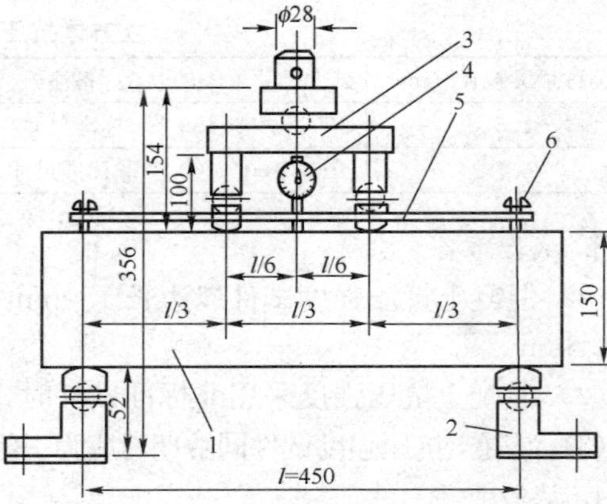

图10-4　水泥混凝土抗弯拉强度和抗弯拉模量试验装置图（尺寸单位：mm）

1-试件；2-支座；3-加荷支座；4-千分表；5-千分表架；6-螺杆

3. 试验准备

(1) 试件尺寸应符合表10-4的规定，同时在试件长向中部1/3区段内表面下得有直径超过5mm、深度超过2mm的孔洞。

抗弯拉强度试件尺寸　　表10-4

集料公称最大粒径（mm）	试件尺寸（mm）	备　注
31.5	150×150×550	标准尺寸
	150×150×600	标准尺寸
26.5	100×100×400	非标准尺寸

(2) 混凝土抗弯拉强度试件应取同龄期者为一组，每组3根同条件制作和养护的试件。

4. 试验步骤

(1) 试件取出后，用湿毛巾覆盖并及时进行试验，保持试件干湿状态不变。在试件中部量出其宽度和高度，精确至1mm。

(2) 调整两个可移动支座，将试件安放在支座上，试件成型时的侧面朝上，几何对中后，务必使支座及承压面与活动船形垫块的接触面平稳、均匀，否则应垫平。

(3) 加荷时，应保持均匀、连续。当混凝土的强度等级小于 C30 时，加荷速度为 0.02～0.05MPa/s；当混凝土的强度等级大于等于 C30 且小于 C60 时，加荷速度为 0.05～0.08MPa/s；当混凝土的强度等级大于等于 C60 时，加荷速度为 0.08～0.10MPa/s。当试件接近破坏而开始迅速变形时，不得调整试验机油门，直至试件破坏，记下破坏极限荷载 F（N）。

(4) 记录下最大荷载和试件下边缘断裂的位置。

5. 结果整理

(1) 当断面发生在两个加荷点之间时，抗弯拉强度

$$f_f = \frac{FL}{bh^2} \tag{10-2}$$

式中：f_f——抗弯拉强度（MPa）；

F——极限荷载（N）；

L——支座间距离（mm）；

b——试件宽度（mm）；

h——试件高度（mm）。

(2) 以 3 个试件测值的算术平均值为测定值。3 个试件中最大值或最小值中如有一个与中间值之差超过中间值的 15%，则把最大值和最小值舍去，以中间值作为试件的抗弯拉强度；如最大值和最小值与中间值之差值均超过中间值 15%，则该组试验结果无效。

3 个试件中如有一个断裂面位于加荷点外侧，则混凝土抗弯拉强度按另外两个试件的试验结果计算。如果这两个测值的差值不大于这两个测值中较小值的 15%，则以两个测值的平均值为测试结果，否则结果无效。

如果有两根试件均出现断裂面位于加荷点外侧，则该组结果无效。

注：断面位置在试件断块短边一侧的底面中轴线上量得。

抗弯拉强度计算精确到 0.01MPa。

(3) 采用 100mm×100mm×400mm 非标准试件时，在三分点加荷的试验方法同前，但所得的抗弯拉强度值应乘以尺寸换算系数 0.85。当混凝土强度等级大于等于 C60 时，应采用标准试件。

六、水泥砂浆立方体抗压强度试验方法

1. 试验目的与适用范围

本试验规定了测定水泥砂浆抗压极限强度的方法，以确定水泥砂浆的强度等级，作为评定水泥砂浆品质的主要指标。

本试验适用于各类水泥砂浆的 70.7mm×70.7mm×70.7mm 立方体试件。

2. 仪器设备

(1) 试模为 70.7mm×70.7mm×70.7mm 立方体，由铸铁或钢制成，应具有足够的刚度并拆装方便。试模的内表面应机械加工，其不平度应为每 100mm 不超过 0.05mm，组装后各相邻面的不垂直度不应超过±0.5°。

(2) 捣棒：直径 10mm、长 350mm 的钢棒，端部应磨圆。

（3）压力试验机：符合 JG/T 3020 中压力机的要求。

（4）垫板：试验机上、下压板及试件之间可垫以钢垫板，垫板的尺寸应大于试件的承压面，其不平度应为每 100mm 不超过 0.02mm。

3. 试件制备及养护

（1）制作砌筑砂浆试件时，将无底试模放在普通黏土砖上（砖的吸水率不小于 10%，含水率不大于 2%），试模内壁事先涂刷薄层机油或脱模剂。

（2）使用前预先在普通黏土砖上铺上吸水性较好的纸，如湿的新闻纸（或其他未黏过胶凝材料的纸），纸的大小要以能盖过砖的四边为准。砖的使用面要求平整，凡砖四个垂直面黏过水泥或其他胶结材料后，不允许再使用。

（3）向试模内一次注满砂浆，用捣棒均匀由外向里按螺旋方向插捣 25 次，为了防止低稠度砂浆插捣后可能留下孔洞，允许用油灰刀沿模壁插数次，使砂浆高出试模顶面 6～8mm。

（4）当砂浆表面开始出现麻斑状态时（约 15～30min），将高出部分的砂浆沿试模顶面削去抹平。

（5）试件制作后应在 20℃±5℃温度环境下放置一昼夜（24h±2h），当气温较低时，可适当延长时间，但不应超过两昼夜，然后对试件进行编号并拆模。试件拆模后，应在标准养护条件下继续养护至 28d，然后进行试压。

（6）标准养护的条件

①水泥混合砂浆：标准养护的条件为温度 20℃±2℃，相对湿度 60%～80%。

②水泥砂浆和微沫砂浆：标准养护的条件为温度 20℃±2℃，相对湿度 90%以上。

③养护期间，试件彼此间隔 10mm 以上。

4. 试验步骤

（1）试件从养护地点取出后，应尽快进行试验，以免试件内部的温、湿度发生显著变化。先将试件擦拭干净，测量尺寸，并检查其外观。试件尺寸测量精确至 1mm，如果实测尺寸与公称尺寸之差不超过 1mm，按公称尺寸进行计算。

（2）将试件安放在试验机的下压板上（或下垫板上），试件的承压面应与成型时的顶面垂直，试件中心应与试验机下压板（或下垫板）中心对准。

开动试验机，当上压板与试件（或下垫板）接近时，调整球座，使接触面均衡受压。承压试验应连续而均匀加荷，加荷速度为 0.5～5kN/s（砂浆强度 5MPa 及 5MPa 以下时，取下限为宜，砂浆强度 5MPa 以上取上限为宜），保持试验机油门，直至试件破坏。

5. 试验结果计算

（1）立方体抗压强度

$$f_{m,cu}=\frac{F_u}{A} \tag{10-3}$$

式中：$f_{m,cu}$——砂浆立方体抗压强度（MPa）；

F_u——破坏荷载（N）；

A——试件承压面积（mm^2）。

（2）结果处理

以 6 个试件的算术平均值作为该组试件的抗压强度，精确至 0.1MPa。

第十一章　沥青材料试验

一、概述

1. 主要试验项目

沥青是一种在常温下呈固体、半固体或液体状的、黑褐色的有机胶结剂，它由及其复杂的碳氢化合物所组成。沥青具有良好的黏结性、不透水性、耐化学腐蚀性及气候稳定性，用沥青铺筑的路面具有良好的力学性能，广泛应用于公路与桥梁工程中。为保证沥青在使用中的性质，必须对沥青的三大技术指标针入度、延度、软化点进行检验。同时，沥青材料其他试验项目还有沥青黏滞度、密度试验，沥青加热损失试验，沥青闪燃点、脆点试验，沥青含水量、黏附性试验等。

2. 沥青材料的取样方法

在生产厂、储存或交货验收地点为检查沥青产品质量应当采集具有代表性的样品。

（1）沥青性质常规检验取样数量规定为：黏稠或固体沥青不少于 1.5kg，液体沥青不少于 1L，沥青乳液不少于 4L。进行沥青性质的非常规检验及沥青混合料性质试验所需沥青的数量，根据实际需要确定。

（2）从无搅拌设备的储油罐中取样

①液体沥青或经加热变成流体的黏稠沥青取样时，应先关闭进油阀和出油阀，然后取样。

②用取样器按液面上、中、下位置（液面高各为 1/3 等分处，但距罐底不得低于总液面高度的 1/6）各取规定数量样品。每层取样后，取样器应尽可能倒净。当储油罐过深时，亦可在流出口按不同流出深度分三次取样。

③将取出的三个样品充分混合后取规定数量样品作为试样，样品也可分别进行检验。

（3）从有搅拌设备的储油罐中取样时，应将液体沥青或经加热已变成流体的黏稠沥青充分搅拌后，用取样器从沥青层的中部取规定数量试样。

（4）从槽车、罐车、沥青洒布车中取样

①设有取样阀时，可旋开取样阀，待流出至少 4kg 或 4L 后再取样。

②仅有放样阀时，待放出全部沥青的一半时再取样。

③从顶盖处取样，可用取样器从中部取样。

（5）在装料或卸料过程中取样时，要按时间间隔均匀地取至少三个规定数量样品，然后将这些样品充分混合后取规定数量样品作为试样。样品也可分别进行检验。

（6）从沥青储存池中取样时，沥青应加热熔化后经管道或沥青泵流至沥青加热锅之后取样。分间隔每锅至少取三个样品，然后将这些样品充分混匀后再取规定数量作为试样，样品也可分别进行检验。

（7）从沥青桶中取样

①当能确认是同一批生产的产品时，可随机取样。如不能确认是同一批生产的产品时，应根据桶数按照表11-1规定或按总桶数的立方根数随机选出沥青桶数。

选取沥青样品桶数　　表11-1

沥青桶总数	选取桶数	沥青桶总数	选取桶数
2～8	2	217～343	7
9～27	3	344～512	8
28～64	4	513～729	9
65～125	5	730～1000	10
126～216	6	1001～1331	11

②将沥青桶加热全部熔化成流体后，按罐车取样方法取样。每个样品的数量，以充分混合后能满足供检验用样品的规定数量要求为限。

③若沥青桶不便熔化时，亦可在桶高的中部将桶凿开取样，但样品应在距桶壁5cm以上的内部凿取，并采取措施防止样品散落地面沾有尘土。

（8）固体沥青取样时，从桶、袋、箱装或散装整块中取样，应在表面以下及容器侧面以内至少5cm处采取。如沥青能够打碎，可用一个干净的工具将沥青打碎后取中间部分试样；若沥青是软塑的，则用一个干净的热工具切割取样。

（9）试样的保护与存放

①试样应存放在阴凉干净处，注意防止试样污染。装有试样的盛样器应加盖、密封，外部擦拭干净，并在其上标明试样来源、品种、取样日期、地点及取样人。

②冬季乳化沥青试样要注意采取妥善防冻措施。

③除试样的一部分用于检验外，其余试样应妥善保存备用。

④试样需加热采取时，应一次取够一批试验所需的数量装入另一盛样器，其余试样密封保存，应尽量减少重复加热取样。用于质量仲裁检验的样品，重复加热的次数不得超过两次。

3. 沥青试样准备方法

（1）热沥青试样准备

①将装有试样的盛样器带盖放入恒温烘箱中，烘箱温度80℃左右，加热至沥青全部熔化。

②将盛样器皿放在有石棉垫的炉具上缓慢加热，时间不超过30min，并用玻璃棒轻轻搅拌，防止局部过热。在沥青温度不超过100℃的条件下，仔细脱水至无泡沫为止，最后的加热温度不超过软化点以上100℃（石油沥青）或50℃（煤沥青）。

③将盛样器中的沥青通过0.6mm的滤筛过滤，分装入擦拭干净并干燥的一个或数个沥青盛样器中，数量应满足一批试验项目所需的沥青样品并有富余。

④将准备好的沥青一次灌入各项试验的模具中。灌模时如温度下降可适当加热，试样冷却后反复加温的次数不得超过2次，以防沥青老化影响试验结果。

⑤灌模剩余的沥青应立即清洗干净，不得重复使用。

（2）乳化沥青试样准备

①将规范规定取好乳化沥青的盛样器适当晃动使试样上下均匀，试样数量较少时，宜将盛样器上下倒置数次，使上下均匀。

②将试样倒出要求数量，装入盛样器皿或烧杯中，供试验使用

③当乳化沥青在试验室自行配制时，可按下列步骤进行：

a. 按上述方法准备热沥青试样。

b. 根据所需制备的沥青乳液质量及沥青、乳化剂、水的比例计算各种材料的数量。

④称取所需的乳化剂放入1000mL烧杯中。

⑤向盛有乳化剂的烧杯中加入所需的水（扣除乳化剂中所含水的质量）。

⑥将烧杯放到电炉上加热并不断搅拌，直到乳化剂完全溶解，如需调节pH值时可加入适量的外加剂，将溶液加热到40～60℃。

⑦在容器中称取准备好的沥青并加热到120～150℃。

⑧开动乳化机，用热水先把乳化机预热几分钟，然后把热水排净。

⑨将预热的乳化剂倒入乳化机中，随即将预热的沥青徐徐倒入，待全部沥青乳液在机中循环1min后放出，进行各项试验或密封保存。

4. 验收规则

石油沥青交货验收，其质量按国家标准执行。发货单位根据所发出产品采样化验结果判断质量，如合格则发出产品质量合格证。收货单位有权抽查产品质量，如发现产品不符合质量标准，可提出复验保留样品意见，以保留样品的分析结果为仲裁根据。

石油沥青在交接验收和交接后的转运或储存中，因质量产生意见分歧时，按规定留样0.5kg作为仲裁检验凭证。留样的容器必须清洁、干燥，标签上写明生产厂的名称和发货单位、样品名称、批号、质量合格证明号码、采样地点、日期、编号及采样者的姓名。

在仲裁检验产品质量时，要进行重复性和再现性试验。重复性试验是指在短期内，在同一试验室，由同一试验人员，采用同一仪器，对同一试样完成两次以上的试验操作，所得试验结果的误差应不超过规定的允许差；再现性试验是指在两个以上不同的试验室，由各自的试验人员，采用各自的仪器，按相同的试验方法对同一试样，分别完成试验操作，所得试验结果之间的误差，亦不应超过规定的允许差；重复性与再现性试验的允许值和作为一次试验取2～3个平行试验的差值的含义不同，它是多次试验的结果，即平均值之间的允许差。重复性试验是对试验人员的操作水平、取样代表性的检验，再现性则同时检验仪器设备的性能，通过这两类试验可检验试验结果的法定效果，如试验不符合精度要求时，试验结果即属无效。

二、沥青的针入度、延度、软化点试验

（一）沥青针入度试验

1. 试验目的

沥青针入度是在规定温度（25℃）和规定时间（5s）内，附加一定质量的标准针（100g）垂直贯入沥青试样中的深度，以0.10mm计，用它来表征沥青材料的性质并作为控制施工质量的依据。

2. 试验仪器设备

（1）针入度仪：凡能保证针和针连杆在无明显摩擦下垂直运动，并能指示针贯入深度准确至 0.01mm 的仪器均可使用。它的组成部分有拉杆、刻度盘、按钮、针连杆组合件，总质量 100g±0.05g。调节试样高度的升降操作机件，调节针入度仪水平的螺旋，可自由转动调节距离的悬臂。

当为自动针入度仪时，其基本要求相同，但应附有对计时装置的校正检验方法，以经常校验。

（2）标准针：由硬化回火的不锈钢制成，洛氏硬度 HRC54～60，针及针杆总质量 2.5g±0.05g，针杆上打印有号码标志，应对针妥善保管，防止碰撞针尖，使用过程中应当经常检验，并附有计量部门的检验单。

（3）盛样皿：金属制的圆柱形平底容器。小盛样皿的内径 55mm，深 35mm（适用于针入度小于 200）；大盛样皿的内径 70mm，深 45mm（适用于针入度 200～350）；对针入度大于 350 的试样需使用特殊盛样皿，其深度不小于 60mm，试样体积不少于 125mL。

（4）恒温水浴：容量不少于 10L，控制温度±0.1℃。水中应备有一带孔的搁板（台），位于水面下不少于 100mm，距水浴底不少于 50mm 处。

（5）平底玻璃皿：容量不少于 1L，深度不少于 80mm。内设有一不锈钢三脚支架，能使盛样皿稳定。

（6）温度计：0～50℃，分度 0.1℃。

（7）盛样皿盖：平板玻璃，直径不小于盛样皿开口尺寸。

（8）其他：秒表、三氯乙烯、电炉或砂浴、石棉网、金属锅或瓷把坩锅铁夹等。

3. 试验步骤

（1）将试样放在放有石棉垫的炉具上缓慢加热，时间不超过 30min，用玻璃棒轻轻搅拌，防止局部过热。加热脱水温度，石油沥青不超过软化点以上 100℃，煤沥青不超过软化点以上 50℃。沥青脱水后通过 0.6mm 滤筛过筛。

（2）试样注入盛样皿中，高度应超过预计针入度值 10mm，盖上盛样皿盖，防止落入灰尘。在 15～30℃室温中冷却 1～1.5h（小盛样皿）、1.5～2h（大盛样皿）、或者 2～2.5h（特殊盛样皿）后，再移入保持规定试验温度±0.1℃的恒温水浴中恒温 1～1.5h（小盛样皿）、1.5～2h（大盛样皿）、或者 2～2.5h（特殊盛样皿）。

（3）调整针入度仪使之水平。检查针连杆和导轨应无明显摩擦，用三氯乙烯清洗标准针并擦干，将标准针插入针连杆后用螺丝固紧。

（4）取出恒温后的试件，将试件移入平底玻璃皿中的三脚架上，平底玻璃皿中水温应保持在 25℃±1℃范围。试样表面以上的水层深度不少于 10mm。

（5）将平底玻璃皿置于针入度仪平台上，慢慢放下针连杆，仔细观察，使针尖恰好与试样表面接触。拉下刻度盘拉杆使与针连杆顶端轻轻接触，调节刻度盘指针指示为零。

（6）开动秒表，在指针正指 5s 的瞬间，用手紧压按钮，使标准针自动下落贯入试样，经过规定时间 5s，停压按钮使针停止下落，拉下刻度盘拉杆与针连杆顶端接触，读取刻度盘指针的读数，即为针入度，精确至 0.5（0.1mm）。当采用自动针入度仪测定时，计时与标准针落下贯入试样同时开始，至 5s 时自动停止。

（7）每次试验后，应换一根干净标准针或将标准针取下，用蘸有三氯乙烯溶剂的棉花或布揩净，再用干棉花或布擦干。将盛有试样皿的平底玻璃皿放入恒温水浴，使平底玻璃皿中水温保持试验温度。测针入度大于200的沥青试样时，至少用3支标准针，每次试验后将针留在试样中，直至3次平行试验完成后，才能将标准针取出。

4. 试验结果与数据整理

同一试样进行三次平行试验，结果的最大值和最小值应在允许偏差范围内（表11-2），以三次结果的平均值作为针入度试验结果。取至整数作为针入度试验结果，以0.1mm为单位。

沥青针入度试验精度要求 表11-2

针入度（0.1mm）	允许差值（0.1mm）	针入度（0.1mm）	允许差值（0.1mm）
0～49	2	150～249	12
50～149	4	250～500	20

当试验结果小于50（0.1mm）时，重复性试验精度的允许差为2（0.1mm），再现性试验精度的允许差为4（0.1mm）。当试验结果等于或大于50（0.1mm）时，重复性试验精度的允许差为平均值的4%，再现性试验精度的允许差为平均值的8%。

5. 记录表格（表11-3）

沥青针入度试验记录表 表11-3

<table>
<tr><td colspan="4">试样编号</td><td colspan="3"></td><td colspan="3">试样来源</td><td colspan="4">工地取样</td></tr>
<tr><td colspan="4">试样名称</td><td colspan="3"></td><td colspan="3">试样用途</td><td colspan="4"></td></tr>
<tr><td rowspan="3">样品编号</td><td rowspan="3">试验温度（℃）</td><td rowspan="3">试验时间（s）</td><td rowspan="3">试验荷重（g）</td><td colspan="10">指针度盘读数</td></tr>
<tr><td colspan="3">第一次</td><td colspan="3">第二次</td><td colspan="3">第三次</td><td rowspan="2">针入度</td></tr>
<tr><td>标准针刺入样品前</td><td>标准针刺入样品后</td><td>针入度</td><td>标准针刺入样品前</td><td>标准针刺入样品后</td><td>针入度</td><td>标准针刺入样品前</td><td>标准针刺入样品后</td><td>针入度</td></tr>
<tr><td>①</td><td>②</td><td>③</td><td>④</td><td>⑤</td><td>⑥</td><td>⑦</td><td>⑧</td><td>⑨</td><td>⑩</td><td>⑪</td><td>⑫</td><td>⑬</td><td>⑭</td></tr>
<tr><td>1</td><td></td><td></td><td></td><td></td><td></td><td></td><td></td><td></td><td></td><td></td><td></td><td></td><td></td></tr>
<tr><td>2</td><td></td><td></td><td></td><td></td><td></td><td></td><td></td><td></td><td></td><td></td><td></td><td></td><td></td></tr>
<tr><td>3</td><td></td><td></td><td></td><td></td><td></td><td></td><td></td><td></td><td></td><td></td><td></td><td></td><td></td></tr>
</table>

试验者 计算者 校核者 试验日期 年 月 日

6. 试验中注意的问题

（1）根据沥青的标号选择盛样皿，试样深度应大于预计穿入深度10mm。不同的盛样皿其在恒温水浴中的恒温时间不同。

（2）测定针入度时，水温应当控制在25℃±0.1℃范围内，试样表面以上的水层高度不小于10mm。

（3）测定时针尖应刚好与试样表面接触，必要时用放置在合适位置的光源反射来观察。使活杆与针连杆顶端相接触，调节针入度刻度盘使指针为零。

(4) 在3次重复测定时，各测定点之间及测定点与试样皿边缘之间的距离不应小于10mm。

(5) 三次平行试验结果的最大值与最小值应在规定的允许差值范围内，若超过规定差值试验应重做。

(二) 沥青延度试验

1. 试验目的

沥青延度是规定形状（∞字形）的试样在规定温度（25℃）条件下以规定拉伸速度（5cm/min）拉至断开时的长度，以cm表示。本方法适用于测定道路石油沥青的延度。

2. 仪器设备

(1) 延度仪：将试件浸没于水中，能保持规定的试验温度及按照规定拉伸速度拉伸试件，在试验时无明显振动的延度仪均可使用。

(2) 延度试模：黄铜制，由试模底板、两个端模和两个侧模组成，延度试模可从试模底板上取下。

(3) 恒温水浴：容量不少于10L，控温精度±0.1℃，水浴中设有带孔搁架，搁架距底不少于50mm，试件浸入水中深度不小于100mm。

(4) 甘油滑石粉隔离剂（甘油与滑石粉的质量比2∶1）。

(5) 其他：酒精灯、平刮刀、温度计、石棉网、食盐、酒精。

3. 试验步骤

(1) 用滑石粉和适量甘油拌和均匀，制成2∶1的甘油滑石粉隔离剂。将隔离剂涂于清洁干燥的试模底板和两个侧模的内侧表面。涂好后将试模在试模底板上装妥，拧紧螺丝固定。

(2) 将加热脱水的沥青试样，通过0.6mm筛过滤，将试样仔细从试模的一端至另一端往返数次缓缓注入模中，略高出试模，注模时应勿使气泡混入。

(3) 将试件移入防尘罩中，在室温条件下冷却30～40min，然后置于规定试验温度（25℃）的恒温水浴中，保温30min。保温后，取出试件。点燃酒精灯将小刀烤热。用热刀刮除高出试模的沥青，使沥青面与试模面齐平。刮除方法应自试模的中间刮向两端，表面应刮得平滑。刮完后，将试模连同底板再浸入规定试验温度（25℃）的水浴中，保温1～1.5h。

(4) 向延度仪水槽注水，保持水温达试验温度（25℃±0.5℃），并检查延度仪的运转情况。

(5) 将保温后的试件连同底板移入延度仪的水槽中。将盛有试样的试模从底板上取下，并取下侧模。将试模两端的孔分别套在滑板及槽端固定板的金属柱上，水面距试件表面不小于25mm。

(6) 开动延度仪，拉伸速度为5cm/min±0.25cm/min。在试验过程中，水温应始终保持在试验温度25℃规定范围内，仪器不得有振动，水面不得有晃动。在试验中，如发现沥青浮于水面或沉入槽底，应在水中加入酒精或加入食盐，调整水的密度至与试样接近后重新试验。

(7) 试样拉断后，读取指针所指标尺上的读数，以cm表示，即为沥青的延度。在正常情况下，拉断时实际断面接近于零。不能得到这种结果，应在报告中注明。

4. 试验结果与数据整理

同一试样，每次平行试验不少于三个。如三个测定结果均大于 100cm，试验结果记作＞100cm。如三个测定结果中，有一个以上的测定值小于 100cm 时，若最大值或最小值与平均值之差满足重复性试验精度要求，取三个测定结果的平均值的整数为延度试验结果。若最大值或最小值之差不符合重复性试验精度要求时，试验应重新进行。

当试验结果小于 100cm 时，重复性试验精度的允许差为平均值的 20%，再现性试验精度的允许差为平均值的 30%。

5. 记录表格（表 11-4）

沥青延度试验记录表　　表 11-4

<table>
<tr><td colspan="2">试样编号</td><td colspan="2"></td><td colspan="2">试样来源</td><td colspan="2"></td></tr>
<tr><td colspan="2">试样名称</td><td colspan="2"></td><td colspan="2">试样用途</td><td colspan="2"></td></tr>
<tr><td rowspan="2">样品编号</td><td rowspan="2">试验温度</td><td rowspan="2">试验速度
(cm/min)</td><td colspan="4">延度（cm）</td><td rowspan="2">拉伸情况描述</td></tr>
<tr><td>试件 1</td><td>试件 2</td><td>试件 3</td><td>平均值</td></tr>
<tr><td>①</td><td>②</td><td>③</td><td>④</td><td>⑤</td><td>⑥</td><td>⑦</td><td>⑧</td></tr>
<tr><td>1</td><td></td><td></td><td></td><td></td><td></td><td></td><td rowspan="3"></td></tr>
<tr><td>2</td><td></td><td></td><td></td><td></td><td></td><td></td></tr>
<tr><td>3</td><td></td><td></td><td></td><td></td><td></td><td></td></tr>
</table>

试验者　　　　　　计算者　　　　　　校核者　　　　　　试验日期　　　　年　　月　　日

6. 试验中注意的问题

（1）按照规定方法制作延度试件，应当满足试件在空气中冷却和在水浴中保温的时间。

（2）检查延度仪拉伸速度是否符合要求，移动滑板是否能使指针对准标尺零点，检查水槽中水温是否符合规定温度。

（3）拉伸过程中水面应距试件表面不小于 25mm，如发现沥青丝浮于水面则应在水中加入酒精，若发现沥青丝沉入槽底则应在水中加入食盐，调整水的密度至与试样的密度接近后再进行测定。

（4）试样在断裂时的实际断面应为零，若得不到该结果则应在报告中注明在此条件下无测定结果。

（5）三个平行试验结果的最大值与最小值之差应当满足重复性试验精度的要求。

（三）沥青软化点试验（环球法）

1. 试验目的

沥青的软化点试样在规定尺寸的金属环内，上置规定尺寸和重量的钢球，放于水（5℃）或甘油（32.5℃）中，以 5℃/min±0.5℃/min 速度加热，至钢球压沥青下落达到规定距离（25.4cm）时的温度以℃表示，它在一定程度上表示沥青的温度稳定性。

2. 仪器及设备

（1）软化点试验仪：由耐热玻璃烧杯、金属支架、钢球、试样环、钢球定位环、温度计等部件组成。耐热玻璃烧杯容量 800～1000mL，直径不小于 86mm，高不小于 120mm；金属支架由两个主杆和三层平行的金属板组成，上层为一圆盘，直径略大于烧杯直径，中间有一圆孔，可以插放温度计。中层板上有两个孔，可以放置试样环，中间有一小孔可支持温度计的测温底部。一侧立杆距环上面 51mm 处刻有水位标记。环下面距下层底板为 25.4mm，下底板距烧杯底不少于 12.7mm，也不得大于 19mm。三层金属板和两个主杆由两螺母固定在一起；钢球直径 9.53mm，质量 3.5g±0.05g；试样环由黄铜或不锈钢制成，高 6.4mm±0.1mm，下端有一 2mm 的凹槽；钢球定位环由黄铜或不锈钢制成。

（2）温度计：0～80℃，分度 0.5℃。

（3）装有温度调节器的电炉或其他加热炉具。

（4）试样底板：金属板或玻璃板。

（5）其他：环夹、恒温水槽、平直刮刀、金属锅、石棉网、坩埚、蒸馏水、甘油滑石粉隔离剂等。

3. 试验步骤

1）准备工作

将沥青加热脱水，用 0.6mm 筛过滤，将试样环置于涂有甘油滑石粉隔离剂的玻璃板上，用备好的沥青试样缓缓注入试样环内，一直到略高出环面为止。将试样移入防尘罩内，在室温条件下冷却 30min 后取出。用环夹夹着试样环，再用热刀刮除环面上的试样，使之与环面齐平。然后擦去黏在环壁上的沥青。

2）软化点在 80℃以下

（1）将装有试样的试样环连同底板置于装有 5℃±0.5℃水的保温槽中，同时将金属支架、钢球、钢球定位环等置于相同水槽中，保温至少 15min。

（2）烧杯内注入新煮沸并冷却至 5℃的蒸馏水，水面略低于立杆上的水深标记。

（3）从保温水槽中取出盛有试样的试样环放置在支架中层板的圆孔中，套上定位环，环上放置 3.5g 重钢球。将整个环架放入烧杯中，调整水面到深度标记，并保持水温为 5℃±0.5℃。插上温度计，温度计端部测温头底部应与试样环下面齐平。注意环架上任何部分不得附有气泡。

（4）上述工作结束后立即加热，使杯中水温在 3min 内调节到每分钟上升 5℃±0.5℃。在加热过程中如温度上升速度超出此范围时应重作试验。试样受热软化逐渐下坠，直到试样与下层底板表面接触时，读取温度即为软化点，精确至 0.5℃。

3）软化点在 80℃以上

（1）烧杯内注入预先加热到 32℃±1℃的甘油，其液面略低于立杆上的深度标记。

（2）从保温槽中取出装有试样的试样环放入烧杯内，加甘油至标记处，加热 3min 后维持每分钟上升 5℃±0.5℃，加热到试样坠至与下层底板接触，读取温度即为软化点，精确至 1℃。

4. 试验结果与数据整理

同一试样平行试验两次，当两次测定值的差值符合重复性试验精度要求时，取其平均值作为软化点试验结果，准确至 0.5℃。

当试样软化点小于 80℃时，重复性试验精度的允许差为 1℃，再现性试验允许差为 4℃。

当试样软化点等于或大于 80℃时，重复性试验精度的允许差为 2℃，再现性试验精度的允许差为 8℃。

5. 记录表格（表 11-5）

沥青软化点试验记录表　　表 11-5

试样编号		试样来源	
试样名称		试样用途	

试验次数	加热方式	起始温度（℃）	温度上升速度（℃/min）	软化温度（℃）	平均软化点（℃）	备注
①	②	③	④	⑤	⑥	⑦
1						
2						

试验者　　　　计算者　　　　校核者　　　　试验日期　　　　年　　月　　日

6. 试验中注意的问题

（1）按照规定方法制作延度试件，应当满足试件在空气中冷却和在水浴中保温的时间。

（2）估计软化点在 80℃以下时，试验采用新煮沸并冷却至 5℃的蒸馏水作为起始温度测定软化点，当估计软化点在 80℃以上时，试验采用 32℃±1℃的甘油作为起始温度测定软化点。

（3）环架放入烧杯后，烧杯中的蒸馏水或甘油应加至环架深度标记处，环架上任何部分均不得有气泡。

（4）加热 3min 内调节到使液体维持每分钟上升 5℃±0.5℃，在整个测定过程中如温度上升速度超出此范围时应重作试验。

（5）两次平行试验测定值的差值应当符合重复性试验精度。

三、沥青的标准黏度试验（道路沥青标准黏度计法）

1. 试验目的与适用范围

沥青黏度是试样在规定温度下，从规定直径的流孔流出 50mL 沥青所需的时间，以 s 表示。本方法适用于测定液体石油沥青、煤沥青、乳化沥青的黏度，用来评定沥青的标号。

2. 仪器设备

（1）道路沥青标准黏度计：由水浴及盛样管等部件组成。水浴为一环形水槽，其内径 160mm，深 100mm，井壁与水浴之间距离不小于 55mm。环形槽中存放保温用液体（水或油），上下方各设有一流水管。水浴中央有一圆井，放置盛样管用。水浴下装有可调节水浴高低的三脚架，架上有一圆盘承托水浴，离试验台面约 200mm，水浴的温度控制精度 ±0.2℃。水浴盖上还有一插孔，可放置温度计。可套在水浴的圆井上，下附有搅拌叶，盖上有一把手，转动把手时可借搅拌叶调匀水浴内水温。盛样管由黄铜制成，筒底为流孔，可根据试验需要选择 3mm±0.025mm、4mm±0.025mm、5mm±0.025mm 和 10mm±0.025mm 四种流孔的孔径。盛样管流孔用球塞堵塞，球塞杆上有一标记，用以指示盛样管内试样的高度。

（2）温度计：分度0.1℃。

（3）接受瓶：开口，圆柱形玻璃容器，容积100mL，在25、50、75、100mL处有刻度，也可采用100mL量筒。

（4）其它：流孔检查棒、秒表、恒温水浴、肥皂水或矿物油、加热炉、蒸发皿等。

3. 试验步骤

（1）按照沥青材料的种类和稠度，选择流孔直径。用规定的球塞堵好流孔。将盛样管置于水浴圆井中，流孔下放一蒸发皿，以备接受不慎流出的试样。

（2）根据试验需要，向水浴中注入规定温度的试验用水。调整恒温水浴的水温达到试验温度，误差为±0.1℃。旋转水浴盖把手，借搅拌叶调匀水浴内水温，并测量水的温度。

（3）将试样加热至比试验温度高2～3℃时，将沥青注入盛样管。沥青数量以液面到达球塞杆垂直时杆上的标记为准。

（4）试样在水浴中保持试验温度至少30min，用温度计轻轻搅拌试样，测量试样的温度为规定试验温度±0.1℃时，调整试样液面至球塞杆的标记处，再继续保温1～3min。

（5）在接受瓶或量筒中注入肥皂水或矿物油25mL，以利于读数及洗涤。将流孔下蒸发皿移去，放置接受瓶或量筒，使其中心正对流孔。调节流孔距台面为200mm左右。

（6）试验前，再次核对水温和试样温度。提起球塞，借标记将球塞杆悬挂在试样井边上，待试样流入接受瓶或量筒达25mL（量筒刻度50mL）时，按动秒表。待试样流出75mL（量筒刻度100mL）时，按停秒表。记取试样流出50mL所经历的时间，以s计，即为试样的标准黏度。

4. 试验结果整理

重复性试验精度的允许误差为平均值的4%。同一试样至少平行试验两次，当两次测定的差值不大于平均值的4%时，取其平均值的整数作为试验结果。

5. 记录表格（表11-6）

沥青标准黏度试验记录表　　表11-6

试样编号			试样来源			
试样名称			试样用途			
试验次数	试验流孔直径（mm）	保温水浴中水的温度（℃）	试验时试样温度（℃）	量杯中肥皂水数量（mL）	试验流出50mL沥青需时间（s）	
①	②	③	④	⑤	⑥	
1						
2						

试验者　　计算者　　校核者　　试验日期　　年　月　日

6. 试验中注意的问题

（1）规定球塞分为直径12.7mm和6.35mm两种，除10mm流孔采用12.7mm球塞外，其余流孔均采用直径为6.35mm的球塞。

（2）盛样管中沥青装入的数量以达到球塞杆的标记为准。

（3）试样应不超过规定试验温度±0.1℃，并在水浴中保持试验温度至少30min。

（4）调节流孔距台面高度为200mm左右。

（5）两次平行试验的差值应符合试验规定要求。

四、沥青的蒸发损失试验

1. 试验目的

通过测定石油沥青材料的蒸发损失，对蒸发损失后的残留物进行针入度试验，计算出残留物针入度占原试样针入度的百分率，并根据需要测定沥青残留物的延度、软化点等其它指标，用来评定沥青受热时性质的变化。

2. 仪器设备

（1）烘箱：内部尺寸不少于330mm×330mm，装有温度自动调节器，控制温度的准确度为1℃。箱内安装有一个直径大于250mm的转盘，中心由一垂直轴悬挂于烘箱中央，通过传动机构，使转盘以5.5r/min±1r/min的速度转动。转盘呈水平装置，上有6个凹圆槽，供放置盛样皿使用。烘箱正面安装有大于100mm×100mm的铰接密封窗门，窗门内层为玻璃制成，试验时不必打开烘箱门，只要打开窗门，即可通过玻璃读取箱内温度计的读数。烘箱也可用“沥青薄膜加热试验”所用的薄膜加热烘箱代替。

（2）盛样皿：不少于两个，由金属或硬玻璃制成，平底，筒状，内径55mm±1mm，深35mm±1mm。也能用洁净的针入度皿代替。

（3）温度计：0℃～200℃，分度为0.5℃。

（4）天平：感量不大于1mg。

（5）其他：沥青熔化锅、计时器等。

3. 试验步骤

（1）称量洁净、干燥的盛样皿的质量（m_0），准确至1mg。将按规定方法准备的沥青试样。缓缓倾入两个盛样皿中，质量约50g±0.5g，冷却至室温后再称试样与盛样皿合计质量（m_1），准确至1mg。

烘箱调成水平，使转盘能在水平面上旋转；把温度计挂在转盘上方，位于转盘边缘内侧20mm，水银球底部在转盘顶面上的6mm处；然后打开烘箱的上下气孔，并加热保持温度163℃±1℃。

（2）待烘箱温度恒温后，放入两个已盛试样的盛样皿，注意观察温度下降，从温度回升至163℃时开始计算，连续保持5h。但全部时间不得超过5.25h。

注：一般不宜将不同品种或标号的沥青同时放进一个烘箱中试验。

（3）加热终了后取出盛样皿，在不落入灰尘的条件下，在室温下冷却，称取质量（m_2），准确至1mg。

（4）把盛样皿放在加热炉具上使沥青徐徐加热将熔化，并用玻璃棒上下搅匀；并按照针入度试验法规定的步骤测定此残留物的针入度，如果试样数量不满足试验要求的数量时，应增加试样皿数量；然后合并在要求的试样皿内试验。

4. 试验结果整理

（1）沥青试样蒸发损失百分率计算

采用式（11-1）计算，当试样蒸发试验后质量减少时为负值（－），质量增加时为正值（＋）：

$$L_b = \frac{m_2 - m_1}{m_1 - m_0} \times 100 \tag{11-1}$$

式中：L_b——试样的蒸发损失（%）；

m_0——盛样皿质量（g）；

m_1——加热前盛样皿与试样合计质量（g）；

m_2——加热后盛样皿与试样合计质量（g）。

（2）试样蒸发后残留物的针入度占原试样针入度的百分率计算

$$K_p = \frac{P_2}{P_1} \times 100 \tag{11-2}$$

式中：K_P——针入度比（%）；

P_1——原试样的针入度（0.1mm）；

P_2——蒸发损失后残留物的针入度（0.1mm）。

同一试样平行试验两次，两个盛样皿的蒸发损失百分率之差符合重复性试验的精密度要求时，求取其平均值作为试验结果，准确至小数点后2位。

精密度或允许差要求：当蒸发损失小于0.5%时，重复性试验的允许差为0.10%，复现性试验的允许差为0.20%。当蒸发损失等于或大于0.5%时，重复性试验的允许差为0.20%，复现性试验的允许差为0.40%。

残留物针入度的精密度同针入度试验规定相同，不符要求时应重新试验。

五、沥青薄膜加热试验

1. 试验目的

通过测定道路石油沥青薄膜加热后的质量损失、残留物的针入度、黏度、软化点、脆点及延度等性质的变化，以测定沥青的耐老化性能。

2. 仪器设备

（1）薄膜加热烘箱：形状和尺寸如图（11-1），工作温度200℃，装有温度调节器和可转动的圆盘架如图（11-2）。圆盘直径360～370mm上由浅槽4个，供放置盛样皿，转盘中心由一垂直轴悬挂与烘箱的中央，由传动机构使转盘水平转动，速度为5.5r/min±1r/min。门为双层，两层之间应留有间隙，内层门为玻璃制，只要打开外门，即可通过玻璃读取烘箱中温度计的读数。烘箱应能自动通风，为此在烘箱上下部设有气孔，以供热空气和蒸汽的逸出和空气进入。

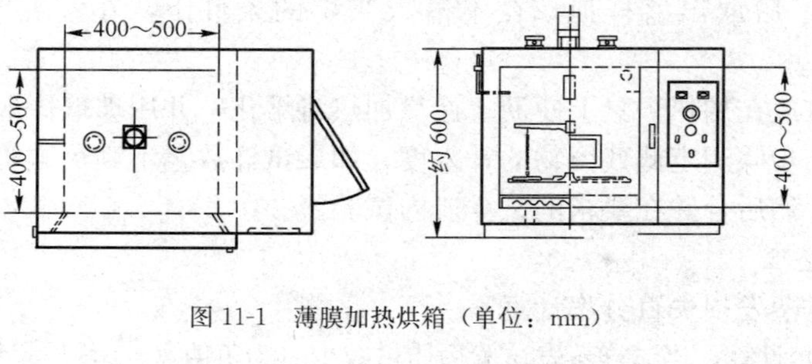

图11-1　薄膜加热烘箱（单位：mm）

（2）盛样皿：铝或不锈钢制成，不少于 4 个，形状及尺寸如图（11-3）。

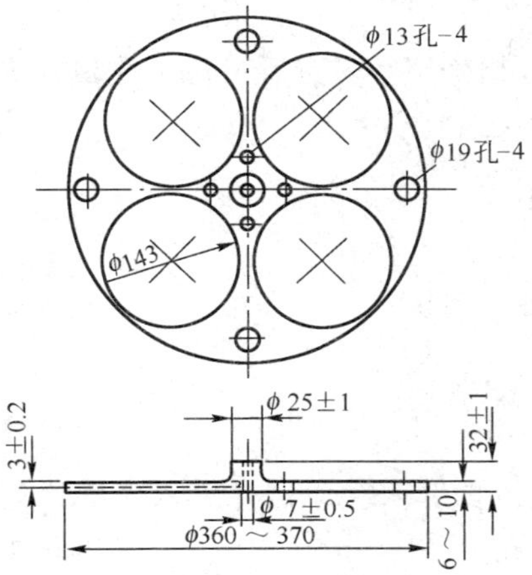

图 11-2 圆盘架（单位：mm）

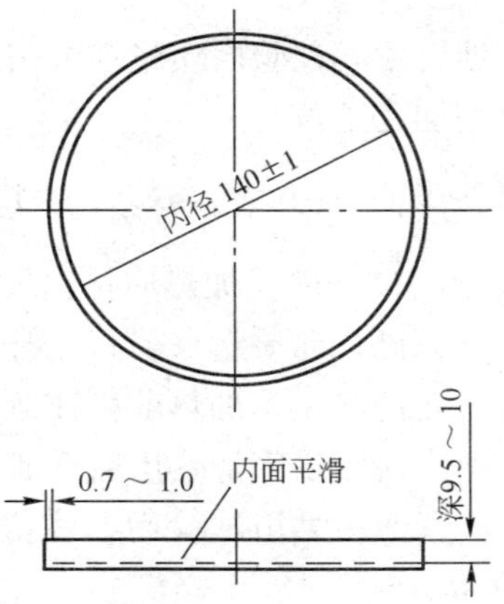

图 11-3 盛样皿（单位：mm）

（3）温度计：0～200℃，分度 0.5℃（允许用普通温度计代替）。

（4）天平：感量不大于 1mg。

（5）其他：干燥器、计时器等。

3. 试验步骤

（1）将洁净、烘干、冷却后的盛样皿编号，称其质量（m_0），准确至 1mg。将按规定方法准备的沥青试样分别注入 4 个已称质量的盛样皿中 50g±0.5g，并形成沥青厚度均匀的薄膜，方如干燥器中冷却至室温后称取质量（m_1），准确至 1mg。同时按规定方法，测定沥青试样薄膜加热试验前的针入度、黏度、软化点、脆点及延度等性质。

当试验项目需要，预计沥青数量不够时，可增加盛样皿数目，但不允许将不同品种或不同标号的沥青，同时放在一个烘箱试验中。

将温度计垂直悬挂于转盘轴上，位于转盘中心，水银球应在转盘顶面上的 6mm 处，并将烘箱加热并保持至 163℃±1℃。

（2）把烘箱调整水平，使转盘在水平面上以 5.5r/min±1r/min 的速度旋转，转盘与水平面倾斜角不大于 3°，温度计位置距转盘中心和边缘距离相等。

（3）在烘箱达到恒温 163℃后，将盛样皿迅速放入烘箱内的转盘上，并关闭烘箱门和开动转盘驾；使烘箱温度达到 163℃±1℃，保持 5h。但从放置盛样皿开始至试验结束的总时间，不得超过 5.25h。

（4）加热后取出盛样皿，放入干燥器中冷却至室温后，随机取其中两个盛样皿分别称其质量（m_2），准确至 1mg。注意，即使不进行质量损失测定，亦应放入干燥器中冷却，然后进行以下步骤。

（5）将盛样皿置一石棉网上，并连同石棉网放回 163℃±1℃的烘箱中，转动 15min；然后，取出石棉网和盛样皿，立即将沥青残留物样品刮入适当的容器里，置于加热炉上加热并适当搅拌使充分融化达流动状态。

（6）将热试样倾入针入度盛样皿或延度、软化点等试模内，并按规定方法进行针入度等各项薄膜加热试验后残留物的相应试验。如在当日不进行试验时，试样应在容器内冷却后放置过夜，但全部试验必须在加热后 72h 内完成。

4. 试验结果整理

（1）沥青薄膜试验后质量损失按式（11-3）计算，精确至小数点后一位（质量损失为负值，质量增加为正值）。

$$L_T = \frac{m_2 - m_1}{m_1 - m_0} \times 100 \tag{11-3}$$

式中：L_T——试样薄膜加热质量损失（%）；

m_2——试样皿质量（g）；

m_1——薄膜烘箱加热前盛样皿与试样合计质量（g）；

m_0——薄膜烘箱加热后盛样皿与试样合计质量（g）。

（2）沥青薄膜烘箱试验后，残留物针入度比以残留物针入度原试样针入度的比值按式（11-4）计算：

$$K_P = \frac{P_2}{P_1} \times 100 \tag{11-4}$$

式中：K_P——试样薄膜加热后残留物针入度比（%）；

P_1——薄膜加热试验前原试样的针入度（0.1mm）；

P_2——薄膜烘箱加热后残留物的针入度（0.1mm）。

（3）沥青薄膜加热试验的残留物软化点增值按式（11-5）计算：

$$\Delta T = T_2 - T_1 \tag{11-5}$$

式中：ΔT——薄膜加热试验后软化点增值（℃）；

T_2——薄膜加热试验前软化点（℃）；

T_1——薄膜加热试验后软化点（℃）。

（4）沥青薄膜加热试验黏度比按式（11-6）计算：

$$K_\eta = \frac{\eta_2}{\eta_1} \tag{11-6}$$

式中：K_η——薄膜加热试验前后 60℃黏度比；

η_2——薄膜加热试验后 60℃黏度（Pa·s）；

η_1——薄膜加热试验前 60℃黏度（Pa·s）。

（5）沥青的老化指数按式（11-7）计算：

$$C = \lg\lg(\eta_2 \times 10^3) - \lg\lg(\eta_1 \times 10^3) \tag{11-7}$$

5. 试验中应注意的问题

（1）质量损失，当两个试样皿的质量损失符合重复性试验精度要求时，取其平均值作为试验结果，准确至小数点后 2 位。

（2）根据需要报告残留物的针入度及针入度比、软化点及软化点增值、黏度及黏度比、老化指数、延度、脆点等各项性质的变化。

（3）精密度或允许差要求：当薄膜加热后质量损失小于或等于 0.4%时，重复性试验精度的允许差为 0.04%，复现性试验精度的允许差为 8%。当薄膜加热后质量损失大于 0.4%时，重复性试验精度的允许差为平均值的 8%，复现性试验精度的允许差为平均值的 40%。

（4）残留物针入度、软化点、延度、黏度等性质试验的精密度应符合相应的试验方法的规定。

六、沥青旋转薄膜加热试验

1. 试验目的

通过测定道路石油沥青旋转薄膜烘箱加热后的损失，沥青残留物的针入度、黏度、软化点、脆点及延度等性质的变化，以评定沥青的老化性能。

2. 仪器设备

（1）旋转薄膜烘箱：形状如图 11-4。烘箱具有双层壁，电热系统附有温度调节器，可保持温度为 163℃±0.5℃，其内部尺寸高为 381mm、宽 483mm、深 445mm±13mm，可以通过此窗观察烘箱内部情况。最上部的加热元件应位于烘箱顶板的下方 25mm±3mm，烘箱应调整成水平状态。

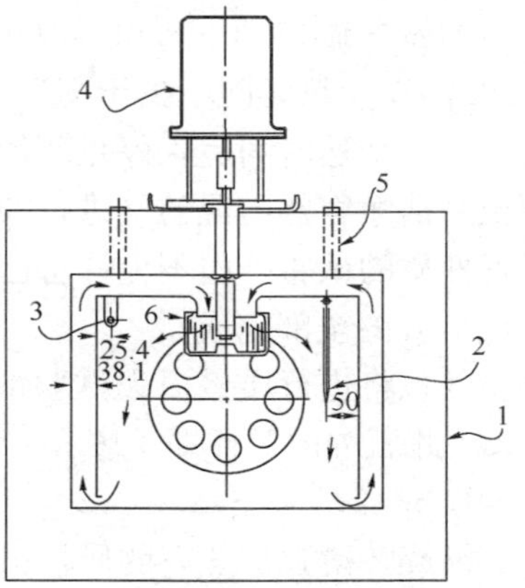

图 11-4　旋转薄膜烘箱恒温室（单位：mm）
1-恒温箱；2-温度计；3-温度传感器；4-风扇马达；5-换气扇；6-箱形风扇

（2）盛样皿：耐热玻璃制，不少于 8 个，形状如图 11-5 高为 139.7mm±15mm，外径为 64mm±1.2mm，壁厚 2.4mm±0.3mm，口部直径为 31.75mm±1.5mm。

（3）温度计：0～200℃，分度 0.5℃。

（4）天平：感量不大于 0.1g 及感量不大于 1mg 各一个。

（5）溶剂：汽油、三氯乙烯等。

3. 准备工作

（1）用汽油或三氯乙烯洗净盛样瓶后，置温度 105℃±5℃烘箱中烘干，并在干燥器中冷却后称其质量，准确至 0.1g，供测定加热损失的两个盛样瓶应准确至 1mg。

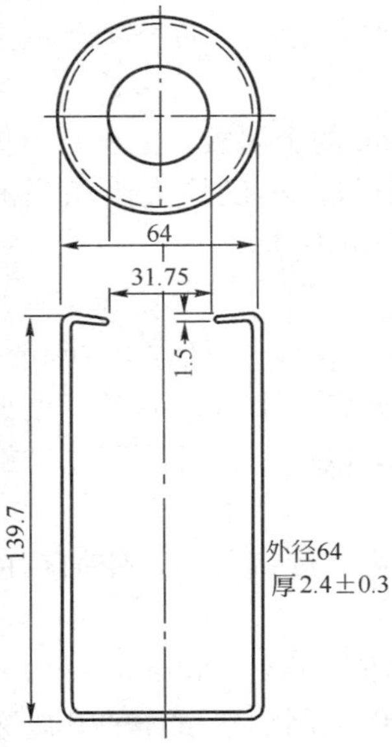

图 11-5　盛样瓶（单位：mm）

（2）将旋转薄膜烘箱调节水平，并加热部少于 16h，使烘箱内空气充分加热均匀。调节好温度控制器，在全部盛样瓶装入环形金属架后，烘箱的温度应在 10min 以内达到 163℃±0.5℃。

（3）调整喷气嘴于盛样瓶开口处的距离为 6.35mm，并调节流量计，使空气流量为 4000mL/min±200mL/min。

（4）按规定方法准备的沥青试样，注入每个盛样瓶中，其质量为 35g±0.5g，选择盛样瓶的数量应能满足试验的试样需要，通常不少于 8 个。对测定质量损失的两个盛样瓶应先称质量，然后灌样再称量（均准确至 1mg），再与其他盛样瓶同时放入烘箱。需测定加热前后沥青性质变化时，应同时灌样测定加热前沥青的性质。

4. 试验步骤

（1）需要测定加热质量损失的两个盛样瓶放入干燥器中，冷却至室温后称取质量，准确至1mg。

（2）将需要加热后测定其它性质的盛样瓶，趁热置于烘箱的环形架中各个位置中，同时将测定质量损失的两个盛样瓶放入烘箱的瓶位中，关上烘箱门后开启环形架转动开关，以15r/min±0.2r/min速度转动。同时开始以流速4000mL/min±200mL/min的热空气喷入转动着的盛样瓶持续85min，但烘箱的温度应在10min回升到163℃±0.5℃，使在163℃±0.5℃温度受热时间不少于75min。若10min内达不到试验温度时，试验不得继续进行。

（3）到达时间后，停止环形架转动及喷射热空气，立即逐个取出盛样瓶，并迅速将试样倾至一洁净容器内混匀（进行加热质量损失的试样除外），以备进行旋转薄膜加热试验后的沥青性质的试验，但不允许将已倒过的沥青试样瓶重复加热以取得更多试样。所有试验项目应在72h内全部完成。

（4）将进行质量损失试验的试样瓶放入真空干燥器中，冷却至室温，称取质量准确至1mg。此瓶内的试样即予废弃（不得重复加热用来进行其他性质的试验）。

5. 试验结果整理

经旋转薄膜加热后的质量损失及其他性质的变化的结果计算方法与沥青旋转薄膜加热试验方法相同。

七、沥青闪点与燃点试验（克利夫兰开口杯法）

1. 试验目的

沥青的闪点是施工安全性指标。通过克利夫兰开口杯（简称COC）试验，测定黏稠石油沥青。以评定施工安全性时使用。

2. 仪器设备

（1）克利夫兰开口杯式闪点仪：形状及尺寸如图11-6。它由下列部分组成：

①克利夫兰开口杯：用黄铜或铜合金制成，内口直径ϕ63.5mm±0.5mm，深33.6mm±0.5mm，在内壁与杯上口的距离为9.4mm±0.4mm处刻有一道环状标线，带一个弯柄把手，形状及尺寸见图11-7。

②加热板：黄铜或铸铁制，直径145mm～160mm，厚约6.5mm的金属板，上有石棉垫板，中心有圆孔，以支承金属试样杯。在距中心58mm处有一个与标准试焰大小相当的ϕ4.0mm±0.2mm电镀金属小球，供火焰调节的对照使用。加热板如图11-8。

③温度计：0℃～400℃，分度为2℃。

④点火器：金属管制，端部为产生火焰的尖嘴，端部外径约1.6mm，内径为0.7mm～0.8mm，与可燃气体压力容器（如液化丙烷气或天然气）连接，火焰大小可以调节。点火器可以150mm半径水平旋转，且端部恰好通过坩埚中心上方2mm以内，也可采用电动旋转点火用具，但火焰通过金属试验杯的时间应为1.0s左右。

⑤铁支架：高约500mm，附有温度计夹及试样杯支架，支脚为高度调节器，使加热顶保持水平。

（2）防风屏：金属薄板制，三面将仪器围住挡风，内壁涂成黑色，高约600mm。

（3）加热源附有调节器的1kW电炉或燃气炉。根据需要，可以控制加热试样的升温速度为14℃/min～17℃/min、5.5℃/min±0.5℃/min。

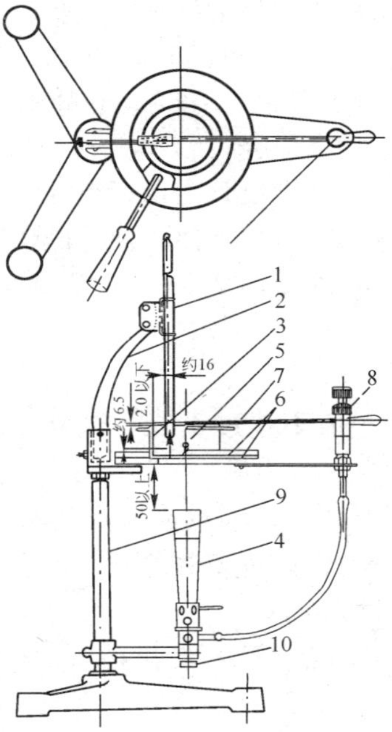

图 11-6　克利夫兰开口杯式闪点仪（单位：mm）

1-温度计；2-温度计支架；3-金属试验杯；4-加热器具；5-试验标准球；6-加热板；7-试验火焰喷嘴；8-试验火焰调节开关；9-加热板支架；10-加热器调节钮

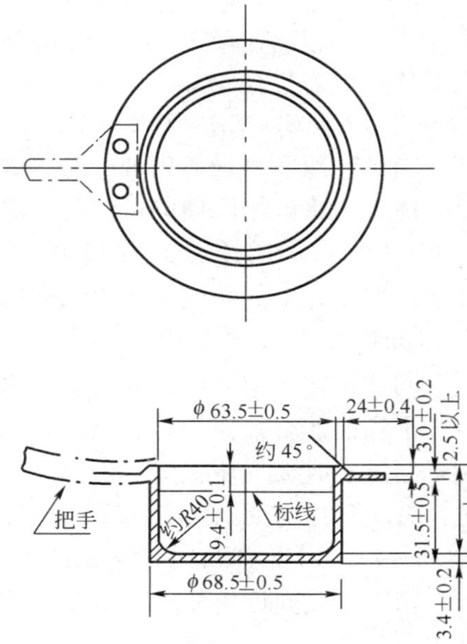

图 11-7　克利夫兰开口杯（单位：mm）

3. 试验步骤

（1）将试样杯用溶剂洗净、烘干，装置于支架上。加热板放在可调电炉上，如用燃气炉时，加热板距炉口约 50mm，接好可燃气管道或电源。

（2）安装温度计，垂直插入试样杯中，温度计的水银球距杯底约 6.5mm，位置在与点火器相对一侧距杯边缘约 16mm 处。把按规定方法准备的沥青试样注入试样杯中至标线处，并使试样杯其他部位不沾有沥青。

注：试样加热温度不能超过闪点以下 55℃。

（3）全部装置应置于室内光线较暗且无显著空气流通的地方，并用防风屏三面围护。将点火器转向一侧，试验点火，调节火苗在成标准球的形状或成直径为 4mm±0.8mm 的小球形试焰。

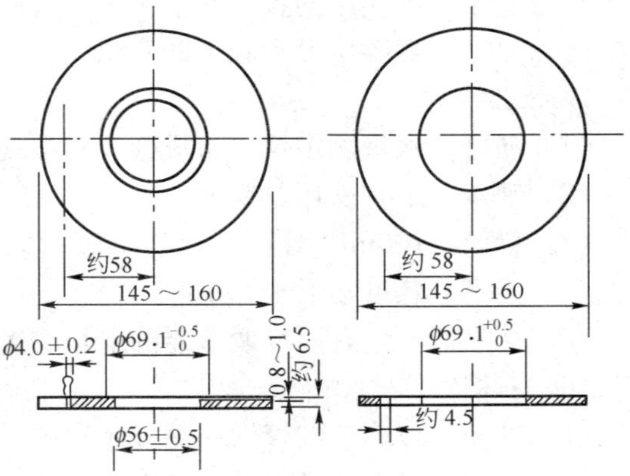

a)　　b)

图 11-8　加热板（单位：mm）

a)金属板；b)硬质石棉板

（4）开始加热试样，升温速度迅速为 14～17℃/min。待试样温度达到预期闪点前 56℃时，调节加热器降低升温速度，以便在预期闪点前 28℃时能使升温速度控制在 5.5℃/min±0.5℃/min。

（5）试样温度达到预期闪点前28℃时开始，每隔2℃将点火器的试焰沿试验杯口中心以150mm半径作弧水平扫过一次；从试验杯口的一边至另一边所经过的时间约1s。此时应确认点火器的试焰为直径4mm±0.8mm的火球，并位于坩埚口上方2～2.5mm处。

注：试验时不应对着试样杯呼气。

（6）当试样液面上最初出现一瞬即灭的蓝色火焰，立即从温度计上读记温度，作为试样的闪点。注意勿将试焰四周的蓝白色火焰误认为是闪点火焰。继续加热，保持试样升温速度5.5℃/min±0.5℃/min，当试样接触火焰立即着火，并能继续燃烧不少于5s时，停止加热，并读记温度计上的温度，作为试样的燃点。

4. 试验报告

（1）同一试样至少平行试验两次，两次测定结果的差值不超过重复性试验允许差8℃时，取其平均值的整数作为试验结果。

（2）当试验时大气压在95.3kPa（715mmHg）以下时，应对闪点或燃点的试验结果进行修正，若大气压为95.3～84.5kPa（715～634mmHg）时，修正值为增加2.8℃，当大气压为84.5～73.3kPa（634～550mmHg）时，修正值为增加5.5℃。

（3）精密度或允许差要求。重复性试验的允许差为：闪点8℃，燃点8℃；复现性试验的允许差为：闪点16℃，燃点14℃。

八、沥青的含水量、黏附性试验

（一）沥青的含水量试验

1. 试验目的

沥青从制造到使用的各个环节中都有可能混进水分，通过测定石油沥青、煤沥青等的含水量，以保证沥青的质量和施工的安全。

2. 仪器设备

（1）沥青含水量测定仪：组成部分有玻璃烧瓶、水分接受器和冷凝管。

（2）铁架：附有铁环及铁夹。

（3）量筒：100mL、最小分度1mL。

（4）天平：感量不大于0.1g。

（5）加热器：装有温度调节器的电炉或燃气炉。

（6）石棉网。

（7）其他：玻璃毛细管（一端封闭）或烘干的无釉磁片、带橡皮头的玻璃棒等。

（8）溶剂：二甲苯或甲苯与二甲苯（体积比20∶80）的混合物等，工业纯。

3. 试验步骤

（1）称量洗净并烘干的玻璃烧瓶的质量（m_1），准确至0.1g。然后把试样充分摇匀，或预热至50℃～80℃，试样成流体后注入玻璃烧瓶中约100g（水分少于25%）或50g（水分多于25%时），称其合计质量（m_2），准确至0.1g。

（2）用量筒量取200mL溶剂，注入烧瓶中。将烧瓶中的混合物仔细摇匀，勿使溅出瓶外，并投入一些玻璃毛细管或无釉磁片。

（3）先将洗净并烘干的水分接受器的支管紧密地安装在玻璃烧瓶上，使支管的斜口进入烧瓶 15～20cm；然后在接受器上连接冷凝管 3。冷凝管的内壁要预先用棉花拭干。安装时，冷凝管与水分接受器的轴心线要互相重合，冷凝管的下端的斜口切面要与接受器的支管管口相对。为避免蒸气逸出，应在塞子缝隙上再涂抹火棉胶。进入冷凝管的水温与室温相差较大时，应在冷凝管的上端用棉花塞着，以免空气中的水蒸气进入冷凝管凝结。

(4) 加热烧瓶并控制冷凝液的回流速度，使冷凝管的斜口保持每秒滴下 2～5 滴液体。回馏过程中，水分接受器中的水将达到最大容积刻度前，停止加热，待无溶剂滴出时，迅速取下接受器，并将溶剂及水倒入一量筒中，然后装好继续加热回馏。

(5) 回馏将近完毕时，如果冷凝管内壁沾有水滴，应使烧瓶中的混合液在短时间剧烈沸腾，利用冷凝的溶剂将水滴尽量洗入接受器中。接受器中收集的水体积不再增加，而且上层的溶剂完全透明时，应停止加热。

(6) 停止加热后，如冷凝管内壁仍有水滴，应从冷凝管上端倒入溶剂，把水滴冲进接受器。如溶剂冲洗依然无效，就用细玻璃棒带有橡皮的一端，把冷凝器内的水刮到接受器中。

(7) 使玻璃烧瓶冷却后，将仪器拆卸，读记接受器内或量筒中水分的体积（V_W）。当接受器内的溶剂呈现浑浊，且管底收集的水分不超过 0.2mL 时，将接受器放入热水中浸 20～30min，使溶剂澄清，再将接受器冷却至室温后，才读记管底收集水分的体积。

4. 试验结果整理

试样含水量的质量百分率按式（11-8）计算

$$P_w = \frac{V_w}{(m_2 - m_1) \times \rho_w} \times 100 \tag{11-8}$$

式中：P_w——试样含水量（%）；

V_w——接受器中水分的体积（mL）；

m_1——玻璃烧瓶质量（g）；

m_2——玻璃烧瓶与试样合计质量（g）；

ρ_w——水的密度（≈1g/mL）。

同一试样至少平行试验两次，当两次平行试验结果的差数符合重复性试验精密度要求时，取其平均值作为试验结果。

5. 试验中注意的问题

(1) 对黏稠石油沥青，若接受器中的水不足 1mL 时，重复性试验的允许差为 0.1mL；复现性试验的允许差为 0.2mL。若接受器中的水为 1.1～25mL 时，重复性试验的允许差为 0.1mL 或平均值的 2%；复现性试验的允许差为 0.2mL 或平均值的 10%。

(2) 对乳化沥青，重复性试验的允许差为 0.8%，再现性试验的允许差为 2.0%。

(二) 沥青与粗集料的黏附性试验

1. 试验目的

通过黏附性试验检验沥青与粗集料表面的黏附性及评定粗集料的抗水剥离能力。对于最大粒径大于 13.2mm 的集料应用水煮法，对最大粒径小于或等于 13.2mm 的集料应用水浸法进行试验。对同一种料源集料最大粒径既有大于又有小于 13.2mm 不同的集料时，取大于 13.2mm 水煮法试验为标准，对细粒式沥青混合料应以水浸法试验为标准。

2. 仪器设备

(1) 天平：称量500g，感量不大于0.01g。

(2) 恒温水：能保持温度80℃±1℃。

(3) 拌和用小型容器：500mL。

(4) 烧杯：1000mL。

(5) 试验架。

(6) 细线：尼龙线或棉线、铜丝线。

(7) 铁丝网。

(8) 标准筛：9.5mm、13.2mm、19mm各1个。

(9) 烘箱：装有自动温度调节器。

(10) 电炉、燃气炉。

(11) 玻璃板：200mm×200mm左右。

(12) 搪瓷盘：300mm×400mm左右。

(13) 其他：拌和铲、石棉网、纱布、手套等。

3. 试验步骤

1) 水煮法试验

(1) 将集料过13.2mm、19mm的筛，取粒径13.2mm～19mm形状接近立方体的规则集料5个，用洁净水洗净，放入温度为105℃±5℃的烘箱中烘干，然后放在干燥器中备用。

(2) 大烧杯中盛水，并放在加热炉的石棉网上煮沸。把集料逐个用细线在中部系牢，再放入105℃±5℃烘箱内1h。再按照规定的方法准备好沥青试样。

(3) 逐个取出加热的矿料颗粒用线提起，浸入预先加热的沥青（石油沥青130～150℃，煤沥青100～110℃）试样中45s后，轻轻拿出，使集料颗粒完全为沥青膜所裹覆。

(4) 把裹覆沥青的集料颗粒悬挂于试验架上，下面垫一张纸，使多余的沥青流掉，并在室温下冷却15min。待集料颗粒冷却后，逐个用线提起，浸入盛有煮沸水的大烧杯中央，调整加热炉，使烧杯中的水保持微沸状态，如图11-9c）和b），但不允许有沸开的泡沫，如图11-9a）。

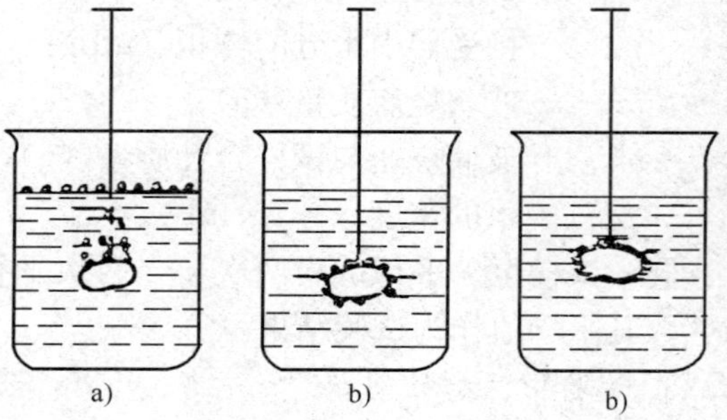

图11-9 水煮法试验

(5) 浸煮3min后，将集料从水中取出，观察矿料颗粒上沥青膜的剥落程度，并按表11-7评定其黏附性等级。

沥青与集料的黏附性等级 表11-7

试验后石料表面上沥青膜剥落情况	黏附性等级
沥青膜完全保存，剥离面积百分率接近于0	5
沥青膜少部为水所移动，厚度不均匀，剥离面积百分率少于10%	4

续上表

试验后石料表面上沥青膜剥落情况	黏附性等级
沥青膜局部明显地为水所移动，基本保留在石料表面上，剥离面积百分率少于30%	3
沥青膜大部为水所移动，局部保留在石料表面上，剥离面积百分率大于30%	2
沥青膜完全为水所移动，石料基本裸露，沥青全浮于水面上	1

（6）同一试样应平行试验5个集料颗粒，并由两名以上经验丰富的试验人员分别评定后，取平均等级作为试验结果（表11-7）。

2）水浸法试验

（1）将集料过9.5mm、13.2mm筛，取粒径9.5～13.2mm形状规则的集料200g用洁净水洗净，并置温度为105℃±5℃的烘箱中烘干，然后放在干燥器中备用。

（2）按照规定的方法准备好沥青试样，加热到按规范的要求沥青与矿料的拌和温度。

（3）将煮沸过的热水注入恒温水槽中，并维持温度80℃±1℃。

（4）按四分法称取集料颗粒（9.5～13.2mm）100g置搪瓷盘中，连同搪瓷盘一起放入已升温至沥青拌和温度以上5℃的烘箱中持续加热1h。

（5）按每100g矿料加入沥青5.5g±0.2g的比例称取沥青，准确至0.1g，放入小型拌和容器中，一起置入同一烘箱中加热15min。

（6）将搪瓷盘中的集料倒入拌和容器的沥青中后，从烘箱中取出拌和容器，立即用金属铲均匀拌和1～1.5min，使集料完全被沥青薄膜裹覆。然后，立即将裹有沥青的集料取20个，用小铲移至玻璃板上摊开，并置室温下冷却1h。

（7）将放有集料的玻璃板浸入温度为80℃±1℃的恒温水槽中，保持30min，并将剥离及浮于水面的沥青，用纸片捞出。

（8）由水中小心取出玻璃板，浸入水槽内的冷水中，仔细观察裹覆集料的沥青薄膜的剥落情况。由两名以上经验丰富的试验人员分别目测，评定剥离面积的百分率，评定后取平均值表示。

注：为使估计的剥离面积百分率较为正确，宜先制取若干个不同剥离率的样本，用比照法目测评定。不同剥离率的样本，可用加不同比例抗剥离剂的改性沥青与酸性集料拌和后浸水得到，也可由同一种沥青与不同集料品种拌和后浸水得到，样本的剥离面积百分率逐个仔细计算得出。

（9）由剥离面积百分率按表11-7评定沥青与集料黏附性的等级。试验结果应报告采用的方法及集料粒径。

第十二章　沥青混合料试验

一、沥青混合料试件制作方法（击实法）

1. 试验目的与适用范围

（1）本方法适用于标准击实法制作沥青混合料试件，以供试验室进行沥青混合料物理力学性质试验使用。

（2）标准击实法适用于马歇尔试验、间接抗拉试验（劈裂法）等所使用的 ϕ101.6mm×63.5mm 圆柱体试件的成型。

（3）沥青混合料试件制作时的矿料规格及试件数量应符合如下规定：

①沥青混合料配合比设计及在试验室人工配制沥青混合料制作试件时，试件尺寸应符合试件直径不小于集料公称最大粒径的 4 倍，厚度不小于集料公称最大粒径的 1～1.5 倍的规定。对直径 ϕ101.6mm 的试件，集料公称最大粒径应不大于 26.5mm。对粒径大于 26.5mm 的粗粒式沥青混合料，其大于 26.5mm 的集料应用等量的 13.2～26.5mm 集料代替（替代法）。试验室成型的一组试件的数量不得少于 4 个，必要时宜增加至 5～6 个。

②用拌和厂及施工现场采集的拌和沥青混合料成品试样制作直径 ϕ101.6mm 的试件时，按下列规定选用不同的方法及试件数量：

a. 当集料公称最大粒径小于或等于 26.5mm 时，可直接取样（直接法）。一组试件的数量通常为 4 个。

b. 当集料公称最大粒径大于 26.5mm，但不大于 31.5mm，宜将大于 26.5mm 的集料筛除后使用（过筛法），一组试件数量仍为 4 个，如采用直接法，一组试件的数量应增加至 6 个。

c. 当集料公称最大粒径大于 31.5mm 时，必须采用过筛法。过筛的筛孔为 26.5mm，一组试件仍为 4 个。

2. 试验仪器

（1）标准击实仪：由击实锤、ϕ98.5mm 平圆形压实头及带手柄的导向杆组成。用人工或机械将压实锤举起，从 457.2mm±1.5mm 高度沿导向棒自由落下击实，标准击实锤质量为 4536g±9g。

（2）标准击实台：用以固定试模，在 200mm×200mm×457mm 的硬木墩上面有一块 305mm×305mm×25mm 的钢板，木墩用 4 根型钢固定在下面的水泥混凝土板上。木墩采用青冈栎、松或其他干密度为 0.67～0.77g/cm^3 的硬木制成。人工击实或机械击实均必须有此标准击实台。

自动击实仪是将标准击实锤及标准击实台安装一体并用电力驱动使击实锤连续击实试件且可自动记数的设备，击实速度为 60 次/min±5 次/min。

（3）试验室用沥青混合料拌和机：能保证拌和温度并充分拌和均匀，可控制拌和时间，容量不小于 10L，如图 12-1 所示。搅拌叶自转速度 70～80r/min，公转速度 40～50r/min.

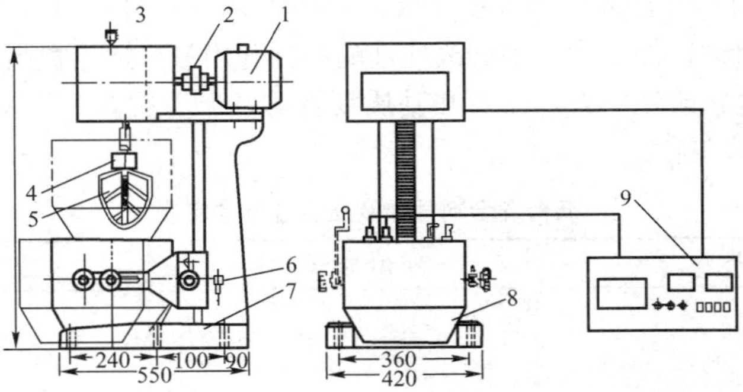

图 12-1　试验室用沥青混合料拌和机

1-电机；2-联轴器；3-变速箱；4-弹簧；5-拌和叶片；6-升降手柄；7-底座；8-加热拌和锅；9-温度时间控制仪

（4）脱模器：电动或手动，可无破损地推出圆柱体试件，备有标准圆柱体试件尺寸的推出环。

（5）试模：由高碳钢或工具钢制成，每组包括内径 101.6mm±0.2mm，高 87mm 的圆柱形金属筒、底座（直径约 120.6mm）和套筒（内径 101.6mm、高 70mm）各 1 个。

（6）烘箱：大、中型各一台，装有温度调节器。

（7）天平或电子秤：用于称量矿料的，感量不大于 0.5g；用于称量沥青的，感量不大于 0.1g。

（8）沥青运动黏度测定设备：毛细管黏度计、赛波特重油黏度计或布洛克菲尔德黏度计。

（9）插刀或大螺丝刀。

（10）温度计：分度为 1℃。宜采用有金属插杆的热电偶沥青温度计，金属插杆的长度不小于 300mm 。量程 0～300℃，数字显示或度盘指针的分度 0.1℃，且有留置读数功能。

（11）其他：电炉或煤气炉、沥青熔化锅、拌和铲、标准筛、滤纸（或普通纸）、胶布、卡尺、秒表、粉笔、棉纱等。

3. 试验步骤

1）准备工作

（1）确定制作沥青混合料试件的拌和与压实温度。

①按本规程测定沥青的黏度，绘制黏温曲线。按表 12-1 的要求确定适宜于沥青混合料拌和及压实的等黏温度。

适宜于沥青混合料拌和及压实的沥青等黏温度　　表 12-1

沥青结合料的种类	黏度与测定方法	适宜于拌和的沥青结合料黏度	适宜于压实的沥青结合料黏度
石油沥青（含改性沥青）	表观黏度，T0625 运动黏度，T0619 赛波特黏度，T0623	(0.17±0.02) Pa·s (170±20) mm^2/s (85±10) s	(0.28±0.03) Pa·s (280±30) mm^2/s (140±15) s
煤沥青	恩格拉度，T0622	25±3	40±5

②当缺乏沥青黏度测定条件时，试件的拌和与压实温度可按表12-2选用，并根据沥青品种和标号作适当调整。针入度小、稠度大的沥青取高限，针入度大、稠度小的沥青取低限，一般取中值。对改性沥青，应根据改性剂的品种和用量，适当提高混合料的拌和和压实温度，对大部分聚合物改性沥青，需要在基质沥青的基础上提高15～30℃左右，掺加纤维时，尚需再提高10℃左右。

沥青混合料拌和及压实温度参考表 表12-2

沥青混合料种类	拌和温度（℃）	压实温度（℃）
石油沥青	130～160	120～150
煤沥青	90～120	80～110
改性沥青	160～175	140～170

③常温沥青混合料的拌和及压实在常温下进行。

（2）按《公路工程沥青及沥青混合料试验规程》（JTJ 052—2000）T0701在拌和厂或施工现场采集沥青混合料试样。将试样置于烘箱中或加热的砂浴上保温，在混合料中插入温度计测量温度，待混合料温度符合要求后成型。需要适当拌和时可倒入已加热的小型沥青混合料拌和机中适当拌和，时间不超过1min。但不得用铁锅在电炉或明火上加热炒拌。

（3）在试验室人工配制沥青混合料时，材料准备按下列步骤进行：

①将各种规格的矿料置105℃±5℃的烘箱中烘干至恒量（一般不少于4h～6h）。根据需要，粗集料可先用水冲洗干净后烘干，也可将粗细集料过筛后用水冲洗再烘干备用。

②按规定试验方法分别测定不同粒径粗、细集料及其填料（矿粉）的各种密度，按《公路工程沥青及沥青混合料试验规程》（JTJ 052—2000）T0603测定沥青的密度。

③将烘干分级的粗细集料，按每个试件设计级配要求称其质量，在一个金属盘中混合均匀，矿粉单独加热，置烘箱中预热至沥青拌和温度以上约15℃（采用石油沥青时通常为163℃；采用改性沥青时通常需180℃）备用。一般按一组试件（每组4～6个）备料，但进行配合比设计时宜对每个试件分别备料。当采用替代法时，对粗集料中粒径大于26.5mm的部分，以13.2～26.5mm粗集料等量代替。常温沥青混合料的矿料不应加热。

④将按《公路工程沥青及沥青混合料试验规程》（JTJ 052—2000）T0601采集的沥青试样，用恒温烘箱或油浴、电热套熔化加热至规定的沥青混合料拌和温度备用，但不得超过175℃。当不得已采用燃气炉或电炉直接加热进行脱水时，必须使用石棉垫隔开。

（4）用沾有少许黄油的棉纱擦净试模、套筒及击实座等置100℃左右烘箱中加热1h备用。常温沥青混合料用试模不加热。

2）拌制沥青混合料

（1）黏稠石油沥青或煤沥青混合料

①将沥青混合料拌和机预热至拌和温度以上10℃左右备用（对试验室试验研究、配合比设计及采用机械拌和施工的工程，严禁用人工炒拌法热拌沥青混合料）。

②每个试件预热的粗细集料置于拌和机中，用小铲子适当混合，然后再加入需要数量的已加热至拌和温度的沥青（如沥青已称量在一专用容器内时，可在倒掉沥青后用一部分热矿粉将沾在容器壁上的沥青擦拭一起倒入拌和锅中），开动拌和机一边搅拌一边将拌和叶片插

入混合料中拌和1～1.5min，然后暂停拌和，加入单独加热的矿粉，继续拌和至均匀为止，并使沥青混合料保持要求的拌和温度。标准的总拌和时间为3min。

（2）液体石油沥青混合料

将每组（或每个）试件的矿料置于已加热至55～100℃的沥青混合料拌和机中，注入要求数量的液体沥青，并将混合料边加热边拌和，使液体沥青中的溶剂挥发至50%以下，拌和时间应事先试拌决定。

（3）乳化沥青混合料

将每个试件的粗细集料，置于沥青混合料拌和机（不加热，也可用人工炒拌）中，注入计算的用水量（阴离子乳化沥青不加水）后，拌和均匀并使矿料表面完全湿润，再注入设计的沥青乳液用量，在1 min内使混合料拌匀，然后加入矿粉后迅速拌和，使混合料拌成褐色为止。

3）试件成型

（1）马歇尔标准击实法的成型步骤如下：

①将拌好的沥青混合料，均匀称取一个试件所需的用量（标准马歇尔试件约为1200g）。当已知沥青混合料的密度时，可根据试件的标准尺寸计算并乘以1.03得到要求的混合料数量。当一次拌和几个试件时，宜将其倒入经预热的金属盘中，用小铲适当拌和均匀分成几份，分别取用。在试件制作过程中，为防止混合料温度下降，应连盘放在烘箱中保温。

②从烘箱中取出预热的试模及套筒，用沾有少许黄油的棉纱擦拭套筒、底座及击实锤底面，将试模装在底座上，垫一张圆形的吸油性小的纸，按四分法从四个方向用小铲将混合料铲入试模中，用插刀或大螺丝刀沿周边插捣15次，中间10次，插捣后将沥青混合料表面整平成凸圆弧面。

③插入温度计，至混合料中心附近，检查混合料温度。

④待混合料温度符合要求的压实温度后，将试模连同底座一起放在击实台上固定，在装好的混合料上面垫一张吸油性小的圆纸，再将装有击实锤及导向杆的压实头插入试模中，然后开启电动机或人工将击实锤从45.7mm的高度自由落下击实规定的次数（75、50或35次）。

⑤试件击实一面后，取下套筒，将试模掉头，装上套筒，然后以同样的方法和次数击实另一面。

乳化沥青混合料试件在两面击实后，将一组试件在室温下横向放置24h。另一组试件置温度为105℃±5℃的烘箱中养生24h。将养生试件取出后再立即两面锤击各25次。

⑥试件击实结束后，立即用镊子取掉上下面的纸，用卡尺量取试件离试模上口的高度并由此计算试件高度，如高度不符合要求时，试件应作废，并按下式（12-1）调整试件的混合料质量，以保证高度符合63.5mm±1.3mm（标准试件）的要求。

$$\text{调整沥青混合料}=\frac{\text{要求试件高度}\times\text{原混合料质量}}{\text{所得试件高度}} \tag{12-1}$$

（2）卸去套筒和底座，将装有试件的试模横向放置冷却至室温后（不少于12h）置脱模机上脱出试件。用于《公路工程沥青及沥青混合料试验规程》（JTJ 052—2000）T0709作现场马歇尔指标检验的试件，在施工质量检验过程中如急需试验，允许采用电风扇吹1h或浸水冷却 3min 以上的方法脱模。但浸水脱模法不能用于测量密度、空隙率等各项物理指标。

（3）将试件仔细置于干燥洁净的平面上，供试验用。

4. 试验记录（表 12-3）

沥青混合料试件制作试验（击实法）记录表　　表 12-3

试样编号			试样来源			
试样名称			初拟用途			
配合组成	组成材料名称		配合时所需质量（g）		配合比（%）	
试件编号	制备日期	成型温度	击实次数	试件尺寸（mm）		试件用途
		T（℃）	次	高度 h	直径 d	

试验者　　　　计算者　　　　校核者　　　　试验日期　　年　　月　　日

二、压实沥青混合料密度试验（表干法）

1. 试验目的与适用范围

（1）表干法适用于测定吸水率不大于 2%的各种沥青混合料试件，包括密实 II 型沥青混凝土、密实型沥青碎石、沥青玛蹄脂碎石混合料（SMA）试件的毛体积相对密度或毛体积密度。

（2）本方法测定的毛体积密度适用于计算沥青混合料试件的空隙率、矿料间隙等各项体积指标。

2. 试验仪器

（1）浸水天平或电子秤：当最大称量在 3kg 以下时，感量不大于 0.1g；最大称量 3kg 以上时，感量不大于 0.5g；最大称量 10kg 以上时，感量不大于 0.5g，应有测量水中重的挂钩。

（2）网篮。

（3）溢流水箱：如图 12-2 所示，使用洁净水，有水位溢流装置，保持试件和网篮浸入水中后的水位一定。

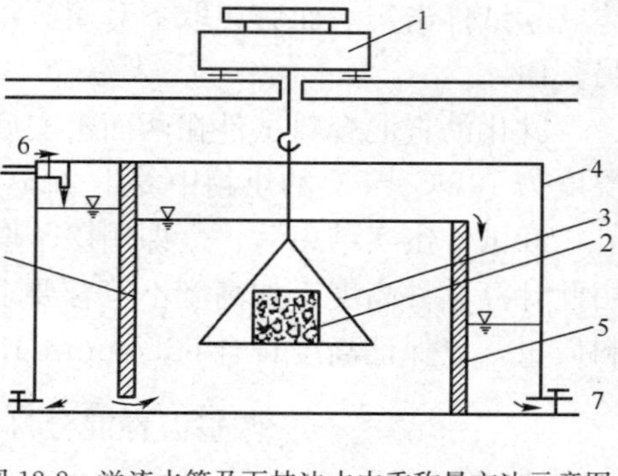

图 12-2　溢流水箱及下挂法水中重称量方法示意图
1-浸水天平或电子秤；2-试件；3-网篮；4-溢流水箱；5-水位搁板；6-注入口；7-放水阀门

（4）试件悬吊装置：天平下方悬吊网篮及试件

的装置，吊线应采用不吸水的细尼龙线绳，并有足够的长度。对轮碾成型机成型的板块状试件可用铁丝悬挂。

（5）秒表。

（6）毛巾。

（7）电风扇或烘箱。

3. 试验步骤

（1）选择适宜的浸水天平或电子秤，最大称量应不小于试件质量的1.25倍，且不大于试件质量的5倍。

（2）除去试件表面的浮粒，称取干燥试件的空中质量，根据选择的天平的感量读数，准确至0.1g、0.5g或5g。

（3）挂上网篮，浸入溢流水箱中，调节水位，将天平调平或复零，把试件置于网篮中（注意不要晃动水）浸水中约3～5min，称取水中质量（m_w）。若天平读数持续变化，不能很快达到稳定，说明试件吸水较严重，不适用于此法测定，应改用《公路工程沥青及沥青混合料试验规程》（JTJ 052—2000）T0707的蜡封法测定。

（4）从水中取出试件，用洁净柔软的拧干湿毛巾轻轻擦去试件的表面水（不得吸走空隙内的水），称取试件的表干质量（m_f）。

（5）对从路上钻取的非干燥试件可先称取水中质量（m_w），然后用电风扇将试件吹干至恒重（一般不少于12h，当不需进行其他试验时，也可用60℃±5℃烘箱烘干至恒重），再称取空中质量（m_a）。

4. 数据整理与计算

（1）计算试件的吸水率，取1位小数。

试件的吸水率即试件吸水体积占沥青混合料毛体积的百分率，按下式（12-2）计算

$$S_a=\frac{m_f-m_a}{m_f-m_w}\times 100\% \tag{12-2}$$

式中：S_a——试件的吸水率（%）；

m_a——干燥试件的空中质量（g）；

m_w——试件的水中质量（g）；

m_f——试件的表干质量（g）。

（2）计算试件的毛体积相对密度和毛体积密度，取3位小数。

当试件的吸水率符合$S_a<2\%$要求时，试件的毛体积密度和毛体积相对密度按下式(12-3)、(12-4)计算，当吸水率$S_a>2\%$要求时，应改用蜡封法测定。

$$\rho_f=\frac{m_a}{m_f-m_w}\times\rho_w \tag{12-3}$$

$$\gamma_f=\frac{m_a}{m_f-m_w} \tag{12-4}$$

式中：γ_f——用表干法测定的试件毛体积相对密度，无量纲；

ρ_f——用表干法测定的试件毛体积密度（g/cm³）；

ρ_w——常温水的密度，≈1 g/cm³。

5. 试验记录（表 12-4）

压实沥青混合料密度试验记录表

表 12-4

试样编号			试样来源		
试样名称			初拟用途		
混合料用途		矿料品种		矿粉密度（g/cm³）	
混合料类型		粗集料表观密度（g/cm³）		沥青品种	
混合料配合比		细集料表观密度（g/cm³）		沥青密度（g/cm³）	

试件编号	沥青用量 P_a（%）	干燥质量 m_a（g）	水中质量 m_w（g）	表干质量 m_f（g）	实测密度 ρ_f（g/cm³）	理论密度 ρ'_f（g/cm³）	沥青含量（%）	试件空隙率（VV）（%）	矿料间隙率（VMA）（%）	沥青饱和度（VFA）（%）

试验者　　　　计算者　　　　校核者　　　　试验日期　　年　　月　　日

应在试验报告中注明沥青混合料的类型及采用的测定密度的方法。

注：本书仅介绍“表干法”，关于“水中重法”、“蜡封法”“体积法”未作详细介绍，需要时参阅《公路工程沥青及沥青混合料试验规程》T0706、T0707、T0708 实行。

三、沥青混合料马歇尔稳定度试验

1. 试验目的与适用范围

（1）本方法适用于马歇尔稳定度试验和浸水马歇尔稳定度试验，以进行沥青混合料的配合比设计或沥青路面施工质量检验。浸水马歇尔稳定度试验（根据需要，也可进行真空饱水马歇尔试验）供检验沥青混合料受水损害时抵抗剥落的能力时使用，通过测试其水稳定性检验配合比设计的可行性。

（2）本方法适用于按《公路工程沥青及沥青混合料试验规程》（JTJ 052—2000）T0702 成型的标准马歇尔圆柱体试件。

2. 试验仪器

（1）沥青混合料马歇尔试验仪：符合国家标准《沥青混合料马歇尔试验仪》（GB/T11823）技术要求的产品，对用于高速公路和一级公路的沥青混合料宜采用自动马歇尔试验仪，用计算机或 X—Y 记录仪记录荷载～位移曲线，并具有自动测定荷载与试件垂直变形的传感器、位移计，能自动显示或打印试验结果。对 63.5mm 的标准马歇尔试件，试验仪最大荷载不小于 25kN，读数准确度 100N，加载速率应能保持 50mm/min±5mm/min。钢球直径 16mm，上下压头曲率半径为 50.8mm。

（2）恒温水槽：控温准确度为 1℃，深度不小于 150mm。

（3）真空饱水容器：包括真空泵及真空干燥器。

（4）烘箱。

（5）天平：感量不大于 0.1g。

（6）温度计：分度为 1℃。

（7）卡尺。

（8）其他：棉纱，黄油。

3. 试验步骤

1）准备工作

（1）按《公路工程沥青及沥青混合料试验规程》（JTJ 052—2000）T0702 标准击实法成型马歇尔试件，标准马歇尔试件尺寸应符合直径 101.6mm±0.2mm、高 63.5mm±1.3mm 的要求。

（2）量测试件的直径及高度：用卡尺测量试件中部的直径，用马歇尔试件高度测定器或用卡尺在十字对称的 4 个方向量测离试件边缘 10mm 处的高度，准确至 0.1mm，并以其平均值作为试件的高度。如试件高度不符合 63.5mm±1.3mm 要求或两侧高度差大于 2mm 时，此试件应作废。

（3）按《公路工程沥青及沥青混合料试验规程》（JTJ 052—2000）规定的方法测定试件的密度、空隙率、沥青体积百分率、沥青饱和度、矿料间隙率等物理指标。

（4）将恒温水槽调节至要求的试验温度，对黏稠石油沥青或烘箱养生过的乳化沥青混合料为 60℃±1℃ ，对煤沥青混合料为 33.8℃±1℃ ，对空气养生的乳化沥青或液体沥青混合料为 25℃±℃。

2）试验步骤

（1）试件置于已达规定温度的恒温水槽中保温，保温时间对标准马歇尔试件需 30～40min。试件之间应有间隔，底下应垫起，离容器底部不小于 5cm。

（2）将马歇尔试验仪的上下压头放入水槽或烘箱中达到同样温度。将上下压头从水槽或烘箱中取出擦拭干净内面。为使上下压头滑动自如，可在下压头的导棒上涂少量黄油。再将试件取出置于下压头上，盖上上压头，然后装在加载设备上。

（3）在上压头的球座上放妥钢球，并对准荷载测定装置的压头。

（4）当采用自动马歇尔试验仪时，将自动马歇尔试验仪的压力传感器、位移传感器与计算机或 X—Y 记录仪正确连接，调整好适宜的放大比例。调整好计算机程序或将 X—Y 记录仪的记录笔对准原点。

（5）当采用压力环和流值计时，将流值计安装在导棒上，使导向套轻轻地压住上压头，同时将流值计读数调零。调整压力环中百分表，对零。

（6）启动加载设备，使试件承受荷载，加载速度为 50mm/min±5mm/min。计算机或 X—Y 记录仪自动记录传感器压力和试件变形曲线并将数据自动存入计算机。

（7）当试验荷载达到最大值的瞬间，取下流值计，同时读取压力环中百分表读数及流值计的流值读数。

（8）从恒温水槽中取出试件至测出最大荷载值的时间，不得超过 30s。

注：1. 浸水马歇尔试验与标准马歇尔试验方法的不同之处在于，试件在已达规定温度恒温水槽中的保温时间为 48h，其余均与标准马歇尔试验方法相同。

2. 真空饱水马歇尔试验方法。试件先放入真空干燥器中，关闭进水胶管，开动真空泵，使干燥器的真空度达到98.3kPa（730mmHg）以上，维持15min，然后打开进水胶管，靠负压进入冷水流使试件全部浸入水中，浸水15min后恢复常压，取出试件再放入已达规定温度的恒温水槽中保温48h，其余均与标准马歇尔试验方法相同。

4. 试验数据整理与计算

1）试件的稳定度及流值

（1）当采用自动马歇尔试验仪时，将计算机采集的数据绘制成压力和试件变形曲线，或由X—Y记录仪自动记录的荷载—变形曲线，按图12-3所示的方法在切线方向延长曲线与横坐标相交于O_1，将O_1作为修正原点，从O_1起量取相应于荷载最大值时的变形作为流值（FL），以mm计，准确至0.1mm。最大荷载即为稳定度（MS），以kN计，准确至0.01kN。

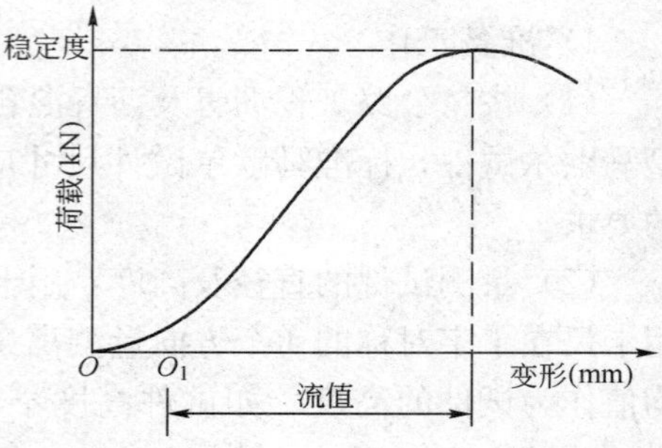

图12-3 马歇尔试验结果修正方法

（2）当采用压力环和流值计测定时，根据压力环标定曲线，将压力环中百分表的读数换算为荷载值，或者由荷载测定装置读取的最大值即为试样的稳定度（MS），以kN计，准确至0.01kN。由流值计及位移传感器测定装置读取的试件垂直变形，即为试件的流值（FL），以mm计，准确至0.1mm。

2）试件的马歇尔模数按式（12-5）计算。

$$T=\frac{MS}{FL} \tag{12-5}$$

式中：T——试件的马歇尔模数（kN/mm）；

MS——试件的稳定度（kN）；

FL——试件的流值（mm）。

3）试件的浸水残留稳定度按式（12-6）计算。

$$MS_0=\frac{MS_1}{MS}\times 100 \tag{12-6}$$

式中：MS_0——试件的浸水残留稳定度（%）；

MS_1——试件浸水48h后的稳定度（kN）。

4）试件的真空饱水残留稳定度按式（12-7）计算。

$$MS'_0=\frac{MS_2}{MS}\times 100 \tag{12-7}$$

式中：MS'_0——试件的真空饱水残留稳定度（%）；

MS_2——试件真空饱水后浸水48h后的稳定度（kN）。

5）试验报告

（1）当一组测定值中某个测定值与平均值之差大于标准差的k倍时，该测定值应予舍弃，并以其余测定值作为试验结果。当试件数目n为3、4、5、6个时，k值分别为1.15、1.46、1.67、1.82。

（2）采用自动马歇尔试验时，试验结果应附上荷载—变形曲线原件或自动打印结果，并报告马歇尔稳定度、流值、马歇尔模数，以及试件尺寸、试件的密度、空隙率、沥青用量、沥青体积百分率、沥青饱和度、矿料间隙率等各项物理指标。

5. 试验记录（表 12-5）

沥青混合料稳定度试验记录表　　表 12-5

试样编号			试样来源				
试样名称			初拟用途				
试样编号	稳定度（kN）				流值 FL（mm）	马歇尔模数 T	备注
	百分表读数	折算稳定度	修正系数 k（kN/100mm）	稳定度 MS（kN）			

试验者　　计算者　　校核者　　试验日期　　年　　月　　日

四、沥青混合料中沥青含量试验（离心分离法）

1. 试验目的适用范围

（1）本方法采用离心分离法测定黏稠石油沥青混合料中沥青的含量（或油石比）。

（2）本方法适用热拌热铺沥青混合料路面施工时的沥青用量检测，以评定拌和厂产品质量。此法也适用于旧路调查时检测沥青混合料的沥青用量，用此法抽提的沥青溶液可用于回收沥青，以评定沥青的老化性质。

2. 试验仪器

（1）离心抽提仪：由试样容器及转速不小于 3 000r/min 的离心分离器组成，分离器备有过滤液出口。容器盖与容器之间用耐油的圆环形滤纸密封。滤液通过滤纸排出后从出口流出收入回收瓶中，仪器必须安放稳固并有排风装置。

（2）圆环形滤纸。

（3）回收瓶：容量 1700mL 以上。

（4）压力过滤装置。

（5）天平：感量不大于 0.01g、1mg 的天平各一台。

（6）量筒：最小分度 1mL。

（7）电烘箱：装有温度自动调节器。

（8）三氯乙烯：工业用。

（9）碳酸铵饱和液：供燃烧法测定滤纸中的矿粉含量用。

（10）其他：小铲，金属盘，大烧杯等。

3. 试验步骤

1）准备工作

(1) 按《公路工程沥青及沥青混合料试验规程》(JTJ 052—2000) T0701 沥青混合料取样方法，在拌和厂从运料卡车采取沥青混合料试样，放在金属盘中适当拌和，待温度下降至100℃以下时，用大烧杯取混合料试样质量 1000～1500g 左右（粗粒式沥青混合料用高限，细粒式用低限，中粒式用中限），准确至 0.1g。

(2) 如果试样是路上用钻机法或切割法取得的，应用电风扇吹风使其完全干燥，置微波炉或烘箱中适当加热成松散状态取样，但不得锤击以防集料破碎。

2) 试验步骤

(1) 向装有试样的烧杯中注入三氯乙烯溶剂，将其浸没，浸泡 30min，用玻璃棒适当搅动混合料，使沥青充分溶解也可直接在离心分离器中浸泡。

(2) 将混合料及溶液倒入离心分离器，用少量溶剂将烧杯及玻璃棒上的黏附物全部洗入分离容器中。

(3) 称取洁净的圆环形滤纸质量，准确至 0.01g。注意，滤纸不宜多次反复使用，有破损者不能使用，有石粉黏附时应用毛刷清除干净。

(4) 将滤纸垫在分离器边缘上，加盖紧固，在分离器出口处放上回收瓶，上口应注意密封，防止流出液呈雾状散失。

(5) 开动离心机，转速逐渐增至 3 000r/min，沥青溶液通过排出口注入回收瓶中，待流出停止后停机。

(6) 从上盖的孔中加入新溶剂，数量大体相同，稍停 3～5min 后，重复上述操作，如此数次直至流出的抽提液呈清澈的淡黄色为止。

(7) 卸下上盖，取下圆环形滤纸，在通风橱或室内空气中蒸发干燥，然后放入 105℃±5℃的烘箱中干燥，称取质量，其增重部分（m_2）为矿粉的一部分。

(8) 将容器中的集料仔细取出，在通风橱或室内空气中蒸发后放入 105℃±5℃烘箱中烘干（一般需要量 4h），然后放入大干燥器中冷却至室温，称取集料质量（m_1）。

(9) 用压力过滤器过滤回收瓶中的沥青溶液，由滤纸的增重 m^3 得出泄漏入滤液中的矿粉，如无压力过滤器时，也可用燃烧法测定。

(10) 用燃烧法测定抽提液中矿粉质量的步骤如下：

①将回收瓶中的抽提液倒入量筒中，准确量出体积（V_a）。

②充分搅匀抽提液，取出 10mL（V_b）放入坩埚中，在热浴上适当加热使溶液试样呈暗黑色后，置高温炉（500～600℃）中烧成残渣，取出坩埚冷却。

③向坩埚中按每 1g 残渣 5mL 的用量比例，注入碳酸铵饱和溶液，净置 1h，放入 105℃±5℃烘箱中干燥。

④取出放在干燥器冷却，称取残渣质量（m_4），准确至 1mg。

4. 数据整理与计算

(1) 沥青混合料中矿料的总质量按下式 (12-8) 计算。

$$m_a = m_1 + m_2 + m_3 \tag{12-8}$$

式中：m_a——沥青混合料中矿粉部分的总质量 (g)；

m_1——容器中留下的集料干燥质量 (g)；

m_2——圆环形滤纸在试验前后的增重 (g)；

m_3——泄漏抽提溶液中的矿粉质量（g）。用燃烧法时可按式（12-9）计算。

$$m_3 = m_4 \times \frac{V_a}{V_b} \tag{12-9}$$

式中：V_a——抽提液的总量（mL）；

V_b——取出的燃烧干燥的抽提液数量（mL）；

m_4——坩质量埚中燃烧干燥的残渣（g）。

（2）沥青混合料中沥青含量按下式（12-10）计算，油石比按下式（12-11）计算。

$$P_b = \frac{m - m_a}{m} \tag{12-10}$$

$$P_a = \frac{m - m_a}{m_a} \tag{12-11}$$

式中：m——沥青混合料的总质量（g）；

P_b——沥青混合料的沥青含量（%）；

P_a——沥青混合料的油石比（%）。

5. 试验报告

同一沥青混合料试样至少平行试验两次，取平均值作为试验结果。两次试验结果的差值应小于0.3%，当大于0.3%但小于0.5%时，应补充平行试验一次，以3次试验的平均值作为试验结果。3次试验的最大值与最小值之差不得大于0.5%。记录表分别见表12-6、表12-7。

用压力过滤器过滤回收瓶中沥青溶液记录表　　表12-6

试样名称		沥青混合料总质量 m（g）	
洁净滤纸质量（g）		干燥后滤纸质量（g）	
滤纸增量 m_2（g）		容器中留下干燥集料质量 m_1（g）	
滤液中矿粉 m_3（g）		矿料总质量 $m_a = m_1 + m_2 + m_3$（g）	
沥青含量 P_b（%）　$P_b = \frac{m - m_a}{m}$			
油石比 P_a（%）　$P_a = \frac{m - m_a}{m_a}$			

试验者　　　　计算者　　　　校核者　　　　试验日期　　年　　月　　日

用燃烧法测定抽提液中矿粉质量试验记录表　　表12-7

试样名称		沥青混合料总质量 m（g）	
洁净滤纸质量（g）		干燥后滤纸质量（g）	
滤纸增量 m_2（g）		容器中留下干燥后集料质量 m_1（g）	
抽提液总量 V_a（mL）		取出抽提液数量 V_b（mL）	
残渣质量 m_4（g）		抽提液中矿粉质量 $m_3 = \frac{m_4 \cdot V_a}{V_b}$（%）	
矿料总质量　$m_a = m_1 + m_2 + m_3$（g）			
沥青含量 P_b（%）　$P_b = \frac{m - m_a}{m}$			
油石比 P_a（%）　$P_a = \frac{m - m_a}{m_a}$			

试验者　　　　计算者　　　　校核者　　　　试验日期　　年　　月　　日

五、沥青混合料车辙试验

1. 试验目的与适用范围

（1）本方法适用于测定沥青混合料的高温抗车辙能力，供沥青混合料配合比设计的高温稳定性检验使用。

（2）车辙试验的试验温度与轮压可根据有关规定和需要选用。非经注明，试验温度为60℃，轮压为0.7MPa。根据需要，如在寒冷地区也可采用45℃，在高温条件下采用70℃等，但应在报告中注明。计算动稳定度的时间原则上为试验开始后45～60min之间。

（3）本方法运用于用轮碾成型机碾压成型的长300mm、宽300mm、厚50mm的板块状试件，也适用于现场切割制作长300mm、宽150mm、厚50mm板块状试件。根据需要，试件的厚度也可采用40mm。

2. 仪器设备

（1）车辙试验机：示意图如图12-4，主要由下列部分组成。

①试件台：可牢固地安装两种宽度（300mm及150mm）的规定尺寸试件的试模。

②试验轮；橡胶制的实心轮胎，外径ϕ200mm。轮宽50mm，橡胶层厚15mm。橡胶硬度（国际标准硬度）20℃时为84±4，60℃时为78±2。试验轮行走距离为230mm±10mm，往返碾压速度为42次/min±1次/min（21次往或返/min）。允许采用曲柄连杆驱动试验台运动（试验轮不移动）或链驱动试验轮运动（试验台不动）的任一种方式。

注：轮胎橡胶硬度应注意检验，不符合要求者及时更换。

③加载装置：使试验轮与试件接触压强在60℃时为0.7MPa±0.05MPa，施加的总荷重为75kg左右，根据需要可以调整。

④试模：钢板制成，内底板及侧板组成，试模内侧尺寸长为300mm，宽为300mm，厚为50mm（试验室制作），亦可固定150mm宽的现场切制试件。

⑤变形测量装置：自动检测车辙变形并记录曲线的装置，通常用LVDT、电测百分表或非接触位移计。

⑥温度检测装置：自动检测并记录试件表面及恒温室内温度的温度传感器、温度计精密度0.5℃。

（2）恒温室：车辙试验机必须整机安放在恒温室内．装有加热器、气流循环装置及装有自动温度控制设备，能保持恒温室温度60℃±1℃（试件内部温度60℃±0.5℃），根据需要亦可为其他需要的温度，用于保温试件并进行试验。温度应能自动连续记录。

（3）台秤：称量15kg，感量不大于5g。

3. 试验准备

（1）试验轮接地压强测定：测定在60℃时进行，在试验台上放置一块50mm厚的钢板，其上铺一张毫米方格纸，上铺一张新的复写纸，以规定的

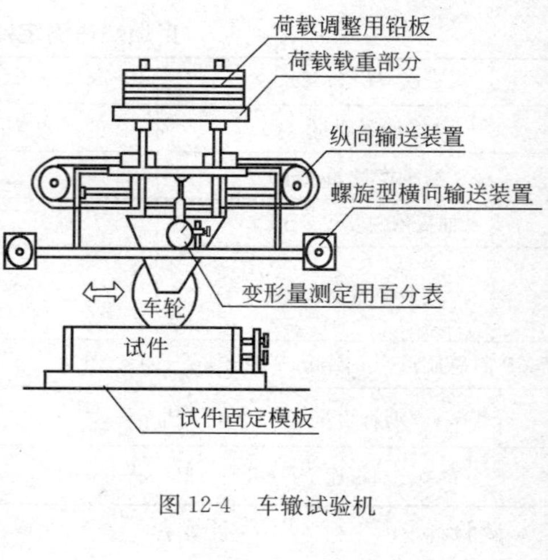

图12-4　车辙试验机

700N 荷载后试验轮静压复写纸，即可在方格纸上得出轮压面积，并由此求得接地压强。当压强不符合 0.7MPa±0.05MPa，荷载应予适当调整。

（2）用轮碾成型法制作车辙试验试板。在试验室或工地制备成型的车辙试件，其标准尺寸为300mm×300mm×50mm。也可从路面切割得到 300mm×150mm×50mm 的试件。

当直接在拌和厂取拌和好的沥青混合料样品制作试件检验生产配合比设计或混合料生产质量时，必须将混合料装入保温桶中，在温度下降至成型温度之前迅速送达试验室制作试件，如果温度稍有不足，可放在烘箱中稍事加热（时间不超过 30min）后使用。也可直接在现场用手动碾或压路机碾压成型试件，但不得将混合料放冷却后二次加热重塑制作试件。重塑制件的试验结果仅供参考，不得用于评定配合比设计检验是否合格。

（3）如需要，将试件脱模按规范规定的方法测定密度及空隙率等各项物理指标。如经水浸，应用电扇将其吹干，然后再装回原试模中。

（4）试件成型后，连同试模一起在常温条件下放置的时间不得少于 12h。对聚合物改性沥青混合料，放置的时间以 48h 为宜，使聚合物改性沥青充分固化后方可进行车辙试验，但室温放置时间也不得长于 1 周。

注：为使试件与试模紧密接触应记住四边的方向位置不变。

4. 试验步骤

（1）将试件连同试模一起，置于已达到试验温度 60±1℃的恒温室中，保温不少于 5h，也不得多于 24h。在试件的试验轮不行走的部位上，黏贴一个热电偶温度计（也可在试件制作时预先将热电偶导线埋入试件一角），控制试件温度稳定在 60℃±0.5℃。

（2）将试件连同试模移置于车辙试验机的试验台上，试验轮在试件的中央部位，其行走方向须与试件碾压或行车方向一致。开动车辙变形自动记录仪，然后启动试验机，使试验轮往返行走，时间约 1h，或最大变形达到 25mm 时为止。试验时，记录仪自动记录变形曲线（如图 12-5）及试件温度。

注：对 300mm 宽且试验时变形较小的试件，也可对一块试件在两侧 1/3 位置上进行两次试验取平均值。

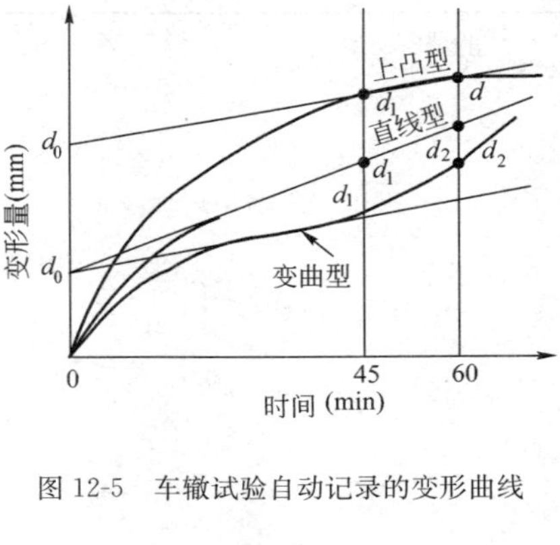

图 12-5 车辙试验自动记录的变形曲线

5. 结果整理

1）计算

（1）从图 12-5 上读取 45min（t_1）及 60min（t_2）时的车辙变形 d_1 及 d_2，准确至 0.01mm。

当变形过大，在未到 60 min 变形已达 25mm 时，则以达到 25mm（d_2）时的时间为 t_2，将其前 15min 为 t_1，此时的变形量为 d_1。

（2）沥青混合料试件的动稳定度按式（12-12）计算。

$$DS=\frac{(t_2-t_1)\times N}{d_2-d_1}\times C_1\times C_2 \tag{12-12}$$

式中：DS ——沥青混合料的动稳定度（次/mm）；

d_1——对应于时间 t_1 的变形量（mm）；

d_2——对应于时间 t_2 的变形量（mm）；

C_1——试验机类型修正系数，曲柄连杆驱动试件的变速行走方式为 1.0，链驱动试验轮的等速方式为 1.5；

C_2——试件系数，试验室制备的宽 300mm 的试件为 1.0，从路面切割的宽 150mm 的试件为 0.8；

N ——试验轮往返碾压速度，通常为 42 次/min。

2）报告

（1）同一沥青混合料或同一路段的路面，至少平行试验 3 个试件，当 3 个试件动稳定度变异系数小于 20%时，取其平均值作为试验结果。变异系数大于 20%时应分析原因，并追加试验。如计算动稳定度值大于 6000 次/mm 时，记作：>6000 次/mm。

（2）试验报告应注明试验温度、试验轮接地压强、试件密度、空隙率及试件制作方法等。

3）精密度或允许差

重复性试验动稳定度变异系数的允许差为 20%。

6. 试验记录（表 12-8）

沥青混合料车辙试验记录表 表 12-8

试验名称						试验温度			
试验接地压强						制件方法			
试件密度						空隙率			
试验次数	t_1	d_1	t_2	d_2	试验轮往返碾压次数（次/min）	C_1	C_2	动稳定度 DS（次/min）	

试验者　　　　计算者　　　　校核者　　　　试验日期　　年　　月　　日

第十三章 建筑钢材试验

一、钢筋的拉伸试验

[本试验根据《金属材料 室温拉伸试验方法》(GB/T 228—2002)编写]

1. 试验目的

抗拉强度是钢筋的基本力学性质。为了测定钢筋的抗拉强度，将标准试样放在压力机上，逐渐加一个缓慢的拉力荷载，观察由于这个荷载的作用所产生的弹性和塑性变形，直至试样拉断为止，即可求得钢筋的屈服点、抗拉强度、伸长率等指标，用以评定钢筋质量是否合格。

2. 试验仪具

(1) 万能材料试验机。

(2) 游标卡尺、引伸计。

3. 试验方法

1) 准备试样

(1) 在每批钢筋中任取两根. 在距钢筋端部 50cm 处各取一根试样。

(2) 试验前，先将材料制成一定形状的标准试样，如图 13-1 所示。试样一般应不经切削加工。受拉力机吨位的限制，直径为 22～40mm 的钢筋可进行切削加工，制成直径(标距部分直径 d_0)为 20mm 的标准试样。试样长度：拉伸试样分短试件为 $5d_0+100$mm，或长试件为 $10d_0+200$mm。当直径 $d_0=10$mm 的试样，其标距长度 $l_0=200$mm(长试样，δ_{10})或 100mm(短试样，δ_5)；标距部分到头部的过渡必须缓和，其圆弧尺寸 R 最小为 5mm，$l=230$mm(长试样)或 130mm(短试样)；$h=50$～70mm。

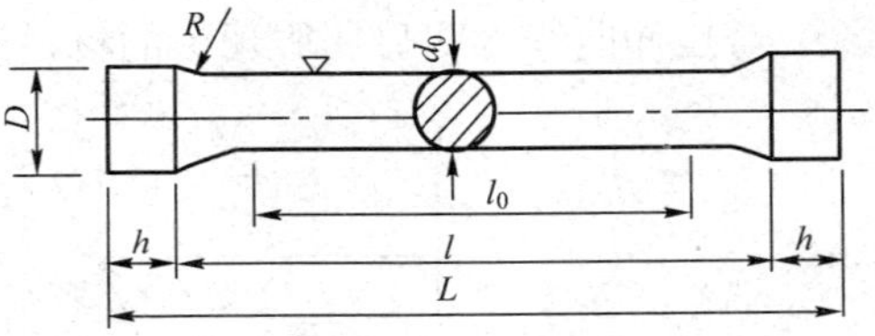

图 13-1 拉伸试验标准试件

(3) 标距部分直径 d_0 的允许偏差为不大于±0.2mm；标距部分长度 l_0 的允许偏差不大于±0.1mm；试样标距长度内最大直径与最小直径的允许偏差为 0.05mm。

(4) 根据试样的横截面积确定试样的标距长度。然后按标距的两端用不深的冲眼刻画出标志，并按试样标距长度，以每隔 5～10mm 作一分格标志，以计算试样的伸长率用。

(5) 确定未经车削的试样横截面积 S_0 (mm^2)，应按式(13-1)求得

$$S_0=\frac{m}{\rho L}\times 1000 \tag{13-1}$$

式中：m——试样质量(g)；

ρ——试样密度(g/cm^3)；

L——试样总长度(mm)。

将试样安置在万能试验机的夹头中，试样应对准夹头的中心，试样轴线应绝对垂直，然后进行拉伸试验，测定试样的屈服点（有明显屈服现象的材料）、屈服强度（没有明显屈服现象的材料）、抗拉强度和伸长率。

2）屈服点的测定

（1）测定屈服点时，在向试样连续而均匀地施加负荷的过程中，在液压式试验机上，当负荷指示器上的指针停止转动或开始回转（在杠杆式试验机上，杠杆平衡或开始明显下落）时之恒定力，最大或最小负荷读数，即为屈服负荷 F_s 值。

（2）屈服点也可以从试验机自动记录的负荷—伸长曲线上确定。屈服负荷系位于曲线上的一点，该点相当于负荷不变而试样继续伸长时之平台见试图 13-2a）所示，或负荷开始下降而试样继续伸长时之最高或最低点见试图 13-2b）所示，但此时曲线图纵坐标每 1mm 长度所代表的应力不得大于 10MPa。

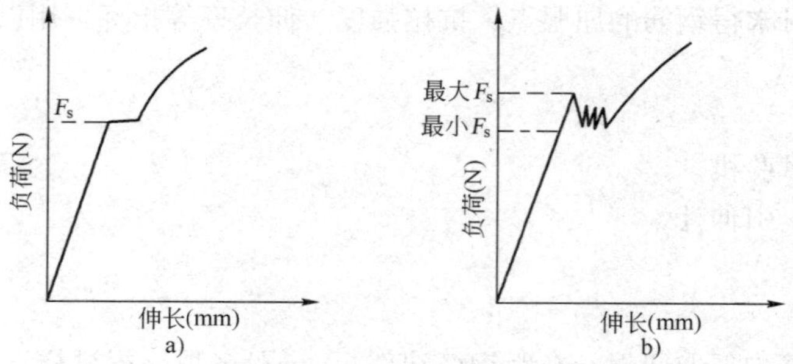

图 13-2　负荷—伸长曲线上屈服点的确定示意图

3）屈服强度的测定

对拉伸曲线无明显屈服现象的材料见图 13-3 所示，则必须测定其屈服强度。

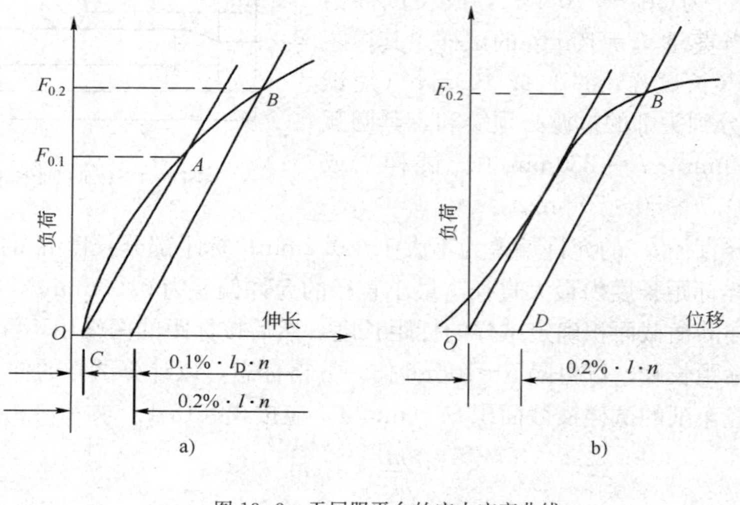

图 13-3　无屈服平台的应力应变曲线

屈服强度 $f_{y(0.2)}$ 指试样在拉伸过程中标距部分残余伸长达到原标距长度的 0.2%时应力。屈服强度可用图解法或引伸法测定。

（1）图解法（图 13-3）

①将制备好的试样安装于夹头中，试样标距部分不得夹入钳口中，试样被夹部分不小于钳口的 2/3。

②试样被夹紧后，把自动绘图装置或电子引伸计调整好，处于工作状态。然后向试样连续均匀而无冲击地施加荷载。此时自动记录装置或电子引伸计绘出拉伸曲线。达到规定的要求停止试验，卸去试样关闭机器。

③在自动记录装置（配合电子引伸计）绘出拉伸曲线，或根据从测力度盘与示值引伸计读取的荷载与伸长值而绘出的拉伸曲线（图 13-3）。自初始弹性直线段与横坐标轴的交点 O 起截取一等于规定残余伸长的距离 OD，再从 D 点作平行于弹性直线段的 DB 线交拉伸曲线于 B 点，对应于此点的荷载即为所求规定残余伸长应力荷载 $F_{0.2}$。此时对于上述两种曲线应分别在引伸计基础长度 l_0 及试件平行长度 l 上求得规定残余伸长。前一种曲线的伸长放大倍数应不低于 50 倍，后者的夹头位移放大倍数可适当放低。而荷载坐标轴每毫米所代表的应力不大于 10MPa。

（2）引伸计法

将试样固定在夹头内，施加约相当于屈服强度 10％的初负荷 F_0，装上引伸计，继续加至 $2F_0$ 后再卸至 F_0。记下引伸计读数作为条件零点。以后按如下两种方法往复加、卸荷（卸荷至 F_0）或连续施荷，直至实测或计算的残余伸长等于或大于规定残余伸长为止。

①卸荷法：从 F_0 起第一次负荷加至使试样在引伸计标距内产生的总伸长 $0.2\% \cdot l_e \cdot n$ ＋（1～2）分格。式中第一项为规定残余伸长，第二项为引伸计标距。在引伸计上读出首次卸荷至 F_0 时的残余伸长，以后每次加荷应使试样产生的总伸长为：前一次总伸长加上规定残余伸长与该次残余伸长（卸荷至 F_0）之差，再加上 1～2 分格的弹性伸长增量。

②直接加荷法：从 F_0 起按测定上述方法逐级施荷，求出弹性直线段相应于小等级负荷的平均伸长增量，由此计算出偏离直线段后的各级负荷的弹性伸长。从总伸长减去弹性伸长即为残余伸长。

4）抗拉强度的测定

（1）将试样安置在拉力机上，连续施加负荷到拉断为止，此时从负荷指示器上读出的最大负荷即为抗拉强度的负荷 F_b。

（2）试样拉断后标距长度 l_1 测量，将试样拉断后的两段在拉断处紧密对接起来，尽量使其轴线位于一条直线上。如拉断处由于各种原因形成缝隙，则此缝隙应计入试样拉断后的标距部分长度内。l_1 用下述方法之一确定：

①直测法：如拉断处到邻近标距端点的距离大于 $\frac{1}{3}l_0$ 时，可直接测量两端点之间的距离。

②移位法：如拉断处到邻近标距端点的距离小于或等于 $\frac{1}{3}l_0$ 时，则可按下法确定 l_1。

在长段上从拉断处 O 取基本等于短段格数，得 B 点，接着取等于长段所余格数［偶数，图 13-4a）所示］之半，得 C 点；或者取所余格数［奇数，图 13-4b）所示］减 1 或加 1 之半，得 C 或 C_1 点，移位后的 l_1 分别为 $AO + OB + 2BC$ 或者 $AO + OB + BC + BC_1$。

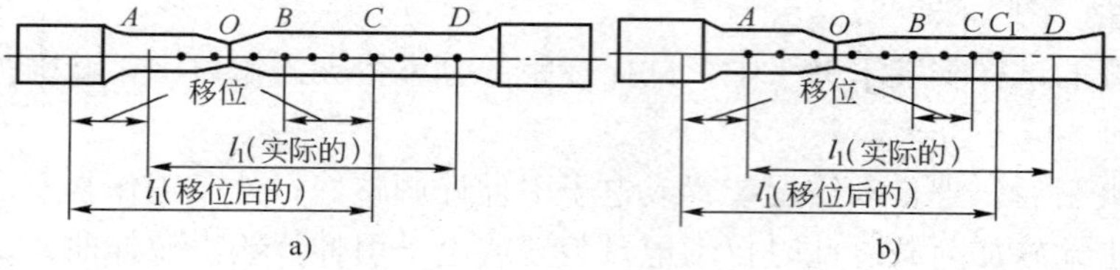

图 13-4　试样拉断后的标距长度测量

4. 试验结果

(1) 屈服点：

$$\sigma_s=\frac{F_s}{S_0} \tag{13-2}$$

式中：F_s——相当于所求应力的负荷 (N)：

S_0——试样的原横截面积 (mm^2)；

σ_s——屈服强度 (MPa)，计算精确度应达 5MPa。

硬钢和线材的屈服强度：

$$\sigma_{s(0.2)}=\frac{F_{0.2}}{S_0} \tag{13-3}$$

式中：$F_{0.2}$——相当于所求应力的负荷 (N)；

S_0——试样的原横截面积 (mm^2)；

$\sigma_{s(0.2)}$——硬钢和线材的屈服强度 (MPa)，计算精确度与 σ_s 相同。

(2) 伸长率

$$\delta_n=\frac{l_1-l_0}{l_0}\times 100 \tag{13-4}$$

式中：l_1——试样拉断后标距部分的长度 (mm)；

l_0——试样原标距的长度 (mm)；

n——长试样及短试样的标志；

δ_n——试样的伸长率，计算精确度应达 0.5%；长试样 $\delta_n=10$，伸长率为 10；短试样 $\delta_n=5$，伸长率为 5。

5. 试验记录（表 13-1）

钢筋拉伸试验记录表

表 13-1

<table>
<tr><td colspan="2">试样编号</td><td colspan="3"></td><td colspan="2">试样来源</td><td colspan="3"></td></tr>
<tr><td colspan="2">试样名称</td><td colspan="3"></td><td colspan="2">初拟用途</td><td colspan="3"></td></tr>
<tr><td rowspan="2">试验次数</td><td colspan="7">试件尺寸</td><td rowspan="2">伸长率 δ_n (%)</td><td rowspan="2">断面收缩率 ψ (%)</td></tr>
<tr><td>试样长度 l (mm)</td><td>试样原标距部分长度 l_0 (mm)</td><td>试样原标距部分直径 d_0 (mm)</td><td>试样的原横截面积 S_0 (mm^2)</td><td>试样拉断后标距部分长度 l_1 (mm)</td><td>试样拉断后标距部分直径 d_1 (mm)</td><td>试样断裂除处的横截面积 S_1 (mm^2)</td></tr>
<tr><td>①</td><td>②</td><td>③</td><td>④</td><td>⑤</td><td>⑥</td><td>⑦</td><td>⑧</td><td>⑨=〔⑥－③〕/③</td><td>⑩=〔⑤-⑧〕/⑤</td></tr>
<tr><td></td><td></td><td></td><td></td><td></td><td></td><td></td><td></td><td></td><td></td></tr>
<tr><td></td><td></td><td></td><td></td><td></td><td></td><td></td><td></td><td></td><td></td></tr>
</table>

续上表

<table>
<tr><td colspan="2">试样编号</td><td colspan="4"></td><td colspan="3">试样来源</td><td colspan="5"></td></tr>
<tr><td colspan="2">试样名称</td><td colspan="4"></td><td colspan="3">初拟用途</td><td colspan="5"></td></tr>
<tr><td rowspan="4">试验次数</td><td colspan="3" rowspan="2">屈服点（有明显屈服现象）</td><td></td><td colspan="7">屈服点（没有明显屈服现象）</td><td colspan="2">抗拉强度</td></tr>
<tr><td>图解法</td><td colspan="7">引伸计法</td><td rowspan="3">试样拉断时指针读数 F_b（N）</td><td rowspan="3">抗拉强度 σ_b（MPa）</td></tr>
<tr><td colspan="2">屈服荷载 F_s（N）</td><td rowspan="2">屈服强度 σ_s（MPa）</td><td rowspan="2">规定残余伸长应力荷载 $F_{0.2}$（N）</td><td rowspan="2">引伸计基础长度 l_e（mm）</td><td rowspan="2">预期屈服强度 $\sigma_{s(0.2)}$（MPa）</td><td rowspan="2">初负荷 F_0（N）</td><td rowspan="2">条件零点 K（分格）</td><td rowspan="2">规定残余伸长</td><td rowspan="2">达到规定残余伸长时负荷 $F_{0.2}$（N）</td><td rowspan="2">屈服强度 $\sigma_{s(0.2)}$（MPa）</td></tr>
<tr><td>由指针读数确定</td><td>由拉伸曲线确定</td></tr>
<tr><td>①</td><td>⑪</td><td>⑫</td><td>⑬</td><td>⑭</td><td>⑮</td><td>⑯</td><td>⑰</td><td>⑱</td><td>⑲</td><td>⑳</td><td>㉑=⑳/⑤</td><td>㉒</td><td>㉓=㉒/⑤</td></tr>
<tr><td></td><td></td><td></td><td></td><td></td><td></td><td></td><td></td><td></td><td></td><td></td><td></td><td></td><td></td></tr>
<tr><td></td><td></td><td></td><td></td><td></td><td></td><td></td><td></td><td></td><td></td><td></td><td></td><td></td><td></td></tr>
</table>

试验者　　　　　　计算者　　　　　　校核者　　　　　　试验日期　　年　　月　　日

6. 试验结果评定

钢筋作拉伸试验的两根试样中，如其中一根试样的屈服强度、抗拉强度、伸长率三个指标中，有一个指标不符合规定要求时，即为拉力试验不合格。应再取双倍数量的试样重新测定三个指标。在第二次拉伸试验中，如仍有一个指标不符合规定要求，不论这个指标在第一次试验中是否合格，拉力试验项目也作为不合格，该批钢筋即为不合格品。

二、金属材料弯曲试验

［引自《金属材料　弯曲试验方法》（GB/T 232—1999）］

1. 试验目的与适用范围

本方法适用于金属材料相关产品标准规定试样的弯曲试验，测定其弯曲塑性变性能力，但不适用于金属管材和金属焊接接头的弯曲试验。

2. 仪器设备

应在配备下列弯曲装置之一的试验机或压力机上完成试验，试样在弯曲装置上经受弯曲塑性变形，不改变加力方向，直至达到规定的弯曲角度。

（1）支辊式弯曲装置（见图 13-5）。

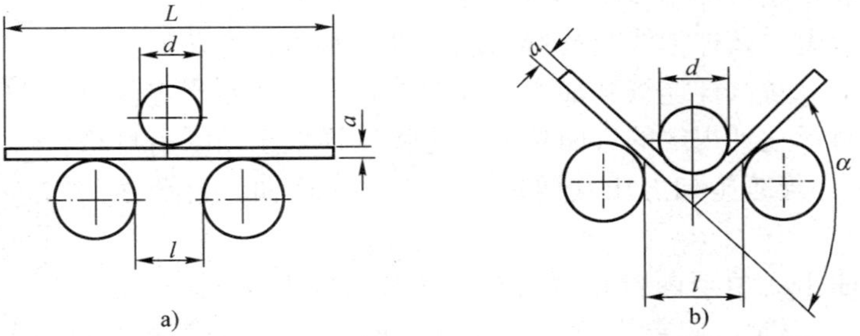

a)　　　　b)

图 13-5　支辊式弯曲装置

（2）V形模具式弯曲装置（见图13-6）。

（3）虎钳式弯曲装置（见图13-7）

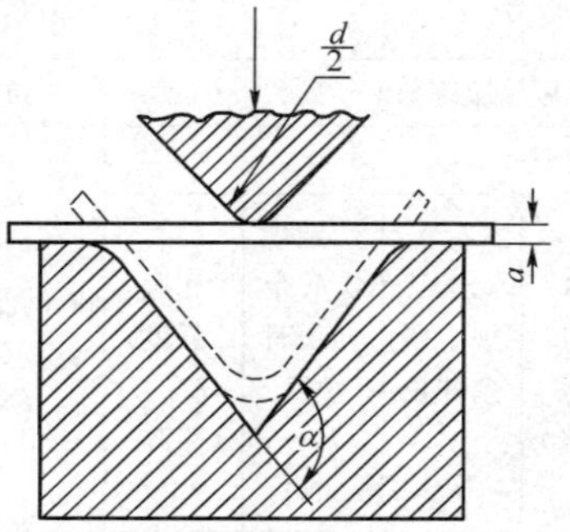

图13-6 形模具式弯曲装置

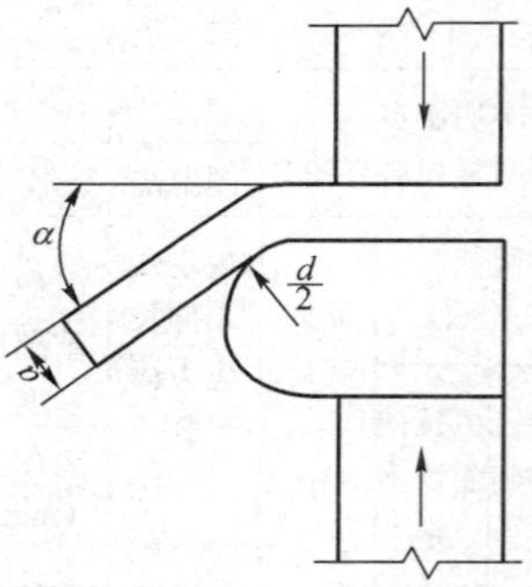

图13-7 虎钳式弯曲装置

（4）翻板式弯曲装置（见图13-8）。

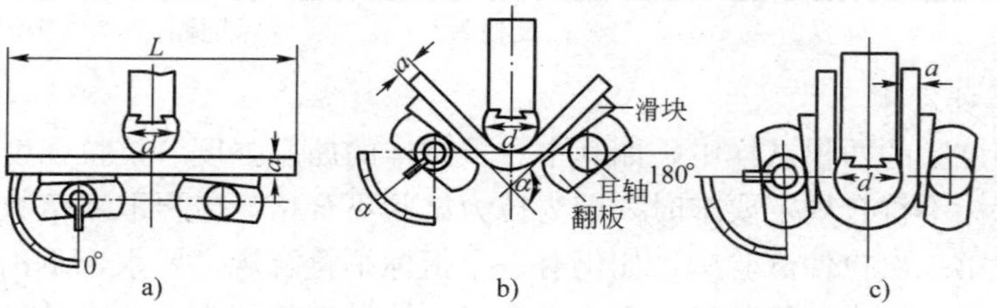

图13-8 翻板式弯曲装置

3. 试验准备

（1）试验使用圆形、方形、矩形或多边形横截面的试样。试样表面不得有划痕和损伤。

（2）试样的宽度、厚度或直径应按相关产品的标准要求。

（3）直径或多边形横截面的内切圆直径不大于50mm的产品，其试样横截面应为产品的横截面。钢筋类的产品均以其全截面进行试验。

（4）试样的长度应根据试样的厚度和所使用的试验设备确定。

4. 试验步骤

（1）试验一般在10～35℃的室温范围内进行。对温度严格的试验，试验温度为23℃±5℃。

（2）试样弯曲规定弯曲角度的试验，应将试样放于两支辊或V形模具或两水平翻板上，试样轴线应与弯曲压头轴线垂直，弯曲压头在两支座之间的中点处对试样连续施加力使其弯曲，直至达到规定的弯曲角度。如不能直接达到规定的弯曲角度，应将试样置于两平行压板之间（见图13-9），连续施加力压其两端使用进一步弯曲，直至达到规定的弯曲角度。

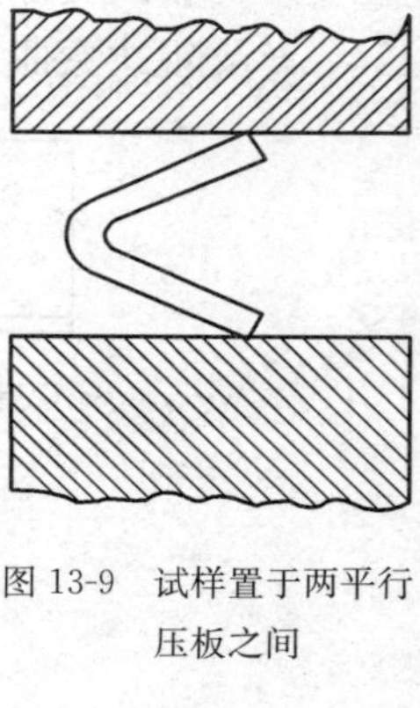

图13-9 试样置于两平行压板之间

（3）试样弯曲180°角至两臂相距为规定距离且相互平行的试验，如采用图13-5的方法时，应首先对试样进行弯曲（弯曲角度尽可能大），然后将试样置于两平行压板之间（见图13-9）连续施加压力其两端使进一步弯曲，直至两臂平行（见图 13-10）。试验时可以加或不加垫块。采用图 13-8 的方法时，在不改变作用力方向的条件，弯曲直达到 180°角。

（4）试样弯曲至两臂直接接触的试验，应将试样进行初步弯曲（弯曲角度应尽可能大），然后将其置于两平行压板之间（见图 13-9），连续施加力压其两端使进一步弯曲，直至两臂直接接触（见图 13-11）。

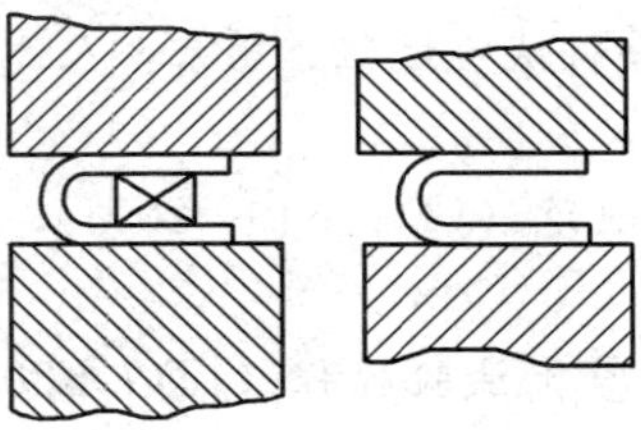

图 13-10　试样弯曲至两臂平行

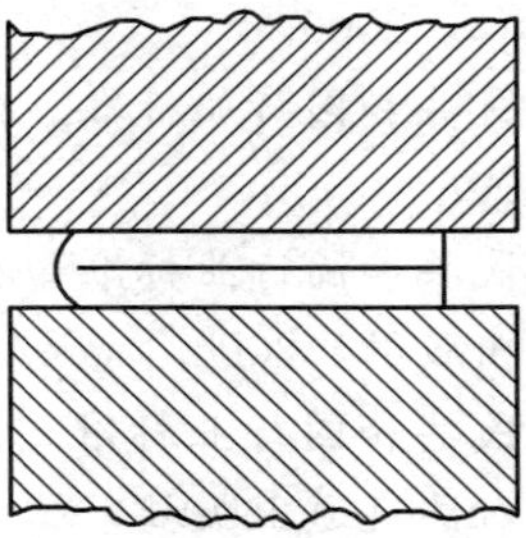

图 13-11　试样弯曲至两臂直接接触

（5）可以采用图 13-7 所示的方法进行弯曲试验。试样一端固定，绕弯心进行弯曲，直至达到规定的弯曲角度。

（6）弯曲试验时，应缓慢施加弯曲力。

5. 结果整理

（1）按相关标准的要求评定弯曲试验结果。如未规定具体要求，弯曲试验后试样弯曲表面无肉眼可见裂纹应评定为合格。

（2）相关标准规定的弯曲角度认作为最小值，规定的弯曲半径认作为最大值。

参 考 文 献

[1] 严家伋．道路建筑材料（第三版）．北京：人民交通出版社，2000.

[2] 中华人民共和国行业标准．公路工程集料试验规程（JTG E42—2005）．北京：人民交通出版社，2005.

[3] 中华人民共和国行业标准．公路工程沥青及沥青混合料试验规程．北京：人民交通出版社，2000.

[4] 中华人民共和国行业标准．公路沥青路面施工技术规范（JTG F40—2004）．北京：人民交通出版社，2004.

[5] 中华人民共和国行业标准．公路工程水泥及水泥混凝土试验规程（JTG E30—2005），北京：人民交通出版社，2005.

[6] 中华人民共和国行业标准．公路工程无机结合料稳定材料试验规程（JTJ 057—94）．北京：人民交通出版社，1994.

[7] 李立寒，张南鹭．道路建筑材料（第四版）．北京：人民交通出版社，2004.

[8] 张爱勤．道路建筑材料．济南：山东大学出版社，2005.

[9] 苏达根．土木工程材料．北京：高等教育出版社，2003.

[10] 中华人民共和国行业标准．公路水泥混凝土路面施工技术规范（JTG F30—2003）．北京：人民交通出版社，2003.

[11] 中华人民共和国国家标准．水泥标准稠度用水量、凝结时间、安定性检验方法（GB/T 1346—2001）．北京：中国建筑工业出版社，2000.

[12] 中华人民共和国行业标准．公路工程岩石试验规程（JTG E41—2005）．北京：人民交通出版社，2005.

[13] 中华人民共和国行业标准．公路路面基层施工技术规范（JTJ 034—2000）．北京：人民交通出版社，2000.

[14] 中华人民共和国国家标准．硅酸盐水泥、普通硅酸盐水泥（GB 175—1999）．北京：中国建筑工业出版社，1999.

[15] 中华人民共和国国家标准．矿渣硅酸盐水泥、火山灰硅酸盐水泥及粉煤灰硅酸盐水泥（GB 1334—1999）．北京：中国建筑工业出版社．

[16] 中华人民共和国行业标准．公路土工试验规程（JTJ 051—93）．北京：人民交通出版社，1993.

[17] 中华人民共和国国家标准．水泥胶砂强度检验方法（ISO 法）（GB/T 17671—1999）．北京：中国建筑工业出版社，1999.

[18] 中华人民共和国国家标准．复合硅酸盐水泥（GB 12958—1999）．北京：中国标准出版社，1999.

[19] 中华人民共和国行业标准．砌筑砂浆配合比设计规程（JGJ 98—2000）．北京：中国建筑工业出版社，2001.

[20] 申爱琴．水泥与水泥混凝土．北京：人民交通出版社，2000.

[21] 沈金安．改性沥青与SMA路面．北京：人民交通出版社，1999.
[22] 刘秉京．混凝土技术（第二版）．北京：人民交通出版社，2004.
[23] 沙庆林．高等级公路半刚性基层沥青路面．北京：人民交通出版社，1999.
[24] 刘中林，谭发茂．高等级公路沥青混凝土路面新技术．北京：人民交通出版社，2004.
[25] 田文玉，江利民．道路建筑材料．北京：人民交通出版社，2004.
[26] 徐培华．公路工程混合料配合比设计与试验技术．北京：人民交通出版社，2002.
[27] 张应立．现代混凝土配合比设计手册．北京：人民交通出版社，2002.
[28] 葛勇，张宝生．建筑材料．北京：中国建材工业出版社，2003.
[29] 中华人民共和国国家标准．金属材料　弯曲试验方法（GB/T 232—1999）．北京：中国标准出版社，1999.
[30] 中华人民共和国国家标准．金属材料　室温拉伸试验方法（GB/T 228—2002）．北京：中国标准出版社，2002.

人民交通出版社股份有限公司 公路教育出版中心
土木工程/道路桥梁与渡河工程类本科及以上教材

一、专业基础课

1. 材料力学(郭应征)…… 25元
2. 理论力学(周志红)…… 29元
3. 理论力学(上册)(李银山)…… 52元
4. 理论力学(下册)(李银山)…… 50元
4. 工程力学(郭应征)…… 29元
5. 结构力学(肖永刚)…… 32元
6. 材料力学(上册)(李银山)…… 49元
7. 材料力学(下册)(李银山)…… 45元
8. 材料力学(石晶)…… 42元
9. 材料力学(少学时)(张新占)…… 36元
10. 弹性力学(孔德森)…… 20元
11. 水力学(第二版)(王亚玲)…… 25元
12. 土质学与土力学(第五版)(钱建固)…… 35元
13. 岩体力学(晏长根)…… 38元
14. 土木工程制图(第三版)(林国华)…… 39元
15. 土木工程制图习题集(第三版)(林国华)…… 22元
16. 土木工程制图(第二版)(丁建梅)…… 42元
17. 土木工程制图习题集(第二版)(丁建梅)…… 19元
18. ◆土木工程计算机绘图基础(第二版)(袁 果)…… 45元
19. ▲道路工程制图(第五版)(谢步瀛)…… 46元
20. ▲道路工程制图习题集(第五版)(袁 果)…… 28元
21. 交通土建工程制图(第二版)(和丕壮)…… 38元
22. 交通土建工程制图习题集(第二版)(和丕壮)…… 17元
23. 工程制图(龚 伟)…… 38元
24. 工程制图习题集(龚 伟)…… 28元
25. 现代土木工程(第二版)(付宏渊)…… 59元
26. 土木工程概论(项海帆)…… 32元
27. 道路概论(第二版)(孙家驷)…… 20元
28. 桥梁工程概论(第三版)(罗 娜)…… 32元
29. 道路与桥梁工程概论(第二版)(黄晓明)…… 40元
30. 道路与桥梁工程概论(第二版)(苏志忠)…… 49元
31. 公路工程地质(第四版)(窦明健)…… 30元
32. 工程测量(胡伍生)…… 25元
33. 交通土木工程测量(第四版)(张坤宜)…… 48元
34. ◆测量学(第四版)(许娅娅)…… 45元
35. 测量学(姬玉华)…… 34元
36. 测量学实验及应用(孙国芳)…… 19元
37. 现代测量学(王腾军)…… 55元
38. ◆道路工程材料(第五版)(李立寒)…… 45元
39. ◆道路工程材料(第二版)(申爱琴)…… 48元
40. ◆基础工程(第四版)(王晓谋)…… 37元
41. 基础工程(丁剑霆)…… 40元
42. ◆基础工程设计原理(袁聚云)…… 36元
43. 桥梁墩台与基础工程(第二版)(盛洪飞)…… 49元
44. ▲结构设计原理(第三版)(叶见曙)…… 59元
45. ◆Principle of Structural Design(结构设计原理)(第二版)(张建仁)…… 60元
46. ◆预应力混凝土结构设计原理(第二版)(李国平)…… 30元
47. 专业英语(第三版)(李 嘉)…… 39元
48. 土木工程材料(孙 凌)…… 48元
49. 道路与桥梁设计概论(程国柱)…… 42元
50. 道路建筑材料(第二版)(黄维蓉)…… 49元
51. 钢结构设计原理(任青阳)…… 48元

二、专业核心课

1. ◆路基路面工程(第五版)(黄晓明)…… 65元
2. 路基路面工程(何兆益)…… 45元
3. ◆▲路基工程(第二版)(凌建明)…… 25元
4. ◆道路勘测设计(第四版)(许金良)…… 49元
5. ◆道路勘测设计(第三版)(孙家驷)…… 52元
6. 道路勘测设计(裴玉龙)…… 38元
7. ◆公路施工组织及概预算(第三版)(王首绪)…… 32元
8. 公路施工组织与概预算(靳卫东)…… 45元
9. 公路施工组织与管理(赖少武)…… 36元
10. 公路工程施工组织学(第二版)(姚玉玲)…… 38元
11. 公路施工组织与管理(吕国仁)…… 45元
12. ◆桥梁工程(第二版)(姚玲森)…… 62元
13. 桥梁工程(土木、交通工程)(第四版)(邵旭东)…… 65元
14. ◆桥梁工程(上册)(第三版)(范立础)…… 54元
15. ◆桥梁工程(下册)(第三版)(顾安邦)…… 49元
16. 桥梁工程(第三版)(陈宝春)…… 49元
17. 桥梁工程(刘龄嘉)…… 69元
18. ◆桥涵水文(第五版)(高冬光)…… 35元
19. 水力学与桥涵水文(第二版)(叶镇国)…… 46元
20. ◆公路小桥涵勘测设计(第五版)(孙家驷)…… 35元
21. ◆现代钢桥(上)(吴 冲)…… 34元
22. ◆钢桥(第二版)(徐君兰)…… 45元
23. 钢桥(吉伯海)…… 53元
24. ▲桥梁施工及组织管理(上)(第三版)(魏红一)…… 45元
25. ▲桥梁施工及组织管理(下)(第二版)(邬晓光)…… 39元
26. ◆隧道工程(第二版)(上)(王毅才)…… 65元
27. 公路工程施工技术(第二版)(盛可鉴)…… 38元
28. 桥梁施工(第二版)(徐 伟)…… 49元
29. ▲隧道工程(丁文其)…… 55元
30. ◆桥梁工程控制(向中富)…… 38元
31. 桥梁结构电算(周水兴)…… 35元
32. 桥梁结构电算(第二版)(石志源)…… 35元
33. 土木工程施工(王丽荣)…… 58元
34. 桥梁墩台与基础工程(盛洪飞)…… 49元

三、专业选修课

1. 土木规划学(石 京)…… 38元
2. ◆道路工程(第二版)(严作人)…… 46元
3. 道路工程(第三版)(凌天清)…… 42元
4. ◆高速公路(第三版)(方守恩)…… 34元

注:◆教育部普通高等教育"十一五"、"十二五"国家级规划教材
▲建设部土建学科专业"十一五"规划教材

5. 高速公路设计(赵一飞)……38 元
6. 城市道路设计(第二版)(吴瑞麟)……26 元
7. 公路施工技术与管理(第二版)(魏建明)……40 元
8. ◆公路养护与管理(第二版)(侯相琛)……45 元
9. 路基支挡工程(陈忠达)……42 元
10. 路面养护管理与维修技术(刘朝晖)……42 元
11. 路面养护管理系统(武建民)……22 元
12. 公路计算机辅助设计(符锌砂)……30 元
13. 测绘工程基础(李芹芳)……36 元
14. 现代道路交通检测原理及应用(孙朝云)……38 元
15. 道路与桥梁检测技术(第二版)(胡昌斌)……40 元
16. 软土环境工程地质学(唐益群)……35 元
17. 地质灾害及其防治(简文彬)……28 元
18. ◆环境经济学(第二版)(董小林)……40 元
19. 桥梁钢—混凝土组合结构设计原理(黄 侨)……26 元
20. ◆桥梁建筑美学(第二版)(盛洪飞)……24 元
21. 桥梁抗震(第三版)(叶爱君)……26 元
22. 钢管混凝土(胡曙光)……38 元
23. ◆浮桥工程(王建平)……36 元
24. 隧道结构力学计算(第二版)(夏永旭)……34 元
25. 公路隧道运营管理(吕康成)……28 元
26. 隧道与地下工程灾害防护(张庆贺)……45 元
27. 公路隧道机电工程(赵忠杰)……40 元
28. 公路隧道设计 CAD(王亚琼)……40 元
29. 地下空间利用概论(叶 飞)……30 元
30. 建设工程监理概论(张 爽)……35 元
31. 建筑设备工程(刘丽娜)……39 元
32. 机场规划与设计(谈至明)……35 元
33. 公路工程定额原理与估价(第二版)(石勇民)……39.5 元
34. Theory and Method for Finite Element Analysis of Bridge Structures(刘 扬)……28 元
35. 公路机械化养护技术(丛卓红)……30 元
36. 舟艇原理与强度(程建生)……34 元

四、实践环节教材及教参教辅

1. 土木工程试验(张建仁)……38 元
2. 土工试验指导书(袁聚云)……16 元
3. 桥梁结构试验(第二版)(章关永)……30 元
4. 桥梁计算示例丛书—桥梁地基与基础(第二版)(赵明华)……18 元
5. 桥梁计算示例丛书—混凝土简支梁(板)桥(第三版)(易建国)……26 元
6. 桥梁计算示例丛书—连续梁桥(邹毅松)……20 元
7. 桥梁计算示例丛书—钢管混凝土拱桥(孙 潮)……32 元
8. 结构设计原理计算示例(叶见曙)……40 元
9. 土力学复习与习题(钱建固)……35 元
10. 土力学与基础工程习题集(张 宏)……20 元
11. 道路工程毕业设计指南(应荣华)……34 元
12. 桥梁工程毕业设计指南(向中富)……35 元
13. 道路勘测设计实习指导手册(谢晓莉)……15 元
14. 桥梁工程综合习题精解(汪莲)……30 元

五、研究生教材

1. 路面设计原理与方法(第三版)(黄晓明)……68 元
2. 道面设计原理(翁兴中)……45 元
3. 沥青与沥青混合料(郝培文)……35 元
4. 水泥与水泥混凝土(申爱琴)……30 元
5. 现代无机道路工程材料(梁乃兴)……42 元
6. 现代加筋土理论与技术(雷胜友)……24 元
7. 高等桥梁结构理论(第二版)(项海帆)……70 元
8. 桥梁概念设计(项海帆)……68 元
9. 桥梁结构体系(肖汝诚)……78 元
10. 工程结构数值分析方法(夏永旭)……27 元
11. 结构动力学讲义(第二版)(周智辉)……38 元

六、应用型本科教材

1. 结构力学(第二版)(万德臣)……30 元
2. 结构力学学习指导(于克萍)……22 元
3. 结构设计原理(黄平明)……47 元
4. 结构设计原理学习指导(安静波)……35 元
5. 结构设计原理计算示例(赵志蒙)……40 元
6. 工程力学(喻小明)……55 元
7. 土质学与土力学(赵明阶)……30 元
8. 水力学与桥涵水文(王丽荣)……27 元
9. 道路工程制图(谭海洋)……28 元
10. 道路工程制图习题集(谭海洋)……24 元
11. 土木工程材料(张爱勤)……39 元
12. 道路建筑材料(伍必庆)……37 元
13. 路桥工程专业英语(赵永平)……44 元
14. 工程测量(朱爱民)……30 元
15. 道路工程(资建民)……30 元
16. 路基路面工程(陈忠达)……46 元
17. 道路勘测设计(张维全)……32 元
18. 基础工程(刘 辉)……26 元
19. 桥梁工程(第二版)(刘龄嘉)……49 元
20. 工程招投标与合同管理(第二版)(刘 燕)……39 元
21. 道路工程 CAD(第二版)(杨宏志)……35 元
22. 工程项目管理(李佳升)……32 元
23. 公路施工技术(杨渡军)……64 元
24. 公路工程试验检测(第二版)(乔志琴)……55 元
25. 工程结构检测技术(刘培文)……52 元
26. 公路工程经济(周福田)……22 元
27. 公路工程监理(朱爱民)……33 元
28. 公路工程机械化施工技术(第二版)(徐永杰)……32 元
29. 城市道路工程(徐 亮)……29 元
30. 公路养护技术与管理(武 鹤)……58 元
31. 公路工程预算与工程量清单计价(第二版)(雷书华)……40 元
32. 基础工程(第二版)(赵 晖)……32 元
33. 测量学(张 龙)……39 元

教材详细信息,请查阅"中国交通书城"(www.jtbook.com.cn)
咨询电话:(010)85285865,85285984
道路工程课群教学研讨 QQ 群(教师) 328662128
桥梁工程课群教学研讨 QQ 群(教师) 138253421
交通工程课群教学研讨 QQ 群(教师) 185830343
交通专业学生讨论 QQ 群 345360030